国家社科基金
后期资助项目

近世以来
世界茶叶市场
与中国茶业

Research on the World Tea Market and
Chinese Tea Industry since Modern Times

石涛 等 著

社会科学文献出版社
SOCIAL SCIENCES ACADEMIC PRESS (CHINA)

国家社科基金后期资助项目
出版说明

　　后期资助项目是国家社科基金设立的一类重要项目，旨在鼓励广大社科研究者潜心治学，支持基础研究多出优秀成果。它是经过严格评审，从接近完成的科研成果中遴选立项的。为扩大后期资助项目的影响，更好地推动学术发展，促进成果转化，全国哲学社会科学工作办公室按照"统一设计、统一标识、统一版式、形成系列"的总体要求，组织出版国家社科基金后期资助项目成果。

全国哲学社会科学工作办公室

目　　录

绪　论 ……………………………………………………………… 001

第一章　世界茶叶市场的供给、销售与交易方式的变化 ………… 032
　　第一节　中国茶在世界市场上所占份额的变动……………… 032
　　第二节　世界市场中茶叶销售与需求的变化………………… 048
　　第三节　交易方式的多样化…………………………………… 062

第二章　中俄茶叶贸易中的几个问题 …………………………… 080
　　第一节　中俄恰克图贸易中茶叶贸易依存度………………… 080
　　第二节　清代恰克图茶叶贸易的成本与绩效分析…………… 102
　　第三节　恰克图市场衰败的经济动因………………………… 126

第三章　中美茶叶贸易及其衰败 ………………………………… 141
　　第一节　近代美国与中国茶…………………………………… 141
　　第二节　假茶流入美国及其影响……………………………… 148
　　第三节　假茶输入美国的原因………………………………… 159

第四章　近代中国茶叶海外贸易成本与南路边茶 ……………… 171
　　第一节　茶叶运输路线及成本——以福建星村为起点……… 171
　　第二节　茶叶流通环节及成本——以福建武夷茶为例……… 183
　　第三节　南路边茶……………………………………………… 191

第五章　民国时期的茶业改良运动 …………………………………… 211
　　第一节　民国时期茶业复兴计划 ………………………………… 211
　　第二节　民国时期茶业复兴实例——福安茶业改良场 ………… 231

结　语 …………………………………………………………………… 249

参考文献 ………………………………………………………………… 254

附录一　茶和茶叶贸易 ………………………………… Gideon Nye 274

附录二　四川西部的茶叶种植及以打箭炉
　　为中心的汉藏茶叶贸易 ……………………… A. De Rosthorn 330

索　引 …………………………………………………………………… 349

后　记 …………………………………………………………………… 354

Contents

Introduction ·· 001

Chapter Ⅰ Changes in the Supply, Sale and Trade
Mode of the World Tea Market ·· 032
Section Ⅰ Fluctuation of the Share of Chinese Tea ················· 032
Section Ⅱ Transition in Tea Sales and Demands ···················· 048
Section Ⅲ Diversification of Trade Mode ······························· 062

Chapter Ⅱ Several Issues of the Sino-Russian
Tea Trade in Qing Dynasty ··· 080
Section Ⅰ The Trade Dependence ·· 080
Section Ⅱ Cost and Performance ·· 102
Section Ⅲ Economic Causes of Decline ································· 126

Chapter Ⅲ The Sino-US Tea Trade in Modern Times ············· 141
Section Ⅰ Modern America and Chinese Tea ······················· 141
Section Ⅱ The Influx of Fake Tea and Its Effects ················· 148
Section Ⅲ The Reason for the Emergence of Fake Tea ········ 159

Chapter IV The Costs of Overseas Tea Trade in Modern China and the South Road Tea Trade ……… 171
　Section Ⅰ Transportation Route and Costs – Taking Xingcun, Fujian Tea as the Starting Point ……… 171
　Section Ⅱ Circulation Links and Costs – Taking Wuyi Mountain, Fujian Wuyi Tea as an Example ……… 183
　Section Ⅲ The South Road Tea Trade ……… 191

Chapter V The Improvement of Tea Industry during the Period of the Republic of China ……… 211
　Section Ⅰ Revival Plan of Tea Industry ……… 211
　Section Ⅱ An Example – Fuan Tea Industry Improvement Station ……… 231

Conclusion ……… 249

References ……… 254

Appendix Ⅰ Tea and the Tea Trade ……… Gideon Nye 274

Appendix Ⅱ On the Tea Cultivation in Western Such'uan and the Tea Trade with Tibet Via Tachienlu ……… A. De Rosthorn 330

Index ……… 349

Postscript ……… 354

绪 论

一 缘起

2008年5月，四川省汶川县发生里氏8.0级地震时，我正坐在从武夷山市区到山上考察大红袍母树的汽车上，从那时起，冥冥中便把武夷山和四川这两处位于中国东南和西南不同方向的地区关联在一起，而联系它们的纽带便是"茶"。

到武夷山市并非旅游，而是受山西大学文学院张宪平教授的邀请，作为纪录片《万里茶路》的历史顾问到福建进行实地拍摄。尽管这部纪录片最终因投资方资金短缺而未能上映，但实地考察两百多年前中俄恰克图贸易中方商品原产地，让我获益良多。据当地研究者讲，20世纪七八十年代，《参考消息》上曾刊登过一则关于19世纪初两位法国人到武夷山学习茶叶种植技术的报道，这则报道由一位法国人在其出版的一部著作中提及，并说明很快印度便有了茶叶生产。由于接受访谈者所提供的线索过于简单，回到山西后，我翻检那一时期的报纸，并没有发现这则报道。资料的真实性无从考证，但给我提供了思考的线索。

外国人到福建学习茶叶种植技术，并传到印度，其意在证明，中国系茶叶之原产地。且不论这一结论是否经得住考究，但18世纪至19世纪初，中国茶叶在世界市场上处于垄断地位却是不争的事实。欧洲市场上茶叶的巨大利润，引起了人们的关注。事实上，鸦片战争的爆发与中英之间的茶叶贸易不无关系。此时正值世界资本主义从自由竞争向垄断过渡的时期，自由竞争所体现出的社会选择，给这些国家保留了一批极具竞争能力的企业。而反观中国茶业，凭借资源禀赋在国际市场上垄断了一个多世纪，尤其是行会对各企业贸易量、价格、质量等的协调，使得这些企业能够在几乎没有竞争压力的情况下获得高额利润。但随着资源禀赋优势的逐步丧失，暴露在竞争环境中的中国茶叶很快失去了原有的市场份额，中国茶业也随之衰落。

19 世纪的前 40 年，中国茶叶输往世界各国主要通过两个口岸，南部是广州，北部是恰克图。广州茶叶的主要贸易对象是英国及其在亚洲的代理东印度公司，美国人马士（H. B. Morse，1855~1934）在《东印度公司对华贸易编年史》①一书中对此有较为详细的记载。陈慈玉在《近代中国茶业的发展与世界市场》②一书中结合内地茶叶生产与广州口岸贸易数据，对 19 世纪贸易引起的中国茶业的兴衰进行了分析。

中俄在恰克图的贸易相较广州而言与现代双边自由贸易更为贴近。民国时期，辜鸿铭和孟森等曾用寥寥数语勾勒出中俄两国恰克图贸易的这一特征。

> 雍正五年，恰克图条约缔结以后，内地商民，以烟草、茶叶、缎布、杂货往库伦及恰克图贸易者日多。至乾隆二年，又以监督俄罗斯馆御史赫庆之条奏，停止俄人于北京之贸易，统归恰克图。嗣是百货云集其地，市肆喧闹，称为漠北繁富之区。先是恰克图贸易，两国均不榷税；已而俄罗斯渐渝禁约，私收货税；又两国边民互失马匹，其数不可稽，而俄人辄以少报多，移文责偿。于是二十九年，朝命闭恰克图不与通市。然办事大臣等辄乘间舞弊，私与交易。清高宗震怒，三十年削土谢图郡王桑斋多尔济爵，诛库伦大臣丑达，厉行闭关之策。至三十三年，而库伦大臣庆桂，以俄罗斯恭顺情形入奏，遂互市如初。其后四十四年、五十年，复闭关者再，前者则以俄罗斯边吏庇

---

① 〔美〕马士：《东印度公司对华贸易编年史》，区宗华译、林树惠校，中山大学出版社，1991。
② 陈慈玉：《近代中国茶业的发展与世界市场》，台湾：中研院经济研究所，1982。

护罪犯，不即会审之故。由库伦大臣索林，奏请查办，逾年得解。后者则以俄属布哩雅特种人乌呼勒咱等入边行劫之故。奉旨绝市者几七年，至五十七年，始以俄人悔过乞恩之结果，复订市约五款，其文如左：

一、恰克图互市，于中国初无利益，大皇帝普爱众生，不忍尔国小民困窘，又因尔萨那特衙门吁请，是以允行。若复失和，罔再希冀开市。

二、中国与尔国货物，原系两边商人自行定价。尔国商人应由国严加管束，彼此货物交易后，各令不爽约期，即时归结；勿令负欠，致启争端。

三、今尔国守边官，皆恭顺知礼，我游牧官群相称好。尔从前守边官，皆能视此，又何致两次妄行失和，以致绝市乎？嗣后尔守边官，当慎选贤能，与我游牧官逊顺相接。（下略）

右条约以乾隆五十七年正月，由库伦大臣松筠普福等，与俄官色勒裴特在恰克图市圈互换。是时俄人以闭关日久，商旅阻绝，急欲借平和之方法恢复市利，故听命惟谨，务相交欢。松筠等直以俄罗斯人感激皇仁，倍申诚敬等语，列款具奏，遂于是年四月望日开关市易。自是两国商民，互市不绝。然至咸丰八年，中俄缔结天津条约，开海路各港之交通，于是陆路输出品之大宗，渐改海运。而恰克图贸易，遂无复昔日之盛况焉。①

"两国均不榷税"意味着代表贸易自由化程度的关税为0，三次复订市约表示协约的可持续性，"于中国初无利益，大皇帝普爱众生，不忍尔国小民困窘"又体现出政治因素的影响。这样看来，恰克图贸易几乎符合了所有现代"双边贸易协定"的特点。

日本学者滨下武志先生在《中国近代经济史研究：清末海关财政与通商口岸市场圈》一书的"序言"中说："一般观点都认为亚洲的近代化是受到欧洲近代化的冲击后才发生的。但是，经过历史过程的发展，作为

---

① 辜鸿铭、孟森等：《清代野史》（第一卷），巴蜀书社，1998，第273~274页。

欧洲模式的近代,与亚洲自身的近代之间却表现出了巨大的差异。"① 亚洲国家在19世纪中后期,由于受到西方近代化模式的影响,被迫纳入国际市场,进而走向西方模式规定下的近代化(或称现代化)似乎是不争的事实。然而,正如滨下武志先生所说,现实社会中西方不同的经济现代化发展模式又表明,亚洲,尤其是中国,自身发展的轨迹中同样蕴含着某些现代化的因素,也就是说,中国的现代化进程与其传统社会间存在着某种必然的内在接续性。

伴随着大航海和世界范围殖民活动的兴起,世界各国经济关系开始出现前所未有的相关性。茶叶这种出产于中国的饮品,在这一过程中,被发现和追捧,逐渐成为世界贸易中不可或缺的重要物资,甚至直接影响到中国的近代命运。本书力图勾勒中国被迫纳入国际性市场前后,海外贸易的基本形态。清代,北路贸易与南方海外贸易形式在不同时期均显现出不同的特点,总体上讲,海关与常关并设,南方属海关,北路属常关。由于清政府的闭关锁国政策,当时南方海关的对外贸易以国家严格控制下的广州十三行为主。清初政府在广州设立十三行,开展与英国等西欧国家间的贸易往来,是基于官方控制商人代理的模式进行的。对外贸易往来以政府行为为主导,这样也就失去了对外贸易的实际意义。鸦片战争后,清政府被迫开放了沿海地区的口岸与外国通商,并渐次扩展到南方内陆省份,且长期由英国人把持。北路则较混乱,北路的常关,理论上讲,并不是对外贸易的关口,而属于内贸,但是,在中国情况却是特殊的。本书拟从七个方面进行专题研究。鉴于陈慈玉先生对广州贸易的精到研究②以及选材的需要,尽管本书忽略掉广州贸易、内地其他茶叶产地势必会遭到学界同人的诟病,但从方法上说,任何研究都有自己的侧重点,与其他研究不同,本书摒弃了习惯上的详略铺垫,采用开门见山式的专题研究方法。

我国古代缺乏对国家概念的现代理解。他们认为"普天之下,莫非王土;率土之滨,莫非王臣",西周宗法制度根据地理上的远近安排中心与周边地区具有亲疏关系的九服、侯服、甸服、男服、采服、卫服、蛮

---

① 〔日〕滨下武志:《中国近代经济史研究:清末海关财政与通商口岸市场圈》,高淑娟、孙彬译,江苏人民出版社,2006,第1页。
② 陈慈玉:《近代中国茶业的发展与世界市场》,台湾:中研院经济研究所,1982。

服、夷服、镇服、藩服，同时也规定了周边对中心的义务。

对国家概念认知的不同，导致了中国古代乃至近世社会外交、外贸在逻辑上的缺失，因此，北路的主要关口，在与蒙古人进行贸易的同时，也成为中原与沙皇俄国进行贸易的孔道。也正是由于通商口岸具有这种常关性质，政府除了收取关税、维持秩序外，并不对贸易价格等进行垄断性控制。因此，某种意义上讲，这些关口更接近于现代自由贸易的形式。同时，清代北路贸易的货物量、货币流量等问题，一直为学术界所关注。以此作为研究对象，更能从一个侧面反映出当时中国社会经济发展的内在特征，具有一定的理论价值。

二 文献回顾

恰克图贸易是清代中俄贸易的重要环节，对于俄国而言，恰克图贸易是其获取高额利润的主要来源，而清政府则秉承了中央政府控制边陲的思想，意图利用恰克图贸易达到扼控俄国的目的。对于清朝来说，茶叶、大黄等属于战略物资，交易并不是为了盈利，而是一种避免与俄国交恶的政治手段。而对于俄国来说，恰克图贸易的利益是个巨大的诱惑。因此，早在恰克图贸易进行期间，俄国人已经开始对其进行记录和描述。马克思对这一地区的贸易方式也给予了高度重视，他在《俄国的对华贸易》一文中提到"俄国人自己独享内地陆路贸易，成了他们没有可能参加海上贸易的一种补偿"①。有关中美茶叶贸易的研究较少，由于史料阙如，仅有为数不多的专门研究，以及部分中美关系史的著作中有所提及。

（一）早期对中国茶业的调查和研究

俄国人早期对恰克图贸易的记录，已经成为研究中俄关系的重要历史资料。阿·马·波兹德涅耶夫的《蒙古及蒙古人》②、П.司徒卢威的

---

① 马克思：《俄国的对华贸易》，载中共中央马克思恩格斯列宁斯大林著作编译局编《马克思恩格斯选集》（第二卷），人民出版社，1972，第9~11页。
② 〔俄〕阿·马·波兹德涅耶夫：《蒙古及蒙古人》，刘汉明等译，内蒙古人民出版社，1983。

《俄国经济发展问题的评述》①、德国人G·F·米勒和彼得·西蒙·帕拉斯的《西伯利亚的征服和早期俄中交往、战争和商业史》②、阿·柯尔萨克的《俄中商贸关系史述》③以及B.H.雅可夫柴夫斯基的《封建农奴制时期俄国的商人资本》④等都具有很大的价值。这些资料分别从贸易状况、商人资本、贸易对经济的影响、贸易与政治的关系等不同视角对中俄恰克图贸易进行了论述,其中保留了大量珍贵的数据,为本研究提供了丰富的资料。

尽管茶叶在美国的市场较欧洲相去甚远,但茶叶作为世界上流通的大宗货物,美国人也给予了高度的重视。威廉·乌克斯在《茶叶全书》(上下册)中对世界贸易中各茶叶生产国的茶叶制作方法、茶叶质量、种类、贸易状况等进行了统计分析。关于茶叶贸易的时间,他提到中国茶叶由海路批量销往欧洲始于17世纪中后期,由英国东印度公司投入英国市场。中国茶叶的独特魅力很快引起英国人的兴趣,中国茶被视为"康乐饮料之王"⑤,很快又风行欧洲大陆和北美,成为世界性的饮料。

关于南部茶叶贸易的情况,美国人马士在《东印度公司对华贸易编年史》一书中提到,1704年东印度公司"肯特号"商船驶往广州,采购茶叶117吨,茶叶第一次成为广州港主要出口商品。⑥ 20年后,即18世纪20年代,茶叶开始取代生丝,成为广州港的主要出口商品。到1832年,广州茶叶出口总值已突破1500万元,超过广州全部出口商品总值的一半,该年的生丝出口总值为213万元(约为153.4万两白银),只有茶叶出口总值的1/7,广州成为名副其实的茶港。1843年广州出口茶叶

---

① 〔俄〕П.司徒卢威:《俄国经济发展问题的评述》,李尚谦译,商务印书馆,1992。
② 〔德〕G·F·米勒、彼得·西蒙·帕拉斯:《西伯利亚的征服和早期俄中交往、战争和商业史》,李雨时译、赵礼校,商务印书馆,1979。
③ 〔俄〕阿·柯尔萨克:《俄中商贸关系史述》,米镇波译、阎国栋审校,社会科学文献出版社,2010。
④ 〔苏〕B.H.雅可夫柴夫斯基:《封建农奴制时期俄国的商人资本》,敖文初译,科学出版社,1956。
⑤ 〔美〕威廉·乌克斯:《茶叶全书》(上册),中国茶叶研究社社员集体翻译,中国茶叶研究社,1949,第23页。
⑥ 〔美〕马士:《东印度公司对华贸易编年史》,区宗华译、林树惠校,中山大学出版社,1991,第134页。

13.3万担（约为1463万磅），其他四个口岸均无任何茶叶出口。

中国人对茶叶贸易的关注在茶叶贸易衰落后，为振兴茶业，从民国初期开始，如何让中国茶叶在世界市场上占有更多份额，成为当时研究者的一个重要选题。1931年，上海大东书局印行了赵烈编著的《中国茶业问题》，旨在从生产、消费、交易等方面，探究茶业"衰退之原因而定振兴之方策焉"①。关于茶叶贸易的最早出口地点，侯厚培在《华茶贸易史》中提到关于茶叶贸易的南路港口时指出，康熙二十八年（1689），厦门口岸将首批茶叶直销欧洲，由此"开始中国内地与英国直接贸易之新纪元"②。

鸦片战争后，上海、福建、汉口因靠近茶叶产地，作为茶港（茶叶贸易港口）而得到迅速发展。这一时期不同机构、组织、团体和个人，对中国茶业的状况进行了调查，并力图从历史中寻找其衰败原因及应对之策（见表0-1）。

表0-1 1910~1948年中国茶业调查研究不完全统计

书目	出版时间	文献来源	原因
调查国内茶务报告书	1910年7月	—	—
茶业论	1915年10月	新学会社	墨守旧法，不知变通，饰伪售欺，罔顾商德
历年输出各国茶类统计表	1929年	工商部	—
茶叶国外商情调查报告汇编	1931年11月	实业部总务司编辑科(南京中华印刷公司)	
上海之茶及茶业	1931年12月	上海商业储蓄银行信托部	1.茶叶无品级之分；2.栽培既不讲求，制法复为陈腐；3.装潢粗鄙，掺假作弊
中国茶业问题	1931年8月	上海大东书局	捐税太重，一般农民茶商不知研求，生产方法之泥古不化

---

① 赵烈编著《中国茶业问题》，上海大东书局，1931，第1页。
② 侯厚培：《华茶贸易史》，《国际贸易导报》（第一卷第二号），工商部上海商品检验局，1930。

续表

书目	出版时间	文献来源	原因
湖南之桐茶油	1933年5月	湖南省银行经济研究室	品质低劣,产量亦微不足道(桐茶油)
江西之茶	1934年8月	江西省政府经济委员会	市场之不振、竞争之不利、品种之参差、焙制之不良、运销之周折、广告之轻率、包装之不精
皖西各县之茶业	1934年5月	上海大文印刷所	蒙天然之优胜而不知发扬,受人事之演变而不知肆应,苟且因循坐以待困(六安茶)
皖浙新安江流域之茶业	1934年6月	农村复兴委员会	印日锡爪诸国产茶日盛,华茶大受排挤
浙江之平水茶业	1934年	农村复兴委员会	—
茶业	1935年6月	上海市商会	外茶竞销国茶生产技术幼稚、品质庞杂、洋商垄断、广告缺乏、输出漫无计划
华茶对外贸易之回顾与前瞻	1935年10月	商务印书馆	1.华茶缺乏竞争能力;2.中国在对俄贸易中处于被动地位
中国茶业复兴计划	1935年2月	商务印书馆	1.国外产茶国的倾轧竞争;2.国内农民没有组织,一任中间商人及洋行的剥削宰割,使成本增高,以及不能利用科学方法改善茶质以迎合国外嗜好者
茶业技术讨论会汇编	1936年6月	全国经济委员会	业茶者徒知狃于旧法,听天由命,且复一盘散沙,毫无团结
湖北羊楼洞老青茶之生产制造及运销	1936年6月	金陵大学农学院农业经济系	我国茶商,各自为政,漫无组织,不知联合进取,一任外商之操纵宰割
湖南桃源县之茶叶	1937年	《国民经济》	改进办法:1.收买毛茶之标准提高;2.制造精细;3.包装严密;4.组织工会
江西宁州红茶之生产制造及运销	1936年6月	金陵大学农学院农业经济系	1.茶叶价格低落导致产量下降;2.管理疏忽、采制粗放导致品质低劣;3.外国茶业兴起,对外销路受阻(江西红茶)
四川之茶业	1936年1月	国民经济研究所	因循旧法,不图改进,包商垄断,税捐繁重
皖赣红茶运销委员会第一年工作报告	1936年10月	皖赣红茶运销委员会	茶农茶号资力薄弱,缺乏组织,任听中间商人操纵盘剥欺蒙

续表

书目	出版时间	文献来源	原因
浙江之茶	1936年2月	浙江省商务管理局	1. 华茶故步自封,不求改进;2. 湘鄂皖赣闽诸省受匪患侵扰;东北四省被占,浙省茶叶销量下降
湖南安化茶业调查	1937年10月	经济部中央农业实验所	不设法改进
中国茶叶问题（上）	1937年3月	商务印书馆	1. 茶园经营问题:我国植茶向取小农经营,而非大规模之企业经营;2. 茶叶制造问题:我国无设备完全之机制工厂而多为手工制造及包装不良;3. 茶叶运输不贵迅速,而贵安稳,印度、日本多搋汽车而用牛车马车运输,我国多赖民船,凡通汽车之地,茶箱胥由陆运;4. 茶业组织问题:茶农、茶号、茶栈之间的组织问题;5. 茶叶检验问题:我国一直对茶叶检验很消极
中国茶叶问题（下）	1937年3月	商务印书馆	茶叶对外贸易问题:国际茶叶竞争激烈
华茶的对外贸易	1941年	中国经济研究会	—
茶业	1943年	财政部贸易委员会外销物资增产推销委员会	—
茶叶产销	1947年11月	行政院新闻局	茶叶生产制造方法墨守成规,生产成本高昂,不能与其他产茶国家竞争
中国的茶和丝（1948年）	1948年4月	文通书局	—

由表 0-1 可知，清末以来人们对茶叶这一在国际市场上举足轻重的商品表现出极高的关注。从国家到个人，都力图通过不懈努力恢复清代前中期茶叶在国际市场上所占的份额。

综观民国时期中国茶叶贸易的研究史料，不难发现研究的主要问题为华茶贸易由盛而衰的变化状况及原因。研究机构大致可分为政府经济研究部门、民间商业机构和国内学者这三类，但是，不同研究者研究的结果不尽相同。下面，笔者就对这些研究成果进行一个简单的梳理和概述，以期对后来的研究有所帮助。

政府经济研究机构主要从政府的视角，阐述导致华茶贸易衰落的国际市场和国内外环境等方面的原因。农村复兴委员会认为印日锡爪诸国因使用先进的生产技术、包装精致，再加上进行广告宣传等，日益在国际茶叶贸易市场上占据主要地位，使华茶大受排挤。加上世界经济恐慌，印日茶叶跌价而倾销，华茶的输出量锐减，使得以茶为生的农民因穷濒临破产。① 中央银行经济研究处则认为我国自有茶叶贸易以来，外销全部由外商经手，从无直接输出的组织，所以，一旦外部市场环境发生变化，中国茶商不易找到应对之策。此外，英国在战时限制华茶进口，后又增设差别税率排斥华茶，导致华茶销量日趋下降。中俄恢复贸易后，中国茶叶本可借俄国市场扩大销量，可中国在中俄贸易中处于被动地位，华茶销量并不如预计的那么乐观。② 浙江省商务管理局认为浙茶销量下降，皆因世界政治经济不景气，东北市场丧失，使产量运销无不衰落。③

民间商业机构从商人的视角出发，主要阐释了华茶衰落在茶叶种植、生产之法和经营运销等方面的原因。上海新学会社认为，我国茶业失败的原因，不是品质不良，也不是产量减少，而是商人墨守成规，不知变通，饰伪售欺，不顾商德。④ 上海商业储蓄银行调查部则认为是因为茶叶无品级之分，奸商掺假舞弊，茶叶既不讲究栽培之法，制法又陈腐，以致茶叶品质愈下，茶价日贬，海外市场日渐被印锡日等国掠夺。⑤ 吴觉农、范和均则认为国内茶农、茶号、茶栈漫无组织是阻碍我国茶业发展的大问题。茶农因资力薄弱常受茶号之压迫，茶号又因资力薄弱，常受茶栈之剥削，而外国又绝对禁止对国内茶栈放款，这三种茶业组织基础不健全，经营不善，是中国茶业发展中亟待解决的问题。此外，国内茶业多为小农经营而非大规模企业经营，在运输上多为牛马车运输而非汽车运输，导致茶叶生产效率低下，运输成本高昂，不利于竞争。⑥

较政府和商业机构而言，国内学者从学术研究的视角，在分析华茶贸

---

① 安徽省立茶业改良场：《皖浙新安江流域之茶业》，上海大文印刷所，1934。
② 中央银行经济研究处编《华茶对外贸易之回顾与前瞻》，商务印书馆，1935。
③ 浙江省商务管理局编《浙江之茶》，浙江省商务管理局印发，1936。
④ 胡大塱译著《茶业论》，江起鲲校订，新学会社，1915。
⑤ 上海商业储蓄银行调查部编《上海之茶及茶业》，上海商业储蓄银行信托部，1931。
⑥ 吴觉农、范和均：《中国茶业问题》，商务印书馆，1937。

易衰落的问题时更客观全面一些,除了上面提到的问题,还发现了一些政府政策制定、商人组织经营过程中的问题。赵烈认为中国捐税及出口税过重,使我国经营茶业者利润减少,而印度、爪哇等国不征收出口税,这样大大降低了华茶的国际竞争力。① 金陵大学农业经济系学者认为我国的茶商各自为政,漫无组织,不知联合进取,一任外商之操纵宰割,使华茶产量下降。②

针对这么多方面的问题,国民经济研究所提出以下几个方面的改进措施:第一,要提高收买毛茶的标准,注重茶叶检验问题,从源头上保证茶叶的质量;第二,改进制茶之法,不仅要提高茶叶产量,更要将茶叶制作精细,包装严密精良,杜绝掺假;第三,加大广告宣传力度,重新塑造华茶在国际上的品牌形象;第四,组建华茶同业公会,将茶商组织起来,使市场茶叶价格趋于一致,茶叶经营有组织、有计划地进行。③

这些调查和研究是基于民国时期茶业发展的现实状况进行的,有上溯清代茶叶贸易以探求衰败原因者,亦有直接论述民国茶业发展缺失以求改进者。无论何种情况,都为当下的研究提供了珍贵的资料。

(二) 对美俄茶叶贸易的研究

当下对茶叶贸易的研究失去了民国时期的目的性。对于这段渐行渐远的历史,当代学者逐步抛开了国家意识,从更为客观的角度进行审视,取得了较为丰硕的成果。然而,社会科学研究的功利性依然存在,使得现在的研究不可避免地存在这样或那样的缺陷。

1. 中美茶叶贸易研究

中美茶叶贸易开始时间相对较晚,但其发展速度却不可忽视。该问题目前研究成果较少,著作及史料辑中记载了部分中美茶叶贸易研究的原始数据和资料,论文则主要集中在中美茶叶贸易发展变化历程和美国市场茶叶质量问题两个方面。

---

① 赵烈编著《中国茶业问题》,上海大东书局,1931。
② 金陵大学农学院农业经济系调查编纂《湖北羊楼洞老青茶之生产制造及运销》,金陵大学农学院农业经济系,1936。
③ 陈建棠:《湖南桃源县之茶叶》,《国民经济》1937年第4期。

早期中美茶叶贸易的研究主要收录于一些史料辑及外文著作中，包括《清代外交史料》、《清史稿》、《清朝续文献通考》、马士的《东印度公司对华贸易编年史》、严中平等的《中国近代经济史统计资料选辑》、Robert Fortune 的 A Residence among the Chinese、S. L. Pan 的 The Trade of the United States with China、E. Griffin 的 Clippers and Cousuls、B. P. P. 的 Returns of Trade at the Ports of Canton，Amoy and Shanghai，for the Year 1844 以及《美国参院档案》等。

泰勒·丹尼特在《美国人在东亚》中以大量的原始记载和档案资料为依据，研究了美国对以中国为主的亚洲各个地区的政策起源及发展，包括早期中美茶叶贸易政策及形态。

陈彬藩等学者对早期中美茶叶贸易发展历程进行了梳理①，汪熙对鸦片战争前中美贸易的发展过程、不同时期中美贸易中的商品种类数量以及商品交易方式均进行了详细梳理，是较早关注中美茶叶贸易的学者。②

梁碧莹指出早期美国输出商品的结构随着美国经济发展变化，由土特产品向工业品转变，而中国输美商品中茶叶输出量逐年上升，茶叶成为输美商品中大宗且稳定的商品。为了弥补贸易逆差，19 世纪初美国开始向中国输入鸦片。与此同时，中美贸易关系也发生了变化，由早期的平等友好逐渐向在中国索取特权转变。③

曾丽雅、吴孟雪以中美茶叶贸易不同阶段为划分标准，对殖民地时期、美国独立战争时期、"中国皇后号"首航成功、中国茶叶大量输美以及美国商人的茶叶转口贸易进行了详细讨论，认为美国政府对茶叶贸易的积极鼓励政策、美国造船业的发展以及人口的激增是中美茶叶贸易发展的主要原因。④

陶德臣将 17 世纪兴起至今的中美茶叶贸易分为兴起、盛衰、曲折三个不同历史阶段，并分析了不同时期的贸易特点，指出 1784～1950 年中

---

① 陈彬藩：《中美茶贸简史》，《中国茶叶》1981 年第 6 期。
② 汪熙、邹明德：《鸦片战争前的中美贸易》（上、下），《复旦学报》（社会科学版）1982 年第 4、5 期。
③ 梁碧莹：《略论早期中美贸易的特点》，《史学月刊》1985 年第 5 期。
④ 曾丽雅、吴孟雪：《中国茶叶与早期中美贸易》，《农业考古》1991 年第 4 期。

美贸易盛衰过程中茶叶贸易总体规模不断扩大，主导权掌握在美商手中，茶叶偏好从绿茶向红茶、乌龙茶过渡，同时在贸易后期华茶受到了洋茶和咖啡的双重夹击。①

宋时磊提出鸦片战争后中美茶叶贸易数量快速增长，同时茶叶质量却在不断下降，这成为中美茶叶贸易的核心问题。针对这一问题美国茶叶法案实施并不断修正，设置市场进入质量门槛，阻止伪劣茶的进入，这对中国茶叶的出口造成了巨大的冲击。而新兴茶国则不断改善茶叶品质，华茶市场份额逐渐下降，社会各界对于华茶衰落问题也在不断寻求变革，但为时已晚，华茶衰落格局已定。②

假茶问题无疑是中美茶叶贸易转衰的重要原因之一，由于史料阙如，目前关于该问题的研究多为"假茶存在性"研究，而关于其实际流量以及对市场的影响力度等方面的研究则寥寥无几。本书利用原始英文史料，对美国市场假茶数量进行了量化统计和估算，以此为切入点来分析中美茶叶贸易兴衰的过程及其影响。

2. 中俄茶叶贸易研究

早期中俄茶叶贸易有恰克图、新疆以及东北三个市场，19世纪六七十年代俄国进入内地设厂之后，茶叶贸易市场从恰克图逐渐转到汉口、天津等地。本书主要对恰克图茶叶市场的相关问题进行讨论，因此仅对新疆、东北及中俄内地茶叶市场成果进行简要梳理。恰克图茶叶贸易研究成果较为丰富，从研究视角上看，大致可以分为三类。

（1）贸易状况

20世纪八九十年代，清代中俄恰克图贸易状况研究再次引起学术界的关注。卢明辉教授出版了《中俄边境贸易的起源与沿革》一书，较为系统地介绍了从16世纪末至17世纪初，俄罗斯帝国开始向东方扩张，致力于发展与东方各国的贸易，建立与蒙古地区和明朝汉地新的经济联系之过程。到1618年，明万历皇帝召见了俄国使者，准许俄国的使团和商人一道前来北京，并在中国进行贸易。再到《恰克图条约》签订后，中俄

---

① 陶德臣：《中美茶叶贸易的发展阶段及特点》，《古今农业》2015年第3期。
② 宋时磊：《冲击与变革：美国质量门槛对近代华茶外贸的影响》，《华南师范大学学报》（社会科学版）2017年第2期。

围绕边境贸易展开了一系列经济和政治活动,茶叶贸易是其核心之一。①郭蕴深的《中俄茶叶贸易史》则以茶叶贸易为核心,从茶叶传入俄国的过程入手,重点介绍了清代中俄茶叶贸易的情况,基本廓清了清代中俄茶叶贸易的兴起、兴盛及衰落的过程。②

孟宪章在《中苏贸易史资料》中提到在19世纪以前,中俄恰克图贸易中茶叶还未占中国出口俄国产品的一半,"开始占据主要位置的是各种民间日用必需品——南京布、糖、烟草,最后还有茶叶"③。俄国学者柯尔萨克在《俄中通商历史统计概览》中提到,19世纪初茶叶贸易占中俄贸易的比重为40%左右,20年代则猛增为88%,30年代达93.6%,40年代竟高达94.6%。④ 截至19世纪50年代,输俄华茶年均达1100万磅,仅次于英国,俄国从此成为世界上华茶第二大进口国(此时正是恰克图贸易的鼎盛时期)。⑤

米镇波的《清代中俄恰克图边境贸易》将视角集中在恰克图一地的贸易上,运用俄文资料,对清代恰克图市场茶叶的供求状况,两国管理情况、税收,贸易额及贸易量等进行了分析,为进一步研究提供了更为翔实的史料。⑥ 庄国土则在《从闽北到莫斯科的陆上茶叶之路——19世纪中叶前中俄茶叶贸易研究》一文中指出,18世纪至19世纪末期的陆上茶叶之路,从福建北部的武夷山区一直延伸到莫斯科,全程超过2.25万千米。陆上茶叶之路以恰克图为中心,中俄商人"彼以皮来,我以茶往"⑦。

此外,也有学者从茶叶生产和茶叶市场的角度,探讨了近代茶农的经营情况以及中国近代茶叶市场等问题,如陶德臣的《近代中国茶农的经

---

① 卢明辉:《中俄边境贸易的起源与沿革》,中国经济出版社,1991。
② 郭蕴深:《中俄茶叶贸易史》,黑龙江教育出版社,1995。
③ 孟宪章主编《中苏贸易史资料》,中国对外经济贸易出版社,1991,第140页。
④ 〔俄〕阿·柯尔萨克:《俄中通商历史统计概览》,喀山:喀山出版社,1857,第332页。
⑤ 〔苏〕米·约·斯拉德科夫斯基:《俄国各民族与中国贸易经济关系史(1917年以前)》,宿丰林译、徐昌翰审校,社会科学文献出版社,2008,第198页。
⑥ 米镇波:《清代中俄恰克图边境贸易》,南开大学出版社,2003。
⑦ 庄国土:《从闽北到莫斯科的陆上茶叶之路——19世纪中叶前中俄茶叶贸易研究》,《厦门大学学报》(哲学社会科学版)2001年第2期。

营状况（1840～1917）》①、《近代中国茶叶市场结构与功能》②、《清至民国时期茶叶消费主体的新变化及其影响》③ 等。

清代中俄贸易问题同样引起了日本学术界的关注，19 世纪末至 20 世纪初，日本对中国内地商人在蒙古地区和中俄边境的贸易情况进行了详细的调查。在这些调查的基础上，吉田金一等日本学者对这一问题进行了研究。④

清代中俄政治经济关系的史料收集也取得了一定进展，姚贤镐的《中国近代对外贸易史资料（1840—1895）》⑤，故宫博物院明清档案部编纂的《清代中俄关系档案史料选编》⑥，中国台湾中研院近代史研究所的《中国近代史资料汇编》中的《中俄关系史料》⑦，孟宪章主编的《中苏贸易史资料》⑧，以及大量俄文论著的翻译，为运用不同方法深入探讨这一问题提供了史料支撑。

（2）茶叶供给

清代海外茶叶贸易对中国经济的拉动作用主要体现在刺激生产保障供给和茶叶的包装、运输等方面。研究恰克图贸易的学者将国内茶叶的生产和运输作为研究对象，重点考察了福建崇安、湖南安化等地茶业的基本情况。

关于出口茶叶，陶德臣在《中国近代出口茶业的经济结构考察》中，对茶叶贸易的经济结构进行了分类，把外销茶分为红茶、绿茶、乌龙茶和黑茶四大类，再将加工茶分为花茶、砖茶和药用茶三类。其中红茶主要销往英国和俄国，绿茶销往美国、北非，乌龙茶主要销往美国，砖茶则输往

---

① 陶德臣：《近代中国茶农的经营状况（1840～1917）》，《中国农史》2003 年第 1 期。
② 陶德臣：《近代中国茶叶市场结构与功能》，《中国社会经济史研究》2001 年第 1 期。
③ 陶德臣：《清至民国时期茶叶消费主体的新变化及其影响》，《安徽史学》2010 年第 5 期。
④ 〔日〕吉田金一：《关于俄清贸易》，《东洋学报》第 45 卷第 4 号，转引自刘建生、刘鹏生等《晋商研究》，山西人民出版社，2005，第 52 页。
⑤ 姚贤镐编《中国近代对外贸易史资料（1840—1895）》，中华书局，1962。
⑥ 故宫博物院明清档案部编《清代中俄关系档案史料选编》，中华书局，1979。
⑦ 中研院近代史研究所编《中国近代史资料汇编 中俄关系史料》，台湾：中研院近代史研究所，1969。
⑧ 孟宪章主编《中苏贸易史资料》，中国对外经济贸易出版社，1991。

俄国。①

刘建生等在《明清晋商制度变迁研究》中的第四章第三节，运用经济学原理专门对晋商茶帮的经营方式、利润及绩效进行分析，指出晋商在清代茶叶贸易中已经运用了采购、加工、运输、销售一体化的经营方式，使商业资本向产业资本转移，极大地促进了国内的茶叶生产和国际茶叶贸易的发展。同时，对晋商所经营的茶叶贸易进行了盈亏测算。② 梁四宝、吴丽敏的《清代晋帮茶商与湖南安化茶产业发展》论述了在恰克图茶叶供给地——湖南安化当地形成的以茶叶生产、加工、包装为一体的地区生产格局，及其对湖南尤其是安化当地经济发展的影响。③

关于茶叶贸易的路线，张正明在《明清山西商人概论》一文中指出，山西商人的经营特点之一是，主要进行长途贩运和转售贸易，而茶叶是其进行长途贩运的商品之一，"清代乾嘉以来，山西商人还开辟了一条由福建武夷山，过崇安县过分水关，入江西铅山县，装船顺信江下鄱阳湖，穿湖而过，出九江口入长江，溯江抵武昌，转汉水，至樊城起岸，贯河南入泽州（晋城），经潞安（长治），抵平遥、祁县、太谷、忻县、大同、天镇到张家口，至库伦、恰克图，经西伯利亚，通往欧洲腹地的陆上国际茶叶商路"④。

甘满堂在《清代中国茶叶外销口岸及运输路线的变迁》中提到闽、皖、苏、浙等省茶叶南运广州，路途遥远，全凭人畜及水运。从福建武夷山到恰克图运输茶叶的路线是，由福建崇安越武夷山入江西铅山，过河口，沿信江下鄱阳湖，过九江口入长江西上，至武昌，转汉水至樊城（今襄阳）起岸，北上经河南至泽州（今晋城），经潞安（长治）、晋中、忻县、大同、天镇至张家口。翻山越岭，水陆兼运，途经闽、赣、鄂、豫、晋、冀、蒙七省区，近5000公里的漫长路程。湖北、湖南、安徽之

---

① 陶德臣：《中国近代出口茶业的经济结构考察》，《苏州大学学报》（哲学社会科学版）1997年第4期。
② 刘建生、刘鹏生、燕红忠等：《明清晋商制度变迁研究》，山西人民出版社，2005。
③ 梁四宝、吴丽敏：《清代晋帮茶商与湖南安化茶产业发展》，《中国经济史研究》2005年第2期。
④ 张正明：《明清山西商人概论》，《中国经济史研究》1992年第1期。

茶多先由水路运往汉口，其后的运输路线和武夷茶相同。①

（3）需求、市场与商人

当前学者对中俄恰克图贸易的研究大多涉及晋商。晋商的确是研究北路贸易中不可或缺的一个群体，甚至在研究明清时期中国商业史时，晋商也占有十分重要的地位。清代，茶叶是支撑晋商驰骋商场赢得国内外市场获取巨大利润的大宗商品。中俄恰克图贸易中，山西商人居于主导地位，因此分析和探讨中俄恰克图贸易，晋商是一个必不可少的组成部分。

陶德臣在《中国古代的茶商和茶叶商帮》一文中，对茶叶商帮进行了简要介绍，涉及山西商帮、陕西商帮、广东茶商、福建茶帮和徽州茶商。在这五大茶叶商帮中，山西商人进行的是北路长途运输活动，从产地武夷山到恰克图，探索出了一条国际茶叶陆路模式。陕西商人则是依赖明代前期对西北实行茶马互市、官府垄断茶叶贸易的基础，在明清时期一直把持着西北地区的茶叶运销。广东茶商则利用地理位置上和国家一口通商的政策便利，主要以南方为活动中心，经营外销茶和侨销茶。福建茶商和安徽茶商均利用茶叶产地的优势，从事国内和海上茶叶出口活动。②

北路贸易也与晋商关系密切，1727年中俄缔结《恰克图条约》，确定将恰克图作为中俄贸易的地点。1762年起，清政府取消俄国商队来京贸易的权利，使中俄贸易集中于恰克图一地。渠绍淼、庞义才在《山西外贸志上（初稿）》中指出："雍正时，恰克图（今蒙古国的阿尔丹布拉克）被辟为中俄交易市场后，为山西一省商人所垄断。其原因除地理与传统的交往外，还有清政权同山西商人的互相利用因素在内。"③

关于恰克图茶叶贸易与晋商的关系，张正明、张舒在《晋商兴衰史》中提出，山西人是最早赴恰克图的贸易商，晋商垄断恰克图贸易的局面，从雍正初年到清末，一直持续了180余年。④ 刘建生、刘鹏生等在《晋商研究》中的第一章"晋商的崛起"中曾经论述了山西各大商号与茶叶贸

---

① 甘满堂：《清代中国茶叶外销口岸及运输路线的变迁》，《农业考古》1998年第4期。
② 陶德臣：《中国古代的茶商和茶叶商帮》，《农业考古》1999年第4期。
③ 渠绍淼、庞义才：《山西外贸志上（初稿）》，山西省地方志编纂委员会办公室，1984，第32页。
④ 张正明、张舒：《晋商兴衰史》，山西经济出版社，2010，第81、84页。

易都有着千丝万缕的联系，有的直接贩茶到恰克图，有的则深入产茶地区组织货源，零整批发或就地销售于外国洋行，或北上返晋转售于旅蒙、旅俄晋商。①

苏全有在《论清代中俄茶叶贸易》中也指出，在清代中西茶叶贸易中，中俄贸易占有相当大的比例，影响举足轻重。前往恰克图进行茶叶贸易的商人多属山西人，即所谓"西帮茶商"。山西商人深入武夷茶区采买茶叶，经张家口北转阿尔丹布拉克，中间路程计 2000 多公里，一路地广人稀，茶商多结伴而行，他们用骆驼、马匹运载茶叶，且行且牧，随身带有猎狗保护。②

黄鉴晖在《明清山西商人研究》中的第三章专门研究了山西茶商与中俄恰克图贸易的关系。③ 王尚义在《晋商商贸活动的历史地理研究》中，从历史地理的视角对晋商进行再认识，对晋商的商业贸易活动区域扩展的全过程进行系统分析与深度挖掘。④

邵继勇的《明清时代边地贸易与对外贸易中的晋商》指出明中叶九边防御体系的建立，九镇军需供应的扩大及蒙汉私市贸易和马市贸易的出现，为晋商的兴起创造了条件。他认为"清代晋商的壮大是与清王朝统一中国版图、平息西北叛乱同步进行的，清政府的鼎力支持是晋商地位显赫的重要原因。晋商不仅在开发蒙、满地区，发展边地贸易方面成绩卓著，而且在中俄恰克图贸易和中日长崎贸易中发挥了独特的作用"⑤。

高春平等在《晋商与北部市场开发》一文中指出，晋商由明初崛起于北部边镇，并于隆庆年间"封贡互市"后进入全面繁荣阶段，完成了从北边市场转向全国市场再到海外市场的大跨越。这为北部商业城市的形成和发展、南北物资交流、农村自由劳动力向城镇的转移、边疆地区的巩固和统一的多民族国家的形成和发展做出了不可磨灭的贡献。⑥

---

① 刘建生、刘鹏生等：《晋商研究》，山西人民出版社，2005，第 7~84 页。
② 苏全有：《论清代中俄茶叶贸易》，《北京商学院学报》1997 年第 1 期。
③ 黄鉴晖：《明清山西商人研究》，山西经济出版社，2002，第 109~147 页。
④ 王尚义：《晋商商贸活动的历史地理研究》，科学出版社，2004。
⑤ 邵继勇：《明清时代边地贸易与对外贸易中的晋商》，《南开学报》（哲学社会科学版）1999 年第 3 期。
⑥ 高春平、田晓红、高小平：《晋商与北部市场开发》，《晋阳学刊》2002 年第 4 期。

陶德臣的《晋商与西北茶叶贸易》一文从缘起、繁荣、衰落、复苏四个阶段对晋商的茶叶经营活动进行了详细的描述，并概括其茶叶贸易的主要活动范围及经营方式，从而得出晋商对西北茶市的经营具有多方面的意义，它在中国近代历史上的作用不可低估。①

渠绍淼在《晋商与茶文明》中指出，晋商茶叶贸易的国内市场主要分布在内外蒙古和西北、东北各省，国外的主要市场是俄国的恰克图，这些地区都属于当时社会文化落后的地区，特别是居住在恰克图附近的西伯利亚地区的少数民族还处于茹毛饮血的原始状态。因此，晋商在与他们进行茶叶贸易的同时，也对这些落后地区的生产、生活和社会文化发展起到了积极的促进作用。②

成艳萍的博士论文《经济一体化视角下的明清晋商：以中俄恰克图茶叶贸易及其结算方式为例》，在深入挖掘史料和相关文献的基础上，从全球经济一体化进程的视角分析晋商的茶叶贸易活动，对晋商茶叶贸易的规律进行了总结。该文得出"以晋商为主的中俄恰克图茶叶贸易，已经体现出了现代国际性市场圈中边境自由贸易的萌芽特征，但它又与二战后欧盟的一体化模式有着本质上的区别"③的结论。

除此之外，郭蕴深、杨慧、衣保中等学者对中俄东北贸易发展概况进行了论述。④厉声、陶德臣、张喜琴、刘建生等学者探讨了清代以来新疆地区中俄贸易的发展历程、商品结构、商人群体等。⑤李易文、刘

---

① 陶德臣：《晋商与西北茶叶贸易》，《安徽史学》1997 年第 3 期。
② 渠绍淼：《晋商与茶文明》，《沧桑》2001 年第 s2 期。
③ 成艳萍：《经济一体化视角下的明清晋商：以中俄恰克图茶叶贸易及其结算方式为例》，山西大学博士学位论文，2009。
④ 郭蕴深：《中俄黑龙江地区的茶叶贸易》，《龙江社会科学》1994 年第 6 期；杨慧、衣保中：《中国东北与俄国的茶叶贸易》，《农业考古》2011 年第 5 期。
⑤ 郭蕴深：《论新疆地区的中俄茶叶贸易》，《中国边疆史地研究》1995 年第 4 期；厉声：《俄茶倒灌与〈议订俄商借道塔城伊犁运茶赴俄条约〉》，《新疆社会科学》1989 年第 4 期；陶德臣：《晋商与清代新疆茶叶贸易——新疆茶叶贸易史研究之二》，《中国社会经济史研究》2015 年第 4 期；张喜琴、刘建生：《近代中国新疆与俄国的贸易》，《太原理工大学学报》（社会科学版）2012 年第 2 期；张喜琴：《清末新疆对俄国出口结构和新疆地区农业结构的关系》，《中央民族大学学报》（哲学社会科学版）2016 年第 3 期；刘卓：《新疆的内地商人研究——以晚清、民国为中心》，复旦大学博士学位论文，2006。

秉贤等学者关注清代后期蒙古地区中俄茶叶贸易的相关政策及贸易概况。①

鸦片战争之后俄国开始在内地设立茶厂，中俄茶叶贸易市场由汉口转移至内地。陈钧、赵楠等学者从税负和厘金的角度对中俄所产茶叶成本进行了考证，据此分析了俄国对我国内地茶叶市场的掠夺。②李永福、何伟比较分析了恰克图贸易时期以及俄国进入内地之后的贸易状况，对恰克图贸易时期中俄双方厘金制度进行了实证分析，提出厘金致使出口商品竞争力缺失而导致华茶对外贸易衰落。③刁莉、邰婷婷从贸易方式等角度对1862~1919年中俄茶叶贸易与汉口茶市进行了分阶段讨论④，还有学者对九江、汉口茶市及汉口港在中俄茶叶贸易中的地位进行了探究。⑤

近年来全球史研究兴起，从事经济史研究的很多学者开始从这一视角来分析近代以来的世界茶叶贸易。仲伟民的《茶叶与鸦片：十九世纪经济全球化中的中国》对茶叶与鸦片贸易的盛衰变化进行了比较分析，提出二者对于中国社会经济的重要影响，揭示了19世纪中国社会经济的特点和中国危机的内涵。⑥刁莉等从全球史视野详细阐述了中俄近代商品贸易的发展状况，以及三大中俄贸易区各自的特点，探究了以茶叶和棉布为中心的近代中俄贸易中的博弈，认为中国在贸易过程中逐渐沦为原料供给国，被迫融入近代全球化，而俄国则凭借其自身优势及贸易优惠政策主动

---

① 李易文：《清中后期蒙古地区的对俄茶叶贸易》，《中国边疆史地研究》1996年第4期；刘秉贤：《清政府挽救蒙古茶叶利权的措施——围绕〈中俄陆路通商章程〉的签订及两次修订》，《内蒙古民族大学学报》（社会科学版）2010年第3期。
② 陈钧：《十九世纪沙俄对两湖茶叶的掠夺》，《江汉论坛》1981年第3期；赵楠、张嵩：《近代中俄的茶叶贸易及其现实意义——以汉口（口岸）为分析对象》，《学习与实践》2014年第12期。
③ 李永福、何伟：《近代中俄茶叶贸易制约性因素探因——基于厘金视角的分析》，《经济问题》2014年第10期。
④ 刁莉、邰婷婷：《清末民初中俄茶叶贸易与汉口茶市的发展（1862—1919）》，《中国经济与社会史评论》2015年卷。
⑤ 郭蕴深：《汉口地区的中俄茶叶贸易》，《江汉论坛》1987年第1期；郭蕴深：《论中俄九江茶叶贸易》，《龙江社会科学》1996年第4期；刘晓航：《东方茶叶港——汉口在万里茶路的地位与影响》，《农业考古》2013年第5期。
⑥ 仲伟民：《茶叶与鸦片：十九世纪经济全球化中的中国》，生活·读书·新知三联书店，2010。

融入近代全球化。①

综上所述，目前学术界对清代中俄恰克图贸易的研究已经取得了较为丰硕的成果，学者从不同视角对茶叶贸易进行了分析，基本廓清了清代中俄恰克图贸易的基本状况。但是，这些研究大多偏重于对历史事实的描述，对于解答是何种利润能够驱使山西商人远赴福建崇安与恰克图从事茶叶贸易，如何从恰克图贸易的角度探究清代中俄政治交往的经济动因等问题，尚无专门性研究成果。本书从清代商业环境入手，探讨恰克图茶叶贸易对中俄两国经济的影响、晋商从事茶叶贸易的成本与利润以及驱动中俄政治关系变化的经济动因等问题，并将南路边茶作为参照，探讨茶叶贸易对经济的拉动作用。

三 本书理论框架与结构

本书在现有研究基础上，从经济学视角对19世纪至20世纪40年代中国茶叶贸易和中国茶业的发展进行专题式分析，以期透过此研究能够对中国商业发展路径有更为深入的了解。

（一）相关概念界定

清代是中国社会政治经济体制结构的转型时期，从商业的视角来看，这种转型可以分为两个不同的阶段。首先，在跨地域商业规模不断扩大的情况下，清政府对商人和商业的理解与前代有了较大的区别，以往从政治、经济各方面对商人进行限制，而到清代经济控制成为主流。其次，伴随着外来商品、资本的流入，商业在国民经济中的地位日益凸显，清廷不断修正律法，鼓励从事商业，为商人提供律法上的保护和政策上的优惠。最后，从16世纪开始，欧洲便对产自中国的茶叶产生了浓厚的兴趣，清代茶叶的外销主要有两条路径，一条是南部的广州，主要贸易对象是英国；另一条是北部地区，主要与俄国进行贸易。

---

① 刁莉、金靖壹、胡娟：《全球化视野下的近代中俄贸易：以棉布和茶叶为中心》，《清华大学学报》（哲学社会科学版）2019年第2期。

1. 清代的商人、商业观

中国与西方最大的不同在于对"国家"概念的理解，西方社会中的国家是有严格界线划分的封闭疆域，政府作为"守夜人"，是国家与市场的保安。只有在市场失灵的情况下，政府才会伸出手来辅助市场完善资源配置。而中国古代却将国家的概念无限延展，在古代人看来，世界上只有一个国家便是中国，中国存在于世界之最大理由便是教化蛮夷，使中国在世界中处于众星拱月的地位。在这种思维的引导下，国家对经济和市场、个体与秩序则体现出对资源配置强权式的支配，用吉登斯（Anthony Giddens）的结构化理论来解释，是用权威性支配取代了配置性支配①，用政治制度代替了经济制度。于是，法律便赋予了政府对市场和经济绝对控制的合法性，特权阶层的出现便成为不可避免的结果。国家对特权的约束，仅体现在对皇权的忠诚上，而将经济上的放任作为维护其对皇权忠诚的筹码。吴思先生在《隐蔽的秩序：拆解历史奕局》一书中，生动地刻画了政府、官僚等特权的种类和内幕。② 特权尤其是官僚特权所享有的资源配置上的优势体现为对个体的掠夺仅是一个表象，其在社会经济发展中至为严重的影响是破坏了国家对个体产权的庇护作用。

清代，跨地域商业的蓬勃兴起，不断阉割着自汉魏以来形成的以耕织结构为核心的小农经济赖以维系的信用体系。原本简单的交换日渐复杂化，靠"脸熟"就能赊销的简单商业信用演化成为复杂的、需要制度约束的信用体系。而这种复杂信用体系的构建，应该也必须由具有强制力的政府来实现。然而，在传统社会体制下，政府和法律的进化迟滞于商业发展对其需求的增加。尽管重农抑商的观念在清代已经从法律和政治层面转移到经济层面，但对于地域和经营范围日益扩大的商业而言，仅仅提高商人的地位是远远不够的。全社会个体产权的保障和商业信用制度的完善，确乎是商业为经济增长和技术创新提供动力的源泉。国家对制度需求的反应迟缓对商业造成诸多恶性的影响，其中最为关键的是商业的扩大化需要商业信用体系发生相应的转变。在国家无法实现构建新商业信用体系的情

---

① Anthony Giddens, *The Constitution of Society: Outline of the Theory of Structuration*, (Cambridge: Polity Press, 1984).
② 吴思：《隐蔽的秩序：拆解历史奕局》，海南出版社，2004。

况下，商人便会主动承担起构建新体系的使命。

由商人构建的新的信用体系存在两个方面的问题。第一，由于商人个体的理性和商业交易过程千差万别，这一体系会呈现局部有序性和整体无序性的矛盾。这一矛盾使得个体商业信用呈异面性发展，制约了商业网络形成的速度和规模。第二，从商人构建体系的过程来看，其交易费用必然是高昂的。这是因为，商号间的共同惩戒机制是建立在信息畅通基础上的，而清代信息传递的成本与速度造成了高昂的交易费用。高昂的交易费用所带来的是整个社会成本的隐性升高，压缩生产者的生活生产费用，从而缩减了进入技术创新领域的社会可支配资金。

正如中国人民大学清史研究所张世明教授在其《法律、资源与时空建构：1644—1945年的中国》（第五卷经济开发）一书中所提到的企业法律形态与国家法律的同构化问题。同构化意味着资源的重复配置，往往会造成不必要的浪费。社会产业和商业是由若干个规模不等的个体组成的，如果这些个体或按不同标准划分的同类别个体之间均需要自我构建起产权保护制度，那么，难以想象这种制度在传统中国会有多么复杂，徘徊在这些企业个体之间的人对于这种纷繁复杂制度的认识甚至超过了贸易或生产本身。因此，公共裁判权的不可替代性是降低交易成本的根本路径。唯一不同的是，张世明教授是从"家国同构"的视角进行的阐释，意在探寻这种同构的思想根源，主张从家国同构到公司—国家的同构是传统到现代的转型。尽管这种以西方模式为标准的现代化理论被学术界诟病已久，但不可否认的是"社会、政治与经济各子系统之间存在复杂的关联性，任何寄希望于单一突进式的改革都最终不免跛足"[①]。而经济学则更关注同构所带来的交易费用和社会财富有限性之间的矛盾如何影响经济发展的进程。

就这种商业形态而言，若是有发达的交通业作为支撑，其对社会经济发展的作用将是良性的。而在交通业不发达的清代，异地贩运的商业规模不断膨胀，高额运输成本推动了商品成本的上涨。商人是运输成本

---

① 张世明：《法律、资源与时空建构：1644—1945年的中国》（第五卷经济开发），广东人民出版社，2012，第613页。

的承担者，同时，理性经济人的特征又迫使其将这些成本强加于消费者，从而促使整个社会运行成本提升。事实上，古人已经认识到"以贫求富，农不如工，工不如商"的情况，反过来说，作为占国家人口绝大多数的农民，是财富积累速度最慢的阶层。明代开始商业的异军突起，并没有带来西方式的产业革命，反而过量压榨了生产者的生产生活资料。

清代前期帝王考虑到了工商业的发展对农业人口数量的威胁。农业为天下之本，工商业皆为末业。市场中多一个从事手工业的人，则田地里就会少一个耕作之人，众人趋利从事手工业，人越多则制造的器物就越多，价格下跌，因此，逐末业的人多，不但有害于农业，而且有害于手工业。这种通过国家政策干预人口职业结构的思路总体上是值得肯定的，只是在制定具体措施上却犯了一个事与愿违的错误。尽管主观意愿上清廷幻想"在田赋之外，设关征收商税，取之于商贾，既可以补田赋不足，亦可以限制百姓逐末"，但实际上，设关征税不仅没有起到限制商业从业人数的目的，反而增加了商业流通的成本。

为了获取更多的商业利润，商人不断攫取盐、茶、农产品、丝绸、棉布等几乎没有产业链条的生活必需品，与此同时，无限延长的商业链条，导致在较短时期内社会运行成本的迅速提升，农民生活成本的增幅与生活消费品价格的增幅之间的差距逐渐被拉大，小农的处境每况愈下。在大土地占有和小农经营的生产模式下，作为土地所有者，坐收出租土地的高额利润，远比投资农业耕作技术来得实惠，而真正有技术创新愿望的实际耕作者，却因为生活开支的增加，而无力投入。这样，作为古代国家立国根本的农业其产量的提高，不得不依赖劳动力的增加和新土地的开发。而在社会总人口数相对稳定的前提下，商业从业人数的增加是靠占有农业劳动力人数实现的。因此，开疆拓土便成为一个必然的选择，同时这也不同于以往军事占领后依靠政治性投入维持占领地的模式，而是变成了用"军事占领—商业流通—经济开发"的模式来实现统治。反过来想，清廷与俄国在恰克图等地开展贸易，由商人自行定价，国家不征税的做法，尽管带有扼控边陲的目的，但商业渗透却也是不争的事实。

2. 海外贸易还是对外贸易

清前期对商业的管理大致可以分为三个部分，国内一般商业管理、国内特殊商业管理和海外贸易管理。这里要强调的是外贸的概念问题，许多学者在研究清代海外贸易时，往往喜欢冠以"外贸"这一名称。但从世界经济学规范的"对外贸易"解释中不难发现，外贸是指国与国之间按照一定规则进行的。国际经济学理论对对外贸易的定义是"对外贸易或国际贸易是指世界各国之间货物和服务交换的活动，是各国之间分工的表现形式，反映了世界各国在经济上的相互共存。从国家的角度可称为对外贸易，从国际或世界角度，可称为国际贸易或世界贸易。"① 从上述定义可以看出，对外贸易是从国家的角度，审视国与国之间的商品交换活动的。对外贸易的产生必须同时具备三个条件，即"有可供交换的剩余产品；出现了政治实体；必须具备较大的规模"。"国际商品交换只是个别的、局部的现象，还不存在真正的世界市场"时，就更"不存在名副其实的国际贸易"。

春秋战国时期，"国"的概念是指周天子和诸侯国的城，《周礼·考工记》载："国中九经九纬，经涂九轨"，是用以规定周天子之都城的建设标准。现代意义上的国家一般认为是"邦"，直到汉代初建，避高祖刘邦的讳才改邦为国。但"普天之下，莫非王土；率土之滨，莫非王臣"的概念，却一直没有改变。蒋廷黻先生在《中国近代史》一书中，开宗明义地指出："中国不承认别国的平等。西洋人到中国来的，我们总把他们当作琉球人、高丽人看待。他们不来，我们不勉强他们。他们如来，必尊中国为上国而以藩属自居。这个体统问题、仪式问题就成为邦交的大阻碍，'天朝'是绝不肯通融的。中国那时不感觉有联络外邦的必要，并且外夷岂不是蛮貊之邦，不知礼义廉耻，与他们往来有什么好处呢？他们贪利而来，天朝施恩给他们，许他们作买卖，藉以羁縻与抚绥而已。假若他们不安分守己，天朝就要'剿夷'。那时中国不知道有外交，只知道'剿夷与抚夷'。政治家分派别，不过是因为有些主张剿，有些主张抚。"② 清

---

① 薛荣久：《国际贸易》，对外经济贸易大学出版社，2008，第1页。
② 蒋廷黻：《中国近代史》，团结出版社，2006，第6~7页。

代前期秉承了这种天朝上国观念。

也就是说，中国自古以来不存在现代意义上的"国家"概念，武化偃兮文化昌，古代中国强调的是"文化"，即以文教化，服从教化者，是为"化内之邦"，不服从者是为"化外之邦"。蒋廷黻先生以为，中国自古无国家概念，所谓外交概括起来只有两个字"剿"和"抚"。既然没有国家概念，便没有外交，那么也不会存在外贸。这一点从清前期对十三行的管理上有充分的体现。这种强迫式的贸易方式所带来的出超，并不能说明商业的发达，反而带来了一系列问题，鸦片战争便是其中影响最为深刻的一个。另外，海外贸易与国内贸易政策有较大的差异，尽管都由行商来完成，但行商的职能和权限相去甚远。因此，我们将北路茶叶贸易界定为海外贸易而非对外贸易。

（二）理论框架及创新

如上所述，目前对于清代中俄恰克图贸易的研究主要集中在贸易量、贸易额、市场状况、商人，以及从国家政治的角度研究其衰落等方面，而对于贸易对中俄两国经济的影响、商人的利润、恰克图贸易衰落的经济动因等的研究并不多见。

笔者一直对中俄恰克图贸易的某几个方面心存疑惑。首先，一直到近代，中国政府对商业给国家财政的贡献率并没有清楚的认识，甚至没有概念。商人对于政府的作用大多体现在临时性的摊派上，而常项税收并不为政府所关注。清朝前期的皇帝曾多次说过，国家设关抽税，本为稽查不法，非欲困商。① 朝廷反对重征商税，恤商、利商之意在于便民。康熙朝，令各省税关及桥道渡口处，不可专以税额为事，立意取盈，以致商贾不通。② 商贾沟通货贿，"亦未尝无益于人"③。在清代政府的观念中，商业税收在整个国家财政体系中无足轻重，在这一前提下中俄恰克图贸易对两国经济的拉动作用到底如何？

其次，在恰克图从事贸易的中国商人以山西商人为主。尽管山西从事

---

① 《清世祖实录》（卷54），中华书局，1985，第96页。
② 《清圣祖实录》（卷207），中华书局，1985，第105页。
③ 王先谦编《乾隆朝东华续录》，文海出版社，2006，第19页。

贸易的人很多，但这一地区是一个不出产茶叶的地方，按照资源禀赋理论，"一个国家出口用其相对富足的要素密集生产的那些物品，进口该国相对稀缺的要素密集生产的那些物品"①。那么，山西商人如何会从事这种贸易？有学者认为，山西与蒙古地区相毗邻，通过长期交往，谙熟蒙古人和与蒙古地区早有往来的俄国人的饮食习惯与需求，并由此提出了商业信息影响到山西商人对贸易种类的选择的说法。② 然而，山西商人为何要远赴福建崇安或湖南安化等地收购茶叶，又将茶叶运往近5000公里之外的恰克图销售呢？在清代交通运输不发达的情况下，商人需要高昂的运输成本，他们如何能获得利润，或者说他们的利润到底有多大？

最后，学术界将清代中后期俄国对中国的侵略主要归结为政治上的因素，认为鸦片战争后，清廷逐渐积贫积弱，军事力量薄弱，导致了包括俄国在内的西方各国瓜分中国的局面。但是，经济基础决定上层建筑是一个共识。任何政治行为都是经济活动的延续，或是服务于经济活动的。那么，中俄起初在恰克图进行贸易，俄国方面已经有很高的收益。进入中国腹地设厂，虽然能够节约购买成本，但相应的运输成本会随之增加。如果我们把恰克图市场作为一个较为封闭的双边市场来看，那么，是不是因为供求失衡导致该市场衰落，为了维持这种贸易，俄国商人才需要进入中国腹地，从而引发了政治格局上的变化呢？

本书将从这三个方面对清代中俄恰克图贸易进行分析，与其他研究不同的是，本研究是从经济学的基本原理出发，在确立基本前提假设后，通过贸易依存度研究恰克图贸易对两国经济的影响。通过茶叶产地价格、销售地价格、运茶路线、常关征税情况、恰克图市场准入制度等考察茶叶商人的成本与绩效。通过销售额指数变化情况、两国产业结构变迁导致的商品结构变化、中国商人购茶成本变化等，考察恰克图贸易衰败的经济动因。

另外，除广州、恰克图外，西南地区在打箭炉一带与西藏的贸易一直

---

① 这一理论尽管因存在巨大的缺陷而为经济学界所诟病，但用以说明18～19世纪的贸易时，仍具有一定的解释能力。
② 成艳萍：《资源禀赋与晋商的茶叶贸易》，《山西大学学报》（哲学社会科学版）2007年第4期。

被英人所觊觎。笔者通过在美国期间发现的新资料，即奥地利籍外交官 A. De Rosthorn 为英国打开西藏茶叶市场，对该地区茶叶贸易状况进行考察后所著，并于 1895 年在英国伦敦出版的 On the Tea Cultivation in Western Ssuch'uan and the Tea Trade with Tibet Via Tachienlu 一书，了解到当时川藏茶叶贸易各环节的情况。通过这一资料和其他相关史料的佐证，笔者力图在考察西藏茶叶需求量和供给情况的基础上，探讨打箭炉茶叶贸易对西南地区经济的有限拉动，并以此作为中俄恰克图茶叶贸易的参照系，来印证恰克图贸易对中国经济的影响。

到了 19 世纪后期，世界茶叶消费需求陡增，印度、锡兰、日本等地茶叶种植成功并参与到国际茶叶贸易中来。但中国茶叶产量长期维持在较低的水平，为了弥补出口的不足，中国茶业人员大量参与茶叶制伪，导致当时伪劣茶在中国大行其道，外商来华很难收购到质量上乘的茶叶，中国假茶也又一次在美国市场泛滥。Gideon Nye 是 19 世纪上半叶在广州经营茶叶生意的美国商人，他根据自身经历记录了 1821～1849 年中美茶叶贸易的真实情况，著成 Tea and the Tea Trade 一书，1850 年发表在《商人》杂志上。通过 Tea and the Tea Trade 一书中的数据，结合相关史料对 1728～1941 年世界茶叶市场的变化情况进行描述，突出中国茶在世界市场中所占份额的变化情况，为探讨中国茶叶海外贸易的衰败提供支撑。

（三）本书结构及需要说明的问题

鉴于目前清代中俄恰克图贸易的研究成果较为丰富，论述较为精深，为避免与这些成果的研究有交叉和重复，本研究立足于恰克图贸易的三个方面，对现有研究成果已经涉及的内容不做论述，仅对其资料和结论进行适量引用。

其一，对世界茶叶市场供需结构及中国茶叶贸易政策环境变化进行了介绍。自世界茶叶贸易兴起以来，随着茶叶需求的不断增加，世界茶叶市场的生产方逐渐由中国垄断转向印度、锡兰、日本等多国自由竞争，而市场销售则由贸易初期的多个欧洲国家共同参与逐渐发展到中、美、俄三国垄断。在此过程中，中国逐渐由唯一的茶叶生产者被挤出世界茶叶市场，政府政策环境及茶业经济环境在这一过程中均发生了显著变化，本书第一部分主要对以上问题进行了讨论。

其二，通过俄国文献所记载的恰克图贸易1800~1850年个别年份的茶叶进出口额，再通过对麦迪森《世界经济千年史》中所估算的这些年份中俄两国GDP，将单位换算成银两，剔除白银价格波动后，计算两国恰克图贸易的依存度，以证明由依存度差异所带来的矛盾是恰克图市场发展变化的经济动因之一。

其三，清代中俄恰克图贸易中，晋商在中国商人中居主导地位，这一点在民国时期的研究中已有所论及。那么，什么样的利润能驱使晋商不远万里从福建、湖南等地购茶到恰克图销售？而山西周边亦有茶产地，为何要到距山西最为遥远的福建备货？本书通过对福建崇安到恰克图茶叶运输路线距离的考察，以及根据运输能力、人力和畜力消费、购茶价格等因素计算出贩茶成本，再找到恰克图市场茶叶的价格，测算出1张部票所对应的12000斤茶的利润率。

其四，对恰克图茶叶和毛皮、呢绒制品的销售额指数进行环比计算发现，在1812年前，销售额指数环比增加的幅度较大，而1812年之后，茶叶和毛皮的销售额指数呈逐年递减的趋势，但从销售额来看，却有较大增幅。我们通过对两国产业结构的变化、中国商人购茶方式和白银购买力等问题进行探讨，廓清了恰克图市场衰落、俄国商人进入中国内地制贩茶叶的经济动因。

其五，福建省是我国重要的产茶地之一，其中崇安县武夷茶是较早输出的优良茶叶品种之一。在生产到运输至通商口岸的过程中，茶行、茶号、茶栈、洋行成为主要的交易环节。从流通环节的角度考虑，因为流通是社会再生产的重要环节，每一个环节都是一次买卖行为，流通环节合理可以促进茶叶贸易的发展，反之则不能。

其六，南路边茶贸易是清代存续时间较长的引岸贸易，本书将其作为恰克图贸易的一个参照系。南路边茶贸易方式与恰克图贸易较为接近，且商业利润十分丰厚。尽管其路途较恰克图贸易短，但其运输难度大，茶叶贸易量也与恰克图贸易无法相比。值得注意的是，这两处茶叶商人都没有走向从运输或种植技术进步方面考虑降低成本的道路，从而获得更大的利益，进而推动沿途经济的发展。

其七，中国茶对美国近代的影响是深刻的，茶叶贸易也是近代中美关系史的开端。19世纪二三十年代是中美茶叶贸易发展的黄金时期，但也正是在这一时期，假茶的流入严重干扰了中美茶叶贸易的正常开展。尽管清政府在19世纪晚期采取了诸多措施重振没落的茶业，但还是以失败告终。对这些问题的研究可以为近代中外茶叶贸易的衰落、世界茶叶贸易格局的变革以及中国近代化迟滞的内生原因等问题提供解释。

需要说明的是，其一，世界茶叶市场的构成问题。18世纪世界茶叶市场大致有这样的特征，供给和销售并不是由一个国家来完成的，销售也与需求有所不同。一直到19世纪前叶，中国是唯一生产茶叶的国家，也就是唯一的供给国。中国的茶叶运到广州和恰克图后，中国商人的利润链条就形成了闭环。世界市场上，英国、俄国、美国是茶叶的销售商，它们除了满足本国需求外，还将茶叶卖到欧洲（尽管前期欧洲也有商船在广州从事茶叶贸易，但贸易量很小，在广州的商船一般保持在1~4艘。① 1808年以后，欧洲各国基本没有停靠广州的商船）。因此，可以说18世纪以来世界茶叶市场主要由供给方中国（1834年印度茶叶开始进入世界市场，并迅速对中国在世界茶叶市场中的份额造成挤压。后文亦有论述）、销售方英、俄、美和需求方欧洲和美洲构成。因此，本书探讨世界茶叶市场，主要从中国与英、俄、美三国的茶叶交易角度展开。

其二，尽管诸多史料中都有恰克图、广州贸易中茶叶出口额和出口量的数据，但由于统计口径不同等原因，数据的连贯性存在问题。因此在进行量化分析时，个别地方没有找到最优数据，仅根据相关数据进行计算或推断。一如麦迪森的《世界经济千年史》中关于GDP的数据，学术界对这一结论多有质疑。本书将其用于测算恰克图贸易对中俄两国的影响，主要因为该书所提供的数据是在同一计算条件下得出的，虽然准确性存在很大问题，但相较采用不同著作不同统计方法得出的数据来说，在考虑趋势时，更具备科学性。任何经济学研究都是对事物合理性的分析，并不追求绝对精确，在宏观上不影响趋势的前提下，通过数据得到的结论能够说明变动情况即可，更为细节精准的分析仍有待新数据的发现。

---

① 〔美〕泰勒·丹涅特：《美国人在东亚》，姚曾廙译，商务印书馆，1959，第41页。

其三，清代中俄恰克图贸易和中英、中美广州贸易研究成果十分丰富，对贸易状况的研究已较为清晰。为避免重复，笔者对已有研究提供的更具逻辑线索的大量事实不再做重复论述，仅选取几个点进行研究，并将本书逻辑体系胪列如下。

世界茶叶市场中，通过中国作为供给方所提供的茶叶在世界市场所占份额的变化说明中国茶叶外销盛衰情况。以俄国为例，考察茶叶贸易对其他国家经济的影响，进而分析中国茶叶在由盛转衰时茶商的利润，以此说明中国商业资本的积累。这些资本在中国并没有完成向产业的流动，而在俄国产业发生变化、俄国与中国茶叶交易的商品附加值提高的情况下，恰克图贸易逐渐衰败。作为世界市场上茶叶销售国的美国，受国内茶税政策的影响，美国茶商更愿意向美国国内贩卖劣质茶甚至假茶，以牟取高额利润，使得美国茶叶市场发育受到影响。

印度茶叶种植兴起后，迅速在世界市场上打开销路，为了进一步扩大销售渠道，19世纪中后期，英国开始对西藏的茶叶需求进行调研，并对南路边茶从茶叶产地分布、引岸专卖、茶叶质量与包装、运茶路线、交易方式、打箭炉对茶叶贸易的管理等一系列问题进行考察。因此，南路边茶实际上在19世纪60年代以后已经逐步被纳入世界市场中。

20世纪初，中国经济作物类商品在世界市场上呈现全面衰退的情况。为了振兴茶业，扩大中国茶叶在世界的影响力，提高国家财政收入，国民政府制定了一系列复兴计划，如成立专门管理茶叶生产与贸易的机构，制定茶叶质量标准，在湖南安化、江西修水、福建福州、安徽祁门等地设立试验场，提高茶叶生产的机械化率，培育茶叶生产与贸易的专门人才。尽管这些措施没能达到预期的效果，但为中国茶叶生产与贸易的规范化奠定了基础。

第一章
世界茶叶市场的供给、销售与交易方式的变化

19世纪末20世纪初中国茶叶在世界市场上的衰落是一个不争的事实,从17世纪初中国茶叶进入欧洲到英国市场几乎看不到中国茶叶,中国茶从垄断世界供给到几乎被挤出世界市场,其衰落的过程与原因是什么,世界不同国家对中国茶需求的变化情况,出口量与出口额如何会形成倒挂,从供给垄断到自由竞争的变化对中国茶业造成何种影响,这些问题都是本书探讨的对象。从世界市场的角度看,茶叶的供给与销售是脱节的。17世纪至19世纪中叶中国是单纯的茶叶供给方,20世纪初供给方转为印度、锡兰、日本多个产茶国。世界市场上的销售方则由最初的荷兰、英国、法国、比利时、丹麦、瑞典、普鲁士、俄国等欧美诸国,逐渐向英、俄、美三国垄断过渡。这种供给的垄断转向自由竞争、销售的自由竞争转向垄断的特点,是中国茶业不断衰落的主要因素之一。尽管中国国内的茶叶交易方式出现了由分散向集中的转变,传统金融机构和信用体系也参与到贸易中来,但由于19世纪中后期洋行、买办在交易中占主导地位,实际控制了中国茶叶的定价权,使茶叶利润的传导机制出现障碍,中国茶叶在世界市场上的衰落就成为必然。

第一节　中国茶在世界市场上所占份额的变动

19世纪之前,中国是世界茶叶市场上占据垄断地位的供给方,这种状况从17世纪中叶开始一直持续到19世纪中叶之后才发生变化。进口中国茶叶百年之久的英国开始在自己的殖民地培植茶叶,印度、锡兰茶叶用

几十年的时间将华茶逐渐挤出了世界茶叶市场。发展飞速的中美茶叶贸易在 19 世纪后期也逐渐停滞，美国进口茶叶逐渐转变为日本茶叶以及 20 世纪之后的印锡茶叶。

中俄茶叶贸易开始时间较早，贸易规模在 19 世纪之前与英国市场还有一定差距。在中英、中美茶叶贸易逐渐衰落之后中俄茶叶贸易兴起，但随着俄国十月革命的爆发也逐渐停滞。19 世纪到 20 世纪初期，世界茶叶市场的供给由最初的华茶垄断，转向印度、锡兰、日本多个产茶国的自由竞争，垄断茶叶贸易几个世纪的华茶在 20 世纪初逐渐退出市场。

一　华茶垄断贸易时期

中国茶叶很早就传入周边国家，明代茶叶的对外传播范围不断扩大。一方面，毗邻中国的一些东方国家，例如日本在明代进一步吸收中国茶文化，形成了相对成熟的日本茶道。明代航海事业发达，实行朝贡贸易，海上贸易为东南亚一些国家带去了中国的茶叶、丝绸、瓷器等商品；另一方面，茶叶开始进入西方国家。16 世纪初葡萄牙人绕过好望角来到中国进行商业贸易，西方传教士和商人开始学习饮茶并且将茶叶带回欧洲。17 世纪荷兰逐渐取代葡萄牙成为欧洲的海上霸主，建立荷兰东印度公司，成为中国海上茶叶贸易的主要出口对象。到 18 世纪，荷兰依然是华茶在欧洲的主要出口对象，荷兰进口的茶叶一部分供本国消费，另一部分输向欧洲进行转口贸易。

清代华茶贸易扩展到全世界，海路和陆路两条路线成为华茶对外贸易的主要渠道。陆路主要是茶叶商人从福建等产茶地运输茶叶北上到达恰克图，进而输向欧洲大陆；海路主要是从产地经福建、广州、澳门一带海运至欧洲。清代前期实行"时开时禁，以禁为主"的海外贸易政策，一定程度上限制了茶叶贸易的发展。1684 年清政府取消海禁政策以后，迅速与中东、中亚、西亚、西欧、东欧北非等 30 多个国家建立了茶叶贸易关系。[1]

早期茶叶在英国价格极高，仅上层贵族人士有消费能力，1657 年英

---

[1]　陈宗懋、杨亚军主编《中国茶经》，上海文化出版社，2011，第 55 页。

国咖啡店的茶叶价格为每磅 6~10 英镑，而当时一个英国庄园的男仆一年的收入仅为 2~6 英镑，因此当时英国低收入人群很难加入茶叶消费市场中。1664 年英国东印度公司用 4 英镑 5 先令购买了 2 磅 2 盎司茶叶，1666 年以 56 英镑 17 先令购买了 22 磅 12 盎司茶叶，茶叶价格平均为 2.5 英镑/磅。1666 年伦敦茶价每磅 2 英镑 18 先令，而当时巴城的茶叶售价每磅仅 2 先令 6 便士。1684 年，阿姆斯特丹一磅较好的茶叶竟开价 80 荷盾（约 24 两白银）。① 彼时中国茶叶贸易也未形成一定的规模，到 1699 年华茶出口量也仅为 160 担（约为 21333 磅）。②

1705 年，苏格兰爱丁堡茶叶零售价格为每磅绿茶 16 先令、红茶 30 先令。③ 18 世纪 20 年代，华茶输欧进入迅速发展时期，欧洲各贸易公司和散商大量从中国购进茶叶，欧洲茶价一降再降，使茶叶市场迅速扩大，推动普通市民乃至乡村农夫加入茶叶消费行列，又促使更多华茶输入欧洲。④

面对国际市场逐渐增长的茶叶需求，生产者出于理性思考不断增加茶叶产量。以英国东印度公司进口贸易为例，1833 年东印度公司独占贸易特权被废止之前，华茶主要通过东印度公司出口至欧洲市场，同时茶叶也是东印度公司自中国进口的主要商品。1760~1764 年东印度公司进口的华茶总价值为 806242 两白银，占进口总货值的 91.9%，1830~1833 年东印度公司进口华茶总价值 5617127 两白银，占进口总货值的 93.9%⑤，这一时期东印度公司进口货物中华茶所占比例年平均为 82%。

如图 1-1 所示，自 1760 年开始东印度公司已经将进口集中于利润较高的商品茶叶，1760~1764 年东印度公司自中国进口商品总额为 876846 两白银，仅茶叶一项就达到 806242 两白银，占比 91.9%。1765 年之后茶叶进口比例有所下降，除 1775~1779 年茶叶进口值占到 55.1% 以外，其余

---

① 庄国土：《18 世纪中国与西欧的茶叶贸易》，《中国社会经济史研究》1992 年第 3 期。
② 汪敬虞：《中国近代茶叶的对外贸易和茶业的现代化问题》，《近代史研究》1987 年第 6 期。
③ 〔美〕威廉·乌克斯：《茶叶全书》（上册），中国茶叶研究社社员集体翻译，中国茶叶研究社，1949，第 28 页。
④ 庄国土：《18 世纪中国与西欧的茶叶贸易》，《中国社会经济史研究》1992 年第 3 期。
⑤ 严中平等编《中国近代经济史统计资料选辑》，科学出版社，1955，第 14 页。

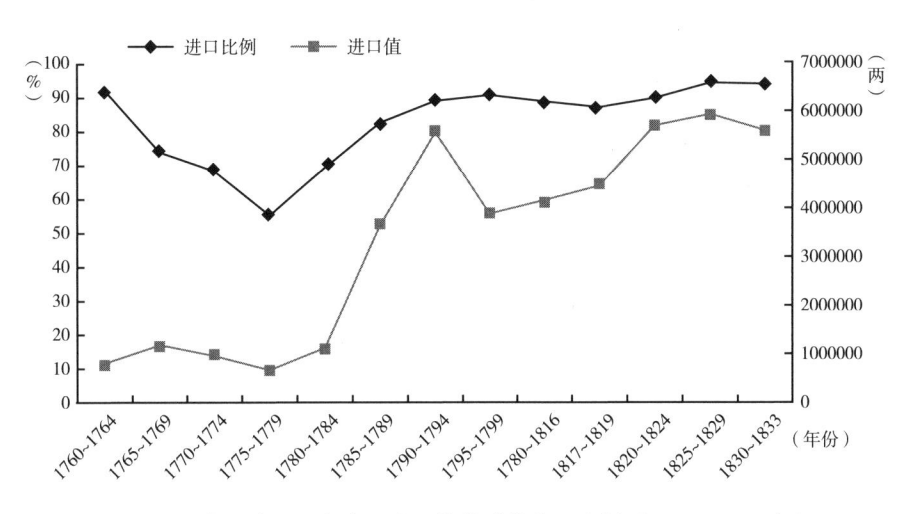

图 1-1 东印度公司自中国进口的茶叶价值及比例（1760~1833 年）

年份茶叶进口比例均保持在 68% 以上。18 世纪 80 年代中期之后茶叶进口值不断上升，1785~1789 年茶叶进口值较 1775~1779 年增长了 4.5 倍，所占比例也均保持在 80% 以上。茶叶生产者出于追逐商品利润的理性选择，在有能力供给的前提下必然提高商品产量，追求收益最大化。据记载，到光绪年间，外销茶已占茶产总额的十之八九，可见茶叶外销之盛况。

19 世纪以后世界茶叶消费数量持续增加，以区域划分形成了英国、俄国、美国三个主要的茶叶消费市场。英国、美国商人经海路贩运华茶回本国，俄国商人主要在恰克图、新疆、东北三个区域进行茶叶贸易，经陆路贩运茶叶至欧洲及中亚等地。在 19 世纪中叶以前，中国是世界茶叶唯一的供给方，此阶段属于华茶贸易的垄断时期，而 19 世纪中叶之后，随着世界其他茶叶产地的逐渐兴起，华茶所占世界市场份额逐渐发生变化。

二 19 世纪后期华茶世界市场份额下降

19 世纪后期随着印度、锡兰、日本等茶叶生产国的加入，世界市场华茶份额开始发生变化，其垄断地位因竞争者的加入而逐渐被打破。英国政府积极地在其殖民地印度、锡兰等国培植茶叶，到 19 世纪末华茶在英国市场的地位逐渐被印度茶叶所取代。在美国市场上，由于日本茶叶的加入，华茶备受打击。俄国在 19 世纪后期开始进入中国内地设厂产茶。由此，华茶在世界市场的垄断地位逐渐消失，主要表现为被其他竞争者取代及茶叶生产权被挤占。

（一）英国茶叶市场

英国是除中国之外世界上最大的茶叶消费国，同时是世界市场上最重要的茶叶转口贸易国。1712年茶叶进口量达150000磅，主要用于国内消费，一个世纪之后，茶叶总进口量达到21000000磅，其中4000000磅重新出口转运他国。① 随着茶叶贸易规模的不断扩大，政府开始征收巨额茶税与商人瓜分利润，英国政府从茶叶中获得的利润几乎和东印度公司获得的一样多。②

巨大的商业利润以及不断增加的市场需求，促进英国积极寻求新的茶叶产地。19世纪30年代起英国就开始在英属印度殖民地引进中国茶种，进行茶树培植。1838年12小箱印度茶经由东印度公司进入英国市场，此后印度茶叶输英数量逐年增加，到1859年印度茶叶输英数量已经超过百万磅，其市场份额占英国市场茶叶总额的2%（见表1-1）。就数量而言印度茶在这一时期还尚不足以成为华茶之竞争对手，但印度茶在接下来的近30年增长速度却是惊人的，1875年的《商业报告》③已经显示了这种情况。

> 十五年前印度茶叶的种植，只是一种实验，其目的并不是要在短期内提供一项重要输出品。当阿萨姆在欧洲人的管理之下，种下第一批茶树时，很少想到印度茶叶的竞争，会影响中国茶叶的发展。但是情况却正是这样，加尔各答输出的茶叶，由1861年的130万磅增加到1875年的2500万磅。如果我们想到，15年前茶叶生产还是由中国垄断的情况，这些数字就不仅表示印度茶已经成为一种可怕的劲敌，而且几乎使人担心：如果在种植和包装的方法上不求改进，中国将完全被逐出国际市场，这不过是一个时间问题而已。

---

① 姚贤镐编《中国近代对外贸易史资料（1840—1895）》，中华书局，1962，第268页。
② 姚贤镐编《中国近代对外贸易史资料（1840—1895）》，中华书局，1962，第270页。
③ 姚贤镐编《中国近代对外贸易史资料（1840—1895）》，中华书局，1962，第1186页。

除印度茶加入，这一时期也有少量的日本茶叶进入英国市场，1866年日本输英茶叶1257000磅，1871年输出535000磅，1881年为1315000磅①，其市场规模较小，占有率不超过1%，因此不做具体讨论，假设英国市场只消费中国茶和印度茶。

表1-1 英国市场上的中、印茶叶（1859~1887年）

年份	中国茶			印度茶		
	数量（磅）	金额（英镑）	数量占比（%）	数量（磅）	金额（英镑）	数量占比（%）
1859	71916833	5528660	98.0	1438101	147205	2.0
1860	85295129	6601894	96.9	2707449	236854	3.1
1861	92145365	6499542	97.9	1983785	168181	2.1
1862	109756857	8759763	98.3	1879306	165021	1.7
1863	129439921	10051803	97.6	3198499	305714	2.4
1864	115102527	8606705	97.0	3543493	391253	3.0
1865	112782845	9326536	97.3	3137586	347873	2.7
1866	130863501	10443488	96.1	5373636	521559	3.9
1867	117551978	9179216	93.8	7778624	697669	6.2
1868	142111486	11342180	94.0	9103485	821226	6.0
1869	126482613	9229212	91.8	11243219	978788	8.2
1870	125593898	8787894	90.6	13046335	1141548	9.5
1871	150010575	9907817	90.8	15163907	1303877	9.2
1872	157761169	10685785	90.5	16507655	1404673	9.5
1873	136298219	9202970	88.0	18515874	1525054	12.0
1874	132928579	9071330	88.0	18124715	1609555	12.0
1875	169762945	11408053	86.9	25589765	2204198	13.1
1876	155693724	10138012	84.8	27910332	2435892	15.2
1877	154996561	9694755	83.4	30957295	2679168	16.6
1878	165660009	10057203	82.4	35424611	2793581	17.6
1879	141517054	8125964	78.6	38595921	2931025	21.4
1880	158032111	8341074	77.6	45530728	3097029	22.4
1881	162195350	8043547	78.0	45614262	3072493	22.0
1882	153527372	7350561	73.9	54085348	3534166	26.1

---

① 姚贤镐编《中国近代对外贸易史资料（1840—1895）》，中华书局，1962，第1192页。

续表

年份	中国茶			印度茶		
	数量(磅)	金额(英镑)	数量占比(%)	数量(磅)	金额(英镑)	数量占比(%)
1883	156112831	7433236	71.8	61260311	3852486	28.2
1884	143708568	6373938	68.7	65423139	3878257	31.3
1885	139588183	6448277	67.0	68627150	4009189	33.0
1886	144898193	6385009	64.3	80621756	4636804	35.7
1887	118849258	4603988	54.9	97743655	4968954	45.1

资料来源：陈慈玉：《近代中国茶业的发展与世界市场》，台湾：中研院经济研究所，1982，第222页。

如表1-1所示，可以发现，首先，英国市场茶叶消费总额在不断增加。从消费总额来看，1859年英国市场茶叶消费总量为73354934磅，1887年茶叶消费总量为216592913磅，较1859年增长143237979磅，折合1.95倍。从华茶输入量来看，1859年中国茶叶输入量为71916833磅，1887年为118849258磅，增长46932425磅，增长率为65%，印度茶叶1887年较1859年输入量增长96305554磅，增长65倍。人口的增长刺激了茶叶的有效需求，19世纪英国人口持续增长，至19世纪后期英国人口年平均增长率保持在0.8%以上。同时，这一时期人均消费量也在不断增加，1861年英国人口数为2897.7万[①]，人均茶叶消费量约为3.2磅，1881年人口数约为3493.4万，茶叶消费总量为207809612磅，人均茶叶消费量约为5.95磅。茶叶人均消费量的增加与饮茶文化的普及有一定关系，但其决定因素是英国社会在这一时期经济水平的提高。1861年国民人均收入为24.4英镑，1881年为36.2英镑[②]，国民总收入增长57%。因此，19世纪后半叶英国人口的增加和社会经济的发展为茶叶贸易的发展提供了契机，英国市场茶叶消费量显著增加。

其次，华茶市场份额在不断下降。1859~1887年印度茶叶出口量总

---

① 〔日〕大渊宽、森冈仁：《经济人口学》，张真宁等译，北京经济学院出版社，1989，第30页。
② 〔日〕大渊宽、森冈仁：《经济人口学》，张真宁等译，北京经济学院出版社，1989，第30页。

体呈上升趋势，而华茶在英国茶叶市场的占有率则不断下降，印度茶叶逐渐挤占华茶市场。1859 年中国茶叶占到英国市场茶叶进口总量的 98%，1887 年下降至 54.9%。而印度茶叶占比则从 2% 上升到 45.1%。1887 年英国茶叶进口总量较 1859 年增长 143237979 磅，其中华茶的增长量约占到 32.8%，其余 67.2% 的增长则完全由印度茶叶所占有。

最后，以金额计算，1887 年印度茶叶市场份额已经超越华茶。1887 年输英华茶数量为 118849258 磅，输英印茶量为 97743655 磅，若以输入量来计算印茶与华茶相比尚有 10% 的缺额。但根据金额来看，1887 年印茶输英金额为 4968954 英镑，华茶输英金额为 4603988 英镑，二者所占比例分别为 51.9% 和 48.1%。华茶输入量尚占有优势，而输入金额却不及印茶，直接影响因素是两国茶叶价格。"就价格而论，印度茶在伦敦市场上永远博得最高的价格，例如 1875 年，保税的印度茶的平均价格为每磅 1 先令 11 便士，而中国茶则为 1 先令 3 便士。"① 根据表中数据计算可知，这一时期英国市场华茶、印茶的价格均保持下降趋势，1859 年每磅华茶价格为 0.08 英镑，每磅印茶价格为 0.1 英镑，1887 年每磅华茶价格为 0.039 英镑，每磅印茶价格为 0.051 英镑，该时期印茶市场价格始终高于华茶。

1859~1887 年中印两国茶叶输英数量均不断增长，两国茶叶发展状况则有明显差别。如图 1-2 所示，输英印茶数量增长率基本为正，呈持续增长态势，而输英华茶则主要为震荡变动趋势，其增长率在 -20% 到 30% 之间波动，发展不稳定的趋势比较明显。可以将这一区间分为三个阶段来讨论，分别以 1864 年和 1881 年为界。

1860~1863 年华茶输英数量为小幅度的持续增长趋势，年均增长率为 14.9%。印度茶叶在这一时期由于发展尚不稳定，增长率波动幅度较大，最高可以达到 1860 年的 88.3%，1861 年则为 -26.7%，年均增长率为 22.1%。这一时期华茶在英国市场上的占有率保持在 96.8% 以上，印茶则在 1.7%~3.1% 之间变动。

---

① Commercial Reports, 1876, 广州, 第 6~7 页, 转引自姚贤镐编《中国近代对外贸易史资料 (1840—1895)》, 中华书局, 1962, 第 1187 页。

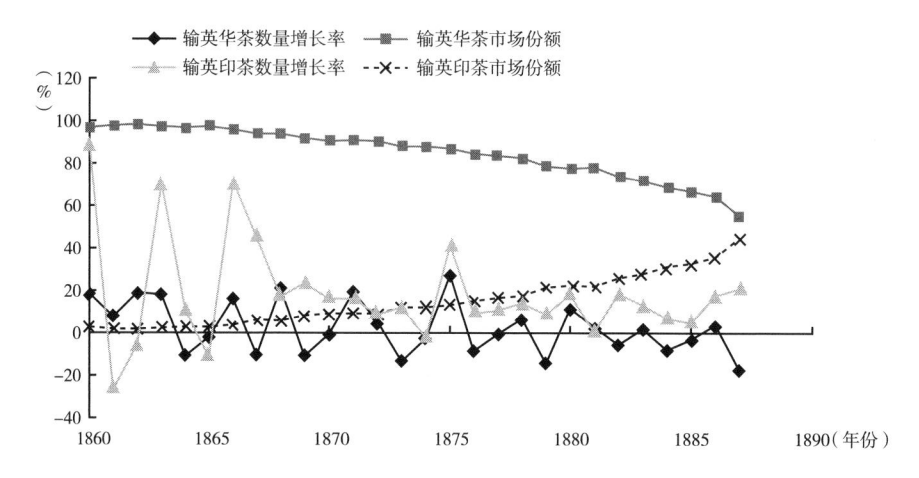

图 1-2　英国市场中、印茶叶数量及市场份额变动（1860~1887 年）

1864~1881 年为华茶震荡发展阶段。输英华茶增长率变动较大，年均增长率为 2%，输英印茶年均增长率为 16.2%。输英印茶增长率这一阶段仅在 1865 年和 1874 年出现过小幅下降，其余年份则保持稳定上升，而华茶在该阶段则有半数以上的年份呈现负增长。这一时期华茶仍占有英国茶叶市场的主要份额，大体保持在 78%~98%，处于稳定下降趋势，其发展已初见颓势，印茶输入量在稳定上升的过程中开始挤占华茶市场份额。1875~1876 年的《商业报告》也印证了这一衰落征兆，"到去年为止，英国茶叶销量的增加是由中国和印度分担的，而从去年起，中国茶叶的销量停滞不前，全部增加的数字为印度所独有"①。

华茶出口停滞不前的部分原因是茶叶质量问题。英国市场上越来越多的人开始喜欢印度茶的辛辣刺激口感，而认为华茶味道太淡、质量不佳，于是逐渐对其失去兴趣。据茶叶贸易相关人士记载，"这一时期的印度茶成为英国市场上最有前途的茶叶。就许多零售商而言，印度茶已经替代了其他一切泉水饮料；同时，在有些地区，饮用花薰茶和乌龙茶的，几乎已告绝迹。印度茶辛辣的、深入肺腑的香气永不散发，而且较淡味华茶更具刺激性。印度茶的另一优点是泡出后颜色深暗，这一点差不多被一致认为

---

① Commercial Reports，1875-1876，上海，第 27 页，转引自姚贤镐编《中国近代对外贸易史资料（1840—1895）》，中华书局，1962，第 1190 页。

是茶叶刺激力的确认"①。

　　1882~1887年为输英华茶数量下降阶段，多数年份呈负增长，1887年达到最低值-18%，年均增长率为-5%。印茶增长率则相对稳定，保持在5%~21%，年均增长率为12.6%，这一时期英国市场上华茶已完全衰退。1884年汉口《商业报告》记载，"英国人唯一重视的是印度茶，如果中国人对于他们自己茶叶的价值等等没有一个正当的认识，今年将不会有买卖成交"②。这一时期华茶在英国市场仅作为一种充数之物，若买不到印度、锡兰茶，才会考虑华茶。

　　在印度茶叶试种成功之后，英国在锡兰的茶叶生产也逐渐发展起来。锡兰茶业开始较晚，但发展速度极快，主要种植在南部不适合种植咖啡却适宜茶树生长的大量荒地。在大多数国家以为它是一个单纯的咖啡生产国时，锡兰茶叶在世界市场就已经开始占有一定的份额，而且其质量"甚至有可能超过誉满天下的印度茶"③。

> 锡兰茶业兴旺之速，在七年之前种茶仅有十三园，出茶一千三百箱，至五年前即有五十六园，产茶九千五百箱；迨四年前，其茶多至一百一十园，出茶二万二千五百箱；近此三年竟有一百三十五园，出茶三万二千六百箱。至于去年则约有九百园，计地七十二万亩，每亩可出茶八十斤，且茶树所生之叶，较前更多茂盛。④

　　1886年印度、锡兰两国茶叶出口已经达90000000磅，同时英国还在爪哇种植茶树，这一年爪哇也已生产4000000磅茶叶。⑤ 英国政府在英属

---

① *A Retrospect of Political and Commercial Affairs in China during the Five Years 1868-72*, p. 107，转引自姚贤镐编《中国近代对外贸易史资料（1840—1895）》，中华书局，1962，第1190页。
② Trade Reports, 1884，汉口，第75页，转引自姚贤镐编《中国近代对外贸易史资料（1840—1895）》，中华书局，1962，第1192页。
③ 《北华捷报》，1878，第273页，转引自姚贤镐编《中国近代对外贸易史资料（1840—1895）》，中华书局，1962，第1188~1189页。
④ 姚贤镐编《中国近代对外贸易史资料（1840—1895）》，中华书局，1962，第1189页。
⑤ Commercial Reports, 1887，九江，第116页，转引自姚贤镐编《中国近代对外贸易史资料（1840—1895）》，中华书局，1962，第1188~1189页。

殖民地茶树的培植大获成功，华茶在19世纪中叶之后的几十年里逐渐失去其垄断地位。

（二）美国茶叶市场

中美茶叶贸易开始时间较晚，美国市场茶叶消费总量无法与英国市场相比，但19世纪中叶之前美国市场上也主要消费中国茶叶。而在亚洲其他产茶国逐渐兴起之后，华茶在美国市场的垄断地位也受到冲击。

19世纪50年代末期日本茶业兴起，开始冲击中国茶叶在美国市场的地位。1856年日本输入美国的茶叶为50小箱，第二年为400小箱，而1859年则为100000小箱。至1860年，日本模仿中国制茶已经获得成功。①

1860年中国出口美国华茶30558949磅，价值8799820元（约为6599865两白银），每磅茶叶约为0.29元，占美国市场茶叶总量的96.54%。同年，日本茶叶输美35012磅，价值4103元，单价约为每磅0.12元，所占市场份额约为0.11%。此时美国市场上还有亚洲其他产茶国茶叶1059461磅，茶叶单价每磅约为0.1元，占市场总量的3.35%。②19世纪60年代亚洲其他产茶国在美国市场并未占有一定的优势，市场价格也不似印度茶在英国那般低于华茶。日本茶叶开始输入美国，市场份额较小，而且与亚洲其他产茶国不同的是，其茶叶价格相对于华茶具有一定的优势。从市场价格与份额来看，这一时期中国茶叶在美国市场尚具有绝对优势。

自19世纪60年代，日本及印度、锡兰等国茶叶产量大增，开始大量输往美国市场，华茶在美国市场的份额则开始不断下降。19世纪80年代，华茶输美数量占市场总量的比重已经由1860年的96.41%下降到50.15%，日本茶叶所占份额则增长到46.68%，在这一时期印、锡茶叶在美国市场并未有大的发展，市场占有量仍保持在3%左右（见图1-3）。直至19世纪末，美国茶叶市场主要由中国和日本两国所垄断，二者所占份额各保持在40%左右，剩余份额则主要由印度、锡兰茶叶占据。由于美国市场消费者偏好饮用绿茶，日本以绿茶生产为主，其所产茶叶也

---

① 姚贤镐编《中国近代对外贸易史资料（1840—1895）》，中华书局，1962，第656页。
② 姚贤镐编《中国近代对外贸易史资料（1840—1895）》，中华书局，1962，第657页。

几乎全部销往美国。因此在19世纪后半叶,日本绿茶和中国绿茶在美国市场展开了竞争。

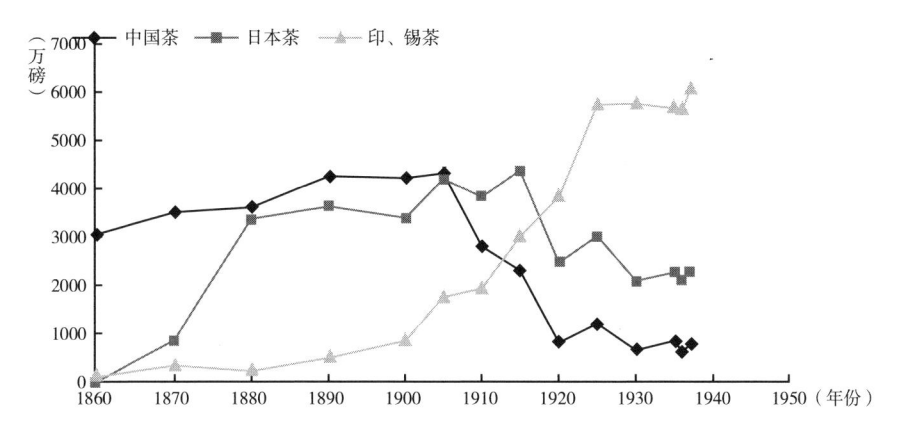

图1-3 美国市场茶叶消费结构变化(1860~1937年)

美国茶叶市场供给结构的变化可以分为三个阶段。

第一阶段为1860年到1880年。19世纪60年代日本茶在美国市场崭露头角,至80年代美国市场近一半的茶叶消费量来自日本。这一时期美国市场华茶消费量虽有所增加,而年均增长率仅为0.85%,基本处于相对停滞状态。而这一时期日本茶叶在美国消费量的增长则是惊人的,从35000磅增加到33688000磅,年均增长率达40.98%。华茶市场份额则逐步下降,而这一部分市场份额主要由日本茶叶所占。

1870年之后的10年是美国市场日本茶叶发展最快的时期,其市场份额从18.62%上升到46.68%,华茶市场份额则从74.26%降到50.15%(见表1-2)。1864年日本茶叶生产总量不足400万磅,且其中只有40%运往美国市场,其余都运入英国。从19世纪70年代开始,日茶主要转运美国,1870~1871年运美日茶为1360万磅,1874~1875年运美日茶第一次超过美国市场上的中国绿茶,此后几年日本运美茶叶始终高于中国输美绿茶,1876~1877年输美绿茶达1930万磅,是该时期美国市场上中国绿茶的两倍。①

---

① 姚贤镐编《中国近代对外贸易史资料(1840—1895)》,中华书局,1962,第1198页。

表 1-2 美国市场茶叶消费数量变化及其比例（1860~1937 年）

单位：万磅

年度	合计	中国		日本		印、锡	
		数量	占比	数量	占比	数量	占比
1860	3169.5	3055.8	96.41	3.5	0.11	110.2	3.48
1870	4740.6	3520.2	74.26	882.5	18.62	337.9	7.13
1880	7216.2	3618.7	50.15	3368.8	46.68	228.7	3.17
1890	8388.4	4258.6	50.77	3636.3	43.35	493.5	5.88
1900	8484.5	4228.4	49.84	3394.9	40.01	861.2	10.15
1905	10270.5	4312.2	41.99	4197.0	40.86	1761.3	17.15
1910	8562.5	2804.3	32.75	3818.7	44.60	1939.5	22.65
1915	9698.7	2310.0	23.82	4386.9	45.23	3001.8	30.95
1920	7100.0	805.5	11.35	2474.9	34.86	3819.6	53.80
1925	9965.3	1206.0	12.10	3027.7	30.38	5731.6	57.52
1930	8492.5	646.7	7.61	2094.8	24.67	5751.0	67.72
1935	8799.5	861.3	9.79	2273.4	25.84	5664.8	64.38
1936	8356.1	624.0	7.47	2112.9	25.29	5619.2	67.25
1937	9147.9	773.8	8.46	2311.4	25.27	6062.7	66.27

资料来源：李宗文：《国茶对美贸易》，《贸易月刊》1941 年 2 月号，第 29 页。

19 世纪后期日本茶叶增长之势头已经超越中国茶叶，并且开始影响国内华茶的出口。据 1874 年上海《商业报告》记载：

> 日本茶在美国愈来愈受欢迎，已经大大地刺激了日本茶的生产；甚至于严重地破坏了今年上海运出绿茶的正常计划。现在大家都愿意装输船把茶叶早日运到美国，引起了早期茶叶供应过多，其结果只有招致破产。加以进口商无保留地抛售茶叶，已使茶市场每况愈下。美国的这种情形，已经影响了伦敦市场，许多原来准备运到纽约的茶叶都在伦敦出售了。①

第二阶段为 1881~1905 年，从茶叶消费量来看，这一时期美国市场中国、日本茶叶消费量差距较小，华茶略高于日本茶，中国茶和日本茶共

---

① 姚贤镐编《中国近代对外贸易史资料（1840—1895）》，中华书局，1962，第 1199 页。

同占有美国市场。同时，印、锡茶叶的市场份额开始上升。该阶段中国茶叶与日本茶叶在美国的市场份额基本保持在40%～51%，印、锡茶占美国的市场的份额从1880年的3.17%上升到1905年的17.15%，而中国茶、日本茶1905年的消费量较1880年分别增长19.2%和24.6%。

第三阶段为1906～1937年，美国市场上华茶份额从49.8%下降到1937年前的8.46%，日本茶叶市场份额在1915年后也开始下降，到1937年仅占有约1/4。印、锡茶叶在美国市场的消费量持续上升，逐步占领美国茶叶市场。这主要受太平洋战争的影响，美日贸易遇到障碍，日本茶叶出口逐渐停滞，美国开始转向消费印度、锡兰等国所产红茶。

日本茶叶能够迅速占领美国市场主要在于其品质及价格优势。日本茶叶制法可分为三类：手工法、机械制法及手工机械混合法，以机械制法为主，其余两类制法则针对特定茶叶。日本较早引入了机器制茶，而机械制茶的成本约为手工生产的1/3①，有效地降低了茶叶生产成本，这为其在美国市场上与华茶竞争赢得价格优势。同时，日本建立了一套监管和保护体系来保证茶叶质量，防止茶叶制作中制造、掺杂假茶，对茶叶产品进行强制检查。行业协会组织同时承担保护茶商合法权益的责任，协会代表会被派往美国保障日本茶叶贸易的合法性。

（三）俄国茶叶市场

中国茶出现在俄国市场始于17世纪中叶，到19世纪中叶自产自销的华茶贸易发展到极盛。1616年俄使彼得罗夫出使中国，在招待宴会上第一次认识了茶叶。② 1638～1640年俄使瓦西里·斯塔尔科夫出访蒙古地区的阿勒坦汗廷，临行时带走了200包茶叶到俄国③，这是华茶首次输往俄国。17世纪后期俄国市场上已经开始有华茶出售。④

中俄展开恰克图贸易之前，茶叶主要通过俄国来往北京的商队进行购买，1727年中俄《恰克图条约》签订之后主要在恰克图市场交易，

---

① 潘序伦：《美国对华贸易史（1784—1923）》，李湖生译，立信会计出版社，2013，第81页。
② 〔英〕约·弗·巴德利：《俄国·蒙古·中国》，吴持哲、吴有刚译，商务印书馆，1981，第1101页。
③ 孟宪章主编《中苏贸易史资料》，中国对外贸易出版社，1991，第9页。
④ 郭孟良：《中国茶史》，山西古籍出版社，2003，第242页。

18世纪中叶之前茶叶交易规模尚小，交易额约占市场总额的1/10。①1753年之后恰克图市场茶叶交易额迅速增长，18世纪末茶叶已经成为俄国人民生活中的日常消费品，俄国人"习惯于喝中国茶，很难戒掉"②。19世纪上半叶茶叶成为恰克图贸易中国出口商品中最重要的商品，19世纪20年代茶叶出口额已经占到贸易总额的88%，30年代占比达到93%。③

由于恰克图距离中国内地市场太远，从事商品交易的商人有限，俄国商品进入中国市场受阻，恰克图市场出现滞销状况，"俄国商品的价格一落再落，而我们得到的茶叶是正常价格的两倍半。某些俄国商品已积压几年，势必变质损坏"④。出于商品贸易的需求，19世纪中叶俄国政府就在积极寻求进入中国内地市场的渠道，与此同时英国商人利用较陆路运输成本更低的海路，将中国茶叶运至以前只由俄国商人专营销售的欧洲地区。

鸦片战争之后俄国恰克图贸易逐渐衰落，俄国商人开始进入中国内地通商口岸设厂生产茶叶，19世纪70年代俄商相继在福州、九江、汉口等地设立茶厂，雇用茶工进行砖茶生产。在中俄贸易中，俄商从单纯的茶叶贩运商转变为茶叶生产者，与中国商人和手工业者争夺茶叶利润，中国逐渐沦为中俄茶叶贸易中的原料供应方。

华茶在英美茶叶市场出口量逐渐下降的同时，输俄茶叶量却极为乐观。但在这一部分茶叶贸易中国仅为原材料毛茶以及廉价劳动力的供应方，失去了生产和贩运贸易环节的利润，其中受其影响最大的是长期以来经营中俄茶叶贸易的晋商。俄国政府通过条约制定了一系列贸易优惠政策，通过开放通商口岸，获得了税收特权，为其进入内地与中国茶商争夺茶叶利润积累了竞争优势。

---

① 〔俄〕帕·西林：《十八世纪的恰克图》，伊尔库茨克出版社，1947，第146页。
② 〔俄〕尼古拉·班蒂什-卡缅斯基：《俄中两国外交文献汇编（1619—1792年）》，中国人民大学俄语教研室译，商务印书馆，1982，第420页。
③ 〔苏〕米·约·斯拉德科夫斯基：《俄国各民族与中国贸易经济关系史（1917以前）》，宿丰林译、徐昌翰审校，社会科学文献出版社，2008，第192页。
④ 《海军军事档案馆》，康士坦丁·尼古拉耶维奇亲王办公厅全宗，154案卷，第149页，转引自〔苏〕П. И. 卡巴诺夫《黑龙江问题》，姜延祚译，黑龙江人民出版社，1983，第137页。

缘俄商贩茶回国，只纳征税一项；而华茶贩茶出口，交纳正税之外，到恰克图后复交票规每张 50 两。咸丰十年，因军饷支绌，奏准每商票一张，在察哈尔都统衙门捐输厘金 60 两，凑拨察哈尔驻防常年兵饷。华茶税厘既重，获利无多，是以生计日穷，渐行萧索。①

俄商在汉口开办茶厂，引入新式制茶机器，机制砖茶比手工砖茶效率高，且机器损耗低，因此从两湖地区贩运茶叶至恰克图的晋商无法与其竞争。自 1865 年之后经天津港口运至西伯利亚地区的中国茶叶，均为俄商所生产加工或是在其监督之下加工的。② 恰克图市场则日渐衰退，边境市场山西行庄从一百余个缩减为六七十个，到 1868 年买卖城只剩下四个老的山西行庄。19 世纪末俄国成为中国茶叶最大的消费国，1898 年出口俄国市场的华茶占到全国茶叶总量的 61%，而英美市场则分别为 22.8% 和 10.2%。③ 19 世纪末俄商进入中国内地市场，一定程度上加速了中国传统茶业的衰败并带来出口市场的虚假繁荣。

20 世纪初华茶出口量持续走低，1920 年华茶出口量达到最低点，仅占世界茶叶市场总量的 6.5%，如图 1-4 所示，1920 年前后印度茶叶在世界市场上占有量最高，约占 45.7%，锡兰茶叶居第二位，占市场总量的 29.4%，印度尼西亚茶叶占到 14.9%，而华茶和日茶所占份额仅为 9.9%。这一时期印度、锡兰、印度尼西亚茶叶共同占据世界茶叶市场，改变了在此之前的华茶垄断模式，而市场竞争者的加入实质上对市场的扩大及行业技术的进步都有积极作用。

综上所述，19 世纪中叶之前世界茶叶市场主要由华茶所垄断，到 20 世纪初，随着其他国家逐渐加入世界茶叶市场，华茶市场份额也不断下降，世界茶叶市场的供给逐渐由垄断向自由竞争过渡。19 世纪末印度、锡兰茶叶在英国市场开始占据主导地位，日本绿茶则在美国市场大受欢

---

① 《筹办夷务始末（同治朝）》（卷57），第2页，转引自孟宪章主编《中苏贸易史资料》，中国对外经济贸易出版社，1991，第255页。
② 张正明主编《明清晋商商业资料选编》（下），山西经济出版社，2016，第578页。
③ 陈慈玉：《近代中国茶业的发展与世界市场》，台湾：中研院经济研究所，1982，第307页。

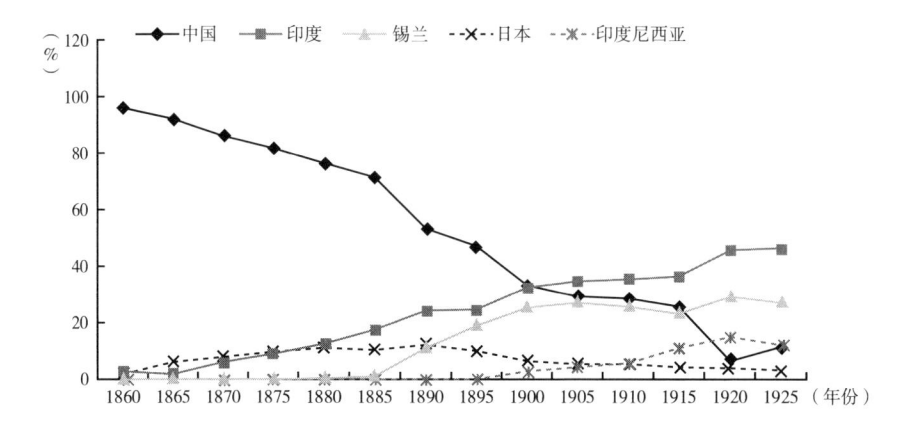

图 1-4　世界市场各主要产茶国市场份额变动（1860~1925 年）

资料来源：1860~1895 年资料来源于陈慈玉《近代中国茶业的发展与世界市场》，台湾：中研院经济研究所，1982，第 324 页；1896~1925 年资料来源于许道夫编《中国近代农业生产及贸易统计资料》，上海人民出版社，1983，第 257 页。

迎。俄国茶商进入中国内地设厂制茶后通过天津港大量转运华茶至西伯利亚市场，虽然华茶在英美两国市场竞争中相继落败，但从出口量来看，直至第一次世界大战前俄国市场 64% 的茶叶均来自中国。由于 19 世纪后期对俄茶叶出口的增长，1890 年华茶在世界市场上的份额为 53.1%，1900 年则仅占到 33.1%，1920 年华茶出口量仅占到世界茶叶市场总量的 6.5%，自此华茶基本退出世界茶叶市场。

第二节　世界市场中茶叶销售与需求的变化

尽管在 19 世纪中叶以前，中国是世界上处于垄断地位的茶叶供给国，但在世界市场上销售却不是由中国来完成的，中国茶叶商人将茶叶运到广州、恰克图等地与外国商人完成交易后，这些茶叶销往何处、定价多少全部与中国商人无关。从 18 世纪开始，欧洲各国纷纷通过在印度建立的东印度公司从中国广州购买茶叶，以牟取高额利润。1728 年俄国取得了在中俄边境恰克图与中国进行贸易的权利，也加入茶叶贸易的行列中来。18 世纪后期，美国也成为世界茶叶市场中的重要销售国。世界市场上的茶叶销售与需求呈现两种趋势，即销售国从分散向集中转变与茶叶需求的小品种、高品质化。

一 世界茶叶市场销售从竞争到垄断

17世纪中叶,茶叶作为饮品出现在英国后,迅速取代咖啡成为风靡欧美的时尚。英国及欧洲大陆对茶叶的需求不断扩大,到18世纪初,已经成为英国进口最大宗的中国商品。欧洲的商人嗅到了商机,纷纷利用本国在印度设立的东印度公司从事对华茶叶贸易。由于起初大批量生产茶叶的国家只有中国,决定了中国供给的垄断地位,中国的茶叶商人只需将茶叶贩运至广州或恰克图即可获得高额利润。远渡重洋贩卖茶叶的风险与成本对于当时的商人是不可控的,加之清朝政策的约束,世界市场上茶叶的销售权便逐渐落到了欧洲冒险家的手里。

从销售目的地来看,欧美对华茶叶贸易大致可以分为两个阶段。第一阶段为18世纪初至18世纪七八十年代,欧洲国家从中国购茶主要为满足本国国内需求,部分销售到其他国家。

这一时期在华从事茶叶贸易的基本是欧洲国家,除俄国一国在中俄边境城市恰克图与中国交易茶叶外,其他国家都在广州口岸。欧洲大陆几乎稍大些的国家都参与到瓜分茶叶销售利润的活动中来。茶叶在世界范围的销售,即各国在茶叶市场的占比,主要受这些国家的人口数量、消费水平及运输能力影响。英国1716年在广州与中国交易的各类商品中,茶叶已经取代丝绸成为最大宗的商品。[1] 1718年,比利时奥斯坦德东印度公司对华贸易开始专门经营大宗茶叶[2],1728年法国在广州建立商业据点。[3] 此外,荷兰、丹麦和瑞典等国所控制的东印度公司也开始将茶叶作为主要的进口货物。

尽管表1-3并不完整,但也能看出整个18世纪,欧洲各国的茶叶进口数量呈不断上升的趋势,其中英国从20年代初的6975担增长到七八十年代的60031担,增长至原来的8.61倍。荷兰茶叶七八十年代的进口量也增长至二三十年代的5.18倍,瑞典从40年代初到七八十年代增长了0.64

---

[1] 〔美〕马士:《东印度公司对华贸易编年史》,区宗华译、林树惠校,中山大学出版社,1991,第155页。
[2] 吴建雍:《清前期中西茶叶贸易》,《清史研究》1998年第3期。
[3] 陈椽编著《茶业通史》(第二版),中国农业出版社,2008,第478页。

倍，法国增长了 1.05 倍，丹麦增长了 2.34 倍。俄国从 18 世纪 50 年代平均每年 608.4 担增长到 1799 年的 17475.17 担，增长至原来的 28.72 倍。

表 1-3 18 世纪欧洲主要茶叶进口国进口量估计

单位：担

时间	英国	俄国	荷兰	瑞典	法国	丹麦
1720~1724	6975	—	—	—	—	—
1729~1733	—	—	5263	—	—	—
1741	—	—	—	—	9450	6400
1742	—	—	—	13756	—	—
1745~1749	15693	—	—	14332	—	—
1750	—	—	—	—	14944	12304
1754	—	—	—	18510	—	—
1756	—	608.4	—	—	—	—
1760~1764	42065	9828	27250	26750	14586	20357
1776~1784	60031	—	27268	22538	19368	21366
1799	—	17475.17	—	—	—	—

资料来源：英国数据根据 K. N. Chaudhuri, *The Trading World of Asia and the English East India Company 1660–1760* (London: Cambridge University Press, 2006), p. 538. 和姚贤镐编《中国近代对外贸易史资料 (1840—1895)》，第 276 页；荷兰数据根据 C. J. A. Jörg, *Porcelain and the Dutch China Trade* (Berlin: Springer, 1982), p. 217；瑞典数据根据 C. Koninckx: *The First and Second Charters of the Swedish East India Company 1731–1766* (Belgium: Van Ghemmer Publishing Company, 1980), pp. 451–452；1776~1784 年英国、荷兰、瑞典、法国、丹麦的数据根据马士：《东印度公司对华贸易编年史》，区宗华译、林树惠校，中山大学出版社，1991，第 440 页；俄国数据根据郭蕴深《中俄茶叶贸易史》，黑龙江教育出版社，1995，第 31 页，〔俄〕米·约·斯拉德科夫斯基：《俄中贸易和经济关系史 1917—1974》，莫斯科：科学出版社，1974，第 208~209 页，并据 1 普特（俄制）=16.38 千克，1 担=50 千克，将普特换算成担。

注：多年份为年平均值，"—"代表数据不详。

进口总量的增长从一定意义上反映出某个国家对商品的需求程度，我们做这样的设想，进口茶叶的这些欧洲国家本国对茶叶的需求是旺盛的。17 世纪中叶开始荷兰的饮茶已经形成风气。① 法国更是将茶叶作为能够缓解痛风、预防心脏病，甚至能起死回生的药饮。18 世纪后，饮茶之风在法国中上阶层开始盛行。基于这些情况，可以推测茶叶商人贩运的茶叶在首先满足本国需求的前提下，有剩余茶叶时，才会贩卖到其他国家。

---

① 陈椽编著《茶业通史》（第二版），中国农业出版社，2008，第 471 页。

18世纪除俄国以外的其他国家中，英国茶叶进口量居首位，占比达30%~40%，其次是荷兰，占20%~30%，其他三国约占40%。① 按这些国家人口数量来考察各国进口的茶叶量，根据欧洲各国18~19世纪总人口数及其自然增长率，可推算出18世纪70年代欧洲各国人口的大致数据。人口及自然增长率数据来源于日本学者大渊宽、森冈仁所著《经济人口学》。② 具体计算方法如下。

1831~1840年荷兰总人口为270万，每10年自然增长率为1.1%，18世纪70年代荷兰总人口为$270/(1+1.1\%)^6=252.8$万。1865年瑞典总人口为390万，每10年自然增长率为1.2%，18世纪70年代瑞典人口为$390/(1+1.2\%)^9=350.3$万。1865~1869年丹麦总人口为170万，每10年自然增长率为1.1%，18世纪70年代丹麦人口为$170/(1+1.1\%)^9=154.1$万。法国历史学家皮埃尔·米盖尔的《法国史》记载1789年法国人口数量为2600万。③

18世纪后期英国人口为770多万，茶叶进口量最多，这与茶叶在英国的普及，以及英国国民消费能力有关。大渊宽等人的研究结果表明，从1655年至18世纪末19世纪初，英国人均茶叶消费量远高于同期的法国、瑞典等国。④ 而荷兰、丹麦、瑞典的人口数量与进口茶叶数量比照英国的消费明显存在多于本国需求的情况。有研究成果显示，1636年正是荷兰人将茶叶带到了法国。⑤ 瑞典、丹麦等国的茶叶也有在其他国家销售的情况。丹麦东印度公司进口的茶叶有相当一部分转销荷兰，1737年在哥本哈根举办的拍卖会上，大量茶叶被荷兰商人所收购。⑥ 英国在1726~1730年有18%

---

① 吴建雍：《清前期中西茶叶贸易》，《清史研究》1998年第3期。
② 〔日〕大渊宽、森冈仁：《经济人口学》，张真宁等译，北京经济学院出版社，1989，第48页。
③ 〔法〕皮埃尔·米盖尔：《法国史》，桂裕芳、郭华榕等译，中国社会科学出版社，2010，第233页。
④ 〔日〕大渊宽、森冈仁：《经济人口学》，张真宁等译，北京经济学院出版社，1989，第46页。
⑤ 关剑平主编《世界茶文化》，安徽教育出版社，2011，第191页。
⑥ C. J. A. Jörg, *Porcelain and the Dutch China Trade* (Berlin: Springer, 1982), p. 228.

的茶叶再出口到其他国家，1741~1745年茶叶再出口比例为35%。①

这种情况维持到18世纪70年代以后出现变化，受英国国内茶税政策的影响，英国茶叶价格居高不下，导致欧洲茶叶走私猖獗，出现了欧洲大陆茶叶"倒灌"英国的情况。同时，美国独立后随即开始到中国广州贩茶，从而改变了本国商人供应本国茶叶的基本的"销售—需求"格局。1724年英国茶税税率约为13.93%，1747年达到18.93%，1759年为23.93%。从18世纪60年代开始明显高于欧洲其他国家，从约65%的税率提升到70年代的110%②，进入19世纪英国茶税依然居高不下（见表1-4）。

表1-4 1801~1846年英国茶税变化情况

年份	功夫茶税前价格（先令/磅）	功夫茶税后价格（先令/磅）	实征茶税（先令/磅）	茶税占税前价格比例（%）
1801	3.23	4.69	1.46	45.20
1811	3.02	5.92	2.90	96.03
1821	2.58	5.17	2.59	100.39
1831	2.13	4.25	2.12	99.53
1834	1.75	3.92	2.17	124.00
1835	1.36	3.53	2.17	159.56
1836	1.16	3.23	2.07	178.45
1837	1.11	3.20	2.09	188.29
1838	1.40	3.48	2.08	148.57
1839	1.46	3.54	2.08	142.47
1840	2.31	4.50	2.19	94.81
1841	1.88	4.06	2.18	116.00
1842	1.73	3.92	2.19	126.59
1843	1.17	3.35	2.18	186.32
1844	1.00	3.19	2.19	219.00
1845	0.83	3.02	2.19	263.86
1846	0.75	2.94	2.19	292.00

资料来源：功夫茶税前价格和税后价格来源于Gideon Nye, *Tea and the Tea Trade* (New York: Geo. W. Wood, 1850), pp.16-17，根据1先令=12便士将原数据兑换成以先令为单位的数据，茶税根据税后价格减去税前价格求得。

① K. N. Chaudhuri, *The Trading World of Asia and the English East India Company 1660-1760* (London: Cambridge University Press, 2006), p.396.
② 吴建雍：《清前期中西茶叶贸易》，《清史研究》1998年第3期。

19世纪前40年英国国内茶税税率基本呈上升趋势，1801年至1831年前后平缓增长，1831年至1837年税率骤增至188.29%。1840年受战争因素的影响，茶叶进口量为4000万磅左右①，为保障商人利益，英国国内税率骤降至94.81%，基本与1811年持平，随后出现反弹。受1845年秋季开始的爱尔兰大饥荒、1847年开始的英国第九次经济危机，以及1848~1849年大革命爆发等影响②，1846年税率高达292.00%，与1801年相比提升了246.80个百分点，19世纪中后期税率一直保持在较高水平。英国的饮茶之风和高额茶税在18世纪中后期造成了两个方面的后果。

第一，茶叶走私的组织化和集团化。在超高税率影响下，英国的茶叶价格迅速攀升。有数据显示，18世纪80年代，英国茶叶价格大约是荷兰的三倍③，导致商人从欧洲大陆向英国走私茶叶之风甚嚣尘上。走私者主要有英国财力雄厚的商人和荷兰东印度公司泽兰商会，"他们雇佣大型武装船只，在一个销售季度内可来往三趟，一只船总计可走私1282担茶叶。这种走私贸易甚至可以得到国际信贷和保险业的支持。据1784年英国东印度公司的一份备忘录所披露，走私茶叶的保险方法有三种：一是由伦敦大走私商付相当于茶价25%的保险费，二是大陆走私商对雇佣的船主承担一半的风险，三是每包茶（不论其重量）付保险费21先令"④。另据《茶：嗜好、开拓与帝国》的描述："1747年9月22日，一艘由威廉·约翰逊担任船长、名叫雨燕号（Swift）的武装民船正停靠在普尔海岸一个叫多塞特（Dorset）的地方对走私船进行瞭望……下午5点钟，雨燕号在东部海面上发现了一艘名叫三兄弟号的可疑的小船，于是开过去拦截它……用了六个小时才追上这条走私船……雨燕号开了几枪之后，最终投降了。约翰逊船长和他的船员登上了三兄弟号……他们在船上发现了装在帆布袋中、用油布裹着的82个包裹。后来这些袋子

---

① 林齐模：《近代中国茶叶国际贸易的衰减——以对英国出口为中心》，《历史研究》2003年第6期。
② Gideon Nye, *Tea and the Tea Trade* (New York: Geo. W. Wood, 1850), p.9.
③ 吴建雍：《清前期中西茶叶贸易》，《清史研究》1998年第3期。
④ 吴建雍：《清前期中西茶叶贸易》，《清史研究》1998年第3期。

被称了重，总共有两吨，里面装的是茶叶……在18世纪40年代曾发生过多起类似的与茶叶走私有关的事件。"① 这一现象间接影响了世界茶叶市场的销售格局。

英国为了改变这种局面，一方面于1784年颁布了《减税法令》，规定"取消一切现有各税，如进口税、津贴和附加税等等，而以单一税12.5%代替之，按公司出售净额，在购货时连同价款一起缴付，由公司代财政部征收"②。另一方面英国东印度公司加大对广州出口茶叶的控制，给荷兰等国造成了威胁。尽管荷兰在18世纪90年代初，依然有占欧洲进口总量10%以上的茶叶进口，但随着荷兰东印度公司私有化，荷兰的茶叶进口逐渐消失。到19世纪初，随着俄国在中国北路的贸易量不断扩大，加之美国茶叶商人的介入，法国、丹麦、瑞典、普鲁士等国也不再贩运茶叶。世界茶叶的销售格局从自由竞争逐步转向由英国、俄国和美国垄断。"1820年以后，英国东印度公司从广州购买的茶叶，还有一部分销往英属北美洲殖民地，这部分茶叶所占比例十分有限，每年最多达5%，多者有一万二千余担，少者仅数千担。"③

第二，在高税率、高价格的影响下，英国人对茶叶的偏好发生了变化。1836年前，英国对不同种类品质的茶叶征税有不同的标准。1834年4月22日规定，武夷茶税为每磅1先令6便士，功夫茶税为每磅2先令2便士，其他茶税为每磅3便士④，1836年后不再进行分类征收。因此，19世纪上半叶英国对于高档茶和廉价茶的征税比例并未有明显差别，与茶叶征税的高低关系最密切的应当为茶叶的重量。在高档茶和廉价茶的茶税相同的情况下，由于运输成本相同，双方税前价格不等，高档茶价格较高，廉价茶价格较低，茶税所占茶叶价格的比例也不同。1836年统一征税比例之后，较为昂贵的优质茶征税比例较低，而廉价茶则相反，因此19世纪上半叶英国茶叶市场优质茶的征税成本低于廉

---

① 〔英〕莫克塞姆：《茶：嗜好、开拓与帝国》，毕小青译，生活·读书·新知三联书店，2015，第9页。
② 〔美〕马士：《东印度公司对华贸易编年史》，区宗华译、林树惠校，中山大学出版社，1991，第347页。
③ 吴建雍：《清前期中西茶叶贸易》，《清史研究》1998年第3期。
④ 据 Gideon Nye, *Tea and the Tea Trade* 书中记载，实际征收与规定有差别。

价茶。再加上英国市场消费者对于茶叶品质已经有一定的鉴别能力，英国商人逐渐进口销售含税比例较低的优质茶，而摒弃税收成本较高的廉价茶。

二 欧洲国家对茶叶品种品质需求的变化

中国的茶叶种类繁多，现在按色泽工艺划分，有绿茶、红茶、白茶、黄茶、黑茶和青茶六种。"绿茶是未发酵的茶。在加工过程中首先通过烘烤杀死茶叶中的酶，从而防止茶叶发酵（氧化）变黑。红茶是发酵的茶。在加工过程中促进茶叶发酵，使之变黑。然后再进行烘烤。半发酵茶是通过在烘烤之前让其部分发酵制作而成的茶叶。"① 白茶属于轻度发酵茶，黄茶的发酵度低于白茶，青茶则为半发酵茶（见表1-5）。

表1-5 按色泽工艺划分茶叶种类

种类	发酵度（M）	代表茶品种
绿茶	0	日照绿茶、六安瓜片、龙井茶、碧螺春、蒙洱茶、信阳毛尖
黄茶	10~20	霍山黄芽、蒙洱银针
白茶	0~10	白毫银针、白牡丹
青茶	30~70	铁观音、大红袍、冻顶乌龙茶
红茶	80~90	祁门红茶、荔枝红茶
黑茶	90~100	普洱茶、六堡茶、湖南黑茶

注：M表示发酵度，MOL/L；20M表示有20%的部分被发酵。
资料来源：吴远之主编《大学茶道教程》，知识产权出版社，2011，第19页。

中国古代茶叶生产并没有严格的等级划分，除了贡茶以外，茶叶的优劣往往取决于茶叶采摘的时机、采摘叶片的鲜嫩程度、品茶人的喜好和茶叶生产地等。其中由于加工技术的不同，茶叶产地成为主要的区分标准。17世纪茶叶的海外贸易出现后，欧洲各国由于对茶叶品质的鉴别能力有限，并没有对茶叶做出严格区分。由于史料阙如，18

---

① 〔英〕莫克塞姆：《茶：嗜好、开拓与帝国》，毕小青译，生活·读书·新知三联书店，2015，第253页。

世纪欧洲进口中国茶叶大多以绿茶和红茶进行记录（见表1-6）。我们能够看到的茶叶种类，红茶主要有武夷、功夫、白毫、色种茶等，其中武夷茶为最大宗。18世纪末，品质较高的功夫茶的份额不断提高。

表1-6　18~19世纪欧洲从中国进口茶叶主要种类与特征

种类	品名	特征
绿茶	松萝茶	用野生或半野生茶树的叶子加工而成的茶叶
	屯溪茶	高品质的松萝茶
	熙春茶	用人工种植的茶树叶子加工而成的茶叶
	雨前茶	是用初次绽发的新芽加工而成的高级茶叶
	皮茶	茶叶渣滓
	珠茶	卷得很紧、看上去像铅弹的小叶绿茶
红茶	武夷茶	粗糙的红茶
	功夫茶	高品质的红茶
	小种茶	高级功夫茶

资料来源：〔英〕莫克塞姆：《茶：嗜好、开拓与帝国》，毕小青译，生活·读书·新知三联书店，2015，第253页。

18世纪，欧洲主要从事茶叶贸易的国家是英国和荷兰，从这两个国家的东印度公司进口茶叶的情况来看，18世纪二三十年代绿茶和红茶的进口比例相差不多，红茶和绿茶在不同时期都有各自的优势。20年代英国东印度公司进口绿茶和红茶的比例分别为41.2%和58.8%；到30年代绿茶为50.5%，红茶为49.4%。而荷兰东印度公司20年代进口绿茶占60.4%，红茶39.6%；30年代为绿茶15.6%，红茶82.7%（见图1-5）。①

进入19世纪，英国确立了世界市场上茶叶销售的垄断地位，同时受英国茶叶高税率政策，以及欧洲人对茶叶质量的认识不断加深等因素的影响，英国商人追求高品质茶叶的意识得到不断强化。随着相关统计数据的增多，我们可以看出，英国进口茶叶中，高品质茶叶在品种与数量上都有

---

① 吴建雍：《清前期中西茶叶贸易》，《清史研究》1998年第3期。

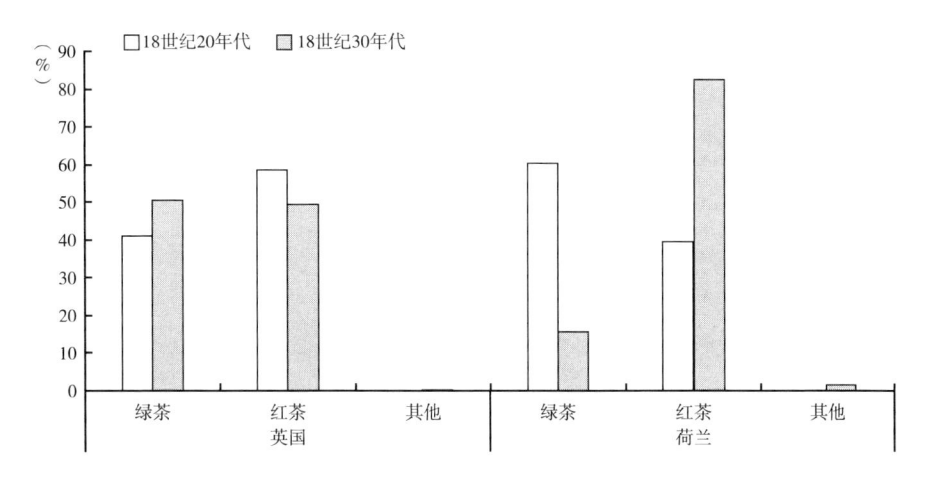

图 1-5　18 世纪二三十年代英国和荷兰进口茶叶种类

较大的增加。1822 年英国国内市场出现了一个特例，低价屯溪茶成为英国的紧俏茶种，这种情况一直延续到 1844 年前后，到 1845 年屯溪茶在英国进口茶叶中的比例开始下降。从文献本身来分析，这种屯溪茶的价格很低，每担 22 两白银，与低品质的松萝茶价格相差无几。英国东印度公司为了赚取高额利润，向英国本土大批输入。[①] 从表 1-7 来看，屯溪茶本身就是高品质的松萝茶，因此，这里所说的低等屯溪茶更像是低价格的屯溪茶，而不完全是低品质的。

表 1-7　1844~1846 年英国广东商会统计中国对英茶叶出口种类及数量

单位：磅

茶叶种类	1844 年[a]	1845 年[b]	1846 年[c]
功夫茶	37735900	35740400	37173500
小种红茶	1315800	1341800	1966100
熏香珠兰茶	519900	1367300	1637800
白毫	526800	627900	681000
橙香白毫	1056800	1832300	2592700
杂茶	484200	463600	924400
红茶总计	41639400	41373300	44975500

---

① 吴建雍：《清前期中西茶叶贸易》，《清史研究》1998 年第 3 期。

续表

茶叶种类	1844 年[a]	1845 年[b]	1846 年[c]
皮茶	549000	319300	207000
雨前茶	1465200	2969100	3395600
屯溪茶	3828600	3200300	3680300
熙春茶	1276300	2112100	1685100
御茶	581700	1229900	1104000
珠茶	1273400	2366200	2537100
绿茶总计	8974200	12196900	12609100
红绿茶总计	50613600	53570200	57584600

注：a 截至 1844 年 6 月 30 日，共 97 艘货船；b 截至 1845 年 6 月 30 日，共 105 艘货船；c 截至 1846 年 6 月 30 日，共 117 艘货船。

资料来源：Gideon Nye, *Tea and the Tea Trade* (New York: Geo. W. Wood, 1850), p.20. 中国对英茶叶出口数据来自英国广东商会（这些数据包括中国出口到英国的全部茶叶，而表 1-7 的计算不包括没有在英国被消费的茶叶，即英国再出口的茶叶）。

对照表 1-7 所显示的茶叶种类中只有红茶中的杂茶和绿茶中的皮茶为低品质茶。1843 年 6 月至 1844 年 6 月，杂茶仅占红茶总进口量的 1% 左右，皮茶约占绿茶进口总量的 6%。从 1843 年 6 月至 1846 年 6 月，英国进口红茶约占全部茶叶进口的 79.12%，绿茶约占 20.88%。其中功夫茶占红茶的比例有小幅下降，从 90.63% 下滑到 1845 年的 86.39%，再到 1846 年的 82.65%。更为精致的小种红茶从 1844 年的 3.16% 增至 1845 年的 3.24% 和 1846 年的 4.37%。熏香珠兰茶从 1844 年的 1.25% 增长到 1846 年的 3.64%；白毫从 1.27% 增长到 1.52%；橙香白毫从 2.54% 增长到 5.76%。绿茶的进口中 1844 年品质较高的屯溪茶占比最大，达 42.66%，1845 年减少至 26.24%，到 1846 年小幅回升，占比达 29.19%。而品质更高的雨前茶由 1844 年的 16.33% 增长到 1845 年的 24.34% 和 1846 年的 26.93%。御茶总体呈下降趋势，熙春茶则在波动中下降，珠茶的比重略有上升。① 实际上，19 世纪欧洲茶叶品种远不止这些，一个茶叶品种下不同小品种也出现在欧洲的茶叶市场上。"在 1816 年英国伦敦的茶

---

① 为行文方便，此处将 1843 年 6 月至 1844 年 6 月、1844 年 6 月至 1845 年 6 月、1845 年 6 月至 1846 年 6 月分别叙述为 1844 年、1845 年和 1846 年。

叶拍卖会上，当时出售的 28100 磅贡熙茶，竟分为 21 个品种。其中，最便宜每磅 54.5 便士，最贵的 73 便士；即是说，不同品种的贡熙，每磅的价格差别连 1 便士都不到。"①

从表 1-8 中可以看出，美国人对茶叶的喜好与英国人是不同的，与红茶相比，美国人显然更加偏爱绿茶。从 1838 年至 1843 年，美国从中国进口的红茶总额只占全部茶叶的 21.43%，每年占比在 17.57% 至 27.94% 之间波动。

表 1-8　1838~1843 年广东出口到美国的各种茶叶数量

单位：箱

茶叶种类	1838~1839 年	1839~1840 年	1840~1841 年	1841~1842 年	1842~1843 年
武夷茶	2898	—	—	—	737
小种红茶	11659	37434	20933	20778	41806
包种茶	7164	9447	3610	6387	10279
白毫	629	1936	518	627	1692
红茶总计	22350	48817	25061	27792	54514
熙春茶	8850	17817	5851	9492	15835
雨前茶	65918	128301	58990	85000	81488
皮茶	8245	26759	11455	17579	24666
屯溪茶	938		2281	4024	
珠茶	7774	15243	2970	8021	10146
御茶	6691	13169	2392	6315	8451
绿茶总计	98416	201289	83939	130431	140586
总计	120766	250106	109000	158223	195100

资料来源：美国财政部记录，以相邻两年的 6 月 30 日为一个商业年度。

对于红茶，美国人对高品质的小种红茶最为钟爱，其进口量在 1838~1839 年为红茶进口总量 52.17%，1839~1840 年大幅上涨至 76.68%，在 1840~1841 甚至达到了红茶进口量的 83.53%，1841~1842 年小幅下降至 74.76%，但在第二年度又略有回升，进口量在红茶进口量中的占比基本

---

① 吴建雍：《清前期中西茶叶贸易》，《清史研究》1998 年第 3 期。

都在74%以上。白毫也是一种高级红茶，进口的比重一直不大，1838～1839年为2.81%，次年增至3.97%，在1840～1841年又回落至2.07%，之后连续上涨，在1842～1843年增至3.10%。包种茶的品质一般，进口占比在1838～1839年为32.05%，1839～1840年大幅度下降至19.35%，次年继续下降至最低点14.40%，1841～1842年又回升至22.98%，在之后的年度又略有下降，波动幅度较大。1838～1839年，包种茶的进口比重变化和小种红茶是相反的。而质量粗劣的武夷茶在1838～1839年进口比重达12.97%，但在之后的三个年度茶商都停止了武夷茶的进口，直到1842～1843年才少量地进口，其所占比重也只有1.35%，可见武夷茶在美国的市场极其有限。从上述分析可知，美国进口红茶几乎都是高品质的，且比重呈现增加的趋势，甚至在多个年份停止了对最劣等的武夷茶的进口。

而在美国进口绿茶的比重高达进口总量的近80%，并且种类也更加丰富，可见美国消费者对不同绿茶的偏好也是十分明显的。品质最高的雨前茶进口比重占绿茶进口的大半。1838～1839年雨前茶的进口占绿茶进口的66.98%，在次年略有下降，占绿茶进口总量的63.74%，之后一年略微上涨，占比达70.28%。之后两年又连续下降，1842～1843年进口占比为57.96%。虽然雨前茶的进口比重有所波动，但总是绿茶进口中的大宗，深受美国消费者青睐。质量较高的屯溪茶的进口比重是绿茶中最小的，整体变动呈上升趋势。在1838～1839年其进口量仅占绿茶总进口量的0.95%，1840～1841年增至2.72%，在次年又增加至3.09%。熙春茶的进口比重基本在6%到12%之间变动，其进口比重除了1838～1839年以外，和雨前茶的进口比重总是相反的。1838～1839年熙春茶进口比重为8.99%，之后两年连续下降至1840～1841年的6.97%，之后又略有增加，1842～1843年其占比上涨为11.26%。

珠茶的进口比重不大，但波动明显，并且其涨落趋势和御茶总是同步的，在1838～1843年其进口占比变化趋势呈U形。1838～1839年，珠茶的进口占绿茶进口量的7.90%，而御茶占比为6.80%，接下来的两年珠茶和御茶的进口占比都下降了，尤其是1840～1841年，其进口占比降至最低，珠茶进口比重为3.54%，御茶进口仅占2.85%。次年珠茶和御茶的进口比重又开始回升,在 1842~1843 年,珠茶占比升至 7.22%,御茶占比升至 6.01%,基本恢复到 1838~1839 年的占比水平。

皮茶的品质在绿茶中最为低劣,但其进口比重在绿茶中居第二,且进口比重略有上升。1838~1839 年其进口比重为 8.38%,在 1839~1840 年皮茶与屯溪茶的总进口比重为 13.29%,1840~1841 年皮茶进口比重上升至 13.65%,次年基本持平,1842~1843 年皮茶与屯溪茶的总进口比重为 17.55%。可以推测,皮茶进口占比的总趋势是略有上升的,但由于品质粗劣,所以其市场还是有限的。

美国进口的高品质茶叶几乎占茶叶进口总量的 90%,远远高于低品质茶叶所占的比重。低品质茶叶包括红茶中的武夷茶和绿茶中的皮茶,其所占茶叶进口总量的比重在 1838~1839 年为 9.23%,1840~1841 年占 10.51%,1841~1842 年占 11.11%,低品质茶叶进口比重虽然略微上升,但是上涨幅度极其有限。在 1839~1842 年,甚至停止了对劣等武夷茶的进口。低质茶叶,尤其是皮茶,由于价格较低所以有固定的市场需求,不过进口的茶叶绝大多数还是高品质茶叶。红茶中的小种红茶和绿茶中的雨前茶,是最为高级的两种茶叶。在 1838~1839 年,这两种茶叶的进口量占茶叶进口总量的 64.24%,且其占比连续两年上升,1840~1841 年,这两种最高级的茶叶甚至占全部茶叶进口量的 73.32%。之后这一占比略有下降,但就连最低的占比也有 63.20%。

1843 年后,美国进口中国茶叶中又增加了属于半发酵青茶系列的乌龙茶。尽管看起来美国商人进口中国茶叶中,高品质的茶叶数量远高于低品质的皮茶、武夷茶等,但实际上,美国茶叶商人"对低价格的追求盖过了对品质和健康的追求,这直接导致了 1831~1832 年不法茶商开始对劣质假茶的引入,1831 年前后美国茶叶进口量明显偏低,假茶的引入可以解释。假茶糟糕的口感也干扰了美国正常茶叶消费的增长,但我们相信,美国消费者在不长的时间后就会掌握茶叶的鉴别方法,他们会以他们认为合适的价格买到品质适中的真茶,从而价格较低的真茶会逐渐占领消费市场从而使劣质假茶没有生存空间"[①]。由此可见,除表 1-8 显示的美

[①] Gideon Nye, *Tea and the Tea Trade* (New York: Geo. W. Wood, 1850), p. 25.

国进口中国茶的数量和品种外,还有大批量的低劣假茶进入美国市场。这些假茶的进入改变了美国人对茶叶消费的偏好,也改变了美国茶叶商人对销售市场的选择。

俄国从中国进口茶叶与欧洲大陆国家相比有一定特殊性,与欧洲其他国家不同,俄国的茶叶是通过陆路运输到达俄国,再从俄国运销到欧洲大陆的。据何秋涛《朔方备乘》记载:"恰克图互市中国茶叶《华事夷言》曰:俄罗斯不准船到粤,只准陆路带茶六万六千箱,计五百万棒,因陆路所历风霜,故其茶味甚佳,非如海船经过南洋暑湿,致茶味亦减。"① 18世纪中叶,俄国从中国进口茶叶主要有白毫茶、珠兰茶、绿茶和砖茶②,19世纪黑茶成为俄国进口的另一主要茶叶种类。1830年俄国购买中国黑茶563440棒,1832年增至6461000棒。③

综上所述,18~19世纪由于中国茶叶供给的垄断地位以及国家政策的影响,中国茶叶商人基本在中国口岸完成自己的贸易环节,而国际市场上的销售则完全交于外国商人。这一时期,世界市场上的茶叶销售方呈现的状态与供给方正好相反。供给方从中国垄断逐步走向印度、日本、中国等多国的自由竞争,而销售方则从欧洲的英国、荷兰、法国、瑞典、丹麦、普鲁士、俄国,美洲的美国的自由竞争,逐步形成了英国、俄国和美国三国垄断的局面。从进口茶叶种类上看,涉及现在以色泽工艺命名的六种茶叶种类中的绿茶、红茶、白茶、青茶、黑茶。④ 从进口茶叶的质量上看,随着欧美国家对茶叶品质认知的逐渐加深,以及受18世纪以来英国茶税政策的影响,追求高品质茶成为欧洲茶叶消费的主流。

第三节 交易方式的多样化

茶叶在西汉时首度作为商品流通,随着茶叶市场的发展,茶叶交易方

---

① (清)何秋涛:《朔方备乘》(卷2),台湾:文海出版社,1964,第774页。
② 郭蕴深:《中俄茶叶贸易史》,黑龙江教育出版社,1995,第31页。
③ (清)魏源:《海国图志》(卷81),1847年刻本,转引自刘建生等《明清晋商与徽商之比较研究》,山西经济出版社,2012,第162页。
④ 从欧洲人记录的茶叶分类上看,他们将有发酵工艺的都称为红茶,如英美进口茶叶中的白毫,属于轻微发酵的白茶,在统计中被放入红茶中。

式也逐渐多元，由引岸专卖制发展到海外贸易。华茶出口自 17 世纪即有记载，18 世纪初开始取代丝绸成为中国最大宗的出口商品，英国和俄国是世界市场上中国茶叶的主要进口国。鸦片战争以后，通商口岸受限导致形成了英国以广州为中心、俄国则以恰克图为贸易点的茶叶国际贸易格局。上海、福州和汉口成为国内三大茶叶集散地之后，贸易规模的日益增大衍生出凭借商业信用进行的贸易，进而产生了茶栈、茶行等中介机构。茶号从产地收购茶叶，内销国内各大城市，经由当地茶叶中介商，转销客帮并供应当地茶店。外销茶则要经过更多的中间商人，每经转手，都要从中取利。

一 国内贸易管理政策向海外贸易的移植

清代茶叶国内贸易普遍实行引岸专卖制，及至茶叶的海外贸易兴起，无论是广东十三行行商制度的实施还是恰克图"部票"制度的颁行，中国政府在对海外贸易的管理方式上依旧在一定程度上延续着旧的思路。中国古代没有现代主权意义上的国家概念，在天朝大国思想影响下，清廷对周边及外国迫切需要的物资一般是基于扼控和定边这一政治目的的需要而进行贸易。因此，当海外贸易不断扩大时，清朝采取的管理措施只是在原有的引岸专卖和牙行制度上做出了些许改动。

清时沿袭明代茶法行引岸专卖制。"明时茶法有三：曰官茶，储边易马。曰商茶，给引征课；曰贡茶，则上用也。清因之。"[①] 由 + 课"[②]。引票的颁发大致有三种形式：其一，由户部直接颁发，商人到部领销，一般是资金雄厚的大商户；[③] 其二，户部将引票发放到地方州县，商贩在本籍贯所在州县领销，一般是小商户；其三，由地方州县承引，无商可给，直接发给种茶园户销茶。

茶引是清廷颁发给指定茶商于引岸间运销茶叶的凭证，"茶百斤为一

---

① （清）赵尔巽主编《清史稿》（卷124），中华书局，1977，第3651页。
② （清）赵尔巽主编《清史稿》（卷124），中华书局，1977，第3651页。
③ （清）赵尔巽主编《清史稿》（卷124），中华书局，1977，第3653页载："凡请引于部，例收纸价，每道以三厘三毫为率。"

引,不及百斤谓之畸零,另给护帖"①。陕甘、四川等地向有附茶,陕甘一般是一张100斤的茶引附茶14斤,四川附茶14斤或15斤不等。② 这些茶叶一部分从产地运往指定的陕西、甘肃等地③,交由当地茶马司与少数民族进行茶马互市。另一部分则由商人运销于国内其他岸地。嘉庆七年(1802)后部分茶叶经由通商口岸输送国外。

最初的商茶销售以坐销为主,产茶户和茶店直接在本地对茶叶进行销售。随着人口的增多以及蒙古族、藏族等少数民族和海外国家因饮食习惯产生对茶的特殊需求,加之清代不再禁止民间进行边茶贸易,向州府、外地、边疆地区行销的茶商逐渐兴起。17世纪中叶,东印度公司将中国茶叶投放到欧洲市场后,很快发展成为世界市场上的特殊需求商品,茶叶国际贸易正式兴起。特别是康熙二十三年(1684)开放沿海贸易之后,广东和福建一带开始将大量商茶经广州销往东印度公司以及南洋地区,茶叶外销数量和规模逐渐增大。1704年,东印度公司的康特号商船驶往广州,采购茶叶117吨,茶叶成为广州出口贸易的主要商品④。根据东印度公司档案,1716年中英贸易中"茶叶已开始替代丝成为贸易中的主要货品"⑤,其后荷兰东印度公司对华茶的大力采购更是直接导致"中国东南沿海地区与巴达维亚的帆船贸易,原本以中国商人购入胡椒为主,转变为荷兰购进中国茶叶"⑥。甚至"在17世纪末叶以后的

---

① (清)赵尔巽主编《清史稿》(卷124),中华书局,1977,第3651页。也有资料显示,每引120斤,如光绪二十三年(1897)安徽歙县知县何润生在其《中国整顿商务策》中就提道:"茶以一百二十斤成引,〔每〕(完)引完正课银三钱,公费银三分。"由于下文所述的晋商在嘉庆时期并没有和茶引发生太大的关系,因此仅附列于此,不做细证。
② 光绪《钦定大清会典事例》(卷二四二),户部,杂赋,转引自邓亦兵《清代前期商品流通研究》,天津古籍出版社,2009,第230页。
③ (清)赵尔巽主编《清史稿》(卷124),中华书局,1977,第3651页。《清史稿·食货五·茶法》载:陕西设巡视茶马御史五;西宁司驻司宁,洮州司驻岷州,河州司驻河州,庄浪司驻平番,甘州司驻兰州。寻改差部员,又令甘肃巡抚兼辖,后归陕甘总督管理。
④ 〔美〕马士:《东印度公司对华贸易编年史》,区宗华译、林树惠校,中山大学出版社,1991,第134页。
⑤ 〔美〕马士:《东印度公司对华贸易编年史》,区宗华译、林树惠校,中山大学出版社,1991,第155页。
⑥ Kristof Glamann, *Dutch-Asiatic: Trade 1620–1740*, 1981, p.216, 转引自吴建雍《清前期中西茶叶贸易》,《清史研究》1998年第3期。

一个多世纪中，茶叶的生产与贸易成为中国资本原始积累的主要手段"①。18世纪以后，美国、法国、丹麦、荷兰、瑞典、普鲁士、西班牙以及东南亚诸国来华船舶"亦多运载茶叶出口"②，使中国茶叶出口数额持续增长。

与此同时，中俄陆路茶叶贸易的繁荣也使"恰克图就由一个普通的要塞和集市地点发展成一个相当大的城市"③。明万历四十六年（1618）中国政府就曾以小额茶叶当作礼品赠予俄国沙皇，随后便有俄商于汉蒙交会处进行中俄茶叶贸易，但数额较小④。康熙二十八年（1689）《尼布楚条约》和雍正五年（1727）《恰克图互市界约》明确规定了双方贸易时间和贸易地点之后，中俄茶叶贸易开始逐渐兴起。至雍正初，中国输入俄国的茶叶已有25103箱，道光年间更增至66000箱。⑤ 直至鸦片战争后，俄国仍是华茶海外贸易的第二大市场。

海外贸易的发展并没有引起政府的足够重视，针对广州和恰克图两个市场，清廷采取不同的方式进行控制。针对北方恰克图对俄贸易，清朝采取与引岸专卖类似的办法，责成理藩院在库伦（今蒙古国乌兰巴托）设立分支机构，通过颁发类似于经营许可证的部票，控制北路茶叶贸易。对于广州贸易的管理，清廷采取的办法与内地贸易一样，通过"牙行"这一中介机构，控制商品价格，撮合买卖的形成。

茶叶销量的扩大与通商口岸的限制引起外商争购，康熙四十一年（1702）清政府派遣"皇商"进驻广州，办理对外贸易相关事宜，规定外商购买中国茶叶必须经过皇商。康熙四十三年（1704）皇商未能顺利完成外商采购供给，改为聘用若干华商协助皇商办理，统称"行商"，并组建了"公行"，也叫"十三行"。外商不与清廷直接交往，

---

① 程镇芳：《清代的茶叶贸易与资本原始积累》，《福建师范大学学报》（哲学社会科学版）1990年第1期。
② 姚贤镐编《中国近代对外贸易史资料（1840—1895）》，中华书局，1962，第289页。
③ 〔德〕马克思：《俄国的对华贸易》，载中共中央马克思恩格斯列宁斯大林著作编译局编《马克思恩格斯选集》（第二卷），人民出版社，1972，第10页。
④ 〔美〕威廉·乌克斯：《茶叶全书》（上册），中国茶叶研究社社员集体翻译，中国茶叶研究社，1949，第121页。
⑤ 刘选民：《中俄早期贸易考》，《燕京学报》1939年第25期。

所有文书和命令均由公行转达。至乾隆二十二年（1757）清政府宣布全国改为粤海关"一口通商"，茶叶国际贸易务必经由广州或恰克图进行。洋商所乘船只仅能在广东停泊，不能再前往江浙地区进行贸易。这一时期的茶商大部分仍是从事国内贸易的旧式商人，除在恰克图经营传统中俄茶叶贸易外，仅限于将茶运至公行，也不与外商产生直接联系。

中俄茶叶贸易以"部票"作为经营许可，以"路引"作为通行证。部票又称院票，由理藩院颁发，并在张家口理事同知衙门办理申请和查验的相关手续，有效期为1年。茶商在申领到部票后还需前往库伦换领"信票"，至买卖城呈验才可完成交易，而无证买卖的交易一经发现，"货物一半照例充公，一半赏给原拿之人"①。

因此，这一时期进行的茶叶国际贸易基本上是受限的进出口贸易，虽然相较国内贸易限制放宽，但仍在一定程度上受政府管控，得到交易许可的茶商群体相对固化，"非人亡产绝，不得另行招充"②。茶商资本同其他传统商业资本运营方式相似，以"力耕治贾"为主，虽然也存在一定"贷本经营"的现象，但基本上仍是地租或是高利贷的转化产物。比如闽北、江西的大地主多兼营茶贸业务，且茶商多与政府关系密切。由于商业交易的不确定性和海外贸易管理的滞后性，经营茶叶贸易的商人群体仅能依靠有限的血缘、地缘关系互通有无，市场竞争力不强。洋茶商争购事件的发生，导致中国政府和商人群体着手建设茶叶交易所，并形成了"茶行"制度。

这种内地贸易管理方式向海外贸易移植的情况表明，清廷并没有将世界对中国茶叶的需求看作增加财政收入的重要来源，开放一口或四口、开放恰克图边贸更多的是出于政治上的考量，即将茶叶这种欧美国家的必需品，作为扼控他国维持中国泱泱大国地位的手段。这种做法制约了中国茶叶商人参与世界市场的销售环节，无法在市场资源

---

① （清）贾桢等编《筹办夷务始末（咸丰朝）》（第二册），中华书局，1979，第406页。
② 《康导月刊》（卷2），第4期，转引自王水《清代的茶叶出口贸易》，载《平准学刊——中国社会经济史研究论集》（第四辑下册），光明日报出版社，1989，第239页。

配置出现偏差时做出及时调整，因此也是中国茶叶贸易衰落的重要影响因素。

二 商品交易所的雏形

商品交易所是一种有组织的商品市场，是伴随着贸易量的扩大所出现的大宗商品进行现货及期货买卖的交易场所，最先于欧洲出现，对欧洲资本主义发展有重大意义。五口通商之后，洋行、茶栈和茶行开始参与华茶海外贸易，各地所产茶叶进行海路贸易不再直接运往广东商行以转售东印度公司，而是通过茶栈、茶行等具备商品交易所雏形的中介机构，运往各大集散地和贸易港口，办理与洋商或洋行之间的交易，虽然由于其价格垄断性质影响了茶叶贸易的利润传导，但这类新型机构的产生仍然对近世茶业发展产生了深远影响。

17~18世纪被称为欧亚贸易的"茶叶世纪"，由于茶叶贸易的繁荣，世界各地的茶叶集散地相继出现一定规模的国际茶叶商品交易场所。目前国际公认的茶叶拍卖市场为9个，分别位于英国的伦敦，印度的加尔各答（科钦）、哥印拜陀（高哈蒂、库尔、西里古里），斯里兰卡的科伦坡，孟加拉国的吉大港，肯尼亚的罗毕，马拉维的林贝，印度尼西亚的雅加达以及新加坡（见表1-9）。此外，也有其他非专营茶叶拍卖的拍卖场进行过茶叶拍卖，比如1737年丹麦的哥本哈根拍卖场的茶叶就曾被荷兰商人所收购。①

表1-9 世界几大茶叶拍卖市场

	地点	创立时间	地位
英国	伦敦	1833	历史最长，茶叶国际贸易中心
印度	加尔各答（科钦）	1861、1947	以拍卖印度出口茶为主
	哥印拜陀（高哈蒂、库尔、西里古里）	1947	以拍卖印度内销茶为主
斯里兰卡	科伦坡	1883	茶叶生产国中拍卖量最大的拍卖场

---

① 吴建雍：《清前期中西茶叶贸易》，《清史研究》1998年第3期。

续表

地点		创立时间	地位
孟加拉国	吉大港	1955	拍卖孟加拉国出口茶
肯尼亚	罗毕	1957	东非最大的茶叶拍卖市场
马拉维	林贝	1970	拍卖马拉维出口茶
印度尼西亚	雅加达	1971	拍卖印度尼西亚出口茶
新加坡		1981	除伦敦外,唯一由非产茶国建立的茶叶拍卖市场

以英国为例,东印度公司每季度都会在伦敦进行一次茶叶拍卖,全国范围内的茶商①不论销售规模大小均可参与,伦敦有 100 名这样的茶商,如期参加每个季度的茶叶拍卖会②,并且其中还有约 5% 的销售规模较大的茶商可以直接从拍卖会趸茶,被称作批发商或经纪人。约克郡两家著名茶商图克和雷珀,就直接购茶于东印度公司总部。这些茶叶批发商都有固定的经销范围,而且不断在扩大。③

有秩序、集中化的交易规则进一步加快了英国茶叶贸易规模的扩展,即使至 18 世纪 60 年代,英国茶叶的拍卖税相当于其售价的 65%,至 70 年代又提高到 110%④,也没有影响中英国际茶叶贸易的繁荣。高昂的利润也意味着英国茶业产业化程度的提升,一位来自伦敦的大茶商曾在其于 19 世纪 30 年代进行的一项调查中记载:

从珀斯到多佛尔,至少有 11 个售茶中心地。其中,坎特伯雷的茶商詹姆斯·里道特每年经销茶叶达 2 万磅。斯托克顿的茶商约瑟夫·韦瑟罗尔声称,他的生意已扩展到威斯特摩兰、达勒姆等郡。最初,这些茶叶批发商与各地的零售店,是通过经销员进行联系,还以

---

① 据英国税务部 1834~1835 年的一份报告 The Management of Monopoly,第 98~102 页所披露:全国领有执照的茶商计有 10.5 万多人。根据其经营额的大小,划分为三个等级:其中,年销售额在 400 英镑以上的大茶商,即有 1.2 万人,占总数的 11.4%;销售额在 200~400 英镑的茶商,占 23.6%;低于 200 英镑者,占 65%。由这三个等级的茶商所构成的销售网,将英国东印度公司拍卖的茶叶,送往全国各地的茶行、茶店乃至乡镇小店。
② 吴建雍:《清前期中西茶叶贸易》,《清史研究》1998 年第 3 期。
③ 吴建雍:《清前期中西茶叶贸易》,《清史研究》1998 年第 3 期。
④ 吴建雍:《清前期中西茶叶贸易》,《清史研究》1998 年第 3 期。

通告的形式传递有关商品种类、数量的信息。进入十九世纪后，茶叶分销网络和方法都有了很大的改进。1818 年，弗雷德里克·盖在伦敦成立了纯茶公司，在全国各报纸上大作广告，以向各商店提供优质茶叶相许诺，并在各地设立代理行。仅在第一年内，这家公司每天售出的茶叶就有 2500 磅，建立的代理行达 470 家。1826 年，纯茶公司在全国的代理行已发展到 1200 家。另一位名为尼科尔森的茶商，致力于为中级茶店提供业务服务。1823 年，他开始向各地发放"茶单"，准确地报告每季拍卖会上茶叶的种类、出价，甚至提供有关各箱茶叶的识别信息。同时，他还以收取劳务费的方式，为各地顾客提供订货服务。①

可以看出，19 世纪中叶世界茶叶市场上的商品交易机构和网络已经粗具规模，不仅在纵向上形成了拍卖会、茶行、分销处、茶店的组织结构，横向上也开始逐步扩大分销点的数量和规模，拍卖会甚至已经产生脱离对茶叶交易进行介入的职能，只作为提供交易的场所出现。这种分工的细化成功地降低了英国茶叶内部运销的成本，使茶叶市场需求不断扩大。东印度公司自 1800 年起每 5 年的年均茶叶进口量与拍卖量见表 1-10 所示。

表 1-10　1800~1833 年英国东印度公司茶叶年均进口量与拍卖量

单位：担

年度	年均进口量	年均拍卖量
1800~1804	211027	181146
1805~1809	167669	179180
1810~1814	244446	192082
1815~1819	222301	194828
1820~1824	215811	206049
1825~1829	244704	222205
1830~1833	235840	235033

资料来源：吴建雍：《清前期中西茶叶贸易》，《清史研究》1998 年第 3 期。

---

① 吴建雍：《清前期中西茶叶贸易》，《清史研究》1998 年第 3 期。

受此影响，至迟在19世纪中后期，作为茶叶供给地的中国国内也出现了类似"准商品交易所"的机构和网络。鸦片战争后，随着通商口岸的逐渐开放，一方面，传统行商失去了对外贸易的垄断权；另一方面，洋商由于特权的获得，不断深入中国大陆介入茶叶贸易，但无法识别"谁是茶叶的真正所有者"①，于是具有中间商身份的、"多领洋人本钱"②的新式茶商开始兴起，"挟重金以来"③茶叶产区，代替洋商采购茶叶。最初的新式商人多为在广东地区从事茶叶国际贸易的散商，部分来自公行，部分系"洋商行店中散出之人"④，比如买办、伙计和通事等。他们具备与广州洋商沟通的语言能力和良好的人际关系，自立商号充当捐客或者外商代理，完成茶叶国际贸易的中间一环，上海19世纪40年代的阿林（Alum）就是其中一个比较有名的人物。⑤阿林原本属于广东散商，在上海充当英商的捐客，一边教授上海茶商与西方贸易的习惯和方法，一边从事中英商品销售中介工作，帮助华商与英商进行对接，将英国工业产品销往内地，将内地丝、茶销往英国。1845年由阿林经手的贸易额，竟占到上海进出口贸易总额的2/3。⑥

虽然部分旧行商"亦曾一再计划，冀将已废之公行制度，改头换面，使之复活。其最著者，厥为呈请官方特许商人设立茶栈，并将输入之茶（按指从产地输粤），悉行卸栈存储"⑦。这项计划由原广东十三行总商浩官主导，他所上奏恢复官办茶栈一事曾一度获得两广总督首肯，并在南

---

① 《北华捷报》1859年3月12日，第126页，转引自王水《清代的茶叶出口贸易》，载《平准学刊——中国社会经济史研究论集》（第四辑下册），光明日报出版社，1989，第250页。
② 胡林翼、胡渐逵、胡遂、邓立勋校点：《胡林翼集》（第二册），岳麓书社，1999，第853页。
③ 胡林翼：《胡文忠公遗集》（卷83），载《复李香雪都转》，全国图书馆文献缩微复制中心，2007，第92页。
④ 王水：《清代的茶叶出口贸易》，《平准学刊——中国社会经济史研究论集》（第四辑下册），光明日报出版社，1989，第250页。
⑤ 王水：《清代的茶叶出口贸易》，《平准学刊——中国社会经济史研究论集》（第四辑下册），光明日报出版社，1989，第250页。
⑥ 王水：《清代的茶叶出口贸易》，《平准学刊——中国社会经济史研究论集》（第四辑下册），光明日报出版社，1989，第250页。
⑦ 〔英〕班恩德编《最近百年中国对外贸易史》，海关总税司署统计科译印，1931，第52页。

海、番禺两县由县令进行公告，但囿于外商反对较多，最终未能实现。据《广东十三行考》载，"鸦片战起，洋行制度隳坏，然十三行犹复改称茶行，继续营业，至咸丰一火始替"①。1837 年，广东十三行行商尚余 13 户，1838 年减至 11 户，至 1846 年减少到 1 户，到 1855 年，开歇相抵，户数反而有所增加（见表 1 - 11）。②

表 1 - 11 1837 年广东十三行行商

行名	行商	籍贯
怡和（Ewo）	伍绍荣（Woo Shaouyung）	福建
广利（Kwonglei）	卢继光（Loo Kekwang）	广东
同孚（Tungfoo）	潘绍光（Pwan Shaoukwallg）	福建
天宝（Tienpow）	梁丞禧（Leang Chingche）	广东
东兴（Tunghing）	谢有仁（Seay Yewin）	福建
中和（chungwo）	潘文涛（Pwan Wantaou）	福建
顺泰（shuntai）	马佐良（Ma Tsoleang）	福建
仁和（Yanwo）	潘文海（Pwan Wanhae）	福建
同顺（Tungshun）	吴天垣（Wu Tienyuen）	福建
孚泰（Futai）	易元昌（Yih Yuenchang）	广东
东昌（Tungchang）	罗福泰（Lo Futae）	福建
安昌（Anchang）	容有光（Yung Yewang）	福建
兴泰（Hingtae）	严启昌（Yen Khechang）	福建

资料来源：李庆新：《海上丝绸之路》，黄山书社，2016，第 201～202 页。

19 世纪中叶，上海、福州和汉口凭借其地理区位优势取代广州成为国内三大茶叶外销集散地，这三个地区茶叶出口总额可以达到全国的 70%～80%。③ 其中，江浙、福建和湖广所产部分茶叶经由上海销往欧美各国和日本，福建所产部分茶叶经福州销往南洋和美洲诸国，江浙、湖广

---

① 梁嘉彬：《广东十三行考》，广东人民出版社，2009，第 317 页。
② 王水：《清代的茶叶出口贸易》，《平准学刊——中国社会经济史研究论集》（第四辑下册），光明日报出版社，1989，第 239 页。
③ 王水：《清代的茶叶出口贸易》，《平准学刊——中国社会经济史研究论集》（第四辑下册），光明日报出版社，1989，第 241 页。

所产部分茶叶经汉口销往俄国。① 集散地的形成导致茶商单独运送茶叶的成本远高于集中交易，从事中介的茶栈、茶行，以及初步加工茶叶的茶庄、茶厂，收购并精制外销茶叶的茶号开始大量出现，以降低茶叶贸易的中间费用。

茶栈产生于茶叶的外销环节，主要从事国内茶商与外国洋行间的精制茶交易的中介工作，通常位于通商口岸。而茶行则产生于内销环节，主要从事茶农与国内茶商间的粗制茶交易的中介工作。新出现的中介机构已经具有一部分现代商品交易所的特点，粗具商品交易所的雏形。

一是商品特殊化。清代边疆和海外地区对茶叶有稳定而巨大的需求，并且茶叶本身具有便于储存和运输的特点，虽然茶叶种植技术并未产生较大变革，但种植面积的不断扩大仍然使其成为清代海外贸易的大宗商品，华茶一度垄断世界茶叶市场，符合"达到公认的质量标准，适于大宗交易，又能长期储藏的且可自由交易的商品"② 的要求。

二是交易集中化。茶栈和茶行的交易均在有组织、有秩序的交易场所进行，比如上海茶行经手的内地毛茶，主要销路有三：①精制出口箱茶的口岸土庄茶号；②经营沿海、近海贸易的南北客帮；③制造内销茶的当地茶叶店。其中客帮销量最大。上海茶行介绍毛茶交易，跑街布样，兜售议价，提供公开的交易价格和统一的交易规则，但取佣较茶栈高，有的达5%～6%。③

三是运营经纪化。茶栈和茶行的主营业务是茶叶贸易中介，协调茶叶供给和贸易资金链，通过血缘、地缘关系组织固定的茶叶供应商，或者直接在茶叶产区设立分支机构或与其他茶号"搭股"，或者在新茶上市之前转借茶号资金向茶农贷款，获取预购权。比如1889年沪、汉两地茶栈对汉口茶市贷放的春季茶银有300多万两。④ 中介经手的交易不是由实际需要买进和卖出，买方和卖方在交易所内直接见面进行交易，而是由"买办"或具有买办身份的人出面联系和执行，并收取佣金。

---

① 杜家骥：《杜家骥讲清代制度》，天津古籍出版社，2014，第219页。
② 夏春玉主编《流通概论》，中央广播电视大学出版社，2002，第199页。
③ 王永：《清代的茶叶出口贸易》，《平准学刊——中国社会经济史研究论集》（第四辑下册），光明日报出版社，1989，第256页。
④ 《申报》1890年1月13日。

这些买办多为公行时期的行商、散商、通事等熟知外语、有经营经验的捐客。他们最主要的任务是从事"内地收购",而作为内地茶商和外国洋商之"居间",会收取一定交易额作为佣金,自当地茶庄抽取1%的佣金以确保与洋行之间契约的达成。这是因为他们为洋行及其在英美本国公司对中国茶叶市场知识的主要来源,是中西贸易的桥梁。① 1860年6月《北华捷报》曾记载,茶号经茶栈卖茶给洋行,付给茶栈的费用包括佣金、通事费、破箱费、关税等,约为茶价的10%。20世纪初的材料记载,祁门茶号经上海茶栈售茶,不包括关税,付出的佣金和名目繁多的费用,占到交易额的7.5%。② 安徽屯溪为茶叶集散地,每届茶季,附近各县茶贩云集,茶行即出面接待,并居间介绍向茶号售卖,向双方取佣。③

四是管理组织化。早期的茶栈以丝绸、茶叶的出口和鸦片的进口为主要业务,存在以货易货和货币结算两种方式,既承担商品交易的中介,又具备自营业务。19世纪50年代末60年代初出现专业性的茶栈,至80年代茶叶国际价格下跌导致自营业务风险加大,茶栈普遍"自己不做生意,唯为人作捐客,代客买卖"④。茶栈内部,经理之下设有管账、书手(管文书信件)、通事、茶楼司事、学徒等人⑤,茶栈还自设宿舍、仓库用于接待来往客商,供其寄放货物,提供资金借贷服务。

当然,与普遍意义上的商品交易所相比,此时的茶栈和茶行尚不具备交易标准化和简单化的特点,所交易茶叶的品级、数量和规格并没有业内统一的规定,并且从业者仍然参与交易过程。在没有相应监督约束机制的情况下,这种特点导致由于空间距离产生的信息不对称不能被合理规避,交易双方对所购、销商品市场行情的了解在很大程度上依赖中介或牙人,华茶的市场价格以及茶叶交易的公开、公正、

---

① 陈慈玉:《近代中国茶业的发展与世界市场》,台湾:中研院经济研究所,1982,第60页。
② 吴觉农、胡浩川:《中国茶业复兴计划》,商务印书馆,1935,第64页。
③ 王水:《清代的茶叶出口贸易》,《平准学刊——中国社会经济史研究论集》(第四辑下册),光明日报出版社,1989,第256页。
④ 王水:《清代的茶叶出口贸易》,《平准学刊——中国社会经济史研究论集》(第四辑下册),光明日报出版社,1989,第254页。
⑤ 王水:《清代的茶叶出口贸易》,《平准学刊——中国社会经济史研究论集》(第四辑下册),光明日报出版社,1989,第255页。

公平性可能会受到茶行或茶栈的影响，茶叶交易的利润传导不能合理流向生产领域，"巨本经商，远方估客，非用行户，交易难成"的情况依然存在。直至各地茶叶公所相继成立，才逐渐出现业内统一的交易、结算、担保、转让、对冲以及风险处理等的行规，规定"价钱的支付为税关检查后七日以内，茶的标量为立契约后二周以内，而契约后七周之内须付款，称量亦因茶种而有详细的规定，其经费则依茶箱之大小而征收"①。

上海在鸦片战争前，没有经营外销茶的茶商，自五口通商后取代广州，成为国内最大的茶叶出口市场。"从前外国预定之茶叶，大都由生产区域直接运交，后来上海茶商，因欲适合国外消费者之口味起见，认为必须在上海设立茶厂……先后设立者，有三四十家之多。"② 至19世纪70年代，上海市内"行栈林立"，开设茶栈几十家③，极盛时经营茶叶焙制加工的栈号达几百家。④ 1868年，上海首设茶叶公所，由郁子梅主办，唐廷枢、卢际周、梅子余、姚溪筠、叶仕卿、唐翘卿、徐润为董事。⑤

而上海最早成立的专营茶叶国际贸易的商行为英商所属怡和洋行、锦隆洋行，德商所属兴成洋行，俄商所属新泰洋行，之后又出现了英商所属协和洋行、同孚洋行，法商所属永兴洋行，印商所属富林洋行、瑞昌洋行，美商所属慎昌洋行，波商所属美昌洋行、克昌洋行等。最多时（1925年）共有30多家洋行经营茶叶出口，其中怡和、锦隆、协和势力最大，其组成的上海外商茶业工会结成价格同盟，形成了英商垄断的局面。⑥

---

① 陈慈玉：《近代中国茶业的发展与世界市场》，台湾：中研院经济研究所，1982，第59页。
② 张余：《上海茶业之概况》，《钱业月报》1933年第3卷第8期。
③ 王水：《清代的茶叶出口贸易》，《平准学刊——中国社会经济史研究论集》（第四辑下册），光明日报出版社，1989，第246页。
④ 《中国茶叶的出口》，上海《商业月报》第15卷，第2号，转引自王水《清代的茶叶出口贸易》，《平准学刊——中国社会经济史研究论集》（第四辑下册），光明日报出版社，1989，第246页。
⑤ 王水：《清代的茶叶出口贸易》，《平准学刊——中国社会经济史研究论集》（第四辑下册），光明日报出版社，1989，第247页。
⑥ 全国政协文史资料委员编《中华文史资料文库·经济工商编》（第14卷），中国文史出版社，1996，第823页。

1867年，福州地区有茶栈、茶行共计41家，至80年代，仅茶栈就增加为90余家，并且设立茶帮6所，分为5帮：京帮、天津帮、茅茶帮、广潮汕帮、洋茶帮。① 每个帮都由具有地缘联系的商人群体组成，且货物、路线、经销商铺相对固定。京帮茶商由北京、天津、山东等地商人组成，专营向北方诸省和蒙古地区行销茶叶。天津帮福建茶商居多，专营北方茶叶贸易。茅茶帮向京帮与天津帮贩售茶叶，再转运至琉球。广潮汕帮，又称青帮，业务以茶叶买卖代理为主，行销南方各省和东南亚一带。洋茶帮则垄断着国内茶商与外国洋行的茶叶交易，专营茶叶国际贸易。②

　　在汉口，"茶商由茶行购入茶叶，更以大部分售于外商运至海外，由中国商直接专办出口者，不过占全额百分之五六耳"③。18世纪60年代，汉口共计有茶商30余家，茶号有忠信昌、顺安谦、新隆泰、源隆、万和隆、洪昌隆、永昌隆、泰昌、新盛昌、公慎祥、洪源永、谦祥益等④，茶栈40余家，茶行18家，在汉口河街设有茶叶公所，由盛恒山、张寅宾等负责⑤，并与上海茶业公所"互为维持"⑥，对茶叶出口业务形成垄断。还有专事外贸的洋商所开洋行（见表1-12），悉照公议规约营业。

表1-12　汉口洋商开办洋行统计

洋商	洋行
俄商	顺丰洋行、新泰洋行、早昌洋行、源泰洋行、百昌洋行
英商	天顺洋行、宝顺洋行、怡和洋行
法商	公兴洋行、立兴洋行
德商	美最时洋行、协和洋行、杜德洋行、柯化威洋行、履泰洋行
美商	慎昌洋行、美时洋行

资料来源：陈重民：《今世中国贸易通志》，商务印书馆，1924，第65页。

---

① 赵竞南：《中国茶业之研究（八）》，《银行月刊》1926年第6卷第2号。
② 陈慈玉：《近代中国茶业的发展与世界市场》，台湾：中研院经济研究所，1982，第59页。
③ 赵竞南：《中国茶业之研究（八）》，《银行月刊》1926年第6卷第2号。
④ 赵竞南：《中国茶业之研究（八）》，《银行月刊》1926年第6卷第2号。
⑤ 王水：《清代的茶叶出口贸易》，《平准学刊——中国社会经济史研究论集》（第四辑下册），光明日报出版社，1989，第247页。
⑥ （清）徐润：《徐愚斋自叙年谱》，梁文生校注，江西人民出版社，2012，第21页。

至19世纪末，这种由商人群体组成的、具有商品交易所性质的中介机构已经遍布全国范围内各茶叶产区和集散地，比如安徽的祁门、屯溪、歙县、婺源等地均设有茶叶公所，并受两江总督刘坤一指示。虽然还未出现类似于伦敦拍卖会的大型商品交易所，但具备一定金融调解能力的商品交易机构及其网络已然有所普及，有利于中国商品经济的发展，也是茶叶国际贸易顺利进行的重要保障，标志着华茶国际贸易产业的形成和发展。

三　信用交易的雏形

茶行与茶栈、茶号的批量出现标志着茶业产业化程度的上升，丰富的资本积累使中国茶商的茶叶交易方式有了进一步发展。新式茶商以新的经营方式取代了传统商人，茶叶贸易不仅限于单纯的商品交易所，茶商内部开始出现业务分化与整合，或从产茶地直接收购，或设庄自行收购，或售与国内批发商，或交于洋行出口，或同时兼营制茶、售茶。例如乾隆年间，晋商常家就曾采取茶叶收购、加工、贩运"一条龙"方式，即自行在福建武夷山购买茶山，组织茶叶生产，并在福建省崇安县的下梅镇开设茶庄，精选、收购茶叶。同时，自行创立茶坊、茶库[①]用于茶叶储存和加工。19世纪中叶之后，众多华商与洋商从通商口岸直接向茶农收购茶叶，或是在茶叶产区就地租购厂房进行加工，形成了茶叶的内地收购制度。

在此基础上，茶商开始出现凭借商业信用，以贷款、赊销或租赁完成茶叶购销活动的行为，这种创新一定程度上是租赁贸易的雏形，有利于近代中国经济发展。最初的商业信用行为产生于茶叶流通环节，包括茶叶的赊买赊卖和预付货款两种情况。赊买、赊卖行为自明代就有端倪，是主要发生于茶商之间、茶商与消费者之间的"先茶后款"的结算方式，"今茶商茶课茶，皆以文引渡河历关而至茶司矣，茶司地方，则皆与番为邻者也。关隘少而歧路多，其相通固已易矣。而茶司周环地方几何，人民几何？商人之茶动至数万，岂能尽卖而尽买哉？商人去家千里，既不得以速卖，势复难以久守，不得以而赊居民。家积户蓄，塞屋充栋"[②]。而预付

[①] 李楠编著《中国古代交通》，中国商业出版社，2015，第82页。
[②] 梁材：《议茶马事宜疏》，载《明经世文编》（卷106），《梁端肃公奏议五》，转引自陈祖椝、朱自振编《中国茶叶历史资料选辑》，农业出版社，1981，第557页。

货款则与之相反，是多发生于茶商和茶农或茶园主之间的"先款后茶"的结算方式，如在浙江"种茶者，多由入山办茶之经纪付给资本，足以敷其茶造收成之用"①。福建武夷山茶商"到地将款及所购茶单，点交行东，恣所不问"②。

随着茶叶贸易资本的逐渐积累，商业信用开始应用于茶叶生产，主要体现为对设备、厂房的租赁。例如乾隆时期，行商伍秉鉴租用"旗昌号"货轮，将国内茶叶销往世界各地，特别是在美国，其商号所印"怡和"商标一定程度上成为茶叶品质的保证。至1813年，伍氏年总经营50800箱，价银120余万两，年贸易额达银300万两③，是当时资产规模最大的茶叶资本家和买办商人。清末深渡镇的姚上元，曾三度投标租赁"兴泰"茶号，经新安江水道销售茶叶到上海出口海外。④ 茶商还通过控制茶农形成包买主，进行茶山承包或是茶叶预订。茶山承包主要是出租者收取承包费，将茶山连同厂房定期租赁给承包者使用，由承包者完成茶叶的采摘、制作、运输和销售工作，而包买商则基本采取预买制，在春节前将茶叶货款与茶农进行结算，清明过后收取茶叶。这种方式实际上脱胎于预付货款的行为，但更接近现今期货的概念。例如福建武夷山茶商"到地将款及所购茶单，点交行东，恣所不问"⑤，而茶农则"于采摘之先，预取定银"⑥。安徽六安茶商"每隔岁经千里挟资而来，投行预质，牙侩负诸贾子母，每刻削茶户以偿之"⑦。浙江茶农"多由入山办茶之经纪付给资本，足以

---

① 上海通商海关造册处编载《光绪二十八年温州口华洋贸易论略》，转引自李文治编《中国近代农业史资料》（第一辑），生活·读书·新知三联书店，1957，第528页。
② 彭泽益编《中国近代手工业史资料（1840—1949）》（第一卷），生活·读书·新知三联书店，1957，第304页。
③ 宣恩贡茶编纂委员会编《宣恩贡茶》，长江文艺出版社，2016，第250页。
④ 熊军主编《歙县——徽商之源》，安徽人民出版社，2003，第28页。
⑤ 彭泽益编《中国近代手工业史资料（1840—1949）》（第一卷），生活·读书·新知三联书店，1957，第304页。
⑥ 上海通商海关总税务司署编《光绪三十二年三都澳港口华洋贸易情形论略》，转引自彭泽益编《中国近代手工业史资料（1840—1949）》（第二卷），生活·读书·新知三联书店，1957，第325页。
⑦ （清）秦达章修，何图佑、程秉祺纂：光绪《霍山县志》（卷2），载《中国地方志集成·安徽府县志辑》（第13册），江苏古籍出版社，1988，第53页。

敷其茶造收成之用"①。云南普洱茶也通常采用"商贩先价后茶"② 的形式进行预买。

布罗代尔曾认为"包买商制度在农村有广阔的天地，商人也不放过这个好机会。商人不但是原料生产者和工匠之间的中间人，工匠和购买成品的顾客之间的中间人，以及近地和远地之间的中间人，而且是城市和乡村之间的中间人"③。这一制度"旨在控制，而不是改造手工业生产的商业资本主义不可否认的首要特征之一。包买商最关心的乃是销售。因此，只要商人有利可图，包买商制度就能触及任何生产活动"④。

在支持异地汇兑和大额结算业务的票号出现后，预付包买的交易方式进一步向期货交易演变。在第三方介入的货币结算方式下，地方商人将货款预先存至钱庄获取等额期票，再至当地票号换取汇票汇往茶行和茶栈的代理处，由代理人至钱庄换取期票与得到外商供货的洋行完成钱货交易。借助新生金融机构和交易结算方式，茶商与外商通过茶栈和茶行就可完成海外贸易，茶叶交易中白银的远距离运输环节被省略，一方面降低了长途大宗交易的成本与风险，另一方面加快了资金融通速度，因而很快被普及并有力地促进了中国茶业的发展。比如咸丰年间山西票号从平遥、张家口等地向南北方的汇兑多数情况是茶商到南方采办砖茶，然后再运往张家口、蒙古地区，以出口俄国。⑤

综上所述，近世中国茶叶海外贸易在交易方式上呈现出由限制到开放、由零散到集中、由现货交易到信用交易的趋势。清初华茶出口仅限广州与恰克图两处，并且经销商人需要经过严格把关才能获得许可，鸦片战争后，通商口岸的逐步开放一方面促进了茶叶贸易的繁荣，另一方面放松

---

① 上海通商海关总税务司署编《光绪三十二年三都澳港口华洋贸易情形论略》，转引自李文治编《中国近代农业史资料》（第一辑），生活·读书·新知三联书店，1957，第528页。
② （清）倪蜕：《云南事略》，载王崧编纂、李春龙点校《云南备征志》（下），云南人民出版社，2010，第1009页。
③ 〔法〕费尔南·布罗代尔：《十五至十八世纪的物质文明、经济与资本主义》（第二卷），顾良、施康强译，生活·读书·新知三联书店，1993，第334页。
④ 〔法〕费尔南·布罗代尔：《十五至十八世纪的物质文明、经济与资本主义》（第二卷），顾良、施康强译，生活·读书·新知三联书店，1993，第338页。
⑤ 成艳萍：《国际经济一体化视角下的明清晋商》，《中国经济史研究》2008年第2期。

了对外商的限制。受西方茶叶贸易体系的影响，中国内地也形成了粗具规模的、具有商品交易所性质的茶叶交易中介机构和网络，虽然并未建立完全意义上的茶叶交易市场，但茶业产业化程度的提升依旧使得信用交易取代传统现货交易变为现实。凭借商业信用开展业务的新型金融机构的产生、茶商资本融通速度的加快，促使茶商资本具有了向生产领域流动的趋势，但这种变化本质上仍然属于交易方式的创新，中介机构仍然能够在贸易中实现价格垄断，利润的传导机制并未调整，并不能改变中国茶业在科学技术研发投入与研发需求方面的结构性错位，终究未能成功挽救华商在茶叶国际贸易中的颓势。

第二章
中俄茶叶贸易中的几个问题

有关中俄恰克图茶叶贸易的研究成果十分丰富，学者们从不同角度对这一问题进行研究，基本廓清了恰克图茶叶贸易的情况。因此，本章不再对贸易状况问题进行描述，重点从三个方面展开研究：其一，从中俄两国对恰克图贸易的依存度的角度来考察两个国家对其重视程度及可能造成的影响；其二，从个体商人的角度出发，探讨19世纪前期中国商人在恰克图从事茶叶贸易可能的获利情况，以说明高额商业利润在整个中国茶业链条上所起到的积极或消极的作用；其三，考察中俄两国产业结构的变化，对恰克图贸易的影响，力图找出恰克图贸易衰败、俄国深入中国内地设厂的经济动因。

第一节 中俄恰克图贸易中茶叶贸易依存度

恰克图市场的形成是俄方通过政治和军事上的手段与清政府达成的结果。通过恰克图进出口贸易，中俄两国实现互通有无。与俄方对中国茶叶等商品具有大量需求的情况不同，中方对俄商品需求较小，从而使得中俄双方对这一市场的依存关系存在较大的差异，不过恰克图贸易均在一定程度上拉动了两国国内的经济发展，因此，有必要首先从数量分析的角度考察中俄两国政府对恰克图市场的依存度，以说明双方彼此的开放程度及对该市场的依赖程度。为了确保数据的完整与连续性，本书选取嘉庆五年（1800）至道光三十年（1850）的恰克图贸易额作为分析对象，从进、出口贸易依存度视角对恰克图市场存在的意义做简要探讨。

一 计算方法及相关数据整理

我们首先对对外贸易依存度进行计算，即用进、出口单项指标和总额，分别与当年的 GDP 进行比较，求得其在 GDP 中所占的百分比，以说明本国国内生产总值中恰克图贸易所占的比重。因此，理论上需要三组连续数据，中俄两国的进口额、出口额、GDP 和几种货币换算关系。

但由于个别年份的数据缺失，因此需要将现有的对外贸易依存度的计算方式进行修正。本书选取 1800~1850 年个别年份中国通过恰克图输往俄国的货物交易额，与该年份 GDP 相似值进行比较，以找出对外贸易依存度的变动趋势。为了便于计算，对俄国也采用相同的年份和方法。

（一）进、出口额

将能够找到的中俄两国恰克图贸易进、出口额及相关年份列于表 2-1 中。

表 2-1　1800~1850 年个别年份恰克图贸易额

年份	俄国出口额/中国进口额		俄国进口额/中国出口额		贸易总额	
	总额（卢布）	折银（两）	总额（卢布）	折银（两）	总额（卢布）	折银（两）
1800	4191923	2464851	4191923	2464851	8383846	4929701
1805	5742328	3376489	5742328	3376489	11484656	6752978
1810	6580308	3869221	6580308	3869221	13160616	7738442
1812	2936013	1726376	2936013	1726376	5872026	3452751
1813	5464674	3213228	5464674	3213228	10929348	6426457
1824	7989000	4697532	7989000	4697532	15960000	9384480
1827	7256076	4266573	7256076	4266573	14512152	8533145
1828	7349184	4321320	7349184	4321320	14698368	8642640
1829	7803553	4588489	7803553	4588489	15607106	9176978
1830	6898597	4056375	6898597	4056375	13797194	8112750
1847	6800560	3998729	6800560	3998729	13601120	7997459
1848	5349918	3145752	5349918	3145752	10699836	6291504
1849	5165334	3037216	5165334	3037216	10330668	6074433
1850	6916071	4066650	6916071	4066650	13832142	8133299

资料来源：〔俄〕阿·柯尔萨克《俄中通商历史统计概览》，喀山：喀山出版社，1857，第 105、137、146、206 页，由于是物物交换，所以中俄双方进、出口额相同，转引自郝玉凤《中俄恰克图边境贸易述论》，东北师范大学硕士学位论文，2007，第 26 页。

据《俄中两国外交文献汇编（1619—1792 年）》记载：银与卢布的换算关系是，每两银子折合 1 卢布 70 戈比①，1 卢布 = 100 戈比，所以 1 两银子 =1.7 卢布，即 1 卢布 = 0.588 两银子。为了统一单位进行计算，我们将表 2 – 1 中的卢布换算成白银。

（二）GDP 数据

目前学术界对世界各国古代或近代 GDP 的研究有了一些进展，麦迪森的《世界经济千年史》对公元以来世界各国的国内生产总值进行了估算。刘光临的《宋明间国民收入长期变动之蠡测》和管汉晖、李稻葵的《明代 GDP 试探》对不同时段中国的 GDP 进行了测算。2010 年，刘逖出版的《前近代中国总量经济研究（1600—1840）：兼论安格斯·麦迪森对明清 GDP 的估算》一书，研究了中国前近代社会的经济总量问题，并对以往的结论提出了质疑。李伯重则是计算了清代娄亭一县的 GDP。尽管他们在计算方法上存在很多争议，结论也受到了各方面的质疑，但目前尚无更为精确的数据。因此，我们以《世界经济千年史》的数据为基础，参考刘光临、管汉晖、李稻葵、刘逖等的研究，得出 18 世纪和 19 世纪中俄两国的 GDP 估算数据（见表 2 – 2）。

表 2 – 2　中俄与世界的 GDP 估算值及增长率

单位：百万 1990 年国际元，%

年份	中国	GDP 年均增长率	俄国	GDP 年均增长率	世界	GDP 年均增长率
1700	82800	—	16222	—	371369	—
1820	228600	0.85	37710	0.71	694442	0.52
1870	189740	-0.37	83646	1.61	1101369	0.93

资料来源：〔英〕安格斯·麦迪森：《世界经济千年史》，伍晓鹰等译，北京大学出版社，2003，第 259 ~ 260 页。

忽略短期变动带来的影响，假定 GDP 年均增长率等于 GDP 增长率，以 1820 年为基准，可以推算出我们需要的几个年份 GDP 数据的合理值。

---

① 〔俄〕尼古拉·班蒂什-卡缅斯基：《俄中两国外交文献汇编（1619—1792 年）》，中国人民大学俄语教研室译，商务印书馆，1982，第 350 页。

因此，由表 2-2 可以得出表 2-3。

$$t = (X/C)^{\wedge}(1/N) - 1 \qquad (2-0)$$

其中，t 为 GDP 增长率，X 为需要估算的当年数据，C 为 1820 年 GDP 数据，N 为所经年数。

表 2-3 1800~1850 年个别年份中俄 GDP 估算

单位：百万 1990 国际元

年份	中国	俄国
1800	193000	32734
1805	201344	33913
1810	210047	35134
1812	213633	35635
1813	215449	35888
1824	225235	40198
1827	222745	42171
1828	221920	42850
1829	221099	43540
1830	220281	44241
1847	206828	58042
1848	206063	58976
1849	205300	59926
1850	204541	60891

根据《世界经济千年史》中的单位换算方法，为了方便计算，分别将中国和俄国的 GDP 折算成白银。国际元与白银的兑换关系是一个十分复杂的问题，麦迪森并没有告诉我们用 ICP 购买力平价转换系数国际元 GDP 估算方法。因此参考刘逖《前近代中国总量经济研究（1600—1840）：兼论安格斯·麦迪森对明清 GDP 的估算》[1]中所得出的中国 1770 年的实际 GDP，与麦迪森的国际元数据进行比照，找出兑换关系。另外，货币

---

[1] 刘逖：《前近代中国总量经济研究（1600—1840）：兼论安格斯·麦迪森对明清 GDP 的估算》，上海人民出版社，2010，第 179 页。

购买力问题的实际存在①，使得我们还需加入以银钱比数据为基准的当年物价变动情况作为参考，以求得到相对准确的数据。

本书按照麦迪森提供的 1700 年中国 GDP 数据和增长率，可以求出 1770 年的 GDP 为 1102.6 亿国际元，由于刘逖测算的 1770 年中国的 GDP 为 24.89 亿两白银，从而折算结果为 1 国际元 = 0.0226 两白银。而且根据河北宁津县大柳镇统泰升记商店出入银两流水账、买货总账（原账册为北京图书馆所藏），可知 1770 年 1 两白银为 1150 文铜钱。故剔除白银价格波动后，用白银表示的中俄两国 GDP 如表 2-4 所示。

表 2-4　1800~1850 年个别年份用银钱比数据剔除白银价格波动后中俄 GDP 估算

（按银钱 1∶1000 为标准进行计算）

单位：百万两白银

年份	银钱比价（1 两白银合铜钱数）	1990 年国际元与白银兑换率（1 国际元合白银数）	中国 GDP 估算	俄国 GDP 估算
1800	1070.4	0.0243	4689.9	795.4
1805	935.6	0.0278	5597.4	942.8
1810	1132.8	0.0229	4810.1	804.6
1812	1093.5	0.0238	5084.5	848.1
1813	1090.2	0.0238	5127.7	854.1
1824	1269.0	0.0205	4617.3	824.1
1827	1340.8	0.0194	4321.2	818.1
1828	1339.3	0.0194	4305.3	831.3
1829	1379.9	0.0188	4156.7	818.5
1830	1364.6	0.0190	4185.3	840.6
1847	2167.4	0.0120	2481.9	696.5
1848	2299.3	0.0113	2328.5	666.4
1849	2355.0	0.0110	2258.3	659.2
1850	2230.3	0.0117	2393.1	712.4

资料来源：严中平等编《中国近代经济史统计资料选辑》，科学出版社，1955，第 37 页表 30，转引自河北宁津县大柳镇统泰升记商店出入银两流水账、买货总账。原账册为北京图书馆所藏。

---

① 平价转换系数国际元 GDP 估算方法，剔除通货膨胀因素，而中国的货币体系十分复杂，尽管采用白银作为计量单位，但也不能排除白银价格波动的影响。

需要说明的是，因为我们并非要考察两国的 GDP，这些数据仅是用来说明不同年份恰克图贸易额在两国 GDP 中所占比重的变化趋势，因此，尽管麦迪森的数据和我们推算出的数据可能并非精确值，但我们推算的结果偏差对要得出的结论影响应该不算很大。

（三）进、出口依存度的计算

在前面数据整理的基础上，便可以计算中俄两国对恰克图贸易的进、出口依存度。

计算公式如下：

$$\alpha = M/Y \qquad (2-1)$$

$$\beta = X/Y \qquad (2-2)$$

其中，α 表示进口依存度，β 表示出口依存度，M 表示进口额，X 表示出口额，Y 表示国内生产总值。

计算结果显示在表 2-5 中。

表 2-5 1800~1850 年个别年份中俄两国对恰克图贸易的进、出口依存度

单位：%

年份	进口依存度		出口依存度	
	中国	俄国	中国	俄国
1800	0.0526	0.3099	0.0526	0.3099
1805	0.0603	0.3581	0.0603	0.3581
1810	0.0804	0.4809	0.0804	0.4809
1812	0.0340	0.2036	0.0340	0.2036
1813	0.0627	0.3762	0.0627	0.3762
1824	0.1017	0.5701	0.1017	0.5701
1827	0.0987	0.5215	0.0987	0.5215
1828	0.1004	0.5198	0.1004	0.5198
1829	0.1104	0.5606	0.1104	0.5606
1830	0.0969	0.4826	0.0969	0.4826
1847	0.1611	0.5741	0.1611	0.5741
1848	0.1351	0.4720	0.1351	0.4720
1849	0.1345	0.4608	0.1345	0.4608
1850	0.1699	0.5708	0.1699	0.5708

二 中俄两国对恰克图贸易的依存度变动趋势

据俄国杂志《莫斯科人》（1841年版）所言："恰克图贸易是俄国获利最大的贸易，大概俄国人所从事的任何一项贸易都无法与它相比。"[①] 有记载显示，俄国政府在19世纪上半叶通过恰克图征收的关税额占其所有关税收入的15%～20%。[②] 恰克图不仅为俄国工业品"打开了在别处找不到的销路"[③]，还输入了使俄商获得巨额利润的茶叶。俄国政府深知恰克图贸易的重要性，因此积极鼓励俄商开展对华贸易，并于1800年颁布的《恰克图贸易条例》中确定了俄国商人对恰克图贸易的垄断地位。[④]

与俄商完全独占恰克图市场所共存的是，在俄国内部，国家鼓励贸易竞争。19世纪上半叶俄国进出口商品结构等发生的重大变化，无不是俄商受到利益驱使、主动采取策略的结果。恰克图贸易不仅使俄商获利颇丰，也极大地刺激了俄国国内经济的发展。

清政府方面，刊登在《莫斯科公报》上的《一份商人的守则》中，记载了清政府为管理在恰克图贸易中的中国商人而制定的章程，具有明显的官督商办的色彩，表达了清政府所秉持的国家利益高于贸易关系的主张。

（一）俄国对恰克图贸易的进口依存度

根据表2-5所提供的数据，可以制作从嘉庆五年（1800）至道光三十年（1850）五十年间中国与俄国对恰克图贸易的进、出口依存度的变化趋势图，从而使我们更清晰地看出其波动过程。

从图2-1中可以看出，俄国与中国对恰克图贸易进、出口依存度的

---

① 〔苏〕П.И.卡巴诺夫：《黑龙江问题》，姜延祚译，黑龙江人民出版社，1983，第69页。
② 郭蕴深：《中俄茶叶贸易史》，黑龙江教育出版社，1995，第52页。
③ 中共中央马克思、恩格斯、列宁、斯大林著作编译局编《马克思恩格斯选集》（第二卷），人民出版社，1972，第11页，转引自郝玉凤《中俄恰克图边境贸易述论》，东北师范大学硕士学位论文，2007，第34页。
④ 卢明辉：《中俄边境贸易的起源与沿革》，中国经济出版社，1991，第78页记载："《条例》中规定，恰克图互市贸易完全掌握在俄国商人手中，其他未隶属俄国的外国商人不得直接去恰克图贸易。"

变化趋势基本保持一致，而俄国对恰克图贸易进、出口依存度的变化相较中国更为剧烈。根据其波动特点，可以划分为两个主要阶段进行分析。

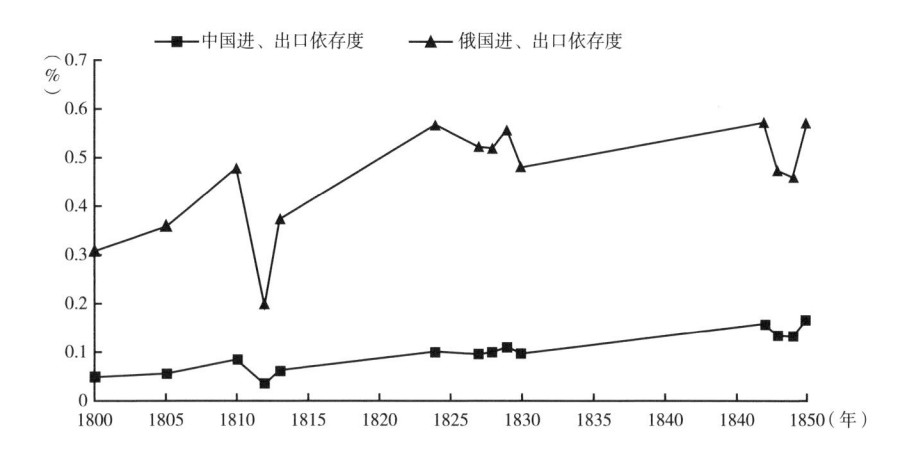

图 2-1 1800~1850 年中俄两国对恰克图贸易的进、出口依存度变化趋势

嘉庆时期，中国对恰克图贸易的进、出口依存度整体呈上升趋势，但其变化过程较曲折。如图 2-1 所示，嘉庆十七年（1812）的进、出口依存度由嘉庆十年（1805）的 0.3581% 降到了 0.2036%，下降 0.1545 个百分点。此后嘉庆十八年（1813）年又迅速上升到 0.3762%，较 1812 年上涨 0.0181 个百分点。

俄国在恰克图贸易中的进口货物结构在该阶段也发生了变化。由于俄国国内纺织工业的迅速发展以及西欧各国棉纺织品竞争的日益加剧，俄国对上一时期主要进口的棉纺织品需求减少，茶叶在其输入的商品中占据首位。从恰克图进口的茶叶量在 1802~1810 年年均为 75076 千普特，1811~1820 年增至 96145 千普特。① 而俄国进口的棉织品货物额所占比例从 1802~1807 年的 46.3% 下降至 1812~1820 年的 22.8%。② 但是由于中国棉布价格低廉，坚实耐穿，因此在俄国仍有销路。

---

① 〔俄〕阿·柯尔萨克：《俄中通商历史统计概览》，喀山：喀山出版社，1857，第 293 页，转引自〔苏〕米·约·斯拉德科夫斯基《俄国各民族与中国贸易经济关系史（1917 年以前）》，宿丰林译、徐昌翰审校，社会科学文献出版社，2008，第 221 页。
② 〔日〕吉田金一：《关于俄清贸易》，《东洋学报》（第 45 卷第 4 号），转引自刘建生、刘鹏生等《晋商研究》，山西人民出版社，2005，第 52 页。

然而，此时的俄国正处在整个欧洲战乱的氛围中，1812年6月24日拿破仑以俄国破坏"大陆封锁"为由入侵俄国，俄国人民为反抗拿破仑的侵略发起自卫战争，俄国国内经济不可避免地受到战争的影响，继而影响对外贸易。同年的2月11日俄国沙皇下旨专门对茶叶规定了附加税，以补充当时战争所需要的巨额费用。另外，俄国国内生产的呢绒输出额虽然在该时期日益增长，但主要供应军需，因此并无多少货物与中国在恰克图市场进行交换。而且可以判断由于处于战事中，俄国对恰克图贸易也无暇顾及，由此可以解释表2-1中1812年恰克图贸易额急剧下降的原因。

道光时期（1821~1850）中俄两国对恰克图贸易的进、出口依存度一直处于较高水平，虽然40年代有些波动，但整体平稳发展。导致该时期的进、出口依存度保持较高水平的原因不同，因此分两个阶段进行分析。

第一阶段，即道光四年至道光十年（1824~1830）。根据表2-5中的数据可以看到，在19世纪20年代中后期，中俄两国进、出口依存度均稳定保持在较高水平，其中俄国进、出口依存度大多在0.5%以上，造成该时期依存度较高的主要原因是俄国对中国茶叶需求的不断扩大。

从道光朝开始，恰克图贸易几乎成为茶叶贸易。1820年，西伯利亚总督波兰斯基下令削减从中国进口的货物品种，从而增加茶叶进口额，满足市场需要，他在命令中写道："丝织品已经结束了，棉布也差不多要结束了，剩下的是茶叶、茶叶还是茶叶！"[①] 该时期的茶叶贸易额及其所占中国货物总额的比重都不断上升，茶叶贸易额在1821~1830年为5953.5千卢布，占俄输入货物总额的88.5%，1831~1840年茶叶贸易额增至7551.1千卢布，所占比重达到93.6%。[②]

俄国之所以如此大量进口茶叶，除了饮茶之风盛行外，还因为中国的茶叶在俄国国内和欧洲各地市场上均可获得暴利。有史料记载，1839年俄商在恰克图以700万元（约501.9万两白银）购买的中国茶叶，在下诺夫哥罗德市场上卖了1800万元（约1290.6万两白银）[③]，获利在一倍以上。

---

① 孟宪章主编《中苏贸易史资料》，中国对外经济贸易出版社，1991，第170页。
② 〔日〕吉田金一：《关于俄清贸易》，《东洋学报》（第45卷第4号），转引自刘建生、刘鹏生等《晋商研究》，山西人民出版社，2005，第52页。
③ 姚贤镐编《中国近代对外贸易史资料（1840—1895）》，中华书局，1962，第664~665页。

由于恰克图贸易以物易物的性质，俄商要想增加茶叶的进货量，就必须使与之交换的中国商人对自己的货物（主要是棉布和呢绒等）感兴趣。俄国批发商们会根据前一年的贸易情况，例如何种成色和尺寸的物品较受欢迎，在理性预期的基础上，向俄国工厂主订购产品，生产厂家便依据订货单进行生产。在恰克图的俄国商人为了获得更多的利润，自然会选择向生产商品质量相同，但价格较低的棉织品生产厂家下订单。于是，俄国工厂主们为了能够接到更多的订单，便会努力改进生产技术，在保证产品质量、满足要求的情况下，尽量降低生产成本，追求利润最大化。

为了满足中国消费者的口味和需求，"19世纪50年代在俄国欧洲部分的中央工业区已有70多个制呢厂，其中一些工厂只生产向中国出口的呢子。最大的工厂在卡卢加省，这就是亚历山大罗夫工厂……它在用水推动的自动织布机方面最驰名；据说这是欧洲大陆上最大的、技术方面最完美的工厂"①。

另外，面对如此巨大的茶叶进口数量，俄政府考虑到有可能在俄国国内造成销售困难，因此为了稳定茶叶在国内市场上的价格，鼓励向西欧再出口中国茶叶。为此，1826年规定，向其他国家出口中国茶叶，实行退税政策，而对于在俄国销售的茶叶，则规定可在5个月内分期缴纳关税。② 这也为俄国商人进口茶叶提供了保障。

第二阶段，即19世纪四五十年代，中俄恰克图贸易一定程度上受到运输条件等因素的限制。在拿破仑战争结束后，欧洲与东方的海上交通线逐渐得到恢复，加上造船与航海技术的进步，欧洲与中国间的海路贸易比经过西伯利亚的陆路贸易更具优越性，从海路运到欧洲与俄国的中国货物比从西伯利亚运送的价格便宜很多。例如，在19世纪40年代，茶叶由广州运到伦敦的费用为每普特30～40银戈比，而由恰克图运到莫斯科则需要6个银卢布甚至更多。③ 于是造成19世纪40年代恰克图贸易规模有一

---

① 〔苏〕加利佩琳：《十八世纪—十九世纪上半叶的俄中贸易》，载《西北历史资料》，姬增禄译，西北大学西北历史研究室，1980，第66页。
② 〔苏〕米·约·斯拉德科夫斯基：《俄国各民族与中国贸易经济关系史（1917年以前）》，宿丰林译、徐昌翰审校，社会科学文献出版社，2008，第221页。
③ 〔苏〕米·约·斯拉德科夫斯基：《俄国各民族与中国贸易经济关系史（1917年以前）》，宿丰林译、徐昌翰审校，社会科学文献出版社，2008，第227页。

定的缩减，正如表 2-1 中的数据所显示的那样。

然而对俄国来说，恰克图贸易并不能完全被海上贸易所替代，由于从中国运来的货物——绝大部分是茶叶，主要是运往西伯利亚和外贝加尔地区，而且与西方国家在中国沿海通商口岸的强制性贸易相比，恰克图贸易是建立在双方平等互利的原则基础上。因此，虽然恰克图在俄国中心地区的作用已经衰减，但它仍然是中国与欧俄进行贸易的主要地点，其贸易依旧得到了稳步发展。到 19 世纪中叶，茶叶已经约占俄国经恰克图进口额的 95%。①

但本书根据安格斯·麦迪森在《世界经济千年史》中估算出的俄国国内生产总值，将其单位由 1990 年国际元换算成白银，由表 2-4 可以看到，40 年代俄国 GDP 较之前有较大幅度的下降，从而使该时段俄国对恰克图贸易的进、出口依存度依然呈现较高水平。

（二）俄国对恰克图贸易的出口依存度

进入 19 世纪 20 年代，正如俄国人自己承认的，恰克图贸易可以出口其"无法进入欧洲市场的纺织工业品，俄国纺织工业的生产在很大程度上取决于这一贸易的状况"②。1843 年 6 月 20 日，莫斯科民政省长谢尼亚温的一份报告特别强调指出："西伯利亚地区的繁荣和我国纺织工业，特别是莫斯科纺织工业的兴盛，主要依靠恰克图市场，通过它往返运输各种商品，活跃了从莫斯科到中国边界的遥远之路。"③

到 18 世纪末期，何秋涛在《俄罗斯互市始末》中所描述的"彼以皮来，我以茶往"④ 的状况已有所改变，传统的对华出口大宗商品毛皮在中俄恰克图贸易中的作用开始减退，1792～1800 年，毛皮在俄出口总额中所占比重较之前降到了 70%⑤，棉布和呢料等棉毛工业制品比重不断上

---

① 孟宪章主编《中苏贸易史资料》，中国对外经济贸易出版社，1991，第 172 页。
② 〔苏〕П. И. 卡巴诺夫：《黑龙江问题》，姜延祚译，黑龙江人民出版社，1983，第 70 页。
③ 孟宪章主编《中苏贸易史资料》，中国对外经济贸易出版社，1991，第 186 页。
④ （清）何秋涛：《俄罗斯互市始末》，载王锡祺辑《小方壶斋舆地丛钞》（第 3 册），杭州古籍书店，1985，第 196 页。
⑤ 〔苏〕米·约·斯拉德科夫斯基：《俄国各民族与中国贸易经济关系史（1917 年以前）》，宿丰林译、徐昌翰审校，社会科学文献出版社，2008，第 188 页。

升。19世纪上半叶，毛皮出口比重继续下降，1826年毛皮只占输出总额的47.5%①，到19世纪30年代，约占37%左右，到40年代初，则降至28%。② 而由于俄国工业生产的发展，工业产品——主要是呢绒等毛纺织品逐渐占据首要地位。19世纪30年代初，纺织品约占出口额的29%，而到30年代末已超过50%"。③

俄国输华商品结构发生的这一重大变化——呢绒等棉毛织品取代毛皮成为俄国出口的主要商品，主要是在当时俄国国内工业生产力快速发展的背景下，莫斯科商人与西伯利亚商人两大贸易批发商人群体自由竞争的结果。由于在恰克图贸易开始前，需要由全体俄商对货物进行统一定价，这时占恰克图贸易群体大多数的来自莫斯科与俄国其他地区的商人，正致力于向中国商人推销自己工厂生产的呢绒等工业制品，为了扩大呢绒等工业制品的销售，莫斯科商人凭借其拥有的多数票，将自己的货物价格定得较适中，而相较之下西伯利亚毛皮的价格则过高。于是，莫斯科商人将呢绒以较低的价格卖给中国商人，而价格低廉在恰克图市场上是十分重要的，商人们可以通过销售数量弥补价格相对较低所可能造成的损失。逐渐，中国人"发现穿用廉价的棉布袍子和呢料长衫，要比穿毛皮合算得多"④，从而排挤了价格较高的西伯利亚毛皮的销售。

由于俄国呢绒与其他外国呢绒相比，更适合中国人的品位，资料记载，当时许多华北的城市都有数量极大的俄国蓝色厚呢，售价之低，几不敷成本。过去这种厚呢可能在个别店铺找到100匹，而至1846年，在北方所有大的商业城市中，经常出现数千匹。⑤

需要指出的是，早在18世纪俄国商人就经常将普鲁士、荷兰以及英国的呢绒通过恰克图市场输入中国，俄国生产的呢绒所占份额很少，

---

① 〔苏〕米·约·斯拉德科夫斯基：《俄国各民族与中国贸易经济关系史（1917年以前）》，宿丰林译、徐昌翰审校，社会科学文献出版社，2008，第220页。
② 卢明辉：《中俄边境的起源与沿革》，中国经济出版社，1991，第78页。
③ 〔苏〕E. B. 布纳科夫：《19世纪上半叶俄中关系史之一页》，《东方学问题》1956年第2期，李步月译，第98~99页，转引自孟宪章主编《中苏经济贸易史》，黑龙江人民出版社，1992，第106页。
④ 〔苏〕П. И. 卡巴诺夫：《黑龙江问题》，姜延祚译，黑龙江人民出版社，1983，第80页。
⑤ 姚贤镐编《中国近代对外贸易史资料（1840—1895）》，中华书局，1962，第664页。

然而19世纪30年代，进入恰克图市场的西欧以及波兰地区的商品逐渐遭到俄国本国商品的排挤，数量急剧减少，而后到50年代其对中国的输出则几近停止。1825年经恰克图出口的呢料，俄国的产品仅为2438俄尺，外国转口产品为285827俄尺，而1850年输华呢料及棉制品1296935俄尺则全部为俄国生产的。① 我们可通过表2-6和图2-2来具体说明这一变化。

表2-6 俄国、波兰、西欧呢绒经恰克图输华贸易量

单位：俄尺

年份	俄国呢绒出口量	波兰呢绒出口量	西欧呢绒出口量
1832	493720	144492	448
1834	555876	247256	0
1837	789853	26625	102
1840	1241133	0	0
1842	1542282	0	0
1845	1525155	0	0

资料来源：〔俄〕阿·柯尔萨克：《俄中商贸关系史述》，米镇波译、阎国栋审校，社会科学文献出版社，2010，第143页。

将表2-6制作成图2-2的柱形图，可以更清晰地看出俄国呢绒在19世纪30年代以后在恰克图贸易中的重要性。

在整个19世纪上半叶，恰克图贸易额最明显的缩减出现在1812年，如前分析进口依存度时的情况，欧洲各国为反抗拿破仑侵略而发起的战争，使得经恰克图的外国（主要是西欧）货减少了。与1810年相比，1812年经恰克图的外国货输出额差不多减少了4/5——从255.6万卢布减至53.8万卢布，这一年的俄国货出口额也减少了将近40%。② 一方面，由于战争的需要，俄国的呢绒、鞣制皮革等主要用来供应军需。另一方面，战争期间为供应军需而大量生产呢绒等制品的工厂，在战争结束后由于惯性仍然大量生产，呢绒等制品保持大量出口，使得此后的恰克图贸易

---

① 孟宪章主编《中苏贸易史资料》，中国对外经济贸易出版社，1991，第175页。
② 〔苏〕米·约·斯拉德科夫斯基：《俄国各民族与中国贸易经济关系史（1917年以前）》，宿丰林译、徐昌翰审校，社会科学文献出版社，2008，第219页。

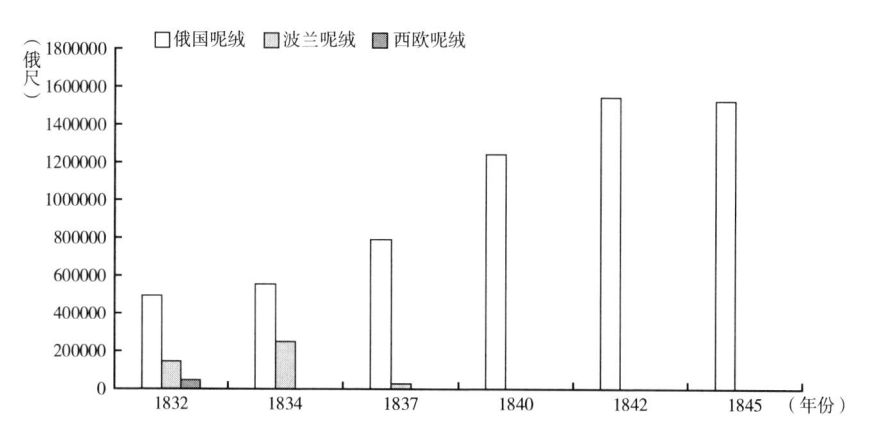

图 2-2　经恰克图对华出口呢绒数量变化趋势

注：由于西欧呢绒出口量相对较少，为使其变动趋势更加直观，故在柱状图中将其出口量以原来数据的 100 倍表现。

额得以回升。

1842 年中英签署《南京条约》，中国被迫开放广州、上海、厦门、宁波、福州五处通商口岸，于是经由广州和其他海港的英国呢绒的输华总额迅速增长。① 此时中国由于生产技术长期未进行革新，加之百姓购买力受限，对呢绒等毛织品的需求相对稳定在较低水平。外国呢绒的大量进口在一定程度上对这种情况产生了冲击。

即便如此，恰克图仍然是俄国呢绒的主要输出地，并给经广州及其他港口输入中国的英国呢绒带来了竞争压力，1840 年和 1841 年，通过恰克图输入的呢绒分别为 1241.1 千俄尺和 1550.5 千俄尺，比经广州输入的呢绒分别多出 1003.1 千俄尺和 1132.6 千俄尺。1842 年和 1843 年经恰克图输入的呢绒仍比从广州及其他港口输华的呢绒数量多，1844 年为 1326.3 千俄尺，1845 年上升至 1525.2 千俄尺。② 由此可知，俄国对恰克图市场的出口依存度是非常高的。

可以看出，在出口方面，俄商依托国内工业革命的丰硕成果，在国家

---

① 〔苏〕加利佩琳：《十八世纪—十九世纪上半叶的俄中贸易》，载《西北历史资料》，姬增禄译，西北大学西北历史研究室，1980，第 65 页。
② 〔苏〕加利佩琳：《十八世纪—十九世纪上半叶的俄中贸易》，载《西北历史资料》，姬增禄译，西北大学西北历史研究室，1980，第 65 页。

政策的鼓励下①，将无法输往欧洲市场的棉毛织品成功地销售给中国商人，并不断根据中国人的需求，提高商品质量，使中国成为最大的工业产品输出地，实现了由单一毛皮贸易向多种商品贸易的转变。而反观中国商人只是被动适应恰克图市场的变化，茶叶几乎成为中方的唯一供给商品。恰克图茶叶贸易量的快速增长，看似是中国商人掌握贸易主动权，但实际上，这也是因为中国棉织物、丝绸等其他商品在恰克图市场上遭到俄国工业产品的排挤成为滞销货物后，中国商人不得不采取的措施。

在进口方面，恰克图茶叶贸易的丰厚利润必然会促使俄商在降低成本的同时改进自己的货物品质，以便能够交换到更多的、更高品级的茶叶。如此便会激发起俄国输往恰克图大宗货物棉毛制品的生产者创新的动力。另外，随着呢绒等棉毛制品生产规模的扩大，制造呢子所需要的原料和生产工具的需求也会增长。于是通过恰克图出口不仅保证了俄国纺织工业的繁荣发展，还会对其他一系列相关部门产生正溢出效应。

（三）中国对恰克图贸易的依存度

"嗜乳酪，不得茶，则困以病，故唐宋以来，行以茶易马法，用制羌戎。"② 少数民族的饮食结构使得茶叶在一定程度上成为中国历代政府治边驭夷的法宝。中俄恰克图贸易亦是如此，与历朝政府一样，一旦北疆不靖，清政府就会关闭恰克图市场，借以扼控俄国。

虽然中国对恰克图贸易的依赖程度非常低，但这并不等于恰克图市场对于中方仅有政治和外交上的价值。由于俄国对中国茶叶的旺盛需求，恰克图贸易对中国内地经济的影响依然不容小觑。到 19 世纪中叶，清政府也开始对恰克图贸易越来越重视，然而此时由于供需失衡所导致的贸易系统稳定性遭到破坏等原因，恰克图贸易已逐步走向衰落。

从图 2-1 中可以看到，嘉庆五年（1800）至道光三十年（1850）中国对恰克图贸易的进、出口依存度基本维持在 0.03%~0.17%，恰克图

---

① 嘉庆五年（1800）为提升俄国出口贸易额——主要是工业产品贸易额的增长，俄国政府对从俄国输出的所有商品都降低了关税。根据新的税率，向中国输出的呢绒实行免税，同时大大降低毛皮和皮革的出口关税，另外对过境的外国毛织品也规定了较低的关税，从而为俄国与欧洲商人赴恰克图贸易提供了良好的政策条件。
② 陈祖槼、朱自振编《中国茶叶历史资料选辑》，农业出版社，1981，第 577 页。

进出口贸易额在中国 GDP 中所占比重最高时也仅为 0.1699%，且波动幅度很小。这主要是清政府注重政治利益、忽视经济利益的结果。

乾隆皇帝向英王致信称："天朝物产丰盈，无所不有，原不藉外夷货物以通有无，特因天朝所产茶叶、瓷器、丝斤为西洋各国及尔国必须之物，是以加恩体恤。"① 由此，中国政府对待海外贸易的态度可见一斑。以"农为本，商为末"思想贯彻下的政策不仅束缚了商品经济的发展，同时也使华商在恰克图贸易中处于基础不稳固的状态之下。②

乾隆五十七年（1792），中俄恰克图贸易在闭关八年之后重新开放，《恰克图市约》的第一条就表明天朝上国的优越感，"恰克图互市，于中国初无利益，大皇帝普爱众生，不忍尔国小民困窘；又因尔萨那特衙门吁请，是以允行。若复失和，罔再希冀开市"③。可见，清廷并不重视对外贸的管理，在恰克图开放贸易关口的政策实质上是为遏制俄国对准噶尔的军事援助，加快平叛步伐，维护边境和平，从而做出的让步。

其实，自 18 世纪 50 年代以来中俄恰克图贸易数次关闭基本上出自这一政治目的。乾隆二十九年至乾隆五十七年（1764～1792）这 28 年间，恰克图贸易三次中断，总计达 14 年。闭市的原因均为俄方在中俄交界地区恶意滋事，破坏边疆和平安定。闭市过程中两国商人受损严重，甚至衍生出行贿和走私等寻租行为。

俄国之所以每次在恰克图闭关后，对重新开市都表现出很大的积极性，是因为当时俄国正忙于同普鲁士及奥地利瓜分波兰，对待亚洲国家，尤其是远东国家的态度上，力求避免事端，因此面对清政府的逼迫只是委婉应付。实际上，俄国政府在远东事务上的消极态度直到第一次鸦片战争之后才开始改变。

此外，与中国开展恰克图贸易的关税收入是俄国国库收入的主要来源之一。恰克图贸易中止期间，俄国政府相关部门估计其遭受了巨大的财政损失，"由于取消了这种贸易，使俄罗斯国库每年损失了 60 万卢布的税收收入。而当时在西伯利亚辖区内，私人资本流通额总共计才不过 300 万

---

① （清）王庆云：《石渠余纪》（卷5），北京古籍出版社，2000，第 294 页。
② 郭蕴深：《论中俄恰克图茶叶贸易》，《历史档案》1989 年第 2 期。
③ 辜鸿铭、孟森等：《清代野史》（第一卷），巴蜀书社，1998，第 273～274 页。

卢布"①。而与之形成鲜明对比的是,清政府只在张家口一处设有税关,"中俄陆路贸易,向不抽税,惟于各该国境内关口则征卡税,犹近人所称之厘金。中国于张家口设关,内地商人往来恰克图、库伦贸易者,征税于此"②。然而,受清廷不重视发展恰克图贸易的影响,并无该贸易所带来的具体关税收入记载。至于俄国,在尼布楚入京贸易停止后,中俄两国贸易集中于恰克图一处,俄国人便在恰克图设卡征收输入俄国境内的货物关税,所以所谓的中俄恰克图实行免税贸易,其实只有中国单方面遵守而已。

我们从中俄两国在恰克图市场上输出商品的来源也可以看出,俄方对中国商品的依赖程度要远远大于中国对俄国商品的依赖程度。如表2-7中数据所显示的,俄国对华出口商品中其他国家的商品占有很大比例,1800年与1805年的统计数据中外国货的贸易额还大大超过俄国本国货物的贸易额,而中国输出的产品则均来自本国。

表2-7 1800~1824年个别年份恰克图交易额

单位:卢布

年份	俄国对华出口额			从中国进口额
	俄国货	外国货	出口总额	
1800	1967295	2224628	4191923	4191923
1805	2376959	3365369	5742328	5742328
1810	4023991	2556317	6580308	6580308
1812	2397524	538499	2936013	2936013
1813	4238495	1226179	5464674	5464674
1824	5910810	2060190	7989000	7989000

注:原始数据引自俄文文献,个别误差不做改动。
资料来源:〔俄〕阿·柯尔萨克:《俄中通商历史统计概览》,喀山:喀山出版社,1857,第105、137、146、185页,转引自〔苏〕米·约·斯拉德科夫斯基《俄国各民族与中国贸易经济关系史(1917年以前)》,宿丰林译、徐昌翰审校,社会科学文献出版社,2008,第219页。

这主要是当时中国小农业与家庭手工业相结合的自给自足的自然经济,使得"中国人不独是棉、麻、丝各种纺织品的伟大制造家,而且还

---

① 米镇波:《清代中俄恰克图边境贸易》,南开大学出版社,2003,第37~38页。
② 刘选民:《中俄早期贸易考》,《燕京学报》1939年第25期。

是各种原料的生产者,这些纺织品产量庞大,足以供给消费者的需要"①。而俄国该时期生产力还不是很发达,因此主要经营转口贸易。

进入19世纪40年代后,中国对恰克图贸易的进、出口依存度较之前有一定程度的增长,稳定保持在0.13%以上。一方面,1840年爆发了第一次鸦片战争,西方资本主义国家迫使中国开放广州等五地作为通商口岸,中国被迫出让关税自主权,成为世界贸易中关税最低的参与者。由于海关是清廷财政收入的重要来源,关税的流失不仅有损国家财政,而且为西方国家商品进入中国大开方便之门。在这样的情况下,中国国内资源遭到大量掠夺,生产遭到严重破坏,国内生产总值急剧下降,从表2-4中所估算的19世纪40年代几个年份的中国国内生产总值可以看到有明显的减少,由30年代的40多亿两白银下降到20多亿两白银,缩减将近一半。另一方面,如前所述由于俄国对茶叶的大量需求,恰克图贸易在该时期仍然得到稳步发展。

事实上,19世纪中叶中国对发展中俄恰克图贸易的重视程度提高,不仅只是通过计算数据显示出来,而且是中国在当时的国际局势下所必需。这一时期,中国面临严重内忧外患,对外在西方国家的强势压迫下毫无组织反抗的能力,国内则由于政治和经济危机的日益深重,爆发了太平天国运动。与此同时,俄国受英法等国发动的克里米亚战争影响,远东地区受到威胁,因此中俄开始着手修复边贸关系。

中国国内恶劣的政治环境使得清政府不得不重视对外贸易的发展,逐渐意识到恰克图边境贸易所能带来的经济利益,而不再单纯地出于安定边疆、"怀柔"远人的目的。清政府为改善财政状况,偿付西方资本主义国家索取的巨额赔款以及平定太平天国运动所需的巨大费用,便对原来不被其所重视的中俄恰克图边境贸易增加进出口商品的税收,特别是对经张家口、归化城、库伦等地运往恰克图市场的货物苛征重税,以期增加财政收入。而且"对中国来说甚至在俄国的贸易与英国的比较起来占的比重小的情况下,同俄国的贸易无疑是起了好的作用,因为它不带有输入鸦片和

---

① 香港《中国邮报》(*China Mail*)1847年12月2日社论,转引自许涤新、吴承明主编《中国资本主义发展史》(第二卷),人民出版社,1990,第69页。

榨取的白银"①，1841年1月道光帝下令对英宣战后，沙皇尼古拉一世于同年4月饬令恰克图海关关长等有关人员，要坚决执行禁止鸦片走私的政策，持完全异于英法等国的对华外交策略。这在很大程度上减轻了清廷在西北地方的顾虑，自然使得清政府十分愿意发展与俄国的边境贸易。

三 中俄两国贸易依存度差异引发的矛盾

如前所述，相对中国而言，俄国对恰克图贸易的依存度更高，这种贸易依存度的较大差异使具有以物易物性质的恰克图贸易，本身就蕴藏着风险。与俄国大量需要中国的茶叶，以及将中国作为主要的工业制品输出市场不同，中国对俄国商品的需求较小。当中国对俄国的产品需求较大，且俄国商人能够提供相应的货物时，恰克图贸易的成交额就比较高。但若中国对俄国商人提供的货物不是很感兴趣，交易便不能完成，此时恰克图贸易的基础——物物交换便发生动摇，市场衰落在所难免。

乾隆五十七年（1792）中俄《恰克图市约》规定："中国与尔国货物，原系两边商人自相定价，尔国商人应由尔国严加管束；彼此货物交易后，各令不得延期，即时归结，勿令负欠，致启争端。"② 而俄国为整顿冲突不断的恰克图贸易的秩序，于1800年颁布的《恰克图贸易章程》中同样规定了恰克图贸易"保持易货贸易的性质，排除现金结算和使用信贷。俄商初次违犯《恰克图贸易章程》，则科以交易额15%的罚金，若再犯则逐出恰克图，不许再来此贸易"③。

马克思称"在恰克图的边境贸易，事实上或条约上都是物物交换，银在其中不过是价值尺度"④。然而，恰克图贸易中的实际情况并非完全像马克思描述的那样，其所实行的物物交换方式是不断变化发展的。但该交易方式仍然能够概括19世纪50年代以前恰克图贸易的基本情况。只不

---

① 〔苏〕加利佩琳：《十八世纪—十九世纪上半叶的俄中贸易》，载《西北历史资料》，姬增禄译，西北大学西北历史研究室，1980，第68页。
② 《大清会典事例》（卷764），第7~8页，转引自刘选民《中俄早期贸易考》，《燕京学报》1939年第25期。
③ 米镇波：《清代中俄恰克图边境贸易》，南开大学出版社，2003，第61~62页。
④ 马克思：《政治经济学批判》，中共中央马克思恩格斯列宁斯大林著作编译局译，人民出版社，1976，第130页。

过当时金银在市场上只充当商品，并不作为货币进行使用，"南京布"和茶叶在不同阶段扮演了一般等价物的角色。①

然而，在中国市场消费需求和购买力都极低的情况下，西方国家大量轻工业品的输入导致俄国棉纺织品滞销。与此大相径庭的是，俄国市场对中国茶叶的需求与日俱增，茶叶价格上升，中俄贸易不平等程度加剧。太平天国运动爆发后，中俄茶路被阻断，茶叶贸易成本加重导致茶叶价格进一步上升，"俄商恐茶叶缺少，出重价而多为购买。华商因思所购既多，即永昂其价而不少低"②。中俄贸易开始萎缩，俄商诺斯科夫19世纪50年代恰克图贸易的报告中指出："最近二年，恰克图商界对其商品在中国滞销感到头痛，俄国商品的价格一落再落，而我们得到的茶叶是正常价格的两倍半。某些俄国商品已积压几年，势必变质损坏。"③

至此，中俄恰克图市场中以物物交换为主的传统贸易方式已经无法继续满足日益增长的贸易需求，交易方式与交易需求的不匹配成为恰克图市场进一步发展的重要影响因素，资金融通和商业创造都受到不同程度的阻碍。而且由于战乱的因素，此时的中国商人不再愿意将茶叶换成呢绒等大包的商品，而是希望换成金银等价值高、体积小的物品。④

马克思认为"一旦两国之间通常的物质变换的平衡突然遭到破坏……贵金属也就起国际购买手段的作用"⑤。19世纪中叶以来，国际贸易实务中普遍采用现金、期票等多种现代支付手段之时，恰克图市场继续繁荣发展必须对贸易关系进行调整。

俄国政府注意到这一点，1848年时任东西伯利亚总督穆拉维约夫在写给财政大臣的信中提出，必须改变自1800年开始实施的《恰克图贸易

---

① 〔苏〕米·约·斯拉德科夫斯基：《俄国各民族与中国贸易经济关系史（1917年以前）》，宿丰林译、徐昌翰审校，社会科学文献出版社，2008，第221页记载："在1800年以前，这种作为交换单位的商品是中国的棉制品——中国布；从1800年起，则为中国的茶叶。"
② 米镇波：《清代中俄恰克图边境贸易》，南开大学出版社，2003，第40页。
③ 〔苏〕П. И. 卡巴诺夫：《黑龙江问题》，姜延祚译，黑龙江人民出版社，1983，第137~138页。
④ 姚贤镐编《中国近代对外贸易史资料（1840—1895）》，中华书局，1962，第1299页。
⑤ 马克思：《政治经济学批判》，中共中央马克思恩格斯列宁斯大林著作编译局译，人民出版社，1976，第130页。

章程》。① 之后，俄国政府为进一步活跃恰克图贸易，于 1854 年准许俄商使用金银制品支付与中方的贸易。1855 年 8 月 1 日，又发布改变恰克图贸易的规章，有关条款内容应予以特别关注：

其一，在恰克图当把商品换出给中国人时，允准按照市场浮动的自由价格，排除任何价格章程的任何限制；

其二，允准经过恰克图把金币运出境，只不过运出境的金币一定要和运出境的商品在一起，要让金币的价值和该商人准备换出的金银制品的价值加在一起，一次一人所占比例不超过棉布织品价值的三分之一，和不超过与贵金属一起运出的毛皮货价值的二分之一。②

新章程传达了两个重点内容：一是中俄双方的商人在交易时可以自由定价，二是俄商获准带一定的金银出境贸易。1856 年，此章程正式开始实施，恰克图贸易虽然依旧保留着易货贸易的特质，但从此开始，其贸易行为带有了完全不同的性质。③ 俄商在恰克图的贸易不再局限于以物易物的形式，终于可以合法地用金银来购买他们急需的茶叶。由于此时中国白银的价格不断上涨，于是他们也乐于用金银进行结算以换得更便宜的茶叶。更为重要的影响是，贸易规则的变化让中俄两国商人的贸易更加高效、自由。

第一，这降低了恰克图中俄商人的交易费用。截至 1856 年，在双方的交易正式发生之前，首先要根据 1800 年颁布的章程规定的不同品种茶叶的价格，并按当时中俄两国货币价值的比值，对俄国以及销往国外的商品进行定价。由于俄国在恰克图出口的商品种类繁多，中方出口商品中虽然茶叶占大多数，但是茶叶的分类、分级体系十分庞杂，所以商品定价的过程十分繁复。新规则实施后，恰克图交易双方能够自由定价，这简化了交易过程，使得运达恰克图的商品可直接交易，商人可以更快地换入商品，也可以更快

---

① 〔苏〕П. И. 卡巴诺夫：《黑龙江问题》，姜延祚译，黑龙江人民出版社，1983，第 128 页。
② 〔俄〕阿·柯尔萨克：《俄中商贸关系史述》，米镇波译，阎国栋审校，社会科学文献出版社，2010，第 234~235 页。
③ 〔俄〕阿·柯尔萨克：《俄中商贸关系史述》，米镇波译，阎国栋审校，社会科学文献出版社，2010，第 235 页。

地将商品投入国内市场销售，商品的周转时间缩短，商人获利也就更多。

第二，这增加了俄商的利润。由于过去俄商依靠以物易物的形式交换茶叶，所以商人们并没有明显感觉到新规则被应用后茶价下跌了。在过去的恰克图贸易中，俄国货物的定价一般比实际低得多，而俄商换进茶叶的价值由与其交换的俄国商品的实际价格决定。在新规则下，俄商被允许使用一定数量的金银换进茶叶，相比之前完全依靠货物交换的情况，这种交易方式下的茶叶价格更低，俄商也从中获得了更大的利益。

俄国实施恰克图贸易新规则的目的即在促进茶叶进口量增加的同时增加俄国工业产品的出口额。表2-8表明，新交易办法实行后，贸易额有所上升，并且自1858年起开始出现金银等金属货币的流通，1854~1861年约一半的进口商品是用非商品手段偿付的。①

表2-8　1852~1858年个别年份俄国通过恰克图输华贸易额

单位：卢布

年份	制造品和原料的出口值	金银和硬币的出口值
1852	6146000	—
1854	4550000	—
1857	4664000	—
1858	4431000	1178000

资料来源：许涤新、吴承明主编《中国资本主义发展史》（第二卷），人民出版社，1990，第72页。

连年上升的贵金属入超促使俄方迫切需要扩大其出口商品在中国内地的销售市场。《中俄陆路通商章程》签订的信息流出后，俄商受中国茶叶原料低廉的价格所吸引，不再前往恰克图进行茶叶贸易，直接在产茶地收购，"咸丰九年春间买卖城货茶之商较前已众，积存之茶亦无处可销……俄商于买卖城既不多于买茶，该处茶商自亦难求善价，而华商之借本贸易者，断难存茶负欠，虽折本亦须销售。故该处历年至咸丰十一年，大字号约有二十五六家已关闭歇业"②。

---

① 〔苏〕米·约·斯拉德科夫斯基：《俄国各民族与中国贸易经济关系史（1917年以前）》，宿丰林译、徐昌翰审校，社会科学文献出版社，2008，第295页。
② 米镇波：《清代中俄恰克图边境贸易》，南开大学出版社，2003，第62页。

19世纪中叶以后恰克图市场的颓势已经无法逆转，即便清政府逐渐意识到发展恰克图互市的重要性，提高了对恰克图市场的依存度，然而俄国通过签订一系列不平等条约，获得赴中国内地办茶的权利，中俄恰克图贸易已经不再具有平等、互通有无的性质。尽管之后茶叶出口量大增[①]，但恰克图贸易几乎完全变成俄商所经营的转口贸易，中国商人的利权大大丧失，清政府的关税收入也大大减少。

中俄恰克图边境贸易是在清政府与沙俄政府完全不同的管理方式下展开的。清政府制定的"部票"制度及"一份商人的守则"，指导着恰克图中国商人的行为，体现着国家利益高于个人利益的宗旨，主要目的是保证边境地区的稳定。俄国于1800年颁发的《恰克图贸易章程》和《对恰克图海关及各公司股东的训令》等其他对华贸易政策很大程度上依据俄国商人利益的变化而变化。在对恰克图贸易较高的贸易依存度产生副作用时，俄政府积极采取应对措施，如改变交易规则等，以期改善贸易条件。然而由于此时中俄两国间的对外贸易关系不再是建立在和平共处的基础之上，恰克图边关互市的衰落趋势已无法扭转。

俄沙皇政府通过恰克图市场输出本国产品，不仅为居民提供了更多的就业机会，而且实现了由毛皮等原料出口向呢绒等棉毛制品出口的产业结构升级过程，为国内工业革命提供了资金来源与创新的动力。工业产品出口的增加也使企业的生产规模扩大，从而可以享受规模经济的优势，同时进一步带动了相关产业的发展，促进了整个国民经济的增长。清政府在屡次以"闭关"作为要挟俄商的手段、看似掌握贸易主动权的情况之下，恰克图贸易对中国国内技术进步与经济增长的贡献却微乎其微。

第二节 清代恰克图茶叶贸易的成本与绩效分析

清代晋商茶叶贸易中成本与收益是时时发生变化的，按照通常的方法很难获得十分肯定的答案，茶叶和粮食价格的波动和地域性差异、货币制度的混乱等现象更增加了探讨这一问题的复杂程度。但就某一次而言，我

---

① 姚贤镐编《中国近代对外贸易史资料（1840—1895）》，中华书局，1962，第1283页。

们通过对上述诸多变化的条件进行考证，选取这一时期各项平均值进行计算，所得出的结论尽管不可能是精确的，但至少应该是合理的。正如安格斯·麦迪森在其著作《世界经济千年史》中所说："数量分析旨在澄清质量分析中那些模糊的地方。同质量分析相比，它更容易受到置疑，而且也可能受到置疑。因此它可以使学术探讨更加尖锐，从而有助于刺激针锋相对的假说的建立，以推动研究的发展。只有使提供数量证据和选择代表性变量的过程透明化，才可以使持有不同看法的读者补充或拒绝部分数据，或建立不同的假说。"① 因此，我们选取清嘉庆朝为政策环境背景，以晋商贩运茶叶的人数、路线长度、运输工具及数量、两地茶叶价格、银价和粮食价格、常关关税和意外情况作为考察对象，对清代晋商茶叶贸易的成本—收益进行分析，得出利润率，以揭示晋商何以远赴他乡，往返于武夷山和恰克图之间从事贸易活动和北路茶叶贸易中自发形成的国际性市场的经济动因。

一 茶叶贸易外部环境变量：清前期对茶叶贸易的管理

对于外部环境变量的考察，主要是要弄清晋商在茶叶贸易中受到哪些因素的制约，需要有多少资金投入。总的说来，需要考量这几个方面：嘉庆年间的税关数量、有关茶叶的引岸专卖、税关的运作模式、税率与税则、销售税、中俄恰克图贸易的具体规定（含部票等）、货币价格、粮价等。

（一）引岸专卖与税关运作模式

1. 茶叶贸易中的引岸专卖

如上文所述，清时茶叶贸易沿袭明法行引岸专卖制。嘉庆七年（1802）前，清政府于江苏、安徽、江西、浙江、福建、四川、两湖、云南、贵州地区颁发茶引并就茶叶征收货币税。陕甘地区则征收官茶易马，"每引运茶一百一十四斤，内五十斤交官，为官茶。五十斤给商变本，为商茶。其余十四斤为脚价之费，为附茶"②。后随着战事平稳，亦开始征收折色。具体的领引地方及赋税征收情况略如表2-9所示。

---

① 〔英〕安格斯·麦迪森：《世界经济千年史》，伍晓鹰等译，北京大学出版社，2003，第1页。
② 《清高宗实录》（卷106），中华书局，1985，第592页。

表 2-9 嘉庆以前的发引省份及赋税征收情况

领引省份	领引机构	赋税征收情况
江苏	江宁批发所及荆溪县属张渚、湖㳇两巡检司	此三省税课，均于经过各关按则征收
安徽	潜山、太湖、歙、休宁、黟、宣城、宁国、太平、贵池、青阳、铜陵、建德、芜湖、六安、霍山、广德、建平十七州县	
江西	徽商及各州县小贩	
浙江	由布政使委员给商	每引征银一钱，北新关征税银二分九厘二毫八丝，汇入关税报解
湖北	咸宁、嘉鱼、蒲圻、崇阳、通城、兴国、通山七州县，发种茶园户经纪坐销，建始县给商行销	坐销者每引征银一两，行销者征税二钱五分，课一钱二分五厘，共额征税课银二百三十两有奇。行茶到关，仍行报税
湖南	善化、湘阴、浏阳、湘潭、益阳、攸、安化、邵阳、新化、武冈、巴陵、平江、临湘、武陵、桃源、龙阳、沅江十七州县行户	共征税银二百四十两
陕、甘	西宁、甘州、庄浪三茶司，而西安、凤翔、汉中、同州、榆林、延安、宁夏七府及神木厅亦分销	每引纳官茶五十斤，余五十斤由商运售作本。每百斤为十篦，每篦二封，共征本色茶十三万六千四百八十篦。改折之年，每封征折银三钱。其原不交茶者，则征价银共五千七百三十两有奇。亦有不设引，止于本地行销者，由各园户纳课，共征银五百三十两有奇
四川	有腹引、边引、土引之分。腹引行内地，边引行边地，土引行土司。而边引又分三道，其行销打箭炉者，曰南路边引。行销松潘厅者，曰西路边引。行销邛州者，曰邛州边引。皆纳课税	共课银万四千三百四十两，税银四万九千一百七十两
云南	—	征税银九百六十两
贵州	—	课税银六十余两

资料来源：(清)赵尔巽主编《清史稿》(卷124)，中华书局，1977，第3651~3653页。

而盛京、直隶、河南、山东、山西、福建、广东、广西等地没有颁行茶引，也没有茶课，但茶叶进入这些省份要缴纳落地税，或者经过关口要缴纳关口税，汇入关税或者杂税报解户部。但是，咸丰二年(1852)十月闽浙总督福建巡抚联合上奏的《筹议闽省产茶各县,请就地给照征税,以杜偷漏》一折中说道:"闽省贩茶,向不设立引照,征收课税,地方官无从稽察,难免偷漏营私。""道光二十九年(1849)间,山西省盘获无引茶箱案内,经直隶省督臣讷尔经额以福建武夷山茶不科引课,商人往来贩运,官私莫辨,奏请明定章程,咨闽遵办。"咸丰元年(1851)又议定"就地征输起运茶税,每百斤按照闽海关粗茶税则,征收银一钱,给予执照,听其贩运他处"①。直到咸丰元年(1851),福建省的茶叶贸易一直处于无人管理的状态。嘉庆年间,晋商在武夷山一带的茶叶贸易活动除了购茶成本和人员消费外,几乎可以不承担任何费用。

2. 清代的常关及其运作模式

清代自顺治年间规定了国内各处征税关口后,尽管嘉庆前历朝都有所改动,但常关地点变化不大。清康熙年间基本定型的户部和工部常关有55处,分布于全国各个地区,参见表2-10所示。

表2-10 清代常关一览

常关名	所处省份	常关名	所处省份
崇文门	北京	庙湾口	江苏
天津关	天津	扬关	江苏
通州	河北	西新关	江苏
张家口	河北	凤阳关	安徽
杀虎口	山西	赣关	江西
潘桃口	内蒙古	闽安关	福建
龙泉	河北	北新关	浙江
紫荆	河北	武昌厂	湖北
喜峰	河北	荆关	湖北
五虎	河北	夔关	四川
固关	河北	打箭炉	四川
白石	河北	太平关	云南
倒马	河北	梧厂	广西

① 《福建省例》,台湾银行经济研究室,1964,税课例,转引自徐晓望《中国福建海上丝绸之路发展史》,九州出版社,2017,第538页。

续表

常关名	所处省份	常关名	所处省份
茨沟	河北	浔厂	广西
插箭岭	河北	乞运厅	北京
马水口	河北	居庸	北京
三座塔	辽宁	芜湖	安徽
八沟	河北	遇仙桥	广东
乌兰哈达	内蒙古	沧光厂	广东
奉天牛马税	辽宁	九江	江西
中江	辽宁	古北口	河北
临清	山东	辰关	湖南
归化城	内蒙古	宿迁	江苏
潼关	陕西	龙江	江苏
浒墅关	江苏	通永道	河北
淮安关	江苏		

注：表内省份按当今行政区划划分。

常关是清代在国内水陆交通要道和商品集散地所设立的税关，即征收内陆关税，由户部和工部管辖。其税分为正项和杂课，正项是内地关税的主要部分，有正税、商税、船料三项。正项之外还有杂课，是各关巧立名目设立的杂税，如火耗、落地税、楼税等。

各税关关口在茶商过境时，"由经过关口输税，或略收落地税，附关税造销，或汇入杂税报部"①。按《户部则例》的规定，常关税的税率是以价格的5%计征，但此官定的税率从来没有认真执行过，均由各常关自定。除正税外，还有各种附加费，如盖印费、单费、验货费、补水费、办公费等。附加有的为正税的10%，有的高达正税的几倍。常关税中的附加和滥征是十分普遍的现象。有鉴于此，本书不考虑税种、税率的变化，以及官员克扣等费用，将商人过关的所有费用统一起来，采用加权平均数的计算方法得到附加税税率为1%②，即购茶税按照茶

---

① （清）赵尔巽主编《清史稿》（卷124），中华书局，1977，第3653页。
② 本书的附加税税率计算采用加权算术平均数的计算方法，根据各个常关的附加税税率高低，附以一定权数（总和为100%），采用加权算术平均数的计算方法计算而得平均的附加税税率为1%。因此，在本书中，关于茶税税率采用征5%和平均附加税税率1%之和，即6%计征。

叶价格的6%计征。

(二) 中俄茶叶贸易

中俄恰克图贸易始于雍正五年（1727），郡王额附策零等与俄国使臣议定疆界时，确定祖鲁海尔、恰克图、尼布楚作为中俄贸易场所，"至恰克图口，定为贸易之所，应派理藩院司官一员管理，贸易人数照例不得过二百"①。第二年，俄国政府在色楞格斯克附近建立恰克图城，作为俄国方面的贸易城。雍正八年（1730），清政府批准中国人在恰克图的中方边境建立买卖城。

中俄恰克图贸易中，中方商人绝大多数来自山西。清人松筠《绥服纪略》载："所有恰克图贸易商民皆晋省人。由张家口贩运烟、茶、缎、布、杂货，前往易换各色皮张毡片等物。"②《清史稿·松筠传》记载：松筠是蒙古正蓝旗人，从翻译生员起家，历任户部尚书、陕甘总督、伊犁将军、两江总督等，政治生涯从乾隆后期至道光中期，多次为清政府处理北部涉外事务，《绥服纪略》记录的是其在乾隆五十年（1785）被派往库伦，治俄国贸易事时的事迹，距嘉庆朝不过十余年。随后何秋涛的《朔方备乘》也说："其内地商民至恰克图贸易者，强半皆山西人，由张家口贩运烟茶、缎布、杂货，前往易换各色皮张、毡片等物"，"盖外国人初同内地民入市集交易，一切惟恐见笑，故其辞色似少驯顺。经恰克图司员喻以中外一家之道，俄罗斯喜欢感激，信睦尤善。所有恰克图贸易商民，皆晋省人。由张家口贩运烟、茶、布、杂货，前往易换各色皮张毡片等物。初立时，商民俗尚俭朴，故多获利。"③ 1939年，刘选民在《燕京学报》上发表的《中俄早期贸易考》也谈道："自内地赴恰克图贸易之商人，泰半为山西人。"④

恰克图市场中国对俄贸易主要输出物是茶、布⑤，输入货物为皮张和

---

① 《清世宗实录》（卷60），中华书局，1985，第923页。
② 孟宪章主编《中苏贸易史资料》，中国对外经济贸易出版社，1991，第137页。
③ （清）何秋涛：《朔方备乘》，台湾：文海出版社，1964，第15~16页。
④ 刘选民：《中俄早期贸易考》，《燕京学报》1939年第25期。
⑤ 《清高宗实录》（卷871），中华书局，1986，乾隆三十五年十月乙未，第682页载："俄罗斯地虽富庶，而茶布等物，必须仰给内地。且其每年贸易，获利甚厚，不能不求我通市，中国因得就所欲以控制之。"

马匹。① 由于地处边远，监督乏力，令行不久，便弊端丛生。地方官员巧立名目，在茶票应收款项外，强令商人每月供给茶费 30 箱砖茶，并借挑货借茶等名义进行勒索，三年内就收受白银七八万两，除每年交理藩院两万两，作为蒙古王公廪饩之用外，其余均落入私囊。到咸丰末年（1861），商人为了获利，钻"理藩院发给部票，向来何以不于票内注明茶箱数目"的空子，买通理藩院库伦章京衙门的官员，将每票 300 箱加到 600 箱②，至于售卖私茶的情况也屡有发生。

为了便于对内地茶叶商人的管理，同治元年（1862），刑部针对这些陋规上章请革除库伦茶票陋规："每茶三百箱作票一张，收规费五十两，核计一年所收。商民所领商票，仍立限一年缴销，以杜引旧充新之弊。至该章京吏胥人等薪水心红纸张等项，每年除由户部领到盘费银两外，应由库伦办事大臣、就近酌量添补津贴。"③ 张家口是内地通往蒙古地区、恰克图的贸易中心，是晋商前往恰克图与俄商进行交易的主要通道，道光年间，张家口已拥有茶叶字号百余家。清政府在此设立出塞贸易管理机构，令出塞贸易者先到张家口登记领票："我之货往（恰克图），客商由张家口出票，至库伦换票，到彼（恰克图）缴票。"④

可以看出，晋商在茶叶贸易中，除了缴纳各常关和市场税之外，还要在张家口领取票据，到库伦换取部票。每张部票可贩茶 300 箱，关于每箱茶叶的重量，史料记载不一。《皇朝续文献通考》载：道光四年（1824），甘肃兰州的"茶商汇报以税抵课，每箱以一百斤为率"⑤，即 3 万斤茶叶。但是，《皇朝续文献通考》又有这样的记载：同治七年（1868）议准，"归化城商人贩茶至恰克图，假道俄边，前赴西洋诸国通商，请领部票。

---

① 《清高宗实录》（卷 580），中华书局，1986，第 401 页载："内地商民，于恰克图购买俄罗斯皮张等物，于布哩雅特购易俄罗斯马匹。"
② 《清穆宗实录》（卷 44），中华书局，1987，第 1191 页。
③ 《清穆宗实录》（卷 44），中华书局，1987，第 1191 页。
④ 《塞外见闻录》，第 21 页，转引自刘秀生《清代商品经济与商业资本》，中国商业出版社，1998，第 16 页。
⑤ 《续修四库全书》编纂委员会编《续修四库全书》（第 816 册），上海古籍出版社，2002，第 198 页。

比照张家口减半令交银二十五两，每票不得过一万二千斤之数"①。以此办法计算，减半征收 25 两白银，而每票不能超过 12000 斤茶，价值 50 两的全票所能贩运的茶叶数额应该不能超过 24000 斤，与《清朝续文献通考》不符。如果按半票 150 箱，所装茶总重量为 12000 斤计算，每箱茶应为 80 斤。又据《建瓯县志》卷二五载，在咸丰年间，经福州府评定颁发样箱尺码平均能装净茶 60 斤。② 由于茶叶种类不同，单位体积的容器装载茶叶的重量不一，茶箱所装茶叶重量应为 60~80 斤，即茶箱所装茶的重量在［60，80］的区间内，那么，300 箱茶叶的总重量就应位于［18000，24000］这个区间。另有记载称：1850 年，清政府一次发放 268 张票给 56 个经营恰克图贸易的华商，大铺子（大商行）可得到 6 张票，小的只给 1 张票，每张票允运 300 件。③ 因此，在本书中，我们以每次发放的最少的 1 张票为基本计算模型，即每次购茶 300 箱，重量在［18000，24000］区间内。

二　武夷山到恰克图贸易路线

晋商最初采办茶叶主要在未行茶引的福建武夷山下梅茶叶市场，《茶市杂咏》载："清初，茶市在下梅……茶叶均系西客经营，由江西转河南运销关外。西客者，山西商人也。每家资本约二三十万至百万，货物往返络绎不绝。"④ 晋商从清初以来一直是经销福建茶，后来又经销湖南安化茶。晋商贩运的线路可从时间上和地理上进行区分。

（一）从时期上划分

清前期，商人们运茶叶，由福建南平地区的崇安县过了分水关，进入江西铅山县，在此将茶装船顺着信江进入鄱阳湖，穿湖而出九江口入长江，再逆流而上到达武昌，再沿汉水水路到达襄樊，在襄樊上岸走陆路，在河南的唐河和社旗镇（今社旗县，当时晋商称之为十里店）用骡马队

---

① 《续修四库全书》编纂委员会编《续修四库全书》（第 816 册），上海古籍出版社，2002，第 201 页。
② 詹宣猷修、蔡振坚等纂《建瓯县志》（卷 25），台湾：成文出版社，1967，第 281 页。
③ 米镇波：《清代中俄恰克图边境贸易》，南开大学出版社，2003，第 93 页。
④ 彭泽益编《中国近代手工业史资料》（第一卷），生活·读书·新知三联书店，1957，第 304 页。

驮运北上，过了洛阳，蹚过黄河，入山西泽州，经潞安一路过平遥、祁县、太谷、太原、忻州，到大同、天镇，行至张家口，在张家口改用驼队穿越蒙古草原到库伦，到达中俄边境的恰克图。最后运往伊尔库茨克、乌拉尔、秋明，直至彼得堡和莫斯科。

清朝中期，晋商以湖南安化为起点，其后的运输路线分水、旱两路：一路由常德、沙市、襄樊、郑州，入山西泽州，继续北上，经张家口抵达恰克图；另一路穿越洞庭湖，过岳阳，入长江至汉口，转汉水抵樊城，起岸北上，顺河南、山西到张家口，再达恰克图。

清朝后期，由于太平天国运动兴起，从武夷山走长江的水路受阻，在这种政局动荡、商务维艰之时，山西商人于湖北发现了新辟茶园的思路，把采办茶叶的地点改到了湖北东南部的羊楼洞、羊楼司，其运输路线为：沿湖北赤壁的陆水河入长江达武汉，转汉水至襄樊起岸，经河南、山西的陆路，由张家口抵达恰克图。但也有一部分驼队是经山西省北部右玉县杀虎口抵达归化，转运至恰克图。①

（二）从地理位置上划分

归绥道是清朝时山西的四道之一，道台衙门在归化城（今内蒙古呼和浩特市旧城）。另外三道是冀宁道、雁平道和河东道，道台衙门分别在太原府、代州（今代县）和运城。当时归化城有十六大商帮，除京城，蔚州（今河北张家口蔚县）和新疆的回民三帮外，其余十三帮均为晋商。

从归化城过阴山山口（大青山蜈蚣坝），至后山重要商镇克克伊儿根（今武川县），再到位于召河的大盛魁商号驼场，准备物资后长途跋涉至蒙古地区，抵达乌里雅苏台、科布多和唐努乌梁海，再由乌里雅苏台至库伦，再由库伦至恰克图，再深入西伯利亚。

从归化城到张家口有两条商路，一条从察哈尔领地直接进入张家口，此路虽便捷，但路上匪患颇多，另一条从丰镇（清代属山西大同府，光

---

① 关于该路程在穆雯瑛主编《晋商史料研究》，山西人民出版社，2001；李志强、张垣：《晋商对俄贸易》，《文史月刊》1996 年第 2 期；杨力：《晋商茶道冠古今》，《农业考古》2001 年第 2 期；陶德臣：《晋商与西北茶叶贸易》，《安徽史学》1997 年第 3 期；渠绍淼、庞义才：《山西外贸志上（初稿）》，山西省地方志编纂委员会办公室，1984，均有提及。

绪年间划归山西归绥道,今内蒙古乌兰察布丰镇市,曾为山西东北部重要商镇)到大同府再到张家口的重要通道。城中聚集许多来自山西太原、忻州、代州、云州及直隶蔚州(今河北张家口蔚县)的富商大贾,他们"往来归化、绥远、张家口各城","垄断擅利"①。明朝末年,辽东战事频仍,张家口曾是内地对东北的贸易中心,该地有八家商人,满族"龙兴辽左,遣人来口市易,皆此八家主云"②。山西大同府就有许多商人往来于归绥与大同之间,即"本城市廛及往来贩运归化、绥远各城者,皆逐末自给"③。因而归、绥地区聚集许多山西商人,据山西人记载:"归化城界连蒙古部落,市廛之盛,甲乎西北,去口外三字为吾乡(指山西)人医贫良方。"④

张家口,这曾经的察哈尔的代名词,英国人叫它 Karian(开尔达),即码头之意。清代规定西番诸国进贡或与中国贸易的物品只有小部分能进入京城,大部分要在归化城和张家口就地交易,19 世纪深入亚洲腹地进入中国的欧洲冒险家大多走此路,或走另一条商路,从新疆至西宁府,沿黄河至兰州府、宁夏府(今银川市)、包头镇(也可直接从兰州到陕北进入鄂尔多斯高原过黄河到河口镇再到归化城),到达归化城,然后东通张家口,再至北京。

这条商路的贸易至晚清已相当发达,每年贸易额达亿两白银之多:"以张家口为中心,清末张(家口)库(伦)通商日繁,每年进出口约合口平银一万万二千万两,出口货物为生烟、砖茶、鞍鞯、皮靴、烧酒、馃食、河南绸、钢铁、杂货之类,入口货物为鹿茸、口蘑、见著及各种皮张、牲畜之类。"⑤ 从张家口到库伦走的是俗称西北官马大道的"张库大道",路分中路、东路和西北路三条。中路从旱淖坝、万全坝或崇礼五十

---

① (清)德溥:《(光绪)丰镇厅新志》(卷6),1916 铅印本,载张正明主编《明清晋商商业资料选编》(下),山西经济出版社,2016,第 410 页。
② (清)左承业:《(道光)万全县志》(卷3),1834 增刻乾隆本,载张正明主编《明清晋商商业资料选编》(下),山西经济出版社,2016,第 748 页。
③ (清)吴辅宏:《(乾隆)大同府志》(卷7),1782 重校刻本,第 4 页。
④ (清)张曾:《(光绪)归绥识略》(卷17),民国抄本,载张正明主编《明清晋商商业资料选编》(上),山西经济出版社,2016,第 21 页。
⑤ 张家口市税务局、张家口市税务学会编《张家口市税务志》,张家口市税务局,1989,第 133 页。

家子上坝。上坝后，走张北（兴和）、化德（德化）、赛汗（滂江、东西苏尼特旗）、二连、扎蒙乌德、叨林、库伦、恰克图、莫斯科。东路走张北，穿越浑善达克沙漠，深入后草地贝子庙（锡林郭勒盟）或奔二连归入中路或继续向北经东西乌珠穆沁过境，至乔巴山，有的还深入俄国的赤塔。西北路从张家口出发，走张北、三台坝、卓资山，至呼和浩特或西行至新疆，或北行至乌里雅苏台，有的还拐向库伦；或是过包头入河套，过阿拉善沙漠到新疆哈密、迪化（今乌鲁木齐）、伊犁，进入中东、俄国、欧洲。

（三）关于晋商茶路长度的计算

由于晋商茶帮贩茶的路径很多，不同的历史时期由于受政策或战争的影响，商路的途径又有不同的变化。本书为计算方便，只计算最主要的商路。

本书通过筛选，选择了计算从武夷山至恰克图的路径长度，理由有三。其一，《恰克图条约》通商后，恰克图成为重要的通商口，每年的交易量和交易额占中俄贸易的比例很大。1760~1775 年，恰克图贸易在俄国外贸中的比重，由 7.3% 上升到 8.3%，恰克图关税收入则由占全俄关税总额的 20.4% 上升到 38.5%。在 19 世纪上半叶，俄国恰克图关税收入占其关税总额的 15%~20%，1810 年为 134 万卢布，1847 年已达到 548 万卢布，整整提高了 3 倍。① 可以看出，恰克图贸易对于俄国国库的贡献是很大的。其二，张家口在外贸方面对于国内的重大意义，前文已有介绍，此处不再赘述。其三，晋商从武夷山购茶运至俄国，有一百多年的历史，后期因战争和海运，才转而前往湖南安化等地购茶。此路运转时期长，也是清代嘉庆年间晋商茶叶贸易的主要途径。《崇安县志》有云："红茶、青茶，向由山西客（俗谓之西客）至县采办，运赴关外销售……"②

从上文的路线考察中可以看出，晋商贩茶的路线主要是：福建崇安县—江西铅山县—江西九江府湖口—湖北汉口—湖北樊城（今襄阳）—

---

① 孙守春：《早期恰克图贸易的历史地位和作用》，《辽宁师范大学学报》（社会科学版）2003 年第 3 期。
② 刘超然修、郑丰稔纂《福建省崇安县新志》，台湾：成文出版社，1975，第 509 页。

河南赊旗—山西泽州（今晋城）—祁县—平遥—太原—大同—河北张家口—库伦—恰克图。

由于史料阙如，在计算时，除采用确有记载的晋商茶叶贸易路线史料外，还查阅了明代黄汴所著的《天下水陆路程》。该书记载的主要是古代驿路。驿路是旧时的官道，商人一般不能使用，但这些道路应该是捷径，其长度要短于商路，或应与商路的长度基本相当。故基于实际情况，我们把无从考证的部分用驿路的长度进行计算，应该能够得到合理的长度数据。《明会典》载："自京师达于四方设有驿传，在京曰'会同馆'，在外曰'水马驿'并'递运所'。"① 由于资料的分散，全部路程被分为八个路段来计算。不同的资料的数据不同，测量方法不同，以及一些其他原因，都可能造成误差。所以，本书在查阅史料的基础之上，出于存疑的态度，以地图为参考，测量了个别路段两点间的图上直线距离，并计算成为实际路程，以供与资料所得的数据进行参考和比对。②

1. 福建崇安—铅山县河口

晋商从武夷山购茶，主要在崇安县进行，并有制茶、包装等业务。铅山县河口位于江西省鄱阳湖西南，从崇安县至河口都是走陆路。铅山县河口镇是晋商下水入鄱阳湖的首站。崇安县至铅山县河口共计210里。"河口。三十里铅山县。陆路。四十里紫溪。四十里乌石。四十里大安。四十里崇安县。下水。二十里武夷山。山景绝胜。"③

2. 铅山县河口—九江湖口

一路向北行船过鄱阳湖，到了江西省九江府湖口县，入长江。铅山县河口至九江湖口县共计810里。"本县（湖口）。六十里青山。六十里南康府。西去江西。大鸡山。小鸡山。蜈蚣山。共百二十里。都昌县。赤石塘。共六十里。饶河口。东去饶州。猪婆山。四山塘。南山旦。康郎山。忠臣庙。巡湖守备一员。东至袁岸口三十里。东南至瑞虹八十里。东至饶

---

① 申时行纂修《明会典》（卷145），中华书局，1989，转引自王越《明代北京城市形态与功能演变》，华南理工大学出版社，2016，第157页。
② 总参谋部测绘局编制《中华人民共和国地图》，星球地图出版社，2006，由于笔者获得的资料限制，测量所用地图为中华人民共和国地图，该地图比例尺为1∶4300000，换算可得图上1厘米=实际43公里，图上1毫米=实际4.3公里。
③ （明）黄汴：《天下水陆路程》，杨正泰校注，山西人民出版社，1992，第224页。

河口五十里。西至团鱼洲二十里。北至都昌县六十里。山在湖中,前后多盗,谨慎。梅旗山。共八十里。瑞虹。西去抚洲(州)。富家格。新宁口。苦竹。渔家埠。霸口。三十六湾。乌江口。共九十里。龙窟。故村。八字脑。大九渡。大树埠。留步滩。黄金埠。六汊港。梅港。浮石。炭埠。共八十里。安仁县。石港。界牌。打石潭。东溪。鹰潭。石鼓。冷水滩。金沙埠。九鸟滩。后河。共一百里。贵溪县。留口。大港。下村滩。上河潭。下河潭。梅坑潭。桃花滩。舒家港。小箬埠。横港滩。共八十里。弋阳县。晚港口。连珠滩。潭石滩。西潼。篓石潭。舍家陡。烟望。马蹄湾。松树滩。青山头。吁岩寺。景佳。踏脚石。柴家埠。大小心滩。共八十里。铅山河口。"① 或"(贵溪县)八十里弋阳。八十里铅山县河口"②。

3. 九江湖口—湖北汉口

江西省九江市,古称浔阳,因此长江在其附近的江段又称"浔阳江"。从江西省九江府的湖口县沿长江逆流而上到达今湖北武汉市汉口区。《天下水陆路程》中由于走的线路不同,对路程的长度记载也有所区别。现将两条路线列出:第一条记录是"本县(湖口)。六十里九江府。八十里龙坑。一十里武家穴。二十里燔塘。对江富池驿二十里马口。十里杀人港。二十里蕲州。三十里渔场口。三十里道士伏。二十里散花料。二十里回风矶。二十里兰溪驿。四十里巴河。三十里黄州府。四十里三江口。三十里团风。三十里矮柳铺。三十里双流峡。三十里抽分厂。十里阳逻。二十里沙口。北去黄陂县。西二十里马公洲。二十五里汉口。"③ 加总第一条记录知汉口至九江湖口县共计 645 里。同一资料,由于走了不同的路径,长度也不同。第二条记录是"汉[口]三十里至专口,汉江上水三十里至金口"④,"(金口镇)六十里湖广城武昌府夏口驿并属江夏县。六十里阳逻驿。属黄冈县。百二十里黄州府齐安驿。六十里兰溪驿。

---

① (明)黄汴:《天下水陆路程》,杨正泰校注,山西人民出版社,1992,第 223 页。
② (明)黄汴:《天下水陆路程》,杨正泰校注,山西人民出版社,1992,第 203 页。
③ (明)黄汴:《天下水陆路程》,杨正泰校注,山西人民出版社,1992,第 229 页。
④ 史若民、牛白琳编著《平、祁、太经济社会史资料与研究》,山西古籍出版社,2002,第 491~492 页。

属蕲水县。百二十里蕲州蕲阳驿。产龟、蛇、竹、艾并佳。六十里富池驿。百二十里九江府浔阳驿。六十里湖口县彭蠡驿。南入鄱湖，去江西闽、两广。"① 加总第二条记录可得汉口到湖口为720里。将两种数字平均，645里加720里等于1365里，1365里除以2可得682.5里，由此可知从湖口到汉口的距离取682.5里。

4. 湖北汉口—山西祁县

从湖北汉口到山西祁县是一条漫长的路途。先从汉口出发，沿汉水逆流而上，到达湖北的樊城（今襄阳），从樊城北上到达河南省唐河，再到赊旗、洛阳，北上渡过黄河，到达山西泽州（今山西省晋城市），再到潞城（今山西省长治市），最后到达祁县稍做休整。《祁县茶商大德成文献》"祁［县］至赊歌语：洪、土、沁、襄、鲍；长、乔、泽、拦、邗。温、荥、郑、新、石；襄、旧、裕、赊、旗。""祁［县］至赊［旗］店十九站，计陆路一千三百五十五里。""赊［旗］至樊［城］计水路三百四十五里。""樊［城］至汉［口］计水路一千二百一十五里。"② 根据以上资料加总后可知，从汉口到山西祁县路程共计2915里。

5. 山西祁县—太原

"太原府。八十里同戈驿（徐沟县）。五十里贾令驿。（祁县。）"③ 从祁县至太原共计130里。

6. 山西太原—大同

"太原府。八十里成晋驿。属阳曲县。七十里九原驿。忻州。八十里原平驿。崞县。一百里代州振武卫雁门关驿。关内东至五台一百四十里。关外西至朔州一百四十里。北六十里广武驿。马邑县。九十里安银子驿。应州。八十里西安驿。怀仁县。二十里大同府大同县云中驿。八十里瓮城驿。大同县。"④ 从以上可知，从太原到大同路程共计660里。

7. 山西大同—河北张家口

从大同至张家口共计340里。"张家口堡。共六十里万全左卫。右

---

① （明）黄汴：《天下水陆路程》，杨正泰校注，山西人民出版社，1992，第188～189页。
② 史若民、牛白琳编著《平、祁、太经济社会史资料与研究》，山西古籍出版社，2002，第483～486页。
③ （明）黄汴：《天下水陆路程》，杨正泰校注，山西人民出版社，1992，第63页。
④ （明）黄汴：《天下水陆路程》，杨正泰校注，山西人民出版社，1992，第63页。

卫。柴沟堡。新开口堡。渡口堡。西阳河堡。陈家堡。共一百二十里天城卫。白羊口堡。鹞鸪谷堡。共六十里阳和城。六十里聚乐堡。二十里铺堡。迎恩堡。共四十里。大同镇。"① 到达张家口后，就要换骆驼运输，并做好走过荒漠的准备。

8. 河北张家口—恰克图

从张家口到库伦走的是史称的"张库大道"。《绥服纪略》记载："张家口走军台三十站转北行十四站至库伦，距京约四千余里，由库伦北行十一站至恰克图，约有八百余里。"② 清朝政府"重修以北京为中心的驿道时，对该道进行了重点整修，列为官马北路三大干线之一，即由张家口经兴和（张北）、滂江、扎蒙乌德、叨林至库伦的走向，全长两千余华里"③。1862年《中俄陆路通商章程》签订时，这条线路已经变成：汉口—上海—天津—通州—张家口—恰克图。从张家口到库伦为2000余华里，从库伦至恰克图路途为800余华里，将二者相加，此处古人所指"余"代表不确切的距离，可表示从1华里至99华里不等，本书为计算便利，将其算作50华里，两个"余华里"相加，可认为相当于100华里，所以2000+800+100=2900华里。

综合以上的计算，全部加总得到从崇安县至恰克图全部路程共计8647.5华里。清光绪三十四年（1908）重定度量衡时明确规定里制为："五尺为一步，二步为一丈，十丈为一引，十八引为一里。"④ 根据1908年所立里制可知：一里为营造尺1800尺。营造尺一尺等于0.32米，所以1800尺，等于576米，即清代1华里等于576米，因今1里为500米，所以以营造尺计里则一（华）里为现在一里的115.2%。也就是说，清代所称一里，比现代通用的里的实际距离要长出76米，1华里为现代的1.152里。所以将8647.5华里换算成现今使用的里，即8647.5华

---

① （明）黄汴：《天下水陆路程》，杨正泰校注，山西人民出版社，1992，第124页。
② （清）松筠：《绥服纪略》，1795年刻本，转引自张正明主编《明清晋商商业资料选编》（上），山西经济出版社，2016，第43页。
③ 张雪峰：《拂去"张库大道"上的岁月蒙尘——读〈清代中俄恰克图边境贸易〉》，《历史教学》2003年第10期。
④ 《续修四库全书》编纂委员会编《续修四库全书》（第818册），上海古籍出版社，2002，第231页。

里 ×115.2% = 9962.0①里，可得茶叶之路的长度约为4981公里或记为9962.0里。

然而，关于从湖口到汉口的距离，由于历史记载的路线不同造成数据差别，笔者经测量地图，量得两地之间的直线距离为4.9厘米，将其乘以比例尺，4.9 × 43 = 210.7公里，即421.4里，换算成古人的华里为421.4 ÷ 115.2% ≈ 365.8，即湖口到汉口的直线距离为365.8华里。而由两条历史资料记录算得的长度为645华里和720华里，平均后得到的距离为682.5华里。虽然682.5华里大于365.8华里，但晋商行走运输，不可能走直线距离，因此本书选择使用平均后得到的682.5华里。682.5华里是365.8华里的186.6%，可以作为我们对商路不明确的地方，使用驿路计算的修正。

从张家口到恰克图之间的距离，不同的史料有不同的长度记载，笔者在其他的论文中见到过4300华里之说，但未注明出处。经测量地图得张家口至库伦的直线距离为23.7厘米，量得从库伦至恰克图的直线距离为6.4厘米，将二者相加得30.1厘米，乘以比例尺，30.1 × 43 = 1294.3，即为1294.3公里或记为2588.6里。再将2588.6里换算成华里，用2588.6 ÷ 115.2% = 2247.0华里。此处经地图量得张家口至库伦再至恰克图的直线距离为2247.0华里，小于资料中得到的2900华里。但2900华里比测量的直线距离2247.0华里只多出了600多华里。从计算湖口到汉口的实际距离和图上距离可知，其实际距离是图上距离的186.6%。参考此数据，可把张家口至恰克图的图上所得距离2247.0华里×186.6%，可得到一个从张家口到恰克图的路上实际行走距离的估算数字，为4193.0华里。尽管此数字为估算值，但经过修正后的数据，应该是晋商茶帮实际所走路程的合理值。

根据前文的分析，从张家口到恰克图的距离，史料中为2900华里。直线距离2247.0华里，实际计算不使用该数字。若选取史料中的距离2900华里，从前文知，计算得到的茶叶之路长为8647.5华里，换算后知其为9962.0里，或记为4981.0公里。若选取的是根据实际

---

① 文中关于路程的计算，均取小数点后一位得到相应的数字。

路程折算后的 4193.0 华里，则计算得到的茶叶之路长为 9940.5 华里，换算后知其为 11451.4 里，或记为 5725.7 公里。由于要计算晋商茶叶贸易的最低利润率，故本书选取较大的一项，即以 9940.5 华里来作为计算的标准。

三 茶帮的经营绩效分析：基于经济学假说的考量

对于茶帮的经营绩效的分析，本书致力于将复杂的历史条件抽象成一个纯环境，因此只从大的方面来考虑，选择一些容易采集的、占主导地位的数据，以便建立一个可以直观感觉的数学公式，以此了解茶商的经营利润。

（一）对于建立纯环境中经济学假设条件的说明

我们从茶叶的贩运时间、购买价、运输费用、关税税额的简化形式来设立经济学的前提假设，最后得出一个合理的可供参考的数据。

本书在建立纯环境的过程中，剔除了以下几个因素：(1) 白银由于成色不同产生的汇兑状况；(2) 茶叶市场前后期的供求变动；(3) 劝盘人（中介人）收取的费用；(4) 运输途中的损失；(5) 逆流而上回程和顺流而下前往福建产生的差别；(6) 其他可能影响计算的因素。

1. 贩运时间

本书计算贩运时间，只计算晋商的单项路程，不计来回。"祁［县］至赊［旗］店十九站，计陆路一千三百五十五里。"从《祁县茶商大德成文献》中算得行此路程共用了 17 日[①]，1355÷17 得到每日行程为 79.7 华里。由前文知从福建崇安县装茶至恰克图行程为 9940.5 华里，以 9940.5 华里÷79.7 华里/日 = 125 日。该数据存在三个问题：首先，此段皆为陆路，水路每日行程则不得而知；其次，茶叶并不是直接运往恰克图，因各种原因，有时会在大的商埠停留，时间不等；最后，1355 里为由北向南所计路程。不过我们忽略这些因素，以 125 日为标准，作为从武夷山至恰克图单向行程的时间长度。

---

① 史若民、牛白琳编著《平、祁、太经济社会史资料与研究》，山西古籍出版社，2002，第 484 页。

2. 茶商收购成本

晋商在当地购茶时，与当地茶叶供应者所建立的交易方式通常有三种：第一种是与茶农建立的收购契约形式；第二种是以茶行为中介向茶农收购的形式；第三种是在清朝咸丰年间，晋商在湖北蒲圻买山种茶，控制了原材料的生产和供应。① 由于三种方式同时并行，很难进行分类详细计算，因此本书只笼统计算购茶价格，以茶商的毛茶的购买成本与包含制茶工费、包装箱费、工钱等的制茶成本加总作为茶商茶叶收购成本的近似均值。

表 2-11　茶商茶叶收购成本

单位：两/斤

茶叶类型	上等茶叶	中上等茶叶	普通茶叶	低等茶叶	均值
毛茶成本	0.1137	0.0876	0.0618	0.0272	0.0726
制茶成本	0.0328	0.0268	0.0214	0.0167	0.0244
收购成本	0.1465	0.1144	0.0832	0.0439	0.0970

资料来源：刘建生、刘鹏生、燕红忠等：《明清晋商制度变迁研究》，山西人民出版社，2005，第86页。

因此，300箱茶叶总成本计算如下：

$$C_1 = p \times q \quad (2-3)$$

其中，C_1 表示总的购茶成本，p 表示茶的单价，q 表示茶的数量。

将相关数据代入：

当 $q = 18000$ 时，$C_1 = p \times q = 0.0970 \times 18000 = 1746$

当 $q = 24000$ 时，$C_1 = p \times q = 0.0970 \times 24000 = 2328$

因此，300箱茶叶总的购买成本位于 [1746, 2328]② 之间。

3. 关税税额

晋商从武夷山往俄国的运茶途中，凡途中所遇关卡，由茶商自行纳

---

① 刘建生、吴丽敏：《试析清代晋帮茶商经营方式、利润和绩效》，《中国经济史研究》2004年第3期。
② 单位为两，下同。

税。从前文所述各关选出晋商可能会经过的税关有四处：九江关、武昌关、张家口、归化城。各处税关又下设多个税口，按每个税关下晋商经过一个税口来算，共有4个税口。按前文所述，正税税率为5%，附加税税率为1%，晋商茶叶贸易的税率为6%。从武夷山至恰克图的税口×4计，一共收税额为：购茶价×税率＝0.0970两/斤×6%，再乘以税关数4，则知一路上常关税收为0.02328两/斤。

那么，总的茶税的计算如下：

$$C_2 = p \times j \times f \times q \qquad (2-4)$$

其中，C_2 表示总的茶税，p 表示茶叶价格，j 表示茶税税率，f 表示税关个数，q 表示茶叶数量。

将相关数据代入公式（2-4）：

当 $q = 18000$ 时，$C_2 = p \times j \times f \times q = 0.0970 \times 6\% \times 4 \times 18000 = 419.04$

当 $q = 24000$ 时，$C_2 = p \times j \times f \times q = 0.0970 \times 6\% \times 4 \times 24000 = 558.72$

因此，300箱茶叶总的茶税税额位于 [419.04，558.72] 内。

4. 运输费用

晋商茶帮在当时贩运茶叶，没有现代化的交通工具，以船、牛、马，最后是骆驼来运载。在驮运中他们也摸索出不少成功的运作方式：将八十匹骆驼分为一帮，五驼为一行，共十六行，一人管一行，一帮十八人由一帮首带队，一蒙古族人作向导，以保证在任何情况下不迷路，可以找到水源及宿营之地。每一帮中，还要另配备一两名通药理医道的人，带必用药物。鼎盛时期，从归化到恰克图的商道上行进着近十六万只骆驼，每只骆驼可驮运将近400斤茶叶，其中大盛魁商行，就拥有2万只骆驼。若雇船，须船行至岸后再付讫运费，并另付运货上船及下船的小费；若雇马车，则"脚价涨吊不等"，有每1000斤四五十两及十三四两不等之行情。若延误货物到埠，车驼帮负责赔偿。

关于晋商途中的运输费用，例如住宿、饮食、牲口的食粮、租船等费用，不可查，只能大概估算，并只计算一路所食口粮费用和住宿费用，并假设全部用马匹运载。

（1）关于饮食费用

参考《御制亲征平定朔漠方略》中对于军队口粮的规定：康熙三十五年（1696）进讨噶尔丹时，"兵丁以仆从一人算。每人给马四匹。四人为一朋。一朋合帐房二间。罗锅二口。搭连四个。锛斧锹镢各一柄。一朋八口。拴带八十日口粮。四石二斗。以十五斛算。重六百三十九斛有余。盔甲四副。重一百二十斛。合帐房两间。连春。二梁柱。重五十斛。箭二百二十支。重二十二斛。大小锅二口。重十五斛。锛斧锹镢重九斛。搭连四个。栲斗皮稍马等杂物。重一百二十斛。连米共重九百七十五斛零。本身与仆从骑坐八匹。所余八匹。每批原以驮一百二十一斛余算。后每朋增给骡子一匹。故每匹以驮一百七斛算"①。清代 1 石 = 10 斗，1 石 = 120 斤，一斗 = 12 斤。② 根据文中所述可知 8 人为 1 朋，带 80 天的粮食，一共是"四石二斗"，为 504 斤。8 人 80 天吃 504 斤粮食，则每人每天吃粮约 0.7875 斤。

关于粮价可参照：嘉庆年间（1796~1820）的粮价：二两一钱/石。③ 中国实行的是银铜平行本位制度，在格雷钦规律的作用下，银贵铜贱，法定 1 两白银等于 1000 枚制钱（1 贯），后来高到一千六至一千七枚制钱才能换一两白银。据余耀华在《中国价格史》中关于银钱比价的估算，本书按一两白银兑换 1650 文计。④ 一两银子等于十钱银子。那 2.1 两/石（1 石 = 120 斤），换算后得 0.0175 两/斤。则每人每天所食粮食价值为 0.01378125 两银子。

（2）马的运输能力

从材料中知"每批原以驮一百二十一斛余算"，"以十五斛算"。换算后知，121 斛重为 96.8 斤，为计算简便，认为每匹马长途运输可驮 100 斤。在此，对运输能力做一简要说明，运输需要大牲畜，故清代市场上大牲畜的供求状况将影响晋商的运输。那当时的供求状况如何呢？彭慕兰

---

① （清）温达、张玉书等：《御制亲征平定朔漠方略》（第 48 卷），台湾：成文出版社，1970，第 3174 页。
② 该标准采自国学网，《国学工具》，http://www.guoxue.com/history/dulianghen/mulu.htm。
③ 彭信威：《中国货币史》，上海人民出版社，1958，第 602 页。
④ 余耀华：《中国价格史》，中国物价出版社，2000，第 10 页。

说："我们在亚洲也看不到运输资本短缺的其他迹象。"[①] 他还说："欧洲人当时在用于陆路运输的固定资产方面是否有决定性的优势？与东亚比较或许如此，因为那里用于放牧的土地十分稀少，但中国和日本水路运输引人注目的发展肯定可以弥补这一点，并且展示出一种至少有同等价值的运输资本形式。"[②] 本书假设全部用马来运输，如果当时马的价格较高，还可以用水路运输来弥补，因为从江西的铅山县到湖北的襄樊都可走水路。

（3）关于运输成本的计算

由上可知，运输成本大致包括两项，即人的消耗和马的消耗。为方便计算，我们用式（2-5）进行表示：

$$C_3 = (a \times m + b \times n) \times d \qquad (2-5)$$

其中，C_3 表示总的运输成本，a 表示每人每天的消耗，b 表示每匹马每天的消耗，m 表示人数，n 表示马的数量，d 表示运输过程所需天数。

那么，300 箱茶叶的运输成本计算如下。

18000 斤茶，需要马 180 匹，以每 5 匹马需 1 人管理，共需 36 人，加向导 2 人，共 38 人。125 日 38 人，平均每人每天消费 0.01378125 两白银，马的消耗比照人减 1/4，为平均每马每日消费 0.0103359375 两白银。将相关数据代入式（2-5），得：

$$C_3 = (a \times m + b \times n) \times d = (0.01378125 \times 38 + 0.0103359375 \times 180)$$
$$\times 125 \approx 298.02$$

同理，24000 斤茶，需要马 240 匹，以每 5 匹马需 1 人管理，共需 48 人，加向导 2 人，共 50 人。125 日 50 人，平均每人每天消费 0.01378125 两白银，马的消耗比照人减 1/4，为平均每马每日消费 0.0103359375 两白银。将相关数据代入式（2-5），得：

$$C_3 = (a \times m + b \times n) \times d = (0.01378125 \times 50 + 0.0103359375 \times 240)$$
$$\times 125 \approx 396.21$$

[①]〔美〕彭慕兰：《大分流：欧洲、中国及现代世界经济的发展》，史建云译，江苏人民出版社，2003，第 30 页。

[②]〔美〕彭慕兰：《大分流：欧洲、中国及现代世界经济的发展》，史建云译，江苏人民出版社，2003，第 29 页。

因此，晋商茶叶贸易 300 箱茶叶的运输成本应位于 [298.02，396.21] 内。

（二）上述条件下的茶商经营分析

首先，对建立纯环境中经济学假设条件进行说明后，可知要考察经营绩效，则该纯环境的条件假设有如下几方面。

（1）剔除了以下因素：①白银由于成色不同产生的汇兑状况；②茶叶市场前后期的供求变动；③劝盘人（中介人）收取的费用；④运输途中的损失；⑤逆流而上回程和顺流而下前往福建产生的差别；⑥其他可能影响计算的因素。

（2）从福建崇安县装茶至恰克图行程 9940.5 华里。

（3）从武夷山至恰克图单向行程为 125 日。

（4）茶叶购买价为 0.0970 两/斤。

（5）常关税收为 0.02328 两/斤。

（6）每人每天所食粮食价值为 0.01378125 两。

（7）每匹马长途运输可驮 100 斤。

（8）每匹马每天所食粮食价值约为人的 3/4，为 0.0103359375 两。

其次，基于以上假设，在此关于晋商茶叶贸易的成本我们只考虑三项，分别为购茶成本、茶税以及运输成本。

$$C = C_1 + C_2 + C_3 = p \times q + p \times j \times f \times q + (a \times m + b \times n) \times d \qquad (2-6)$$

其中，C 表示总成本，C_1 表示购茶总成本，C_2 表示总的茶税税额，C_3 表示总的运输成本，p 表示茶叶单价，q 表示茶的数量，j 表示茶税税率，f 表示税关个数，a 表示每人每天的消耗，b 表示每匹马每天的消耗，m 表示人数，n 表示马的数量，d 表示运输过程所需天数。

将相关数据代入式（2-6）：

当 $q = 18000$ 时，$C = C_1 + C_2 + C_3 = 1746 + 419.04 + 298.02 = 2463.06$
当 $q = 24000$ 时，$C = C_1 + C_2 + C_3 = 2328 + 558.72 + 396.21 = 3282.93$

300 箱茶叶的总成本位于 [2463.06，3282.93] 内。

（三）关于晋商茶叶贸易的收入

我们再计算一下晋商在恰克图的茶叶售价。根据柯尔萨克在《俄中通商历史统计概览》中的记载,1800 年中俄恰克图贸易额为 8383846 卢布。[1] 由于当时中俄采用物物交换方式,所以当年中俄恰克图贸易输入额为 4191923 卢布。而这一时期,茶叶的价值不超过输入总额的 34%[2],故该年中俄恰克图茶叶贸易额约为 1425253.82 卢布。每两银子折合 1 卢布 70 戈比。[3] 1 卢布 = 100 戈比,所以 1 两银子 = 1.7 卢布,即 1 卢布 = 0.588 两银子。则换算后可知 1880 年中俄恰克图茶叶贸易额为 1425253.82 × 0.588 = 838049.2 两银子。

在表 2 – 12 中,我们选择 1800 年输往俄国的茶叶数量,可知茶叶在 1800 年共销售 69850 普特,即为 2288286 斤。古代量制历经多次变革,明代以后才大体稳定,变化较小,1 斤基本在 595 克左右。直至 1929 年推行计量改革,将旧制 595 克 1 斤改为 500 克 1 市斤,则 2288286 市斤等于

表 2 – 12　清茶叶输往俄国的数量 (年平均)

单位:普特

时间	数量
1755 ~ 1762	11000 ~ 13000
1768 ~ 1785	29000
1792	24568
1798	46977
1799	52313
1800	69850
1801 ~ 1810	75076
1811 ~ 1820	96145
1821 ~ 1830	143196
1831 ~ 1840	190228
1841 ~ 1850	270591

注:1 普特 = 16.38 公斤。
资料来源:刘建生、刘鹏生等:《山西近代经济史 (1804—1949)》,山西经济出版社,1995,第 83 页。

---

[1] 〔俄〕阿·柯尔萨克:《俄中通商历史统计概览》,喀山:喀山出版社,1857,第 67 页。
[2] 孟宪章主编《中苏贸易史资料》,中国对外经济贸易出版社,1991,第 170 页。
[3] 〔俄〕尼古拉·班蒂什 - 卡缅斯基:《俄中两国外交文献汇编 (1619—1792 年)》,中国人民大学俄语教研室译,商务印书馆,1982,第 350 页。

清代的 1922929 斤。再根据表 2 – 12 计算，838049.246 两银子÷1922929 斤＝0.436 两/斤。则 300 箱茶叶可卖出的价格位于 [7848，10464] 内。

综上所述，关于晋商茶叶贸易的利润计算可采用式（2 – 7）：

$$I = S - C \qquad (2-7)$$

其中，I 表示利润，S 表示总的销售收入，C 表示总成本。

将相关数据代入式（2 – 7）：

当 q = 18000 时，$I = S - C = 7848 - 2463.06 = 5384.94$
当 q = 24000 时，$I = S - C = 10464 - 3282.93 = 7181.07$

300 箱茶叶的利润位于 [5384.94，7181.07] 内。

那么利润率 $I^* = I/S$：

当 q = 18000 时，$I^* = I/S = 5384.94/7848 = 68.62\%$
当 q = 24000 时，$I^* = I/S = 7181.07/10464 = 68.63\%$

同样地，成本利润率（$I^* = I/C$）的计算也是如此：

当 q = 18000 时，$I^* = I/C = 5394.94 \div 2463.06 = 218.63\%$
当 q = 24000 时，$I^* = I/C = 7181.07 \div 3283.93 = 218.74\%$

由于利润率、成本利润率①是相对数，所以不管 q 取多少，在其他条件不变时，这些数值是不变的，即在本书的假设环境下，晋商恰克图茶叶贸易的利润率是 69%，而成本利润率更高达 219%。我们可以看出，一次算出来的利润率是比较高的，但本书由于资料所限及该利润计算本身的难度，从我们的数据中不能完全准确地看出茶商的经营状况，但具有一定的参考价值。本书的数据大多采自嘉庆年间，此时正是茶叶贸易逐渐繁荣之时，茶叶运销的高利润率应是合理的，也是晋商不辞劳苦经营长途茶叶贸易的内在动力。

"魏默深②《海国图志》云：'茶除中国省城税饷外。沿途尚有关口七八处，亦须缴纳税饷，再加水脚各费，运至英国，卖价与武夷山买值，

---

① 利润率反映的是每一两银子的销售收入所能带来的毛利润，而成本利润率反映的是每一项资本投入所能带来的毛利润。
② 魏源（1794~1857），名远达，字良图，号默深。著名学者，中国近代启蒙思想家，湖南邵阳人。

岂止加数倍耶！惟米利坚国税饷减少，故各埠茶价较贱。'又云：'英吉利之外，米利坚人销用绿茶最多，欧罗巴以荷兰、佛兰西两国为最，则又由欧洲转输美洲矣。其销售广大如此。近世以来，虽因制发不良不无受印度、锡兰、爪哇、台湾名茶之影响，然因土壤之宜，品质之美，终未能攘而夺之'。"① 虽说如此，但是通商口岸逐渐开放，其他国家茶叶加入了国际市场竞争，电报使用，海上运输成本降低，这些变化都对茶叶外销有了很大的影响。而对于晋商来说，还有其内部的原因，包括整个国家面对世界变革所做的反应对晋商的冲击，以及晋商自身制度的缺陷。

正如马克思和恩格斯指出的："不仅一个民族与其他民族的关系，而且一个民族本身的整个内部结构都取决于它的生产以及内部和外部的交往的发展程度。"② 诺斯提出的制度因素，即有效的经济组织对经济进步起决定作用的观念，认为技术创新、规模经济、资本积累等，即生产力的进步，不是影响经济增长的原因，而是经济增长本身。③ 当时的晋商茶帮"的确缺少17世纪的某些有限公司具有的进一步的精确——特别是无限的弹性——但它们也并不特别需要这种特点。像欧洲早期的贸易公司一样，它们的非人格性已达到它们的生意所需要的程度……"④ 但是，晋商在恰克图所从事的茶叶贸易活动，促进了北方市场圈的发育，带动了区域市镇化的发展。在晋商的带动下，中国主动与外国交往，在恰克图一带形成了一个国际性自由贸易市场，这一过程发生在中国被动纳入国际市场前，并与南方海关对外贸易并行，经历了鸦片战争至第二次鸦片战争近20年的时间，是中国近代早期现代化的内生性发展。

第三节　恰克图市场衰败的经济动因

布罗代尔在其经典著作《十五至十八世纪的物质文明、经济与资本

---

① 刘超然修、郑丰稔纂：《福建省崇安县新志》，台湾：成文出版社，1975，第505页。
② 马克思、恩格斯：《德意志意识形态》，中共中央马克思恩格斯列宁斯大林著作编译局编《马克思恩格斯选集》（第一卷），人民出版社，1972，第25页。
③ 刘佛丁主编《中国近代经济发展史》，高等教育出版社，1999，第11页。
④〔美〕彭慕兰：《大分流：欧洲、中国及现代世界经济的发展》，史建云译，江苏人民出版社，2003，第161页。

主义》中说:"茶在中国与葡萄在地中海沿岸起的作用相同,凝聚着高度发达的文明。"① 从 16 世纪起,随着饮茶风气在欧洲大陆的兴起,作为茶叶产量最大的国家,中国的海外贸易中,茶叶的份额不断增加。入清以后,除广州的"海上"贸易外,陆路上中俄恰克图边境贸易逐渐兴盛。

相较而言,北路恰克图茶叶市场由于史料阙如,研究成果相对少,囿于学科领域的限制,定量分析的成果更是凤毛麟角。② 目前的研究普遍认为,进入 18 世纪 30 年代,中国输出茶叶占出口总额的 93%,是恰克图贸易的黄金时代。1848 年华茶输俄就达 369995 普特,达到 19 世纪上半叶茶叶贸易的最高峰。③ 但是,这类研究以贸易量和贸易额度为基础,其缺陷在于,只能揭示市场上交易总量的情况,而无法探知贸易发展过程中内在的运行规律。我们通过对中俄恰克图市场的主要商品——茶叶和毛皮的销售额指数进行分析发现,即便是在最为兴盛的 19 世纪初中叶,恰克图中方茶叶贸易已经出现了衰退的迹象。

一 问题的提出

本书采用销售额指数分析恰克图市场上中俄双方贸易的数量情况。销售额指数是以某一年度的销售额为基数,一定时期内各年实际增加的销售额除以基数所得出的百分比,这里采用环比指数,即假设前一年茶叶的销售额为 A_1,当年的销售额为 A_2,则当年的销售额指数为 $(A_2 - A_1)/A_1$。销售额指数用于反映销售额的变动程度和速度,也在很大程度上反映了贸易发展的水平和速度。

---

① 〔法〕费尔南·布罗代尔:《十五至十八世纪的物质文明、经济与资本主义》(第一卷),顾良、施康强译,生活·读书·新知三联书店,1992,第 298 页。
② 有关恰克图边境贸易数量分析的文章有石涛、李志芳:《清代晋商茶叶贸易定量分析——以嘉庆朝为例》,《清史研究》2008 年第 4 期;刘建生、吴丽敏:《试析清代晋帮茶商经营方式、利润和绩效》,《中国经济史研究》2004 年第 3 期;袁欣:《1868－1936 年中国茶叶贸易衰弱的数量分析》,《中国经济史研究》2005 年第 1 期;庄国土:《从闽北到莫斯科的陆上茶叶之路——19 世纪中叶前中俄茶叶贸易研究》,《厦门大学学报》(哲学社会科学版)2001 年第 2 期等。
③ 〔苏〕米·约·斯拉德科夫斯基:《俄国各民族与中国贸易经济关系史(1917 年以前)》,宿丰林译、徐昌翰审校,社会科学文献出版社,2008,第 232 页。

本书选取 19 世纪初到中叶（1800 年至 1850 年前后）的数据进行分析①，进而说明其间中俄双方贸易实力的变化情况。恰克图贸易前期主要是物物交换，后期货币也参与其中，两种交换形式共存。汇率的考察较为复杂，本书就不再进行货币换算，统一采用"卢布"②作为衡量商品价值的单位。

影响销售额指数的因素有二，即商品的销售量与价格。对于输往中国的俄国货，主要项目起初是毛皮，而换出的纺织品主要是外国呢绒，19 世纪二三十年代后主要输出品的种类发生了变化，占首位的是俄国呢绒。③ 中国在 19 世纪后期输出的主要商品是棉织品和茶叶，但棉织品逐渐被俄国生产的麻布、呢绒类商品所取代，茶叶成为主导商品。④ 19 世纪中叶之前茶价变化较小，价格数年没有变动。⑤ 在茶价相对稳定的情况下，销售额指数变化的影响因素主要是销售量。1800 年俄国输入的茶叶为 2799900 俄磅，而 1837～1839 年茶叶输入年均为 8071880 俄磅⑥，茶叶输出量激增。在中国输往俄国的全部商品中，1802～1807 年茶叶占 42.3%，1841～1850 年已经上升到了 94.9%。⑦ 图 2-4 显示的是中国输俄茶叶的年平均数量。

进入 19 世纪，茶叶的贸易量一直以较高速度增长。这是茶叶交易量的直观表现，如果再加入价格因素，考虑商品销售额的变化情况，综合分析恰克图市场最主要的两种商品，毛皮和茶叶的销售额指数，情况又是怎样呢？图 2-5 显示了中国输俄茶叶、俄输中国毛皮类销售额指数对比数据。

---

① 选取这一时段基于以下两个原因：一是 1792 年中俄双方签订《恰克图市约》后，恰克图贸易才逐渐进入了繁荣发展的阶段，分析这一时期可以充分地说明中俄双方的贸易情况；二是这一时期的数据较为完善，使数量分析尽可能达到合理。
② 卢布是俄国的法定货币，辅币为"戈比"，1 卢布等于 100 戈比。
③ 阎东凯：《近代中俄贸易格局的转变及新疆市场与内地市场的分离》，《陕西师范大学学报》（哲学社会科学版）2000 年第 2 期。
④ 中国商业史学会明清商业史专业委员会编《明清商业史研究第一辑》，中国财政经济出版社，1998，第 125 页。
⑤ 姚贤镐编《中国近代对外贸易史资料（1840—1895）》，中华书局，1962，第 114 页。
⑥ 姚贤镐编《中国近代对外贸易史资料（1840—1895）》，中华书局，1962，第 110 页。
⑦ 刘建生、刘鹏生等：《山西近代经济史（1840—1949）》，山西经济出版社，1995，第 84 页。

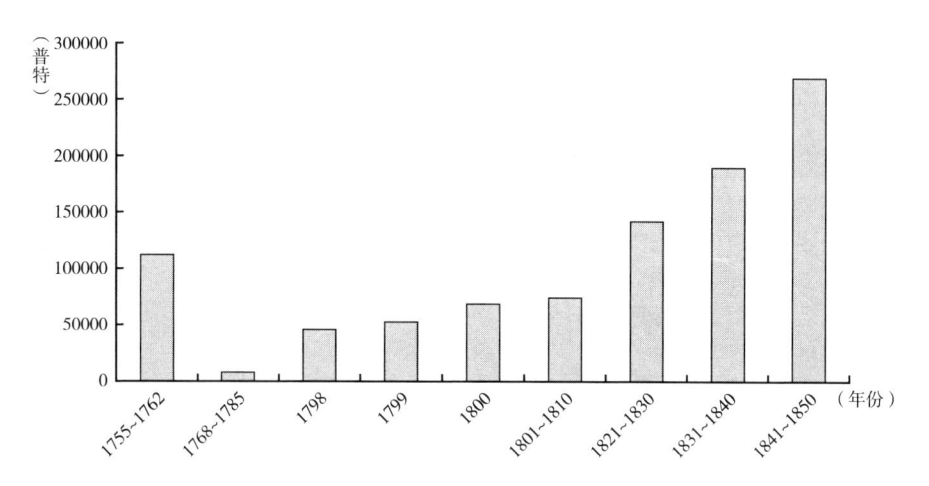

图 2-4 恰克图市场中国茶叶的年均销售量

资料来源：刘建生、刘鹏生等：《山西近代经济史（1840—1949）》，山西经济出版社，1995，第 83 页。

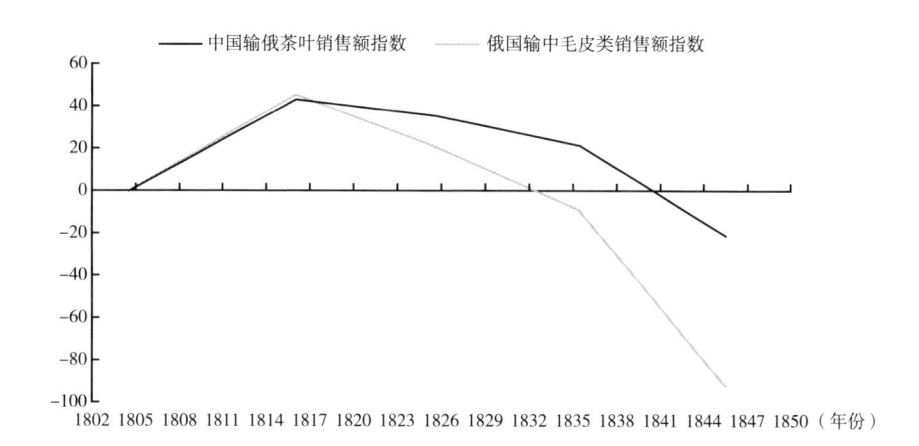

图 2-5 中国输俄茶叶、俄国输中毛皮类销售额指数

资料来源：刘建生、刘鹏生等：《山西近代经济史（1940—1949）》，山西经济出版社，1995，第 84 页。

图 2-5 显示，毛皮和茶叶销售额指数变化的拐点均出现在 1812~1820 年。换言之，在此之前两种商品销售额的增长幅度是递增的，此后便开始减小。销售额指数在 0 之上，虽亦呈递减趋势，但只是销售额增长的幅度在减小，其额度仍然是上升的。当销售额指数降为 0 时，意味着销售额也开始下降。毛皮销售额指数在 1831 年前后降至 0，茶叶是在 1841

年前后，即 1841 年之后其销售额逐渐减少，而茶叶的销售额指数在 1812 年前后出现拐点之后持续下降。

但是，根据图 2-4 可以看出，进入 19 世纪，茶叶贸易量一直呈上升趋势。那么，为何在茶叶贸易数量逐渐增加的时期，其销售额指数却持续下降，这一矛盾产生的原因又有哪些呢？

二 供求关系与成本的变化

既然影响销售额指数变化的因素主要有贸易量和商品价格两个方面，那么在茶叶价格相对稳定的情况下，贸易量便成为首要影响因素。但是，中俄恰克图贸易在 1727 年签订了《恰克图条约》后，贸易量和贸易额都显著增加。之后发生了三次闭关事件，贸易时断时续，直到 1792 年第三次闭关结束后，才逐渐步入了稳定发展时期。

19 世纪上半叶，恰克图市场上两种重要商品毛皮和茶叶销售额指数变化的拐点均发生在 1812～1820 年，并且之后又以大致相同的趋势下降；而贸易量的变化趋势不同，茶叶贸易量仍持续上升，而毛皮商品却迅速下降。这意味着，贸易量的变化情况对销售额指数的变化趋势无法做出应有的解释，那么就需要考虑中俄双方商人向恰克图市场输入商品的情况，这包括商人经营成本和供给商品结构的变化。

（一）两国产业结构发生变化对供给的影响

观察图 2-5 可以发现，毛皮和茶叶销售额指数的拐点均发生在 1812～1820 年，并且之后又以大致相同的趋势下降，这是否可以说明恰克图市场上中国货和俄国货有着相同的变化趋势，二者始终是协同发展的？这需要考虑恰克图边境贸易中中俄双方商品供应的变化情况。

19 世纪上半叶，俄国出口额中的毛皮比重不断下降，而工业产品，首先是纺织品逐渐升到首位。"19 世纪初毛皮占俄国经恰克图对华出口的一半以上，而在 30 年代初，它的比重已降至 37%，而到 30 年代末甚至降到 28%。在 30 年代初，纺织品约占出口额的 29%，而到 30 年代末已超过了50%。"① 从图2-5中也可以看出，毛皮销售额开始下降的时间为1831年前后。图2-6是19世纪30年代恰克图市场呢绒的输入量。

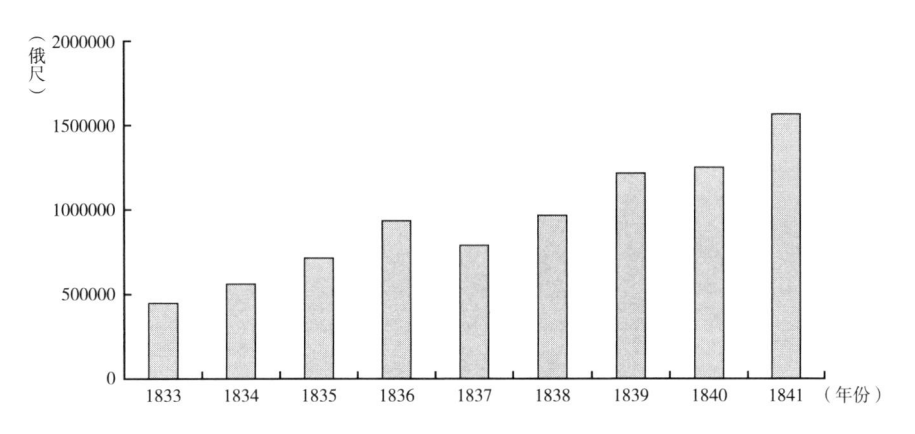

图 2-6　1933~1941年俄国向恰克图市场输入呢绒量

资料来源：卢明辉：《中俄边境贸易的起源与沿革》，中国经济出版社，1991，第80页。

俄输出呢绒量除1837年外，每年都呈上升趋势，呢绒是以羊毛（或其他动物毛）为原料的纺织品，需要进一步加工成轻工业品，从30年代开始，呢绒输出量逐年增加。到19世纪中叶恰克图市场中俄国输出货物分布情况已经发生了很大变化。

到19世纪中叶，呢绒在俄输入恰克图市场的商品中所占比例达到了42%，而毛皮仅占18%。这是以俄国国内商品经济的发展、轻工业技术逐渐普及为依托的。俄国输入恰克图商品结构的变化可以对毛皮商品的销售额指数下降做出解释，由于呢绒等新型纺织品的替代作用，俄国减少了向中国输出的毛皮商品，即图2-5所示的毛皮销售额指数持续下降是与比其更便宜的呢绒经恰克图出口额的增长相联系的。

第一次工业革命爆发后，俄国在生产技术上取得重大进步，出现了工厂企业的形式，以棉纺织业为代表，不再需要大量进口中国产品。机器生产使得俄国生产呢绒和棉纺织品的边际成本大大下降，保障了其进行大规模出口的商业利润。呢绒和棉纺织品是较毛皮更为高级的

---

① 孟宪章主编《中苏贸易史资料》，中国对外经济贸易出版社，1991，第174页。

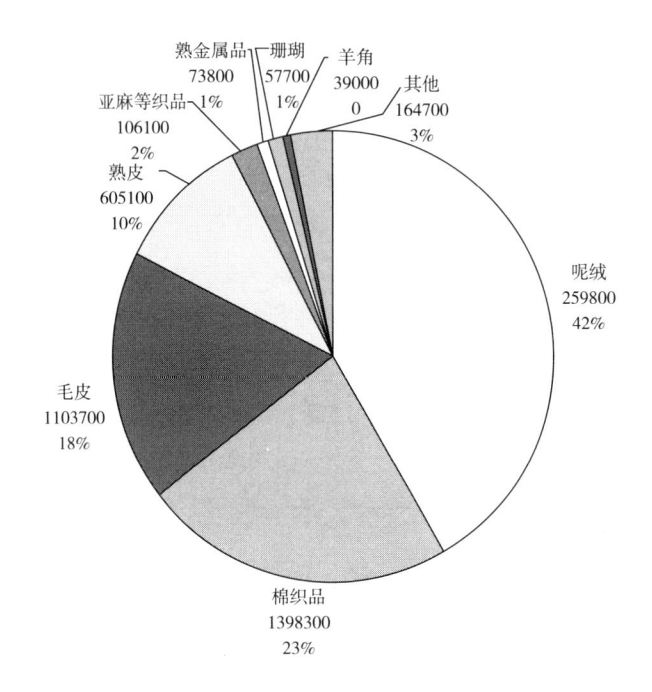

图 2-7 1850～1852 年俄国输入恰克图市场的货物分类

饼图数据：
- 呢绒 259800 42%
- 棉织品 1398300 23%
- 毛皮 1103700 18%
- 熟皮 605100 10%
- 亚麻等织品 106100 2%
- 熟金属品 73800 1%
- 珊瑚 57700 1%
- 羊角 390000（原文如此）
- 其他 164700 3%

资料来源：卢明辉：《中俄边境贸易的起源与沿革》，中国经济出版社，1991，第82页。

商品形式，其生产过程需要相对进步的生产技术，俄国当时贸易结构由粗放型的原料出口逐渐向技术集约型的纺织品生产过渡，商品形式逐渐多样化。

随着生产力的发展，俄国逐渐由转口贸易发展为国内生产、出口输出呢绒制品。"俄国除了本国毛织品以外，曾以波兰、普鲁士的毛织品输往中国。1812年以前，还曾有大批英国毛呢运至俄国，以供应中国市场。这种贸易因俄国政府增加英国毛呢的入口税而停顿了。然而，目前输往中国的只有俄国毛呢了。"[1] 1825年经恰克图出口的呢料，俄国的产品仅为2438俄尺，外国转口产品为295827俄尺，而1850年卖给中国的1296935俄尺呢料及棉制品，则全部是俄国产品。[2] 转口贸易发展为国内生产、出口，呢绒逐渐成为俄商在恰克图市场的主导商品。

---

[1] 姚贤镐编《中国近代对外贸易史资料（1840—1895）》，中华书局，1962，第111页。
[2] 〔苏〕П. И. 卡巴诺夫：《黑龙江问题》，姜延祚译，黑龙江人民出版社，1983，第69页。

此外，1812 年爆发了拿破仑战争，军需带动了俄国国内的棉纺织品生产，恰克图市场贸易额最明显的缩减发生在 1812 年，毛皮销售额指数的拐点也发生在此期间，即拿破仑入侵俄国的年份。战争不可避免地会给贸易带来一些影响，"与 1810 年相比，1812 年经恰克图的外国货输出额差不多减少了五分之四——从 255.6 万卢布减至 53.8 万卢布。这一年的俄国货出口额也减少了将近 40%"①。军需的增长引起了呢绒、鞣制皮革等商品出口的缩减。但实际上，俄国国内生产呢绒等制品的工厂并没有减少，大部分的棉纺织品供应了军需。对于出口贸易，战争给俄国带来的影响是短暂的。战争结束后，这些工厂仍然保持惯性进行大量生产，这可以此后呢绒等制品的大量出口为证。

而同时期由于俄国本国棉纺织品生产的发展以及西欧织物的激烈竞争，中国棉纺织品在俄国的进口额开始急剧衰退，到 1825 年末，它总共只占进口总值的大约 8%。② 棉纺织品逐渐退出市场，经恰克图输入的其他中国商品——冰糖、生丝和各种丝织品等起着次要的作用，其总值并不很大。③ 到 19 世纪中叶，茶叶已经约占俄国经恰克图进口额的 95%④，这是较为单一的商品形式。虽然茶叶的种植和制作过程同样凝结着生产技术，但是 19 世纪中叶其生产技术已经趋于成熟，茶农制作茶叶的工艺达到了较高的水平⑤，继续进行重复性茶叶贸易并未为工业技术革新带来足够的动力。

（二）恰克图市场不能满足俄方的商品交换需求

恰克图市场商品交换是以物物交换的方式进行的，被交换货物的价值不是按货币来计算，而是以某种在贸易中最为流通的商品来表示。1800 年以前，这种交易单位是中国棉织品"中国布"。从 1800 年起，中国茶

---

① 〔苏〕米·约·斯拉德科夫斯基：《俄国各民族与中国贸易经济关系史（1917 年以前）》，宿丰林译、徐昌翰审校，社会科学文献出版社，2008，第 219 页。
② 孟宪章主编《中苏贸易史资料》，中国对外经济贸易出版社，1991，第 172 页。
③ 〔苏〕米·约·斯拉德科夫斯基：《俄国各民族与中国贸易经济关系史（1917 年以前）》，宿丰林译、徐昌翰审校，社会科学文献出版社，2008，第 219 页。
④ 庄国土：《从闽北到莫斯科的陆上茶叶之路——19 世纪中叶前中俄茶叶贸易研究》，《厦门大学学报》（哲学社会科学版）2001 年第 2 期。
⑤ 梁四宝、吴丽敏：《清代晋帮茶商与湖南安化茶产业发展》，《中国经济史研究》2005 年第 2 期。

叶扮演着一般等价物的角色。① 当茶叶的供给发生变化时会更加明显地影响物物交换。卡巴诺夫写道："恰克图商界对其商品在中国滞销感到头痛，俄国商品的价格一落再落，而我们得到的茶叶是正常价格的两倍半。某些俄国商品已积压几年，势必变质损坏。"② 茶叶的供给已经满足不了俄国丰富的工业制品的交换需求。从1812年起，由于俄国对恰克图输入商品结构的变化，俄方商品交换能力增强，至1843年恰克图市场俄国商品出现严重积压。

1843年俄国输入恰克图市场的商品没有得到充分交换，已交换的呢绒类商品总共有21339匹，而积压的就达到了52766匹。皮革类商品交换的总量为926766张，积压的为2146786张。麻布和天鹅绒等纺织品共交换1734150俄尺，积压的为2505482俄尺。每类商品都有大量的积压，俄国输入恰克图的商品大约有1/3可以与中国商品交换（见表2-13）。

表2-13　1843年恰克图物物交换贸易报告

品名	已交换数量	积压数量
梅节利茨基呢	14565匹	40883匹
马斯洛夫呢	2013匹	5143匹
卡罗沃伊呢	4761匹	6740匹
切苏伊卡亚麻布	480733俄尺	498736俄尺
迪金亚麻布	85655俄尺	45550俄尺
康罗瓦亚麻布	624俄尺	16437俄尺
10俄寸宽天鹅绒	1074639俄尺	1818129俄尺
16俄寸宽天鹅绒	92499俄尺	126630俄尺
皮革:羊皮	52665张	176095张
皮货:灰鼠皮	673364张	1140696张
獭皮	13461张	17406张
灰羔皮	5549张	44921张
黑羔皮	8463张	48955张

---

① 〔苏〕米·约·斯拉德科夫斯基：《俄国各民族与中国贸易经济关系史（1917年以前）》，宿丰林译、徐昌翰审校，社会科学文献出版社，2008，第219页。
② 〔苏〕П. И. 卡巴诺夫：《黑龙江问题》，姜延祚译，黑龙江人民出版社，1983，第137~138页。

续表

品名	已交换数量	积压数量
乌克兰白羔皮	155172 张	646738 张
乌克兰杂羔皮	8580 张	18344 张
乌克兰黑羔皮	2581 张	28311 张
俄国野猫皮（猞猁）	2181 张	17220 张
美国野猫皮（猞猁）	4750 张	8100 张

资料来源：姚贤镐编《中国近代对外贸易史资料（1840—1895）》，中华书局，1962，第113页。

俄国货物在恰克图市场得不到充分的交换，意味着茶叶的供给不能满足其交换需求。但是，如前文所述这一时期茶叶的输出量是增加的，为何不断增加的茶叶量仍满足不了交换需求呢？由于这一时期俄国的商品结构已经发生变化，呢绒类纺织品逐渐代替毛皮制品。呢绒是较毛皮更为高级的商品，凝结着更先进的生产技术，拥有更高的产品附加值。因此，俄国商品种类的变化使其交换能力提高，尽管茶叶输出量增加，但是与俄国货物相比，相对交换能力下降。此外，为增加国库财政收入，清廷对原来不受重视的中俄边境贸易，增加进出口货物的关税。特别是对经张家口、归化城、库伦等地前往恰克图贸易的中国商人苛征重税。而且俄商在恰克图市场输出棉布、呢绒征税较低，对中国出口茶叶和棉布等提高进口关税。① 因此，中国茶叶出口"内忧外患"的境况与俄国不断增强的交换能力之间存在着矛盾，已不能满足俄国货物的交换需求。

但是，俄国国内生产技术的提高使得其大量生产新型棉纺织品成为可能，而恰克图市场成为其纺织工业品（呢料、棉制品等）最重要的销售市场②，通过恰克图向中国输入大量的工业制品。1843年6月20日莫斯科民政省长谢尼亚温的一份报告特别强调："西伯利亚地区的繁荣和我国纺织工业，特别是莫斯科纺织工业的兴盛，主要依靠恰克图市场，通过它往返运输各种商品，活跃了从莫斯科到中国边界的遥远之路。"③ 恰克图

---

① 卢明辉：《中俄边境贸易的起源与沿革》，中国经济出版社，1991，第82页。
② 〔苏〕П. И. 卡巴诺夫：《黑龙江问题》，姜延祚译，黑龙江人民出版社，1983，第69页。
③ 孟宪章主编《中苏贸易史资料》，中国对外经济贸易出版社，1991，第186页。

贸易对于俄国纺织工业的重要作用,以下事实也可以为证:1857年仅莫斯科就有96家为恰克图生产的工厂,其中37家生产呢绒,45家生产棉织品,14家生产亚麻和大麻织品。① 可见俄国对恰克图市场的外贸依存度是非常高的。

"到1850年时,通过恰克图和中国进行贸易,对西伯利亚本身已经失去了它早先的重要性。"② 恰克图边境贸易逐渐不能满足其膨胀的商业需求,俄国必须寻找新的产品倾销地以满足其不断增长的交换需求,只有找到更大的销售工业产品市场,才能够支持俄国势力从西伯利亚进一步向远东地区拓展。

因此,俄国政府急切盼望着重新开辟中国其他地区的贸易商路,从而进一步占领中国新疆、青海、甘肃等几个省区的初级市场。③ 1842年,中英签订了《南京条约》,规定开放上海、广州、厦门等沿海五口为通商地点。俄国沙皇政府为与英国等欧洲国家争夺工业品倾销市场,多次致函清政府理藩院,要求开辟伊犁、塔尔巴哈台和喀什噶尔三处为边境互市地点。④ 此后,随着《中俄伊犁、塔尔巴哈台通商章程》《中俄陆路通商章程》等条约的签订,俄商进入中国内地大量倾销和采购商品。尽管有诸多政治性的因素,但是从经济学的角度分析,其逐渐增加的工业品产量需要广阔的倾销地、恰克图市场不能满足西伯利亚以及欧洲市场的需求是其内因。

(三) 银价比对茶商成本无形的影响

进入19世纪后,恰克图的茶叶贸易继续繁荣,迅速超过棉布和丝绸,牢固地占据了第一位,成了任何商品都无法比拟的硬头货。⑤ 茶叶贸易量持续上升,但其销售额指数在出现拐点后却一直下降。正如前文所述,影响茶叶销售额指数变化的因素是茶叶数量的变化,即茶叶供给情况的改变。中国商人在恰克图市场输入的茶叶量是增加的,那么考虑收益情况,

---

① 孙守春:《早期恰克图贸易的历史地位和作用》,《辽宁师范大学学报》(社会科学版) 2003年第3期。
② 卢明辉:《中俄边境贸易的起源与沿革》,中国经济出版社,1991,第85页。
③ 卢明辉:《中俄边境贸易的起源与沿革》,中国经济出版社,1991,第85页。
④ 卢明辉:《中俄边境贸易的起源与沿革》,中国经济出版社,1991,第87页。
⑤ 郭蕴深:《中俄茶叶贸易史》,黑龙江教育出版社,1995,第46页。

其采购茶叶的成本是否有所变化呢?

在恰克图从事贸易的商人多数是晋商,他们采购茶叶大多以"包买"的形式进行①,尤其是进入湖南安化、湖北羊楼洞和羊楼司之后,先议定茶价后购茶的方式更加普及,给"银先定价值,俟熟,收而还之"②,逐渐成为茶商采购茶叶的主要手段。据羊楼洞《雷氏宗谱》之《清庵公传》载:"羊楼洞本茶市也。自(清)国初以来,晋人岁挟巨金来此采办,相高大之宅,托为居停主人焉,及秋则计其收茶之值以纳租金,近二百余年矣。"③

这种"预买"的形式可以达到少花钱、多收茶、收好茶的目的。茶商预付茶价,议定收购价,从而盘剥茶农。④ 但是这种看似"高明"的方式却忽略了一个潜在的影响因素:银价的变化。茶商在议定价格之后,待茶叶成熟收买之时,是以前一年的银价购买。

1796～1850年嘉、道时期银钱的关系是一个转折点。以前是钱贵银贱,嘉庆以后,变为银贵钱贱了。⑤ 钱贱的原因在于私铸小钱和外国轻钱的流入。乾隆末年(1795),小钱如水涌山出,贩者马骡重载。⑥ 道光年间,外国钱除日本的宽永钱,还有安南的景兴、光中、嘉隆等钱⑦,更加轻薄。银贵的原因,在于白银的外流,这和鸦片贸易有关。铜钱减重,白银减少,结果使银价上涨。有记载:"自嘉庆末年,钱法日久而敝……江苏铸钱,掺合沙子……而银之外泄亦日多,由是钱价一钱近三十年即不复贵。至今日(道光时)每两易钱二千,较昔钱价平时盖倍之,较贵时几及三倍。"⑧ 表2-14显示了嘉庆、道光时期(1798～1850)的银钱比价变化情况。

---

① 张正明:《明清晋商及民风》,人民出版社,2003,第44页。
② 上海书店出版社编《(同治)淡水厅志》(卷11),上海书店出版社,1999,第458页。
③ 游恺:《清庵公传》,《雷氏宗谱》,亦山堂,1887,转引自程光、李绳庆编著《晋商茶路》,山西经济出版社,2008,第55页。
④ 陶德臣:《近代中国茶农的经营状况(1840～1917)》,《中国农史》2003年第1期。
⑤ 彭信威:《中国货币史》,上海人民出版社,1958,第577页。
⑥ 余耀华:《中国价格史》,中国物价出版社,2000,第868页。
⑦ 赵尔巽主编《清史稿》(卷124),中华书局,1977,第3645页。《清史稿·食货志五》载:"至道光年间,闽广杂行光中、景中、景兴、嘉隆诸夷钱。奸民利之,辄从仿造。"
⑧ (清)王庆云:《石渠余纪》(卷5),北京古籍出版社,2000,第215页。

表 2-14 1798~1850 年的银钱比价

年份	银 1 两合铜钱数	指数（1821=100）	年份	银 1 两合铜钱数	指数（1821=100）
1798	1090.0	86.1	1826	1271.3	100.4
1799	1033.4	81.6	1827	1340.8	105.9
1800	1070.4	84.5	1828	1339.3	105.7
1801	1040.7	82.2	1829	1379.9	109.0
1802	997.3	78.7	1830	1364.6	107.7
1803	966.9	76.3	1831	1388.4	109.6
1804	919.9	72.6	1832	1387.2	109.5
1805	935.6	73.9	1833	1362.8	107.6
1806	963.2	76.1	1834	1356.4	107.1
1807	969.9	76.6	1835	1420.0	112.1
1808	1040.4	82.1	1836	1487.3	117.4
1809	1065.4	84.1	1837	1559.2	123.1
1810	1132.8	89.4	1838	1637.8	129.3
1811	1085.3	85.7	1839	1678.9	132.6
1812	1093.5	86.3	1840	1643.8	129.8
1813	1090.2	86.1	1841	1546.6	122.1
1814	1101.9	87.0	1842	1572.2	124.1
1816	1177.3	93.0	1843	1656.2	130.8
1817	1216.6	96.1	1844	1724.1	136.1
1818	1245.4	98.3	1845	2024.7	159.9
1820	1226.4	96.8	1846	2208.4	174.4
1821	1266.5	100.0	1847	2167.4	171.1
1822	1252.0	98.9	1848	2299.3	181.5
1823	1249.2	98.6	1849	2355.0	185.9
1824	1269.0	100.2	1850	2230.3	176.1
1825	1253.4	99.0			

资料来源：严中平等编《中国近代经济史统计资料选辑》，科学出版社，1955，第 37 页表 30，转引自河北宁津县大柳镇统泰升记商店出入银两流水账、买货总账。原账册为北京图书馆所藏。

从表 2-14 中可以看出，1812~1840 年银钱比一直在上升，1812 年 1 两银折合铜钱 1093.5，非常接近清廷规定的 1000①；1820 年上涨为

---

① 彭信威：《中国货币史》，上海人民出版社，1958，第 566 页。

1226.4，1830 年为 1364.6，已经偏离了其欲维持的范围，而到爆发鸦片战争的 1840 年上涨为 1643.8，这也是图 2-5 中茶叶的销售额开始减少的大致时期。银钱比价的变动，对物价自然会产生影响，但影响的性质，要看物价是根据什么计算、用什么来支付的。如果是用银支付，物价应当有下跌的倾向。① 也就是说，银价上升之后，其购买力增强，商人是用白银购买茶叶②，则其价格应有所下降。但是茶商却以前一年的银价来支付，在进行交易之前已经议定了茶价，忽视了应该下调的那部分价格，无形中多支付了一部分银两，增加了购买的成本。而且这部分成本是在运输成本、关税、外国势力的竞争等显性成本之外不易被察觉的隐性成本。

换言之，当时市场上同时流通着钱和银两种货币，尽管清政府极力维持银为主、钱为辅，二者比价相对固定的货币政策，但是对于市场上不断发生变化的银钱比并不能进行有效的调节和控制。从表 2-14 中可以看出，银钱比每一年都有所变化，但是作为个体商人站在自身利益的微观角度考虑，茶商并不能对这种银价的变化做出及时预测和反应，仍然以"预买"甚至"高利贷"的形式购茶。茶农生产的茶叶量逐年增加，但是恰克图市场上茶叶的销售额指数却在下降，银钱比变化对茶商成本潜在的影响是从经济学角度对这一矛盾的解释。

在中俄茶叶贸易看似辉煌的时期，国际、国内的形势实际上已悄然发生了变化。俄商直接进入中国内地购茶给恰克图市场带来了很大的冲击，英美等国家对中国市场的争夺日益激烈，清政府国力渐衰，经济环境不断恶化等诸多因素对中俄边境贸易的影响都不可低估。然而，除却这些政治、社会因素，恰克图边境贸易发生变化的经济动因更为重要。

随着俄国工业技术的进步，俄商输往恰克图市场的商品种类发生了变化，逐渐从毛皮过渡到了工业制品，商品层次是上升的，而中国商人长期以输出茶叶为主。众所周知，商品中凝结的生产技术越高，则带来的附加值就越高，商人获利的空间也就越大。因此，毛皮销售额指数的下降有呢

---

① 彭信威：《中国货币史》，上海人民出版社，1958，第 578 页。
② 中国科学院近代史研究所编《沙俄侵华史》（第三卷），人民出版社，1981，第 140 页；庄国土：《茶叶、白银和鸦片：1750—1840 年中西贸易结构》，《中国经济史研究》1995 年第 3 期。

绒等新兴纺织品的替代作用作为补充。而茶叶贸易利润空间相对固定,不能开拓新的获利方式,销售额指数必然呈下降趋势。商品结构变化的不同趋势给两国经济发展带来的影响也是不同的,俄国商品向更高级形式的发展过程带动了其产业结构的升级,而中国商人一直进行重复的单一种类贸易,尽管获利颇丰,却并没有带动国内工业生产水平的发展。

从需求角度考虑,参与交易的双方只有同时满足市场需求、互惠互利,才能保证贸易的持续进行。但是,恰克图市场上俄国商品结构升级,商品交换带来的利润更加丰厚,交换需求不断增强,而中国商品的交换能力相对下降。同时,俄国工业制品对恰克图市场有很高的外贸依存度,当恰克图边境贸易逐渐不能满足其膨胀的商业需求时,俄方不断增强的工业生产能力就会要求更为广阔的商品交易市场出现。此后,俄国政府要求签订一系列条约,开辟新的贸易地点和俄商不远千里承担种种风险和高昂的运费深入中国内地采购商品的经济动因正在于此。

再考虑中国商人采购茶叶的成本,其购买成本发生了隐性的变化。晋商在产茶区采购茶叶大多以包买形式进行,即前一年就议定了当年的茶价。然而,嘉、道时期银钱比发生了变化,白银升值,购买力增强,可以购买数量更多的商品,采购茶价的相对价格应下降。但是,茶商仍以前一年议定的价格购买,忽视了一年之内银价变动引起的茶价变动,这无形中增加了晋商购茶的成本,而且这是隐性、不易被商人个体察觉的因素。年复一年,茶叶的这种购买方式给中国商人带来的影响是难以估计的。

第三章
中美茶叶贸易及其衰败

17世纪初,荷兰商人从爪哇转道澳门将中国茶叶转运至欧洲销售,开了近代中国茶外销的先河,从此,中国茶叶不断输往世界各国。茶叶逐渐成为多国人民十分喜爱甚至是难以割舍的佐餐饮料,俄国、英国和美国等国逐渐成为中国茶的消费大国。茶叶也迅速成为近代中国出口的最大宗商品之一,并成为推动西方对华贸易的强大动力,世界茶叶贸易格局初步形成。中国茶传播到各国主要是通过陆路和海路两种方式进行。陆路主要是经蒙古高原、恰克图再到达俄国的茶叶之路,海路主要是从浙江、福建、安徽等中国茶区出发经广州港等港口运往欧洲各国的茶路。

第一节 近代美国与中国茶

近代美国与中国茶有着不解之缘。茶叶是美国独立战争的导火线,茶叶贸易也成为近代中美关系史的开端。美国建国之初,"中美最先通商之货物,几乎全为茶叶"[1]。早期中美茶叶贸易给美国带来了丰厚的利益,对美国建国初的经济恢复和发展起到了不可忽视的作用,因此得到美国政府的积极鼓励。[2] 美国茶商也在对华茶叶贸易中获利颇丰,激起不少美国人的"中国淘金梦"。在商业利润的刺激下,19世纪初,中美茶叶贸易快速发展,美国茶叶消费市场也逐步形成,这也是中国假茶流入美国市场的背景。

---

[1] 《中国茶典》编委会编《中国茶典》,贵州人民出版社,1995,第2300页。
[2] 曾丽雅、吴孟雪:《中国茶叶与早期中美贸易》,《农业考古》1991年第4期。

一　中国茶在美国的传播

中美茶叶贸易始于 1784 年，但中国茶叶传入北美却要比这早一百多年。华茶在北美地区的传播得益于荷兰人的引入和英国人的普及。1607 年，荷兰东印度公司从中国澳门购茶运至万丹（今印度尼西亚爪哇地区），随后转运至荷兰，从而首次将中国茶叶带到了西方，饮茶之风很快便在英、法、德等国广泛盛行。① 17 世纪中叶，荷兰又将中国茶叶传入了其当时在北美洲的殖民地新阿姆斯特丹（今美国纽约州）及马萨诸塞等地②，但饮茶之风在美洲大陆的广泛传播是在 17 世纪 70 年代新阿姆斯特丹被英国人占领之后。到了 18 世纪初，中国茶开始风靡整个英国，在英国的殖民统治下，饮茶之风也在北美逐渐扩散。

"兹有极佳的绿茶出售，地点在桔树附近本人的家中"，这是 1714 年 5 月 24 日，波士顿人爱德华·迈尔斯在当地报纸上刊登的一则广告，这也是北美地区最早出现的茶叶广告。③ 在此之前，北美没有任何介绍中国茶叶的公开出版物，茶叶仅在一些药店零星有售，大部分地区对茶叶还知之甚少。在此之后，北美茶叶消费增长也非常缓慢，因为中国茶叶在当时算是专供富人的奢侈品。华盛顿·欧文在其著作《睡谷传奇》中以生动的笔触描写了一个早期新阿姆斯特丹的奢华茶桌，在当时，茶桌上附属的精美茶盘、茶壶、银匙等茶具是北美贵妇们炫耀的资本。④

随着进入北美市场的茶叶不断增加，茶叶售价开始下降，北美普通民众也有了品茶的机会。18 世纪中叶，在北美的费城地区，普通家庭已和英国本土一样，渐弃咖啡而饮茶。在纽约的街头，小贩沿街叫卖茶水，成为当时的一种风尚。⑤ 但在当时特殊的历史时期，英国与其北美殖民地之

---

① G. Schlegel, *First Introduction of Tea into Holland*, Series Ⅱ, Vol. I, 1990, 转引自林远辉编《朱杰勤教授纪念论文集》，广东高等教育出版社，1996，第 175 页。
② 〔美〕威廉·乌克斯：《茶叶全书》（上册），中国茶叶研究社社员集体翻译，中国茶叶研究社，1949，第 28 页。
③ 〔美〕威廉·乌克斯：《茶叶全书》（下册），中国茶叶研究社社员集体翻译，中国茶叶研究社，1949，第 199 页。
④ 〔美〕威廉·乌克斯：《茶叶全书》（下册），中国茶叶研究社社员集体翻译，中国茶叶研究社，1949，第 933 页。
⑤ 梁碧莹：《龙与鹰：中美交往的历史考察》，广东人民出版社，2004，第 50 页。

间的关系发生恶化,导致北美茶叶消费市场的形成和发展也遭遇了一定的波折。

当时正值"英法七年战争"结束之际,英国需要更多的财政收入来维持本土的发展,因此将巨大的战争支出转嫁到北美殖民地。1765年,英国立法规定对北美殖民地人民所用茶叶等物课以重税,遭到强烈反对后作罢。① 但从1767年起,英国又颁布了《汤森法案》,再次对茶课税,北美殖民地人民拒饮纳税茶叶,转而购买走私茶叶。1773年,英国《茶叶税法》出台,允许经营不善、茶叶大量积压的英国东印度公司向北美殖民地低价倾销茶叶,这意味着东印度公司垄断了北美茶叶市场,也再次激起了被殖民地人民的怨愤,北美反英运动由此高涨。

北美人民在当时虽已形成了一定的饮茶习惯,但为了配合反英运动、抵制英国货物输入,开始拒绝饮茶。② 一时间在费城、纽约、波士顿、查尔斯顿等地都兴起了"抗茶会",声讨英国茶叶苛政,阻止英国入口的茶船靠岸,并向民众发出警告:谁接受东印度公司的茶叶,谁就是美洲自由的敌人。当时纽约发行的一份《警钟报》上写道:"不管获取了多少那些被诅咒的可恶茶叶,都是人民的罪人。我们现在的处境比那些埃及的奴隶还要悲惨,财政法规上明确说到,我们没有属于自己的财产,我们不过是大英帝国的奴仆与牲畜而已。"③ 因此,茶叶在当时已经成为北美人民眼中英国殖民者强暴统治的象征,英国的茶税苛政直接导致北美人民的抗茶运动,使粗具雏形的北美茶叶消费市场又遭遇了寒冬。

二 中美茶叶贸易的发展

北美人民的抗茶与英国政府的强硬最终触发了"波士顿倾茶事件",美国独立战争随即爆发。美国建国后,茶叶再次回到了普通美国家庭的餐桌。建国第二年,美国便开始与中国直接进行茶叶贸易。1784年,美国"中国皇后号"载着大批西洋参、毛皮等美洲土产从纽约起航,历时半年

---

① 沈立新:《绵延千载的中外文化交流》,中国青年出版社,1999,第372页。
② 梁碧莹:《龙与鹰:中美交往的历史考察》,广东人民出版社,2004,第52~54页。
③ 〔美〕威廉·乌克斯:《茶叶全书》(上册),中国茶叶研究社社员集体翻译,中国茶叶研究社,1949,第35页。

到达中国广州的黄埔港，运回包括数百吨茶叶在内的中国货物，这是近代中美贸易的开端。①

"中国皇后号"投资12万美元，购买中国茶叶共计3022担，返美后获利30727美元，盈利率高达25%。②该船的首航成功在美国商界引起轰动，《独立报》称之为"一次具有远见卓识的、杰出的和成果丰硕的航行"③，此后，美国商人们对中国茶叶趋之若鹜，"在美国每一条小河上的每一个村落，就连只能容纳五个人的单桅帆船，都在计划着去中国广州运茶"④。美国来华商船数量逐年递增，1784年仅1艘，1789年有15艘，1805年有41艘，而1832年竟达62艘⑤，茶叶则是这些美国商船来华采购的最大宗商品。

早期中美贸易给美国带来了丰厚的利益，但与英、荷等传统对华贸易大国相比，美国在开展华茶贸易时遇到的困难更多。首先，美国本土缺少足够可供与中国易茶的商品，也不像英、荷等国拥有海外殖民地，可以利用殖民地的土产来弥补贸易逆差。其次，与英、荷相比美国人的饮茶历史要晚不少，美国国内的茶叶消费市场也较为有限。美国政府为了鼓励华茶贸易，制定了有利于茶叶输美的税收政策。美国从1789年7月4日颁布《关税法令》开征茶税，但对由中国直接开出的美国船只征税较低。⑥1791年，美国国会再次通过对华贸易保护的关税政策，美国商船运载中国货物进口时征税额仅为外国商船的1/4，同时允许茶叶关税延期两年缴纳。⑦优惠的关税政策是美国华茶进口快速增长的促进剂。

造船工艺的进步也加速了近代中美茶叶贸易的发展。19世纪初，美

---

① 齐文颖:《关于"中国皇后"号来华问题》，载龚缨晏主编《20世纪中国"海上丝绸之路"研究集萃》，浙江大学出版社，2011，第292页。
② 何芳川:《崛起的太平洋》，北京大学出版社，1991，第95页。
③ 林坚:《远渡重洋：中美贸易二百年（1784—1999）》，厦门大学出版社，2003，第8页。
④ 〔美〕休斯:《两个海洋通广州：早期中美贸易史话》，转引自卿汝楫《美国侵华史》，生活·读书·新知三联书店，1952，第36页。
⑤ 蒋相泽、吴机鹏主编《简明中美关系史》，中山大学出版社，1989，第11页。
⑥ S. E. Morison, *The Maritime History of Massachusetts 1783–1860*（Boston and York: General Books, 1924）, p. 166.
⑦ K. S. Latourette, *The History of Early Relations between the United States and China 1784–1844*（New Haven: Yale University Press, 1917）, p. 78.

国来华商船开始采用"快剪帆船",这种船以载重多、航速快著称,大大缩短了美国商人来华运茶的时间,加速了贸易周转。① 当美国人开始使用这种新式帆船来华运茶时,英国商人自认为占据着中国茶叶外贸的主导而对此不屑一顾,而美国也趁势抢占了对华茶叶贸易的大量份额,这时英国商人才不得不紧随其后。但直到1846年,英国的第一艘快剪船"托灵顿号"才来华贸易(一说英国第一艘快剪船应为1839年的"苏格兰处女号")。②

美国的华茶贸易得以在这一时期快速追赶英国。据1840年的《中国丛报》(The Chinese Repository)记载,1784年中国输往英国的茶叶占输出总量的37.8%,而同期输往美国的只占3.1%。19世纪以后,输往美国的茶叶所占比例不断增高。1805~1806年,输往英国的茶叶占中国茶叶输出总量的62.8%,美国占32.2%。仅用10年时间,输往美国的茶叶就超过了除英国外的所有欧洲国家。③ 同时,中国对美茶叶输出量也与英国不断接近。1800~1801年,输美茶叶量是输英的1/6,1836~1837年是1/2,到了1839~1840年,则超过70%。④ 美国也长期占据着世界茶叶贸易总量前三的位置。

三 美国茶叶消费市场的形成

美国茶叶贸易增长虽快,但同期美国国内的茶叶消费市场却发展有限,因此,美国茶商将大部分从中国购来的茶叶转销他国获利。美国历史学家拉图雷特(K. S. Latourette)在其著作"*The History of Early Relations between the United States and China 1784 – 1844*"中说,当时美国茶商进口的茶叶有一半以上销往他国。直到1801~1811年,美国所进口的中国茶叶还有25%~50%重新转销至其他国家,而从1820年以后,这种现象就大大减少了。

---

① 蒋相泽、吴机鹏主编《简明中美关系史》,中山大学出版社,1989,第12页。
② 〔美〕威廉·乌克斯:《茶叶全书》(上册),中国茶叶研究社社员集体翻译,中国茶叶研究社,1949,第29页。
③ *The Chinese Repository*(《中国丛报》), Vol. 9, pp. 191 – 193.
④ *The Chinese Repository*(《中国丛报》), Vol. 9, pp. 191 – 193.

据 1821～1841 年的统计，中国输美茶叶用于美国本土消费的数量占输入总量的 80% 以上，而转运他国的还不到 20%①，美国茶叶消费市场已达到相当规模。此外，美国进口华茶的种类也发生了变化，之前大量进口红茶以供转销，而 1820 年后，供美国本土消费的绿茶进口占了主导。

台湾中研院郝延平教授（Yen-Ping Hao）在其著作 *Chinese Teas to China Trade*: *In History Perspective* 中描述，由于北美历史上长期受英国殖民统治，美国人在建国初期保持着与英国人一致的饮茶习惯，以饮红茶为主。事实上，近代绝大多数饮茶的欧美国家都以红茶消费为主②，早期美国茶商也是通过向他国转销红茶来获利。然而，随着茶叶在美国的不断普及，绿茶逐渐得到美国消费者的青睐。1800 年以后，美国绿茶进口量不断增加，1810 年，绿茶已与红茶平分秋色。③ 19 世纪 20 年代，美国茶叶消费市场急剧膨胀，美国绿茶进口量迅速超过红茶。30 年代，中国绿茶已经成为美国茶叶消费的绝对主导④，从表 3-1 和图 3-1 的数据可以直观地看出这一点。

表 3-1 1832～1839 年中国出口到美国的各种茶叶量

单位：箱，%

茶叶种类	1832～1833	1833～1834	1834～1835	1835～1836	1836～1837	1837～1838	1838～1839
武夷茶	13665	1445	779	867	2183	—	2898
小种红茶	34815	52278	35245	64760	29139	52135	11659
包种	4723	9181	5733	4619	4644	7720	7164
白毫	2563	2192	1030	2273	1604	3186	629
红茶总量	55766	65096	42787	72519	37570	63041	22350

---

① Jules Davids, *American Diplomatic and Public Papers*, *The United States and China*, Series 1: *The Treaty System and the Taiping Rebelling*, *1842 - 1860* (Wilmington: Scholarly Resources Inc. Series I, Vol. XVIII, 1973), p. 100.

② Gideon Nye, *Tea and the Tea Trade* (New York: Geo. W. Wood, 1850), p. 48. 根据奈尔给出的数据统计，当时欧洲大陆国家每年从中国进口的茶叶中红茶通常占到 80% 以上。

③ Yen-Ping Hao, *Chinese Teas to China Trade*: *In History Perspective* (Boston: Harvard University Press, 1986), p. 27.

④ *The Chinese Repository*（《中国丛报》），Vol. 9, p. 191.

续表

茶叶各类	1832~1833	1833~1834	1834~1835	1835~1836	1836~1837	1837~1838	1838~1839
熙春	14248	23787	16509	16346	19986	13112	8850
雨前	51363	86115	76557	83426	93056	70146	65918
皮茶	31736	31591	16002	23086	24557	20986	8245
屯溪	4872	2777	980	1299	5211	561	938
珠茶	6614	10154	7335	8002	9373	8343	7774
御茶	5939	9424	7736	7444	8051	6911	6691
绿茶总量	114772	163848	125119	139603	160234	120059	98416
总计	170538	228944	167906	212122	197804	183100	120766
绿茶占比	67.30	71.57	74.52	65.81	81.01	65.57	81.49

资料来源：Gideon Nye, *Tea and the Tea Trade* (New York: Geo. W. Wood, 1850), p.23, 以相邻两年的6月30日为一个商业年度进行统计。

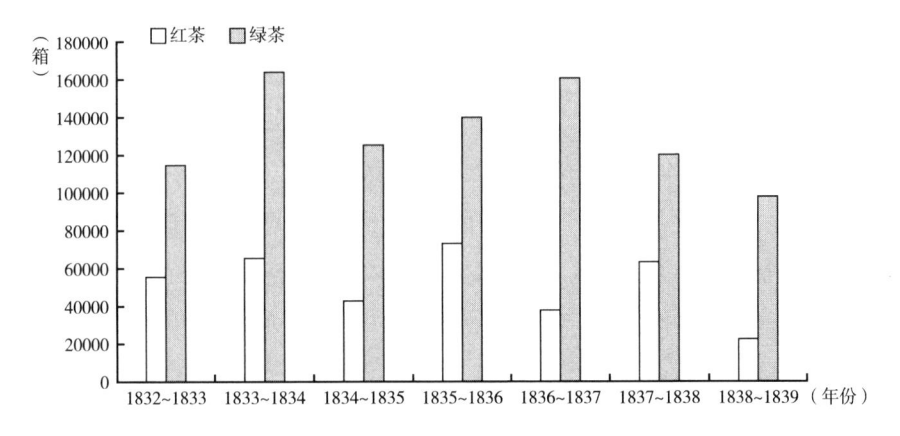

图 3-1 1832~1839年美国从中国进口的红茶和绿茶数量对比

此外，人口的快速增长也是美国茶叶消费市场发展的动力。1790年，美国人口不足400万，到1820年增加到1000万，1840年更多达1700万。① 1821~1823年，美国年均消费茶叶700万磅，而1824~1841年，这个数字增加到1275万磅。② 19世纪30年代，美国年人均茶叶消费量为

---

① S. E. Morison & H. S. Commager, *The Growth of the American Republic* (New York: Oxford University Press, 1942). p.790.
② Jules Davids, *American Diplomatic and Public Papers, The United States and China*, Series 1: *The Treaty System and the Taiping Rebelling, 1842 – 1860* (Wilmington: Scholarly Resources Inc. Series I, Vol. XVIII, 1973), p.100.

0.5 斤,到了 40 年代达到 0.9 斤。① 茶叶消费市场的繁荣不断刺激美国华茶进口的增长,而这也成了假茶滋生的温床。

第二节 假茶流入美国及其影响

美国建国之后,中美茶叶贸易呈快速增长的趋势。1784～1785 年,中国输美茶叶共计 880100 磅,1810～1811 年增加到 2884400 磅②,26 年间增幅达 227.7%。19 世纪 20 年代以后,美国华茶进口"激增的趋势更为明显"③,美国茶叶消费也达到了可观的规模,美国茶商在其中获利颇丰。而假茶的出现则扰乱了当时正常的中美茶叶贸易,也影响了美国茶叶消费市场的稳定增长。根据商人奈尔的记录,1826～1832 年是假茶流入美国非常严重的时期,我们试图根据史料记载和软件模型来还原当时的情况。

一 假茶流入与美国华茶进口量的波动

美国从 1795 年起便成为华茶贸易的大国,但在 1820 年之前,由于受到美国第二次独立战争等外部因素的影响,早期中美茶叶贸易波动较大,总量相对较小。奈尔所记录的数据显示,1821 年至鸦片战争爆发前的近 20 年,是中美茶叶贸易发展的黄金时期,美国茶叶消费市场空前繁荣(见表 3-2)。

关于数据的可信度,美国历史学家拉图雷特在其著作中给出同期美国历年进口华茶量:1822 年 6639343 磅,1828 年 7707427 磅,1832 年 9906606 磅,1837 年 16581467 磅,1840 年 19333597 磅。④ 虽无连续数据,但所涉年份与奈尔的数据基本吻合,因此可以推断,这组数据有较高的可信度。

---

① 〔美〕威廉·乌克斯:《茶叶全书》(上册),中国茶叶研究社社员集体翻译,中国茶叶研究社,1949,第 11 页。
② 〔美〕泰勒·丹涅特:《美国人在东亚》,姚曾廙译,商务印书馆,1959,第 41 页。
③ 梁碧莹:《龙与鹰:中美交往的历史考察》,广东人民出版社,2004,第 71 页。
④ K. S. Latourette, *The History of Early Relations between the United States and China 1784 - 1844* (New Haven: Yale University Press, 1917), p.76.

第三章　中美茶叶贸易及其衰败 | 149

表 3-2　1821~1838 年美国从中国进口茶叶数量

单位：磅

年份	数量	年份	数量	年份	数量
1821	4973468	1827	5868828	1833	14637486
1822	6636705	1828	7689305	1834	16267852
1823	8208895	1829	6595033	1835	14403458
1824	8919210	1830	8584799	1836	16347344
1825	10178972	1831	5177557	1837	16942122
1826	10072898	1832	9894181	1838	14411337

资料来源：Gideon Nye, *Tea and the Tea Trade* (New York: Geo. W. Wood, 1850), p.23, 以相邻两年的 6 月 30 日为一个商业年度进行统计。

表 3-2 的数据显示，1821~1825 年，美国进口华茶从 4973468 磅猛增到 10178972 磅，年均增长率达 19.61%。1827 年起美国华茶进口经历了大约 5 年的低潮期。1827~1831 年，美国年平均进口华茶 6783108.4 磅，回落明显，而从 1833 年起美国华茶进口又以 14637486 磅的进口量突然回归高位。将表 3-2 中的数据用柱状图来展示，则这种反常的波动更为明显（见图 3-2）。

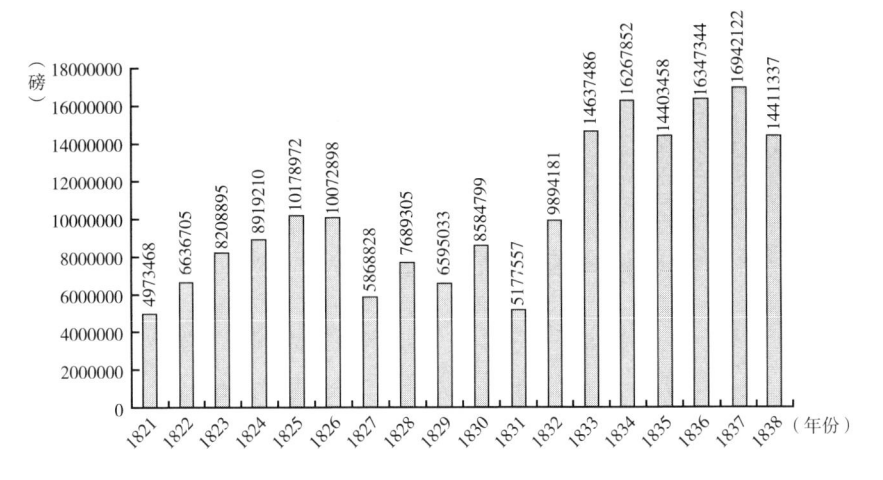

图 3-2　1821~1838 年美国从中国进口茶叶数量

根据图 3-2，在 1821~1838 年的近 20 年中，中美茶叶贸易表现出了迅速增长的总体趋势，但在 1827~1832 年这几年中，这种稳定的增长骤然出现"缺口"。根据基顿·奈尔在书中的叙述,美国茶叶进口量大幅回落的原因是这段时期内"假茶"大规模流入了美国市场。1821~1825年,饮茶之风在美国迅速普及,经营华茶贸易的美国商人获利颇丰。商人的本性驱使他们试图从中获取更大的利润,因此,假茶进入了部分不法美国茶商的视线。

当时流入美国的假茶也是用草叶掺杂,或是将泡过的废茶烘干染色。为了使假茶卖相更好,作假之人不惜加入大量染色剂,以至于"美国人喝的每磅染色绿茶中就有半磅靛青和石膏"[1]。奈尔在其著作中说明,假茶的进口量没有显示在图3-2的数据中。值得注意的是,19世纪初,美国人的饮茶习惯已逐渐形成,茶已成为许多美国人晚餐必不可少的饮品。"自美国独立后到整个19世纪,美国人已形成了饮茶习俗。在美国人的日常生活中,茶与晚餐联系在一起……晚餐后,人们'久久地深深地品尝'各种被誉为'甘露'的名茶。"[2] 在饮茶之风持续盛行的情况下,1827~1832年美国茶叶消费量骤减的可能性微乎其微。事实上,1826年美国华茶进口量没能保持过去5年年均19.61%的高增长率,就已显示出假茶流入的端倪。作为茶叶商人的基顿·奈尔对美国假茶泛滥的情况深感遗憾,"在当时(1826~1832年)的美国,假茶充斥着消费市场,'廉价'茶叶有着普遍而稳定的市场需求,这向来是阻碍中美茶叶贸易繁荣发展的最大因素"[3]。尽管假茶流入具有较强的隐蔽性,在当时无法进行准确统计,但美国茶叶市场假茶充斥,导致美国华茶进口出现反常衰退却是不争的事实。

二 1826~1832年美国假茶流入量估算

这一时期,假茶到底在美国茶叶市场占有多大的份额?只有弄清这一问题,才能为解释19世纪美国华茶进口衰退提供切实有力的证据。然而,目前所发现的史料中并没有给出确切的数据。有鉴于此,我们试图运用

---

[1] Robert Fortune, *A Journey to the Tea Countries of China: Including Sung-Lo and the Bohea Hills* (London: John Murray, 1852), pp. 92-94.
[2] 梁碧莹:《龙与鹰:中美交往的历史考察》,广东人民出版社,2004,第61页。
[3] Gideon Nye, *Tea and the Tea Trade* (New York: Geo. W. Wood, 1850), p. 25.

"Matlab 7.0"（矩阵实验室）软件，根据假茶流入高峰期前后美国茶叶进口量的变化趋势，建立回归模型，估算出1826～1832年美国假茶的流入量。

（一）估算原理

基于基顿·奈尔在其著作中的论述可以推知，假茶流入对1825年以前和1833年以后的美国华茶进口的影响可以忽略不计。1838年以后，因受中英的紧张关系及不稳局势影响，美国茶叶进口出现明显下滑，故剔除1838年及以后的数据。1826～1832年包含假茶在内的美国实际茶叶进口量数据是计算的重点，奈尔只提供了真茶的进口量，为了计算方便，将这7年的数据一并剔除。

利用1821～1825年和1833～1837年的已知数据，通过Matlab 7.0软件中的拟合工具箱"cftool"进行数据多项式拟合，并对已知数据与年份的关系分别进行一次到四次的拟合输出，之后选择拟合程度最佳的模型计算出1826～1832年美国包括假茶在内的全部"茶叶"的进口量，再通过与表3－2中相对应的实际记录值求差，得到所涉及年份假茶的流入量。

（二）模型的建立与运算

Y_{it}（$i=1,2,3,4,5,6$；$t=1821,1822,\cdots,1832$）表示进行i次拟合所得的相对应的年份t的美国包括假茶在内的全部"茶叶"进口总量；

Y_t（$t=1821,1822,1823,\cdots,1837$）表示第$t$年美国从中国进口茶叶的记录值；

R_i^2表示第i次拟合所计算得到的拟合优度，其数值越接近1，表示拟合的模型与原数据相似程度越高。

运用统计软件对已知的数据进行多项式曲线拟合（数学研究中一种利用解析表达式逼近离散数据的方法），依据最小二乘法的准则得到一至六阶的拟合方程、图像及其拟合优度，具体如表3－3所示。

表3－3　多项式拟合方程及其拟合优度

多项式阶数	拟合方程	拟合优度
1	$Y_{1t}=672285.1289\times(t-1820)+5700985.0395$	0.9596
2	$Y_{2t}=-33008.4969\times(t-1820)^2+1266438.0732\times(t-1820)+4281619.6726$	0.9773
3	$Y_{3t}=3366.4269\times(t-1820)^3-123902.0219\times(t-1820)^2+1930793.5533\times(t-1820)+3210670.7011$	0.9837

续表

多项式阶数	拟合方程	拟合优度
4	$Y_{4t} = 314.9107 \times (t-1820)^4 - 7970.3568 \times (t-1820)^3 + 3900.1585 \times (t-1820)^2 + 1466913.2614 \times (t-1820) + 3644983.3511$	0.9840
5	$Y_{5t} = 111.5275 \times (t-1820)^5 - 4703.8259 \times (t-1820)^4 + 72789.8530 \times (t-1820)^3 - 550554.8752 \times (t-1820)^2 + 2973671.1946 \times (t-1820) + 2463170.9399$	0.9854
6	$Y_{6t} = 14.1491 \times (t-1820)^6 - 652.5245 \times (t-1820)^5 + 10790.418 \times (t-1820)^4 - 72414.8367 \times (t-1820)^3 + 78098.4956 \times (t-1820)^2 + 1813216.1546 \times (t-1820) + 3147919.2171$	0.9855

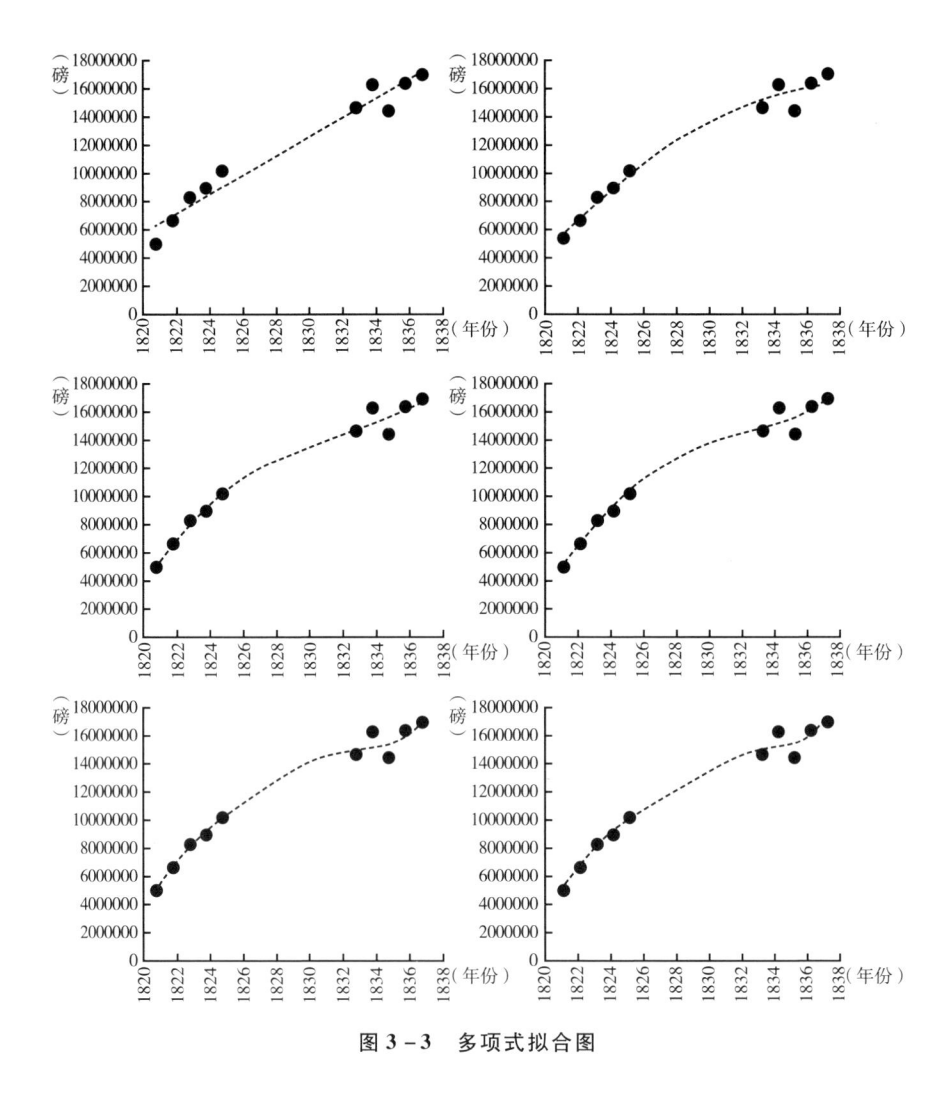

图 3-3 多项式拟合图

可见，Y_{it} 与 t 的六阶多项式线性关系最为显著，通过对趋势值与实际值的方差进行分析，均在误差要求的范围内，说明六次拟合对模型的预测情况较好，故采用该方程对1826～1832年的数据进行估算，得到估算值 Y_{6t} 与记录值 Y_t 存在差额，此差额即应为美国各年假茶的流入量，用 F_t 来表示，则 $F_t = Y_{6t} - Y_t$（$t = 1826，1827，…，1832$），计算结果见表3-4。

表3-4　1826～1832年美国假茶流入量的估算

单位：磅

	1826年	1827年	1828年	1829年	1830年	1831年	1832年
Y_t	10072898	5868828	7689305	6595033	8584799	5177557	9894181
Y_{6t}	10767649	11434411	12100287	127836852	13475924	14117848	14649976
F_t	694751	5565583	4410982	121241819	4891125	8940291	4755795

从上述计算结果可以看出，在这段时期内，假茶占据了美国茶叶进口总量的很大比例，在1829年假茶流入量甚至占到了美国"茶叶"进口总量的94.84%，可见假茶对美国市场上正常茶叶消费的挤占十分显著，如表3-5所示。

表3-5　1826～1832年假茶占美国"茶叶"进口比重

单位：%

	1826年	1827年	1828年	1829年	1830年	1831年	1832年
F_t/Y_{6t}	6.45	48.67	36.45	94.84	36.30	63.33	32.46

将1826～1832年流入美国的假茶数量和美国进口的真茶数量进行对比绘制成柱状图（见图3-4）。分析可得出，1826年假茶初入美国，1827年假茶流入量骤增并超过了真茶进口量，随后的几年中美国真、假茶进口量此消彼长，在1829年时假茶进口量出现最大值，为真茶进口量的18.38倍。假茶流入量波动较大，有明显的随机性，可见茶商把运销假茶当作"冒险的生意"。

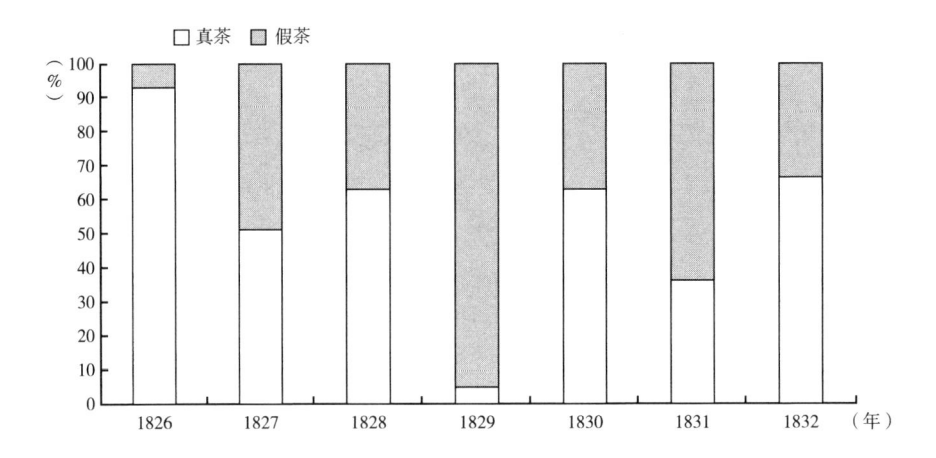

图 3-4 1826~1832 年美国真假茶进口量对比

三 假茶在中美茶叶贸易中的阻碍作用

尽管假茶的出现严重干扰了美国的茶叶进口，但在鸦片战争前，世界茶叶市场完全由中国所垄断，华茶没有竞争对手，因此，出口茶叶的质量问题并未引起外国消费者过多的注意，尽管茶商和消费者有时会抱怨中国茶叶"质量不稳定"，但最终也是无可奈何。[①] 在美国民众饮茶风尚继续扩散的背景下，中国输美茶叶直到19世纪60年代初还保持了较为快速的增长。

然而在竞争对手出现之后，出口华茶的质量问题很快就暴露出来了。中国对世界茶叶市场的垄断地位最早由印度打破，英国东印度公司为了摆脱对华茶的严重依赖，很早就在其印度殖民地试种茶叶，印度茶在19世纪30年代试种成功，1838年，首批约250公斤的印度茶作为商品在英国销售，但口感欠佳，一时未被消费者接受。随着印度茶的不断改良，到了19世纪四五十年代，印度茶在英国被普遍推广，六七十年代便具备一定与华茶抗衡的实力。[②] 与中国茶不同，印度茶从一开始便非常重视质量。印度茶的种植与生产过程均有欧洲茶叶技师全程监督，成品有质量保证，可以满足市场要求。"几乎每一磅印度茶都是上品，其制造方法在质和量

[①] 徐晓村主编《茶文化学》，首都经济贸易大学出版社，2009，第247页。
[②] 吕昭义：《英属印度与中国西南边境（1774—1911年）》，中国社会科学出版社，1996，第125~127页。

方面年年都有改进。"① 因此，印度茶叶自19世纪60年代起，出口量逐年大幅增长。1859~1863年，印度茶出口总价值为756000英镑，1869~1873年上升为6275000英镑，1889~1893年达到23462000英镑。② 30年间增长了30倍之多。

视线回到美国茶叶市场。19世纪的美国是世界最大的绿茶消费国，60年代以前，中国输出的绿茶基本为美国市场所消费。然而在日本绿茶进入美国市场后，中国绿茶便相形见绌，垄断地位立即被打破，销量也被日茶轻易超越。

中国茶最早在唐代便传入日本，日本茶的种植历史也较为久远，但一直局限在日本本土消费，到19世纪50年代以后才有外销的记录。"及安政六年（1859年）横滨开港，米国商人始稍稍购茶，此时茶一百斤不过六七圆，仅以当时十二三方之一分银购取，一分银值英国银半圆。"③ 日本绿茶在美国的热销是许多人始料未及的，日茶以其高品质很快赢得了美国消费者的喜爱，"美国人终于习惯和喜欢上了日本绿茶，而称中国绿茶淡而无味"④。在民众的追捧下，日茶在美国的售价稳步上升。"后增至十六七圆，其后输额递加，栽植益盛。至明治二、三年（1869~1870年），适因中国茶有伪造者为美人所厌忌，而日本绿茶乘机得以销售，至明治十一年输出至二千八百余万斤之多，售于美国者十之九，于英国者十之一。"⑤ 显然，是中国假茶的输出给了日本绿茶占领美国市场的机会。

1826~1832年的假茶输美可以说是美国消费者与中国假茶的第一次交锋，然而假茶外流的现象并没有好转，19世纪后半叶，美国市场又经历了中国假茶流入的高峰，也正是在这一阶段，华茶在美国市场上的垄断

---

① Reports on Subjects or General and Commercial Interest, *Report on the Native Cotton Manufactures of the District Ningpo*, 1886, p. 1, 转引自姚贤镐编《中国近代对外贸易史资料（1840—1895）》，中华书局，1962，第954页。
② 〔印〕罗梅什·杜特：《英属印度经济史》（下册），陈洪进译，生活·读书·新知三联书店，1965，第287页。
③ （清）黄遵宪：《日本国志》（下），天津人民出版社，2005，第926页。
④ 徐晓村主编《茶文化学》，首都经济贸易大学出版社，2009，第248页。
⑤ （清）黄遵宪：《日本国志》（下），天津人民出版社，2005，第926页。

地位彻底被日本绿茶所取代。

　　1760～1840 年，清政府只允许外商在广州一港进行贸易，尽管美国茶叶消费市场不断扩大，但华茶输美量却非常有限。鸦片战争后，中国大批沿海城市被开辟为通商口岸，中国茶叶出口量骤增。1843 年我国出口茶叶为 30 万担，1863 年达 128.1 万担，1886 年跃增至 268.2 万担。① 尽管中国茶农努力提高茶叶的产量，但由于中国的茶叶生产技术长期停滞不前，向来是小作坊式的手工生产，"皆零星散出，此处一、二株，彼处三、两株"②，茶农只能通过拓展茶园面积来实现产量增长。然而，茶叶种植对气候要求极高，中国的产茶区只能限定在特定的纬度区域，因此，中国茶叶产量的增长十分有限。1870 年较 1840 年，中国茶叶产量增加了约四倍。③ 而包括美国在内的世界茶叶消费市场的扩大远不止 4 倍，显然华茶的产量无法满足骤然增长的出口需求。在这种情况下，假茶便源源不断地输出来填补茶叶出口需求的缺口。

　　中国假茶大量涌入美国市场导致华茶在美国的声誉和售价降到谷底。1877 年，中国出口到美国的茶价比 1876 年每担低 4～5 两白银，"大半系因茶色较次所致"④。1883 年，日本驻美国旧金山领事馆给日本政府的商业报告中谈到，近年来中国输美的茶叶中"七八成为伪制茶叶，其中数量绿茶最多"⑤。本来在美国很受欢迎的中国茶叶，竟由于茶庄受利益驱使，"各施巧制之法，致使淡茶愈劣，已失昔日之名矣"⑥。鸦片战争前，美国市场上的绿茶全部来自中国，1879 年，中国输美绿茶仅占美国市场消费总额的 66.6%⑦，而到了 19 世纪末 20 世纪初，这个数字降到 35%，与此形成

---

① 陶德臣：《伪劣茶与近代中国茶业的历史命运》，《中国农史》1997 年第 3 期。
② 晚清海关总税务司赫德 1888 年给清廷总理衙门的报告，转引自李文治编《中国近代农业史资料》（第一辑），生活·读书·新知三联书店，1957，第 445 页。
③ 严中平主编《中国近代经济史（1840～1894）》（下册），人民出版社，2001。
④ 《申报》1877 年 6 月初 6 日。
⑤ 〔日〕外务省记录局：《明治十六年通商汇编》（上），外务省记录局，1883，第 143 页，转引自王力《清末茶叶对外贸易衰退后的挽救措施》，《中国社会经济史研究》2005 年第 4 期。
⑥ 彭泽益编《中国近代手工业史资料（1840—1849）》（第二卷），生活·读书·新知三联书店，1957，第 110 页。
⑦ 吴觉农、胡浩川：《中国茶业复兴计划》，商务印书馆，1935，第 93～96 页。

鲜明对比的是日本绿茶对美出口大增，占到了美国消费总额的一半以上，成为中国绿茶的克星。① 可见，中国对美国茶叶出口量的减少在很大程度上是因为质量不高、人为制假而造成的。"如果（中国）绿茶是老老实实地制造的，日本茶的产量就绝不会在短短几年内，由 800 万磅提高到 2400 万磅……（中国）绿茶如果在品质方面不求改良，昔日贸易恐难维持。"②

中国绿茶的出口份额大多让与日本的同时，美国进一步加强了对进口茶叶的质量检验，并对华茶的输入增加了多项限制，这无疑加速了中国茶叶在美国市场的败退。1883 年，美国议会通过了《禁止伪劣茶进口法》，这是美国历史上制定的第一部有关茶叶贸易的法规，针对的是 19 世纪 80 年代大量着色及粗制掺假的茶叶经由上海港输入美国纽约及波士顿等地区，造成恶劣影响的事件。③ 1897 年，美国议会又通过了第二部《茶叶法》，其中有专门条款禁止掺假及劣等的华茶输入，由于美国海关检验员对茶叶品质缺乏专业性的判断，难免会存在将品质优良的华茶也排除在美国大门之外的现象。④ 这不可避免地对近代中美茶叶贸易造成了难以挽回的消极影响。针对美国制定《茶叶法》禁止华茶进口的问题，有的学者将其解释为是美国政府"对每年输入大量华茶甚感不安，于是采用阴险的手段间接抵制华茶输入"⑤，但根据以上史料综合来看，中国茶叶自身存在的质量问题，导致美国政府和消费者对华茶失去信心、加强了"戒备"是更重要的原因。

日本则非常珍惜得来不易的美国茶叶市场，19 世纪六七十年代，在日本输美绿茶总量不断增长之时，日本政府采取了积极有效的政策对国内制茶产业进行严密监控，维持高品质的茶叶生产。"然以制造稍滥得

---

① 伊藤文吉：《米国戦時財政経済事情》，特派财政经济委员，1918，第 203 页。
② *A Retrospect of Political and Commercial Affairs in China during the Five Years 1873 – 1877*, p. 70, 转引自姚贤镐编《中国近代对外贸易史资料（1840—1895）》，中华书局，1962，第 1192 页。
③ 〔美〕威廉·乌克斯：《茶叶全书》（下册），中国茶叶研究社社员集体翻译，中国茶叶研究社，1949，第 99 页。
④ 《上海茶叶对外贸易》编辑委员会编《上海茶叶对外贸易》，上海茶叶进出口公司，1999，第 21 页。
⑤ 陈椽编著《茶业通史》（第二版），中国农业出版社，2008，第 502 页。

利转微，政府频年设法维护，于明治十二年开共进会，凡出品者八百四十六家，一千一百七十二品。特撰委员审查其形状、色泽、火度、水色……，分别八等以定优劣。其尤者给以赏牌，民人奋励争进，其豪农富商自种茶园有辟地五十余町之广，制额二万余斤之多者，比之从前大有进境云。"①

此外，日本政府还对中国茶叶在美国市场的没落进行了分析，积极总结经验，可见其对日本绿茶输美有强烈的"忧患意识"。日本认为"（中国）政府未尝加以保护"是华茶节节败退的重要原因。因此，明治十二年（1879），日本成立了"制茶共进会"，劝农局长勉励制茶从业者："红茶气焰压倒全欧，尚之者十八，假令美国转移嗜好趋重红茶，则我之绿茶将弃之如土苴、如敝屣……如此要事，岂得以日本产茶为天之所授，国之特产，而安坐逸居以图之乎？期所以保此天授、享此特产者在吾民手段。何谓手段？官民协同一心，以实验征实效，自培养制造以至贸易，苟有利益则急起以图，精进不已，务使货美价廉无复余术，则庶几其可也。"②

在日本政府对国内茶业不断的重视和扶持下，日本出口美国绿茶在19世纪后期出现了"量价齐升"的辉煌发展，短短几年间实现了量价双翻番，详见表3-6。

表3-6 1868~1874年日本输美茶叶量价统计

年份	1868	1869	1870	1871	1872	1873	1874
输美茶量（斤）	10115593	8595450	33144102	14066853	1473426	13340009	19129030
平均百斤价（圆）	3581768	2102418	452615	4671760	4226106	4659391	7253404

资料来源：（清）黄遵宪：《日本国志》（下），天津人民出版社，2005，第928页。

与此同时，华茶输美则表现出日薄西山的态势。从19世纪70年代起，中国茶叶输美贸易总量日渐走低，详见表3-7。

---

① （清）黄遵宪：《日本国志》（下），天津人民出版社，2005，第926页。
② （清）黄遵宪：《日本国志》（下），天津人民出版社，2005，第927页。

表 3-7　1870~1894 年中国输美绿茶统计（5 年平均）

单位：海关两

时　　间	1870~1894	1895~1879	1880~1884	1885~1889	1890~1894
中国绿茶输美价值	7570491	4335270	4340268	3734173	3422534

资料来源：严中平主编《中国近代经济史（1840~1894）》（下册），人民出版社，2001，第 1181 页。

又如福建省建瓯市洋口地区曾是早期输美绿茶的重要产地，在咸丰、同治到光绪初年（1851~1875），茶叶收购价格甚高，每百斤茶可售银二十余两，汀州、泉州、永春、江西及广东等地来此开山种茶者络绎不绝，当地开山、摘茶、筛茶、贩茶等产业链已发展得相当成熟。自光绪七年（1881）以后，茶价开始走低，茶庄连年折本，有的甚至倾家荡产，许多茶农都无法继续将种茶作为主要糊口途径，导致茶山经营粗放，甚至抛荒。到光绪九年（1883），洋口地区再也没有人开山种茶了，光绪十三年（1887），80%以上的茶园都荒芜一片。情况类似的还有至德茶区（今安徽省东至县一带），自光绪四年（1878），茶价渐落、茶农交困、茶商折本，到光绪九年（1883），已是茶市萧条，茶叶再无人过问了。① 此时正值美国议会通过《禁止伪劣茶进口法》限制华茶输入之时，假茶对华茶出口的阻碍可见一斑。

第三节　假茶输入美国的原因

19 世纪中国假茶流入美国可以分为两个不同的阶段。19 世纪前期，美国商人为了实现贩茶利润最大化，主动收购伪劣茶叶贩运回国。贩卖假茶与否的决策，是具有逐利本质的茶商在与监管部门和消费者进行博弈后做出的。在当时中美双方对假茶输美管控薄弱的条件下，假茶得以流入美国。当消费者尚未掌握一定的茶叶鉴别技能时，随着当时美国茶叶消费的增长，贩假茶商拥有超额利润回报，但随着消费者鉴别能力的提高，假茶在美国逐渐失去市场，假茶输美暂时得到抑制。到了 19 世纪后期，中国假茶又一次在美国泛滥，但与之前的原因大相径庭。

---

① 詹罗九主编《茶叶经营管理》，农业出版社，1992，第 46 页。

一 茶商贩假的回报

鸦片战争前，清政府虽把茶叶对外贸易事务全权交由广州十三行，但暗地里向洋人出售茶叶甚至假茶的私贩屡见不鲜，清政府也在不遗余力地打击地下"茶叶黑市"，"凡伪造茶引，或作假茶兴贩，及私与外国人买卖者，皆按律科罪"①，但此类行为缺乏成效，茶叶私贩出洋终究无法杜绝，外商还是能够在黑市上采购到茶叶。黑市茶虽然质量难以保证，但其较低的价格还是吸引了一大批外国茶商的目光。

美国建国之初的对华贸易属于散商的"个人冒险行为"②，美国商船来华运茶的唯一驱动力就是高额的利润回报。"中国皇后号"的成功使美国商人们对中国茶叶趋之若鹜。但随着参与对华茶叶贸易的美国散商不断增多，散商之间开始出现竞争，茶叶贸易的利润蛋糕也被不断分割。此时假茶进入了部分美国茶商的视线，作为茶叶的"替代品"，假茶能带给他们更大回报。

假茶的成本十分低廉。如19世纪初，四川茶区的茶叶大致分为三等，一等优茶批发价每斤约320个铜钱，二等中茶每斤240个铜钱，三等次茶每斤180个铜钱，而用于制作假茶的胭脂栎、枢木叶、黄荆等物经过晾晒捆扎等工序，每斤只卖12~32个铜钱不等。③即便加上包装、运输等成本，当时贩运假茶的平均成本也不会超过贩运最低等真茶成本的1/3。

如图3-5所示，假设当时美国茶叶市场上的消费需求曲线为D，由左上向右下倾斜。MC_1曲线和AC_1曲线是茶商贩卖真茶的边际成本曲线和平均成本曲线，MR是茶商的边际收益曲线。茶商根据$MR=MC$的利润最大化均衡条件确定贩茶量Q_1和零售价P_1，在均衡点E_1上茶商的平均收益为B_1Q_1，平均成本为G_1Q_1，茶商获得的实际利润为矩形面积$W_1G_1B_1P_1$。

当消费者茶叶鉴别能力较弱时，茶商可按不变的需求曲线D来制定

---

① （清）赵尔巽主编《清史稿》（卷124），中华书局，1977，第3651页。
② 庄建平、陆勤毅主编《世纪之交的中国史学——青年学者论坛》，中国社会科学出版社，1999，第718页。
③ A. De Rosthorn, *On the Tea Cultivation in Western Ssuch'uan and the Tea Trade With Tibet Via Tachienlu* (London: Luzac & Co., 1895), pp. 24-27.

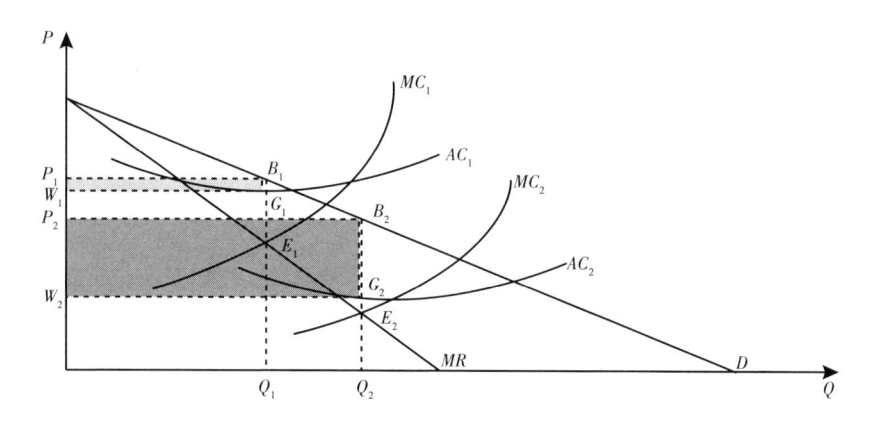

图 3-5　假茶贩卖产业存在超额利润

茶叶贩运计划。此时，茶商贩假茶的边际成本 MC_2 和平均成本 AC_2 都较低，假茶的贩运量增加至 Q_2，零售价降至 P_2，在新的均衡点 E_2 上，茶商贩假的平均收益变为 B_2Q_2，平均成本为 G_2Q_2，售假茶商获得的预期收益为 $W_2G_2B_2P_2$。按前文所估，当贩假平均成本为贩运真茶的 1/3 时，若茶商贩卖相同数量 Q 的"茶叶"，贩假利润高于贩运真茶利润。

与此同时，较英、荷等传统茶叶消费大国来说，美国消费者的饮茶习惯确立较晚，对茶叶的鉴别能力较弱。当无法区分真假优劣时，价格优势往往更能引起消费者的购买欲望。市场上的次茶甚至假茶，则可能比价格较高的优质茶有更好的销路。这也是奈尔所说"'廉价'茶叶有着普遍而稳定的市场需求"① 的主要原因。

此外，从 1784 年起，美国来华购茶总量一直保持较快增长。特别是 1820 年以后，美国茶叶消费市场快速扩大，在这种情况下，图 3-5 中的消费需求曲线 D 和茶商边际收益曲线 MR 均会平行向外移动，贩假的超额利润也会随之增长，这给茶商贩假带来了诱惑。茶叶消费市场的繁荣不断刺激美国华茶进口的增长，而茶商在消费市场继续扩大的预期下，为了获得贩运真茶所不能获得的超额利润，而会选择回报更大的假茶来进口。

---

① Gideon Nye, *Tea and the Tea Trade* (New York, Geo. W. Wood, 1850), p. 25.

二　茶商贩假的风险

美国茶商来华购茶有两种选择：一是从"十三行"处收购，茶叶品质有保证，但收购价高，利润空间小；二是从茶叶黑市上选择次茶或假茶来收购，获利空间更大。无论茶商选择哪种方式购茶，都会面临一定风险，茶商会在对不同风险进行权衡之后做出决策。

（一）贩运真茶的风险

茶叶贸易带来的优厚利润掀起了美国历史上第一次"中国热"。众多美商都筹划着去中国掘金，但因为去中国运茶会面临巨大的风险，所以只有极具冒险精神和航海经验格外丰富的人才敢付诸实践。

北美民众虽早在17世纪50年代就开始接触中国茶叶①，但直到"中国皇后号"首航成功之前，几乎没有土生的美国人到过中国②，中国给美国人的印象只有遥远和神秘。由于航海技术落后，18世纪末到19世纪初，商人从广州运茶到美国东海岸通常要花半年到一年的漫长时间。直到1845年，美国第一艘真正意义上的快剪船"彩虹号"才创造了美国海上茶运的最快速度，但也用了102天的时间。③

当时，远距离海上运输是异常危险的职业。美国人开展海上运输较晚，航海经验匮乏，在遇到诸如暴风、触礁、海盗等险情时，通常损失惨重。1807年，曾成功往返于中美之间的美国商船"快速号"在西澳克罗特斯角海域触礁沉没。④"同治六年三月初九日，美国'那威号'自汕头出帆，遭风，至台湾南岬，触礁没。"⑤ 商船一旦失事，美国商人就会面临巨额亏损。

来华运茶的美国商人基本为资本实力较弱的散商，多以集资的方式雇

---

① 〔澳〕Nick Hall：《茶》，王恩冕等译，中国海关出版社，2003，第290页载17世纪50年代，美国东海岸的新阿姆斯特等地居民就已知茶饮茶。
② 〔美〕泰勒·丹涅特：《美国人在东亚》，姚曾廙译，商务印书馆，1959，第3～4页载仅有两人，即雷雅德和戈尔。
③ 李荣林：《十九世纪的海上茶叶运输》，《农业考古》1999年第4期。
④ 吴春明：《环中国海沉船：古代帆船、船技与船货》，江西高校出版社，2003，第307页。
⑤ 连横：《台湾通史》（上册），商务印书馆，2010，第300页。

用商船来华采办，有的甚至倾毕生积蓄以支付高昂运费和茶款，来华贩茶对他们来说相当于一次"生死赌博"。1826～1830 年，美国来华商船总数虽达到 144 艘，相当于同期英国来华商船的 38.7%，但美国商船总吨位只有 5804 吨，仅相当于同期英国商船总吨位的 18.5%。① 如美国"希望号"商船排水量只有 70 吨，该船资本为 8860 英镑，运茶返美后货值增至 3.7 万英镑②，"大士克号"来华资本为 7138 英镑，返美后资本增值至 23218 英镑。③ "东方号"来华载茶 1118 吨，单运费收入就达 9600 英镑，几乎等于船价的 3/4④，所载茶叶价值应远在船价之上。增值数倍的资本一旦遭遇不测，尚处资本原始积累阶段的美国商人是无法承受损失的。

即使美国茶商们将茶叶顺利运抵美国，也不能保证收益。由于茶叶对贮藏环境要求很高，当茶叶内的含水量达到 7.5%～8%，空气相对湿度在 60% 以上时，茶叶极易发生霉变。⑤ 而海上潮湿的环境非常不利于茶叶的储存，茶商面临着茶叶受潮变质的损耗风险。当时中国的外销茶基本是采用木质茶箱包装，木箱内部通常裱糊皮纸，外部加裱印上商号的厚纸，最后再在外层涂上"光油"，用生漆拌漆灰胶涂于角缝拼合处，尽量达到隔绝空气、防潮防霉的目的。⑥ 但木质包装的防潮能力毕竟大大逊色于现代包装工艺材料，在当时，茶叶经过数月甚至一年以上的海上漂泊，发霉变质的现象还是时有发生，这给茶商带来了不小的损失。

（二）贩运假茶的风险

贩运假茶也会面临诸如上述海难事故、受潮霉变等风险，但假茶的成本至多为真茶的 1/3，茶商投资较小，即便是在运输途中遭遇不测，茶商们也不至于血本无归。除此之外，贩卖假茶还会面临另外两方面的风险。其一是假茶被政府查获并遭受惩罚的代价，其二是假茶被消费者识别，导致茶叶销路断绝的压力。

---

① 汪熙主编《中美关系史论丛》，复旦大学出版社，1985，第 131 页。
② 中国航海学会：《中国航海史（近代航海史）》，人民交通出版社，1989，第 20 页。
③ 杨金森、范中义：《中国海防史》（上册），海洋出版社，2005，第 402 页。
④ *The China Clipper*, p. 107，转引自中国航海学会《中国航海史》（近代航海史），人民交通出版社，1989，第 20 页。
⑤ 李倬、贺龄萱编著《茶与气象》，气象出版社，2005，第 214 页。
⑥ 俞寿康编《红茶的制造》，新农出版社，1951，第 69 页。

1. 政府监管与惩罚

理论上讲，各国政府在贸易中均有打击假冒伪劣、维护市场秩序的职责，但当时中美两国在制止假茶输美上却均未有较好的举措。

清政府认为茶叶为夷人"日用急需"①，因此严控茶叶私贩活动，"不令商民与之交易，更有以制伏其命，彼未有不惧而求我者"②，但茶叶私贩出洋终究无法杜绝，"洋面辽阔，漫无稽查，难保不夹带违禁货物，私行售卖"③。洋商与私贩之间的"茶叶黑市"缺乏监管，贸易数额一度高涨，大量抢占了十三行的市场份额，为此福建通商总局曾表明立场，"倘敢造作假茶及以梗末掺和情弊，一经洋行察出告发到案，定即严拿究办决不宽贷"④。

清政府虽然在打击假茶制售行为，但对假茶出洋的打击制裁却缺乏动力。当时洋人被看作"未开化的蛮夷"⑤，不能分辨茶的优劣，也没有资格饮用优等茶。⑥ 此外，当时华茶在世界上尚无竞争对手，假茶输出似乎对中国没有任何坏处。况且在打击假茶输出中清政府还要支付相应的检查成本、执行成本等，因此打击假茶输美对清政府来说是没有任何收益的投入。

对美国而言，早期官方对假茶缺乏认识，对进口茶叶也没有严格的质量要求。与此形成鲜明对比的是英国的华茶进口，东印度公司作为英国垄断茶叶贸易的国家企业，对茶叶质量的要求近乎苛刻。1725 年，英国率先颁布了禁止茶叶掺假的条例，开始对中国茶叶实施严格检验。⑦ 1766

---

① （清）卢坤等编《广东海防汇览》（卷三十六）（方略二十五·驭夷一），载《中国公共图书馆古籍文献珍本汇刊·史部·澳门问题史料集》，中华全国图书馆文献缩微复制中心，1998，第 424 页。
② 齐思和等整理《筹办夷务始末（道光朝）》（第一册），中华书局，1964，第 250 页。
③ 《续修四库全书》编纂委员会编《续修四库全书》（第 807 册），上海古籍出版社，2002，第 771 页。
④ Justus Doolittle, *Vocabulary and Hand-Book of Chinese Language*, Vol. II, pp. 437 – 438, 转引自林立强《晚清闽都文化之西传——以传教士汉学家卢公明为个案》，海洋出版社，2010，第 83 页。
⑤ 郑佳明主编《清政府封闭状态和心态研究》，湖南人民出版社，2010，第 116 页。
⑥ A. De Rosthorn, *On the Tea Cultivation in Western Ssuch'uan and the Tea Trade With Tibet Via Tachienlu* (London: Luzac & Co., 1895), p. 25.
⑦ 陆松侯、施兆鹏主编《茶叶审评与检验》，中国农业出版社，2001，第 3 页。

年，英国海关又增加"违者监禁处分条例"，对进口假茶行为实施严厉打击。① 如 1819 年 11 月，行商送往东印度公司的 231000 箱功夫茶中，有75660 箱因"质量问题"被拒收。② 因此清政府认为"西夷来中华贸易各国，英吉利最为狡诈"③。

早期美国政府对进口的茶叶未见有严格检验程序，清政府则为美国下了"最为恭顺"的考语。④ 美国早期对华贸易属于民间行为，美国政府虽设"领事"常驻广州，但并无实际行政职权，连向美国商人索取贸易报告的权利都没有。⑤ 茶叶贸易被视为当时"最高等的商业"⑥，美国政府对茶叶贸易更多的是鼓励和支持。"早期对华贸易提供了一个积累资金的手段，使大笔资金在不几年之内得以累积起来，供迅速发展中的（美国）各州的迫切需要之用"⑦，为此，美国政府制定了诸多优惠政策鼓励中美茶贸的发展，于 1789 年和 1791 年两度通过对华贸易特惠法令，鼓励美国商人"为使年轻的共和国获得经济独立"而寻求"商业冒险"⑧。因此当时的美国政府对茶商几乎没有任何形式的限制，更未对进口茶叶进行质量把关。直到 1883 年，美国国会才通过《禁止伪劣茶进口法》，首次对进口茶叶实行质量监控。⑨

由此可见，在 19 世纪上半叶，中美双方对假茶输美行为均未制定有效的管制办法，来自政府监管的风险对茶商的影响非常有限。

2. 消费者识别与抵制

美国建国之初，消费者的茶叶鉴别能力较差，"与英国人不同，美国人对茶叶重外观，不重茶的品质，对茶的优劣鉴别能力不如英国人，以致

---

① 程启坤、庄雪岚主编《世界茶业 100 年》，上海科技教育出版社，1995，第 709 页。
② 〔美〕马士：《东印度公司对华贸易编年史》，区宗华译、林树惠校，中山大学出版社，1991，第 352 页。
③ 中国第一历史档案馆编《鸦片战争档案史料》（七），天津古籍出版社，1992，第 609 页。
④ 李定一：《中美外交史》（第一册 1784—1860），台湾：力行书局，1960，第 22 页。
⑤ 梁碧莹：《茶叶贸易与早期中美关系》，载中国美国史研究会编《美国史论文集 1981—1983》，生活·读书·新知三联书店，1983，第 325 页。
⑥ 梁碧莹：《龙与鹰：中美交往的历史考察》，广东人民出版社，2004，第 72 页。
⑦ 〔美〕泰勒·丹涅特：《美国人在东亚》，姚曾廙译，商务印书馆，1959，第 16 页。
⑧ 仇华飞：《早期美国对华贸易的几个特征》，《学术月刊》1999 年第 11 期。
⑨ 陆松侯、施兆鹏主编《茶叶审评与检验》，中国农业出版社，2001，第 3 页。

英国人常说美国人不识货"[1]。加之茶叶属于"后验品"[2]，消费者需要在购买饮用后才能确定其优劣，这给茶商贩卖假茶以可乘之机。

19世纪上半叶，美国茶叶市场上不存在垄断经营的大公司，众多散商之间存在竞争关系。假设消费者购买茶叶的平均周期为T，在时期$2T$时所有消费者都能了解在时期T购买茶叶的质量。将茶商贩卖茶叶的总成本分为基本成本和声誉成本[3]两部分，贩卖假茶和真茶的基本成本分别为c_1和c_2，利率为r，贴现因子$\delta=1/(1+r)$。当茶商仅限于一次性交易，不存在时期$2T$及以后的交易，则在T时期售卖假茶的行为不存在声誉成本，贩卖假茶是其最优选择。若交易不断重复进行，则在竞争条件下，将支付较高的声誉成本。假定茶商在最初引入假茶时认为消费者无法鉴别真伪，而以与真茶相同的价格P出售，茶商贩卖假茶和真茶的利润分别为w_1和w_2，则：

$$w_1 = p - c_1$$
$$w_2 = (p-c_2) \times (1+\delta+\delta^2+\cdots) = [(1+r)/r] \times (p-c_2)$$

当$w_1 \geq w_2$，即$p-c_2 \leq r \times (c_2-c_1)$时，茶商贩卖假茶为最优选择，但茶商在贩卖假茶时，节约了基本成本c_2-c_1，但损失了声誉成本$(p-c_2) \times (\delta+\delta^2+\cdots) = (p-c_2)/r$。因此，声誉成本越高，则茶商降低声誉贩卖假茶所造成的损失就越大，茶商贩假行为的激励就会减弱。

显然，随着茶商和消费者之间的交易不断重复进行，茶商贩假的声誉成本会快速增加。此时，茶商会降低假茶售价p以降低售假的声誉成本，以换取假茶销量的增加。但美国消费者也会逐渐意识到，购买真茶具有更高的性价比。因为在中国，茶叶的本土转运成本、茶箱和绳索等包装成本、关税都是大致相同的，不以茶叶的等次、价值高低的差别而不同，假茶也不例外。假设上述总成本是每磅茶叶10美分，那么消费

---

[1] 梁碧莹：《龙与鹰：中美交往的历史考察》，广东人民出版社，2004，第61页。
[2] 国务院发展研究中心经济要参编辑部主编《中国经济结构调整理论与实践指导全书》（下），人民日报出版社，2002，第1113页将"后验品"定义为"消费者必须在消费之后才能确定质量的商品"。
[3] "基本成本"指美国茶商支付的茶叶采购成本、运输成本、关税成本等实际支出的货币成本；"声誉成本"是指茶商贩卖假茶而使消费者察觉，并对其以后的茶叶销售造成消极影响的成本。

者在购买每磅30美分的廉价茶叶时,为这些不包含在茶叶本身价值之内的额外成本需支付茶叶售价的1/3,而若消费者购买100美分每磅的优等茶叶,则这些额外成本的支出仅占茶叶售价的1/10。① 此外,廉价茶叶的营养成分较低、口感较差,假茶甚至对健康有害。这些信息首先会被一部分消费者察觉,并传递给其他消费者,使茶商贩假的收益降低。

基顿·奈尔在其著作中认为:"美国消费者在不长的时间后就会掌握茶叶的鉴别方法,他们会以他们认为合适的价格买到品质适中的真茶,从而价格较低的真茶会逐渐占领消费市场从而使劣质假茶没有生存空间。"② 消费者识别会迫使假茶降价,压缩贩假茶商的利润空间,在一定时期后甚至有可能使假茶断绝销路。假茶在国外市场的滞销会迅速传导至国内假茶产地,如温州茶叶就曾因伪茶充斥而出口受阻。"瓯属茶叶,近来销路益滞,皆由奸商只图小利,不顾大局,掺杂假茶所致。"③ 因此消费者对假茶抵制的风险对茶商影响较大。

三 茶税政策与假茶贩卖

从前文对1826~1832年美国假茶流入量的估算中可以看出,当时假茶对美国茶叶进口和消费市场发展的影响非常严重。英国在同期也有假茶的流入,但无论是假茶数量还是对茶叶市场的干扰都比美国要小得多。英国人对茶叶的鉴别能力优于美国人只是一方面原因,而更重要的原因则是英美两国不同的茶叶税收政策。

如前文所述,美国建国初期实行对华贸易保护政策,对美国商人从中国进口茶叶征收低关税、允许延期缴税,而同期的英国则大不相同。18世纪中叶英国财政困窘,当时的英国首相维廉·比德采纳了亚当·斯密《国富论》中用增加税收的方式来缓解财政危机的主张,因此茶叶进口税和消费税便成为英国政府的大宗税源。1711~1810年,英国政府单从茶叶税收中就获取7700万英镑,税率为12.5%~200%。1793年,英国进

---

① Gideon Nye, *Tea and the Tea Trade* (New York: Geo. W. Wood, 1850), pp. 10-11.
② Gideon Nye, *Tea and the Tea Trade* (New York: Geo. W. Wood, 1850), p. 25.
③ 黄庆澜:《瓯海观政录》(卷五),台湾:文海出版社,1976,第529页。

口中国茶为 1600 万磅，至 1830 年增加到 3000 万磅以上。政府的茶税收入也从 1793 年的 60 万英镑增加至 1833 年的 330 万英镑。① 表 3-8 中的数据可以反映英国当时对茶叶课以重税的情况。

表 3-8 19 世纪上半叶英国茶叶消费和茶叶进口税征收情况

年份	普通功夫茶平均价格		功夫茶年消费量（磅）	茶税
	税前价格	税后价格		
1801	3 先令 2.75 旧便士	4 先令 8.25 旧便士	24470646	5 月，税前茶价 2 先令 6 便士以上：50%，平均茶税为 45%
1811	3 先令 0.25 旧便士	5 先令 11 旧便士	23053496	无记录
1821	2 先令 7 旧便士	5 先令 2 旧便士	27638081	税前茶价 2 先令以下：96%；2 先令以上：100%
1831	2 先令 1.5 旧便士	4 先令 3 旧便士	30920879	统一为每磅 2 先令 1.5 旧便士
1834	1 先令 9 旧便士	3 先令 11 旧便士	35490901	4 月 22 日，武夷茶税为每磅 1 先令 6 旧便士；功夫茶税为每磅 2 先令 2 旧便士；其他各类茶税为每磅 3 先令
1836	1 先令 1.75 旧便士	3 先令 2.75 旧便士	38707000	统一为每磅 2 先令 1 旧便士

注：表中的茶税数值是关税和消费税的总和，例如 1800 年，税前茶价在 2 先令 5 便士以下的，征收 5% 的关税和 15% 的消费税，共计 20%；税前茶价在 2 先令 5 便士以上的，征收 5% 的关税和 35% 的消费税，共计 40%。

资料来源：Gideon Nye, *Tea and the Tea Trade* (New York: Geo. W. Wood, 1850), p.16.

高额的茶税使英国国内民众对政府减免茶税的呼声很高，因为茶叶在当时已经融入了英国人民的生活，"即使生活再为不易，茶和干面包也成了他们生活的必需"②。19 世纪 30 年代某期《利物浦纪事》（*Liverpool Chronicle*）中有这样一则抗议高额茶税的记述："巨额的茶税使人们无法承受，对这样一杯'使人愉悦、但不会使人沉迷'的饮料征收重税，就等于将对广大贫苦阶级唯一的慰问品，又变成了与财富相联系的奢侈品，

---

① 陈椽编著《茶业通史》（第二版），中国农业出版社，2008，第 440 页。
② Gideon Nye, *Tea and the Tea Trade* (New York: Geo. W. Wood, 1850), p.17.

这是多么残忍。"① 英国街头还曾流传着这样一则带有讽刺性的小故事："一个小贩可以以 3 英镑 10 先令买到一箱茶叶，然后再以每磅 1 先令 1 旧便士卖掉，可获利 20 先令，或者以每盎司 1 旧便士卖掉，可获利 2 英镑，但遗憾的是，在此之前，他必须先支付 9 英镑 3 先令 1 旧便士的茶税。"② 可见英国民众对政府征收高额茶税的不满。

从 19 世纪开始到 1845 年，在英国累计售出 1385949566 磅茶叶，累计为英国国库带来 167643702 英镑的税收收入，可见在英国华茶进口中获利最大的是政府。高额的茶叶关税对于英国茶商而言也是很大的压力，由于茶税是按重量征收的，因此进口的茶叶单位价值越高，茶税在最终茶叶售价中占比就越低。英国茶商远涉重洋到达中国购置茶叶，需要投入巨大的人力、物力及财力成本，很显然英国茶商会选择品质更高、价值更大的优茶来进口，以便在"按重"缴纳茶税之后留有更大的利润空间，因此次茶及假茶很少流入英国。因此我们可以推断，高额的茶叶进口关税迫使英国茶商选择运输高品质的昂贵茶叶以降低单位运输成本，但也正是英国茶商摒弃低价劣茶选择高价优茶的策略使得味美醇香的优等中国茶在英国得到了认可，从而导致消费量的持续增加。

同样是华茶进口，在美国获利最大的则是民间商人。美国茶叶进口商的进口税负担极轻，中美开展茶叶贸易早期，美国船只载运中国货物进口时，每吨货物仅需缴纳关税一角二分五厘美元。此外，茶叶进口关税甚至可以在进口两年之后再补缴③，这样的税负对于动辄投资数十万美元的美国茶商来说完全可以忽略不计。在 19 世纪前期，在美国国内无论是茶叶进口商、经销商，还是普通茶叶消费者，从未有过对茶税抗议的呼声。从 1832 年起，美国政府又进一步完全免除了茶叶进口税④，美国茶商们的贩运成本大幅度降低，这就很容易使茶商们倾向于选择低品质的低价茶叶，甚至是假茶来进口，以减少他们的货款积压，降低长途贩茶的投资风险。

到了 19 世纪后期，中国假茶又一次在美国泛滥，华茶在美国的声誉

---

① Gideon Nye, *Tea and the Tea Trade* (New York: Geo. W. Wood, 1850), p. 42.
② Gideon Nye, *Tea and the Tea Trade* (New York: Geo. W. Wood, 1850), p. 35.
③ 曾丽雅、吴孟雪：《中国茶叶与早期中美贸易》，《农业考古》1991 年第 4 期。
④ Gideon Nye, *Tea and the Tea Trade* (New York: Geo. W. Wood, 1850), p. 24.

降到谷底。但此时的假茶输美已不是美国茶商在权衡风险与回报之后做出的选择,因为当时伪劣茶已在中国大行其道①,外国茶商来华采购能购得质量上乘的真茶实属不易。这一方面是由于鸦片战争后中国大批沿海港口城市被开辟为商埠,中国茶叶出口需求陡增,而产量却难以跟进。另一方面,鸦片战争以后,中国迫于列强压力,不得不废除了实施多年的对外贸易中的"公行制度",实行自由贸易政策。② 过去中国茶叶出口必须经由广州十三行,茶商贩假也只能在地下进行,而到了这一时期,外商来华可在各口岸任意与中国茶商交易,与此同时,华茶的质量却在整体上失去控制。

鸦片战争之后,由于中国国内的茶叶产量无法满足突然增长的出口贸易需求,茶叶生产领域掀起了一股"全民造假"的热潮。茶农和茶商"只关心着尽快地把茶叶送往市场,为了从外商身上赚得利润,更有效的办法是把茶叶及时送到市场,而不是注意茶叶的质量"③。中国茶商专注于茶叶作伪,形成了一整套制假销伪的技术,针对美国消费者热衷的绿茶,中国茶商加入滑石粉、洋靛等物增加茶色光泽,制出的假茶具有优质绿茶的外形,取名"阴光茶",但茶味全无,稍泡未久水面即晃漾油光,美国消费者深受其害,饮之致病。④ 国内茶叶作假泛滥成灾,有识之士大声疾呼,但上自政府,下至茶商,均无动于衷。为了获取优质、稳定的茶源,19世纪后期外商往往需要雇用买办,深入中国产茶区收购茶叶,或是通过提前支付茶款的方式来预订茶叶。⑤ 即便如此,假茶还是源源不断地流向美国市场,当遭遇日本茶等竞争对手之后,华茶最终被美国消费者所摒弃。

---

① 济南市史志编纂委员会编《济南市志4》,中华书局,1997,第123页载当时国内市场假茶泛滥,部分地区的老字号茶庄因售假歇业,如济南的"鸿德昌""德景隆"等商号;何乐琴等编著《农业标准化管理——探索与实践》,中国农业出版社,2003,第86页载在茶叶出口市场,掺伪之风同样盛行,许多国家纷纷立法禁止中国假茶输入。
② 刘自省、苗建寅主编《中国革命史略》,陕西人民教育出版社,1988,第26页。
③ 姚贤镐编《中国近代对外贸易史资料(1840—1895)》,中华书局,1962,1209页。
④ 陶德臣:《伪劣茶与近代中国茶业的历史命运》,《中国农史》1997年第3期。
⑤ 陶德臣:《近代中国外销茶流通环节考察》,《中国经济史研究》1995年第1期。

第四章
近代中国茶叶海外贸易成本与南路边茶

茶叶交易成本主要考虑茶叶运输和交易的中间环节上可能出现的成本。而因中国货币银钱比价及购买力引起的隐性成本,在第二章第三节已有相关讨论,本章不再赘述。南路边茶是中国传统引岸贸易存续时间最久的部分之一,在中国被迫纳入世界市场和印度茶叶种植兴起后,西藏的茶叶消费同样引起了英国的关注,为了给印度茶叶开辟新的消费市场,英国人开始对川藏茶叶贸易进行调查。由于南路边茶已经形成了低水平的产业链,一旦英国的企图变成现实,川西地区的经济就会遭到破坏。中国茶叶在质量下降、外销受阻的情况下,如果再失去西藏市场,其后果不堪设想。

第一节　茶叶运输路线及成本——以福建星村为起点

福州港在近代中国茶叶海外贸易中具有重要地位。1853 年福州出口的茶叶仅占全国茶叶出口总额的 5.7%,但到 1859 年便升至 42%,从 19 世纪 60 年代到 80 年代中期,福州所占的比例在 30%~41%[1],一度成为中国最大的茶叶出口港。福建茶以星村为始发地,运输路线在清代前期与后期有所不同:在一口通商时代,主要运往港口广州。五口通商之后,福建茶又被运往上海以便输出,之后太平天国运动阻碍了通往上海的商路,福建茶运输路线又有所改变。除通过各港口输往欧洲等国家之外,福建茶

---

[1] 张应龙:《略论鸦片战争后福建外销茶贸易》,载《全球视野下的中外关系史:中国中外关系史学会 2014 年学术论文集》,中国华侨出版社,2015,第 454 页。

也运往恰克图销售。"中俄茶贸易一直以恰克图贸易为轴心,即使1860年汉口开放通商之后,虽有海运之兴起,然而恰克图贸易之盛依然不变,只是除了往昔之上溯含税到恰克图的旧径之外,另增添了利用长江水运经上海再沿海岸到天津后,陆路至恰克图的新路径。"①

福建茶自星村办买后,主要通过3条途径贩运。广庄茶主要运往广州,而口庄茶可通过东口或上海输出,路途遥远。商人在办茶过程中,费用繁多,有武夷茶叶的购买价、运费、搬运工的伙食费、税费等,还要面对不同地区银两成色不同的问题。此外,商人还需给茶行缴纳行用银,行用银为茶商向茶行就交易额按一定比例所缴纳的佣金,祁县大德诚茶号买红茶、黑茶时便有规例"红茶铁码秤过吊铁皮,平秤以七六扣秤,毛价若干核算,多以八九三扣付,九七钱正规九四三扣,行用五十七"②。《武夷图序》③ 一书对福建茶运输广州及上海等地的路径及距离进行了详细的记载,本节将结合该史料,对福建茶运输的3条途径及其运输成本进行探讨。为计算方便,以下费用暂不考虑各地银两成色不同的影响。

一 星村至广州运输路线及成本

福建武夷茶是福建茶中品质较佳者,主要在星村与下梅等茶市进行集中买卖,往往由中国茶商雇苦力搬运,攀越武夷山抵江西铅山,接着用小船载至河口,换大船顺信江到鄱阳湖,经鄱阳湖运至南昌府,再溯赣江到南安,从曲江沿江顺流南下,先后途经福建、湖南、江西,最终到达广东广州,如图4-1所示。

自星村至广州的茶叶运输路线共计3020里,具体路线主要分为23段:福建星村(165里)—江西河口镇(70里)—弋阳县(70里)—贵溪县(80里)—湖南安仁县(320里)—江西省南昌府(80里)—市槎镇或市汊镇(115里)—漳树镇(95里)—新淦县(130里)—吉水县(40

---

① 陈慈玉:《近代中国茶业的发展与世界市场》,台湾:中研院经济研究所,1982,第158页。
② 史若民、牛白琳编著《平、祁、太经济社会史料与研究》,山西古籍出版社,2002,第491~492页。
③ 本章较多地名出自《武夷图序》,由于原文献为手抄本,有个别讹误之处,为尊重原文献,采取括注正确地名方式处理——编者注。

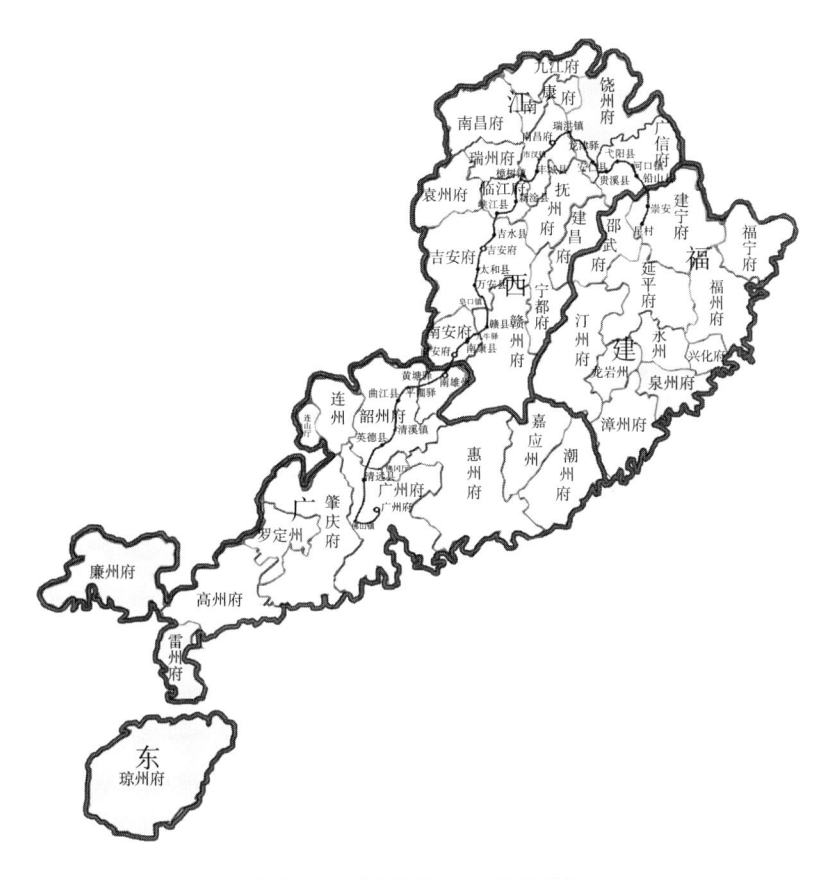

图 4-1 武夷茶运至广州的路线

里）—吉安府（190 里）—万安县（60 里）—皂口镇（140 里）—赣县（140 里）—南康县（190 里）—南安府（120 里）—广东省南雄州（190 里）—平圃驿（70 里）—曲江县（160 里）—清溪县（镇）（80 里）—英德县（210 里）—清远县（245 里）—佛山镇（60 里）—广州府，见表 4-1。

至于运输费用，《武夷图序》仅载部分路线：自星村至铅山县需给脚夫钱 1400~2200 文，箬皮箱每担 60~80 文，每担另加酒钱的数额，亦看货多少，一般另加酒钱 40 文，行用 48 文，上河钱 22 文。其中崇安县过载的砖茶大箱行用每担 48 文，管河上力钱 22 文，此二钱为九扣。即每支付 1 文，运送砖茶者只得 9 分。总计每担茶叶约需 2300 文。铅山县至江西境内的河口镇由于采用水路运输，看水大小需付水脚钱 30~70 文，到河口另加上力钱 10 文，上力钱与河口行店结算，行用钱 33 文，验货钱 3 文，

表 4-1　崇安至广州武夷茶运输路线

序号	名称	距离(里)	路线
1	福建星村—江西河口镇	165	福建星村(5里)—黄石街(5里)—洋庄(5里)—新路口(5里)—小浆(10里)—大安关(10里)—黄连坑(5里)—望郎回桥(5里)—乌石(10里)—章磐(25里)—紫溪(10里)—黄柏板(10里)—洋源牌(10里)—虎门头(10里)—闻家桥(10里)—铅山县鹅湖书院朱文公同路九渊学堂(10里)—周村佛母岭大寺(5里)—安洲扶水渡(5里)—白沙(3里)—七里亭(7里)—江西河口镇
2	江西河口镇—弋阳县	70	江西河口镇(5里)—内口滩,虎眼滩,前心滩(10里)—柴家埠(右岸池15里)—叫岩寺青山头(10里)—刘家渡,施家渡,黄沙港(20里)—赵家湖(10里)—弋阳县
3	弋阳县—贵溪县	70	弋阳县(20里)—下水塔,横洪滩,霸王滩,小娘滩(10里)—舒家渡(10里)—桃花滩,大岩,河鲀右岸塘山古寺(10里)—洪家铺(10里)—留口(10里)—贵溪县
4	贵溪县—湖南安仁县	80	贵溪县苏秦张仪庙有鬼谷洞(20里)—后湖滩,九鸟滩,金沙(20里)—石鼓(10里)—横潭(潭)(20里)—界牌滩右岸塘大石园(10里)—湖南安仁县
5	湖南安仁县—南昌府	320	湖南安仁县(20里)—浮石梅港(30里)—龙津驿龙津(30里)—李家店(30里)—六湾坝口,叶家渡,木樨湾(30里)—瑞洪镇(50里)—官塘(30里)—赵家园乌龟寨(30里)—徐槎(30里)—黄家渡(40里)—江西省南昌府
6	南昌府—市槎镇	80	江西南昌府新州地方(15里)—沙津(30里)—高家渡(35里)象牙谭市槎镇
7	市槎镇—漳树镇	115	市槎镇(15里)—漳湖(10里)—大江口(10里)—小江口(10里)—龙头山(10里)—丰城县,清流坝(10里)—黄波脑(10里)—拖船埔(10里)—牛塘湾,洋子州(10里)—老虎口(10里)—牛塘湾(10里)—漳树镇
8	漳树镇—新淦县	95	漳树镇(20里)—临江口(10里)—沙溪(10里)—永泰镇(20里)—泰阳州石口(20里)—河埠(10里)—塔脚(5里)—新淦(淦)县
9	新淦县—吉水县	130	新淦(淦)县(10里)—泥江口(10里)—长牌州(10里)—章口(10里)—乌石(10里)—仁和埠(10里)—潭塘口(10里)—峡江县(20里)—童江湾(10里)—新塘(10里)—东石铺,富口(10里)—玄坛观(10里)—吉水县

续表

序号	名称	距离(里)	路线
10	吉水县—吉安府	40	吉水县(10里)—墨塘(10里)—石富(10里)—小洲塘,大洲塘(10里)—吉安府
11	吉安府—万安县	190	吉安府(10里)—登江山(10里)—永和(10里)—白沙(10里)—屈塘庙(10里)—花石谭(潭)(10里)—新塘(10里)—天井坝(10里)—源金渡(10里)—下水塔,泰和县(10里)—沙头塘(10里)—牛头塘(10里)—周公潭(20里)—窑头(10里)—龙坛村(10里)—百家村(20里)—罗塘湾(10里)—万安县
12	万安县—皂口镇	60	万安县(10里)—白石滩,入十八滩,惶恐滩,标神滩(5里)—棉绳滩(5里)—大廖滩(5里)—小廖滩(5里)—曲尺滩(20里)—白驹滩(10里)—皂口镇
13	皂口镇—赣县	140	皂口镇,武索滩(5里)—昆仑滩(20里)—黄金州良口滩,长富(10里)—白蛇颈滩(10里)—老鼠尾(10里)—墙头滩(10里)—铜盆滩(5里)—锡州滩(10里)—攸镇驿(10里)—石人坝,天子地,杨梅机(10里)—狗脚滩,茶壶滩,天柱滩(10里)—黄弦滩,新庙滩(20里)—鳖滩,水口村(10里)—女仙滩,白润潭,储滩,赣县
14	赣县—南康县	140	赣县(20里)—水口村,牛屎滩(10里)—博罗滩(10里)—和尚滩,湖头滩(10里)—三江口(10里)—枫树港(20里)—洗马滩,九牛驿(30里)—近遥滩,秋江坝,梨田滩,螺材滩,狗脚滩,油橹滩,三坝滩,洋江口(15里)—木头滩,狮子滩,新塘村,石院滩,莱州滩,右盆滩(15里)—牛角滩,石桥滩,学前滩,南康县
15	南康县—南安府	190	南康县(15里)—上水塔(15里)—牙鳞滩,贤女铺(15里)—浮石滩(15里)—荔园滩,新城铺(15里)—水马滩,风水滩(15里)—小溪驿(35里)—花石滩(15里)—火烧石(10里)—大里滩(15里)—万炉石(10里)—猴子滩(10里)—庙角滩(5里)—南安府
16	南安府—广东省南雄州	120	南安府(20里)—分土街口(5里)—山小岭,大沙铺,黄泥港,寄梅铺,憩肩亭(5里)—梅关,红梅铺(5里)—新路口(5里)—中站(10里)—槐花(10里)—里东(10里)—鸟石滩(10里)—珠玑花(10里)—沙口(10里)—长遥桥(10里)—新铺塘(5里)—搂官亭(5里)—广东省南雄州

续表

序号	名称	距离(里)	路线
17	广东省南雄州—平圃驿	190	南雄州(10里)—太平桥,三峰塔(10里)—白营(10里)—修仁(10里)—炭步(10里)—塘角滩(10里)—小水泛(10里)—都安水(10里)—黄塘驿(10里)—三江塘(10里)—鹅头滩,璃碧滩,过路滩,斜潭(10里)—鸡爪滩,云旗滩,大坑(10里)—象鼻滩(10里)—五子滩,罗围滩(10里)—五鬼滩,始兴江口高坑(10里)—罗牌,总铺(10里)—漓水口(10里)—鸡笼滩(20里)—馒头山,平圃驿
18	平圃驿—韶州府曲江县	70	平圃驿(10里)—柳州牌,乱石滩(10里)—古杨滩(10里)人化县,仁花江口(10里)—獭古庙(10里)—傍蟹付,湾头(10里)—王娘水(10里)—韶州府曲江县
19	韶州府曲江县—清溪县	160	韶州府曲江县(5里)—磨面滩,南埠泛(10里)—西尾塔,石灰坪(10里)—官滩(10里)—车头即虎滩(10里)—井尾滩(10里)—孟州坝,蓑衣滩(10里)—南华山(10里)—黄芽峡(10里)—白沙印(10里)—界滩(5里)—里濛(10里)—月华滩(10里)—大坑滩(10里)—高桥(10里)—写利滩(10里)—磨刀滩,弹子矶,沙口(10里)—清溪县
20	清溪县—英德县	80	清溪县(镇)(10里)—鱼梁滩,龙头影(10里)—三板塘(10里)—观音岩(10里)—大婆滩(10里)—菜州头(10里)—大平滩(10里)—江湾水(10里)—英德县
21	英德县—清远县	210	英德县(15里)—牛屎滩(15里)—波罗坑(10里)—过步口(10里)—浈阳峡,连州江口(10里)—黄土坑(10里)—槛坑(10里)—大樟沙(10里)—黎洞水口(10里)—大庙峡(10里)—刹鸡坑(10里)—梓树园(10里)—牛被塘(10里)—横石(15里)—太平阁(10里)—黄洞(10里)—探塘(10里)—湛江口,出峡口,白庙峡,清远峡(5里)—梨塘(10里)—大浪底(10里)—清远县
22	清远县—佛山镇	245	清远县(10里)—正江口(20里)—山塘(10里)—大燕水口(10里)—回岐(10里)—黄巢城(10里)—上界碑(10里)—下界碑(10里)—梅苍村,鸭埠水(10里)—胥江驿(5里)—芦苞(5里)—沙墩(5里)—太益(10里)—揽江(10里)—四会水口(10里)—木绵(20里)—三水县,旧黄鼎(10里)—狮子窑(10里)—小塘,荔枝园(10里)—烟管塘(20里)—沙口(5里)—沙滕(5里)—新黄鼎(15里)—张槎(5里)—佛山镇
23	佛山镇—广州府	60	佛山镇(10里)—鹰咀沙(10里)—铺前(10里)—茉莉沙(10里)—五人口(10里)—贝地水(10里)—广州府
	总计	3020	

资料来源:《武夷图序》,武夷山市档案馆藏。

总计每担茶叶约需 96 文。河口镇至弋阳县需栈地银 7 分，船力银 6 分，船行用银 6 分，下力钱 1 分 6 厘，神福钱 4 钱，香烛钱 1 分，船银 5 两 3 钱 4 分，其他（帮惩河道）1 分，以上之银俱是八二申洋钱六钱三分兑印。共计每担茶叶约需 60.26 文。吉安府至泰和县驳船钱每担 50~300 文，船装货多少，看水势深浅而行。万安县至皂口镇每船请头公 1 名，每名洋钱 2 元，又铜钱 300 文，每名水手 100 文，共计每担茶叶约需 414 文。皂口镇至赣县水脚洋钱 2 元，共计每担茶叶约需 14 文。南安府至南雄州每斤茶叶需铜钱 2 文，每担另加酒钱 200~1500 文，上河力钱 6 文，夫头 5 文，小票 3 文，保夫 6 文，行用每担 40 文，共计每担茶叶约需 1176 文。南雄州至黄塘驿每担需银 1 钱 4 分至 6 钱不等，"行主有单，呈客结账"①。

表 4-2 崇安至广州部分路段每担茶叶平均运费

路线	路程（里）	运输方式	运费（文）	平均运费（文/里）
星村—铅山县	135	山路	2300	17.0
铅山县—河口镇	30	水路	96	3.2
河口镇—弋阳县	70	水路	60.26	0.86
吉安府—泰和县	90	水路	175	1.94
万安县—皂口镇	60	水路	414	6.9
皂口镇—赣县	140	水路	14	0.1
南安府—南雄州	120	陆路	1176	9.8
南雄州—黄塘驿	80	水路	3.7	0.05

根据上述运费，折合可得陆路运输每担茶叶每里的成本约为 9.8 文，水路约为 2.175 文，山路约为 17 文。至于弋阳县至吉安府、赣县至南安府、黄塘驿至广州府的相关运输成本则未有详细记录，将这些路段按照这一平均运费成本计算，则星村至广州每担茶叶的总运费约为 9230.585 文，每里的运输成本约为 3.1 文，见表 4-3。

① 《武夷图序》。

表 4-3　崇安至广州茶叶运输费用估算

名称	路程(里)	运输方式	运费(文)
星村—铅山县	135	山路	2300
铅山县—河口镇	30	水路	96
河口镇—弋阳县	70	水路	60.26
弋阳县—贵溪县	70	水路	152.25
贵溪县—安仁县	80	水路	174
安仁县—南昌府	320	水路	696
南昌府—市槎镇	80	水路	174
市槎镇—漳树镇	115	水路	250.125
漳树镇—新淦县	95	水路	206.625
新淦县—吉水县	130	水路	282.75
吉水县—吉安府	40	水路	87
吉安府—泰和县	90	水路	175
泰和县—万安县	100	水路	217.5
万安县—皂口镇	60	水路	414
皂口镇—赣县	140	水路	14
赣县—南康县	140	水路	304.5
南康县—南安府	190	水路	413.25
南安府—南雄州	120	陆路	1176
南雄州—黄塘驿	80	水路	3.7
黄塘驿—平圃驿	110	水路	239.25
平圃驿—曲江县	70	水路	152.25
曲江县—清溪县	160	水路	348
清溪县—英德县	80	水路	174
英德县—清远县	210	水路	456.75
清远县—佛山镇	245	水路	532.875
佛山镇—广州府	60	水路	130.5
总计	3020		9230.585

二　星村经河南至张家口运输路线及成本

汉口为湖北重要港口，自1860年开放通商之后，汉口即成为茶叶出口贸易的主要输出港口，尤其17世纪60年代后期，俄国商人在汉口开厂制茶之后，汉口的位置更为重要。早在清嘉庆年间，晋商远赴福建办茶就经江西九江湖口运茶至汉口，再转运河南社旗，经山西祁县、平遥、太原等地通过河北张家口运往库伦，销往恰克图。至清后期，福建茶运输路线有所改变，具体为"星村—崇安县—江西铅山县—河口镇—吴城—湖北汉口—樊城（今襄阳市）—河南赊镇—北舞渡（今河南省舞阳县北）—朱仙镇—道口—河北郑家口—定州—上口（张家口）"①，见图4-2。

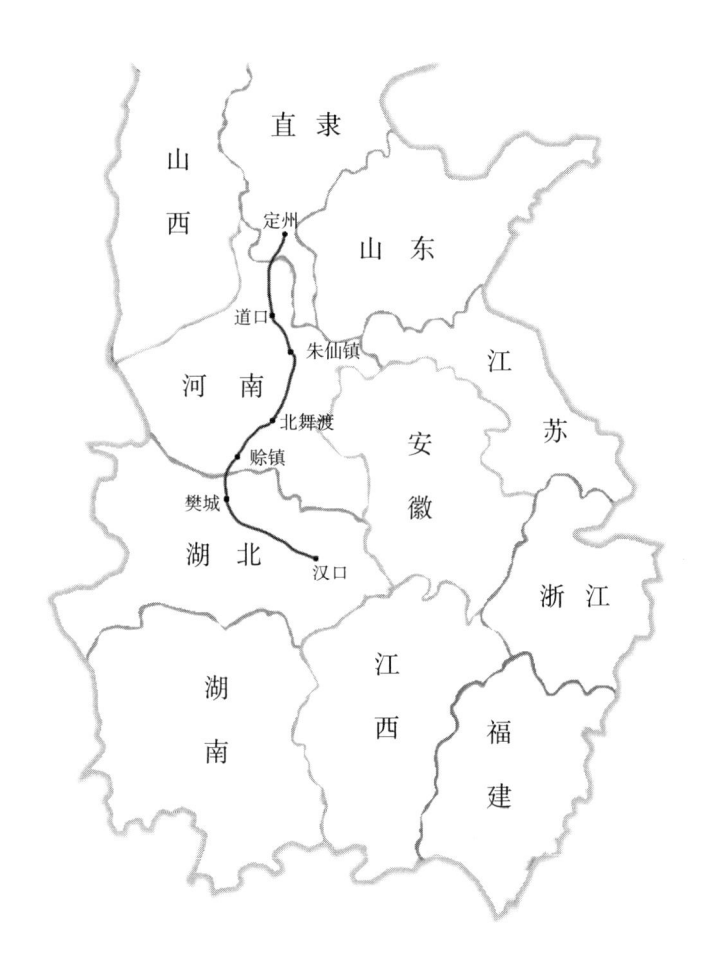

图4-2 武夷茶走河南贸易汉口—定州路段

---

① 《武夷图序》，30。

根据《武夷图序》，本线路可分为5段：（1）星村—崇安县。由星村装船走水路送茶至崇安县，"星村从此上船九曲景，十五里下水至武夷宫，上水十五里至黄石街，上水十五里至崇安县"①，共计45里路。（2）崇安县—河口镇。崇安县至河口亦走水路，崇安水口装船发铅山县万源行，再装船发河口镇彭仁和村。从崇安下梅村到江西铅山县的河口镇共260里，水陆行程大体各半，昼夜兼程，只要2日即可抵达。（3）河口—汉口。在河口装船发吴城章怡聚行，再装船发汉口李二坊，途中于九江关报税，水路790里。（4）汉口—定州。福建茶自汉口装船后，运往樊城通源店，再装船发往赊镇永盛店，赊镇经陆路装车发北舞渡，再装船发朱仙镇，朱仙镇装小车发道口，道口装船发郑家口，并于临清关报税，再由郑家口装船发定州，在定州使用骡子运至上口，水路共计1215里。（5）在张家口每大箱茶需缴税2分，栈用银为每大箱每年1钱，卖完茶后需交出茶箱。具体运输费用见表4-4，经估算星村经河南至张家口每担茶叶的总运费约为10566.1文，每里的运输成本约为4.8文。

表4-4 星村经河南至张家口部分运输费用

	运输路线	费用（按每箱计）	备注
运输费用	崇安县过载	箬皮箱行用每担钱48文，管夫上河钱22文	此二钱为实钱。发大路，每担另加行验钱12文
	星村—崇安县	12箱为一排，每排价洋钱一元	另加酒钱洋银二元不等
	崇安县—铅山县	每担脚钱2钱3分4厘，灯油钱8文，帮差钱3文不等	堆存箱钱10文
	铅山县—河口镇	每担脚钱40文，行用20文，验货钱3文，船行用3文	铅驳回票钱20文
	河口镇—吴城	每担毛银3钱5分6厘	行用在内
	吴城—汉口	每担毛银4钱9分	付宝银
	汉口—樊城	大箱每担九折合大担，每担脚力毛银3~5钱	行用在内

---

① 《武夷图序》，4。

续表

	运输路线	费用（按每箱计）	备注
运输费用	樊城—赊镇	大箱 32 箱作一载，每载脚力毛银 4 两 9 钱 6 分	无
	赊镇—北舞渡	每担行用 4 分	每天伙食钱 120 文
	北舞渡—朱仙镇	大箱每担毛银 6 钱上下，每担扣回用钱 10 文	每天伙食钱 120 文
	朱仙镇—道口	一载 4 箱，每载毛银 2700~3000 文	伙食在内
	道口—郑家口	一载 42 箱，每箱脚银 14 两左右	伙食在内
	郑家口—定州	每箱京钱 1200~1300 文，行用每箱京钱 90 文，脚力每箱京钱 24 文	伙食在内
	定州—上口	每箱毛银 2 两 1 钱 2 分，每箱行用 7 分	定州不付，在上口付

三 星村经上海至天津运输路线及成本

自 1842 年之后，厦门、福州、宁波、上海等港口先后开放，武夷茶逐渐被运往上海输出。武夷茶自河口向东北方向运输，经江西省玉山及浙江省常山，顺钱塘江而下至杭州，经杭州到上海，再由此输出。至清后期，武夷茶运输路线在此基础上有所改变，武夷茶运至上海后，由上海运往天津输出，见图 4-3。

《武夷图序》载，武夷茶自星村运至江西河口镇共 280 里，自河口装茶船走水路 180 里运至江西玉山，从玉山运茶至浙江常山约行 100 里，此路段可使用搬运工运输，亦可使用骡子运输，但骡脚运输比夫脚运费稍多。常山装船发江口，江口为浙江一关口，在此报税后发往杭州黑桥，总计 800 里，自黑桥经 500 里发往上海，在上海装船发天津，天津运茶至通州，再运至上口。具体运输费用见表 4-5，经估算星村经上海至张家口每担茶叶的总运费约为 2718 文，每里的运输成本约为 1.5 文。

图 4-3　武夷茶崇安—天津路线

表 4-5　星村经上海至张家口部分运输费用

	运输路线	费用（按每箱计）	备注
运输费用	河口镇—玉山	每箱船力钱 97 文，下力钱 14 文，行用钱 50 文	遇水钱，每担另加钱 10 文
	玉山—常山	大箱付脚钱 300~375 文，官票钱 3 文，上力钱 6 文，行用钱 21 文；斗箱付脚钱 240~300 文，官票钱 2.4 文，上力钱 4.8 文，行用钱 16.8 文	若发骡脚，每斤比夫脚加 1 文
	常山—江口	每箱船力钱 320 文左右，神福钱 1.6 文，行用钱 23.2 文，另加号钱 1.6 文	以斗箱按每担用钱的八折计
	江口—黑桥	每担脚夫 12 文，抬扛称手每担 4 文，写单打印钱 9 文，挑行李钱 100 文，送引人酒钱 300~500 文	无
	黑桥—上海	每引钱 140~150 文	付纹银曹平
	上海—天津	大箱每担纹银 9 钱上下，每担另加回银 2 分	一应关税、水脚俱含在 9 钱之中
	天津—通州—上口	大箱每担 4 两 5 钱 6 分	无

综上所述，近代福建茶叶海外贸易以星村为起点，其运输路线主要有 3 条：北路贸易以星村经河南至张家口为主要路线，经福建、江西、湖南、湖北、河南、直隶等省，水陆参半，全程 2180 里，每担茶叶每里的运费约为 4.8 文；南路贸易水路居多，在鸦片战争以前以星村至广州为主，经福建、江西、湖南、广东等省，全程 3020 里，每担茶叶每里的运费约为 3.1 文；五口通商后，由星村经上海至天津的路线逐渐取代原有路线，经福建、江西、浙江、江苏、山东、直隶等省，全程 1860 里，每担茶叶每里的运费约为 1.5 文。运输费用的降低表明茶叶的远距离运输已经引起茶商对交易流通环节的重视，有利于茶业资本集聚和产业分工程度的提高。

第二节　茶叶流通环节及成本——以福建武夷茶为例

我国虽是产茶大国，但种茶者对于茶叶种植并不足够重视。"一般农家，为他业的兼营，茶业总是认为一种副业，即在产茶的中心区域，也是极其普遍的事实。"① 福建地区的种茶者也是如此，只在山中腹地等不适于农作物生长的土地上种植茶树，而肥沃的土地往往种植农作物。在茶叶种植影响到农作物生长时，民众即主张废掉茶山。于此种条件下经营茶叶贸易，可知必会对日后的茶叶贸易产生不良影响。

一　茶叶选购成本

在茶叶制作中，茶农往往以次充好。早在川藏南路边茶贸易中，砖茶在制作过程中就夹杂树枝等杂物。在茶叶运销过程中，茶农往往对茶叶进行粗制，再运至茶号进行精制。茶叶制作是否优良对品质影响颇大，但茶农对茶叶制作的科学原理不甚了解，"对于绿茶之杀青，红茶之发酵，非为失之过度，即为失之不足"②。有时为了增加茶叶重量，亦会将变质茶掺入好茶之中。

---

① 吴觉农、胡浩川：《中国茶业复兴计划》，商务印书馆，1935，第 47 页。
② 吴觉农、范和钧：《中国茶业问题》（上），商务印书馆，1937，第 4 页。

首先，对于茶叶的精制，我国也少有设备完善的机制工厂，多为人工制造，生产速度缓慢，成本又高。由于掺假掺杂对茶叶的影响，茶号也会通过着色等方法改善茶叶的色味，但此方法并不能长久维持，也使茶叶的口感变差，外销后常常受到外国消费者的诟病，而影响茶叶的再次外销。

其次，我国茶叶外销路途遥远，需要完备的包装以保证茶叶完好，否则茶箱破碎或漏气，均会影响茶叶的质量。"查我国出口茶箱，类多不甚坚固，经中途多次搬运，往往到达外国市场时，业已破碎不堪。"① 我国茶叶输出之俄国与美国等，都曾要求我国茶商对包装加以改良，却鲜有成效。"中国茶业界中有许多人一味依赖外国出口商代为用铁皮与篾席重加捆扎，而不思自己改用坚实之包装。"②

由于茶叶包装问题，待到达消费市场后，茶箱破坏，茶叶品质发生变化，买卖双方亦因此冲突不断，影响了我国茶叶的外销。"华茶对外贸易之所以衰落，由于国外产茶国的倾轧竞争在半，而国内农民的没有组织，一任中间商人及洋行的剥削宰割，使生产成本增高；以及不能利用科学方法，改善茶质以迎合国外的嗜好者，亦居其半数。"③

最后，我国茶叶种类繁多，关于茶叶命名的标准也很多，"有由制造方法及形态分类者，有依制造时期分类者，有由制造地点分类者，有依出产地分类者。此外茶叶店零售之特立名称，更属汗牛充栋，罗列实不可能"④。与此同时，四川、江西、安徽、福建、两湖等地区都盛产茶叶，各地茶叶品质各有特点，商人亦根据不同市场的需求采办不同产区的茶叶。祁县茶号大德诚就如何办买安化黑茶曾嘱咐后代"我号买黑茶首重地土归正，择选产户潜心之家，欲闻留心上年未摘子茶之货，必根条柔气，精力沉重，油气、色气、香味种种皆佳，内外明亮，满碗俱清，此茶用心切买。思维前辈创业招牌艰难，历年已久，宜深审辨，勿惜价而弃

---

① 吴觉农、范和钧：《中国茶业问题》（下），商务印书馆，1937，第190页。
② 〔美〕威廉·乌克斯：《茶叶全书》（下册），中国茶叶研究社社员集体翻译，中国茶叶研究社，1949，第13页。
③ 吴觉农、胡浩川：《中国茶业复兴计划》，商务印书馆，1935，第2页。
④ 上海商业储蓄银行调查部编《上海之茶及茶业》，上海商业储蓄银行信托部，1931，第6页。

也。戒之！戒之！"① 因而选购茶叶是进行茶叶贸易的第一步，茶叶质量的优劣对于茶叶的储存、加工、销售等都有一定的影响。

福建是我国近代著名的产茶区之一，茶叶也是福建贸易中的大宗商品。在品种众多的福建茶中，武夷茶尤其突出，在外销茶叶贸易中也占较大比重。福建武夷茶历史悠久，早在公元前几百年，就曾有周武王献茶之事。唐代元和年间，武夷茶已成为人们之间互相馈赠的高贵礼品，享有"晚甘侯"之称。②《武夷山志》记载"茶之产不一，崇、建、延、泉随地皆产，惟武夷为最。他产性寒，此独温也"③。《福建通志》亦指出武夷茶的优良，"（建宁府）七县皆出（茶），而龙凤、武夷二山所出者，尤号绝品"④。武夷茶亦具有较多品种，有的品种据其产地命名，有的品种据其加工地命名，还有的品种根据其加工方式或包装方式进行命名。

武夷茶分为两大类，分别为红茶与青茶，但这两种茶都不是武夷本山所产。武夷本山所产为岩茶，即多产于武夷山岩石之中的茶，岩茶虽亦属青茶，却与普通青茶有所区别。岩茶一般可分为上岩、中岩、下岩 3 种，共计 99 岩。此外，武夷山中心的岩茶，又可称为正岩，品质较好，与之相对且品质较差者为偏岩，产于武夷半山以上者又称为半岩。其中正岩所产品质较优者称为奇种，偏岩所产品质较次者为名种，半岩所产茶为小种。⑤

武夷名岩众多，具体有武夷宫、御茶园、止止岩、铁板岩、三隐台、文公祠、天游岩、古子岩、垒石岩、玉女峰、马头岩、白花庄、白云洞、翠花庄、大王峰、清源洞等，不同种类的茶各有其特点。

1. 武夷上山、中山、下路等处茶

武夷山茶种类繁多，上山、中山、下路等处茶各不相同，主要有张木亭、黎源、麻沙、七宝石、杨墩岭、成口、山前蓝、通木关、古佛、皮

---

① 史若民、牛白琳编著《平、祁、太经济社会史料与研究》，山西古籍出版社，2002，第 488 页。
② 中国人民政治协商会议、福建省武夷山市委员会、文史资料委员会编《武夷文史资料第十辑（茶叶专辑）》，1991，第 94 页。
③ （清）董天工辑《武夷山志》，台湾：成文出版社，1974，第 1209 页。
④ 吴觉农编《中国地方志茶叶历史资料选辑》，农业出版社，1990，第 297 页。
⑤ 刘超然修、郑丰稔纂《福建省崇安县新志》，台湾：成文出版社，1975，第 506 页。

坑、由背岭、上苏坊、黄西、大黎、竹鸡笼、下苏坊、公馆、长坪、牌楼山、火烧桥、新店、茶铺、天子地、通家堡、吕口、黄坑、福宁州、渡潭、介首、宁俭、贵溪、戈阳（弋阳）、河口、紫溪等。

2. 武夷本山上小种

武夷茶中，即使均是本山小种茶，色、味也不尽相同。其中石源龙、破庙、龙吟、虎啸、官掌、渡背、楼下为青绿色。萧家湾、长岭、载阳山为碧绿色。杨梅前、南木岭、牛角湾、桥坑、山前、扛源、长港洲、河家厂、松树岭、山前笼等皆为红色。曹墩街、东源、二瑞岭、大院厂、观音山、阴石坑等皆为青色。蒙鳌为朱砂色。竹山科为青红色。另源头墩茶味气较好，坑口为青色细嫩之茶。此外还有西瓜坪、牛尾岭、河力、大王宫、大竹、铁路巷、石碧下、虎板坑、下石排、香菇厂等茶。

星村、下梅茶市是福建崇安县的两大茶市，附近各县所产之茶多集中于此，福建茶的外销贸易也从此开始。"武夷茶始于唐，盛于宋元，衰于明，而又复兴于清"①，是清代茶叶对外贸易中的主要商品。早在清朝初年，就已有山西商人在下梅建厂制茶，之后星村等地也成为茶叶加工和集散中心，带动了当地茶叶的种植和加工。

由于运销地点与饮茶人群的差异，不同消费者对茶叶的要求不尽相同，而选茶的好坏在很大程度上取决于采购人，因此采购人对茶叶及市场的了解程度是选茶的关键。至于销往国外的茶叶，洋商虽不直接参与茶叶的选购，但也通过买办或经纪人深入产茶区，选购优良茶叶。成功的买茶经纪人需要处事果断，"须熟谙何时茶叶质劣而价昂，何时茶叶质优而价廉，并须有决心，如遇前者之情形时，自可置之不理，然一遇后者之情形时，则应尽量购入"②。关于武夷茶的办买，武夷办茶例中亦一再说明"办茶好丑，在人见机"，强调了办茶人的重要性。

武夷岩茶小焙、小种、本山、上山好茶都出自星村之地，中山、下路细嫩之茶都出自下梅，因此商人可在星村办买小种、功夫茶，在下梅办买

---

① 刘超然修、郑丰稔纂《福建省崇安县新志》，台湾：成文出版社，1975，第506页。
② 〔美〕威廉·乌克斯：《茶叶全书》（下册），中国茶叶研究社社员集体翻译，中国茶叶研究社，1949，第15页。

嫩茶，此外办买口庄之茶（销往口外等地的福建茶）① 亦在星村。挑选小种及功夫茶的标准是要有色有味，而挑选嫩茶则不以味、气、色为标准，茶叶条索的紧实细嫩是首先要考虑的。商人不直接从农户手中购买茶叶，而是经茶贩进行购买。办买口庄茶的商人为了优先在产地购货，也在星村坐庄，即为采购和推销货物在星村设立常驻机构。

咸丰间"湖北通山夙产茶，商转集此。比逆（太平天国起义军）由长沙顺流而窜，数年，出没江汉间，卒之通山茶亦梗。缘此估帆取道湘潭，抵安化境，倡制红茶收买，畅行西洋等处，称曰广庄，盖东粤商也"②。具体而言，广庄办嫩茶，要求茶叶条索味气水色俱全，每箱装茶六十三四斤；广庄办上小种茶、岩茶、包种茶、本山好茶，要求青红绿色、条索紧实、水色味气无一门不可，每斗黄箱可装茶五十六七斤至六十一二斤。其中包种茶产于福建安溪，以包装特别得名，为乌龙茶之一种。俗称乌龙茶为种茶，盖昔以纸包之，故名包种茶。但亦不限于青茶，少量红茶如小种、功夫等常以纸包亦沿用此名；广庄办洋庄白毫并面茶，配发兑半或四六或三七（将白毫茶与面茶按五五比例或四六比例或三七比例进行拼装），每箱装茶四十五六斤；广庄办功夫大箱茶，上山中山茶头二、三春皆可，每箱可装茶六十三四斤。广庄办功夫茶使用大箱装，办小种茶使用斗箱装。不同茶箱费用也不尽相同，功夫大箱茶每箱需用棉纸17张、茶纸16张等；斗箱则每箱用棉纸19张、茶纸16张等。茶箱封口亦要支付酒钱十几文不等。另外商人办茶亦使用二五箱或三十箱，二五箱即每担可装2箱或5箱茶叶的茶箱。

口庄办茶与广庄略有不同，口庄办箬皮茶（箬叶，箬竹的叶子），要求茶叶条索及色、味、气、水色要好，每箱可装盖茶二斤半至三斤，此箬皮茶以面茶囊子作为盖茶进行拼装。口庄办君眉茶，以三七比例或二八比例配以白毫茶，每箱装茶四十几至五十斤。口庄办茶主要使用箬皮箱装载茶叶，箬叶具有良好的防潮、防风、防腐蚀等特性，在运输过程中能对茶叶起到良好的保护作用。箬皮箱每箱用棉纸17张、箬皮3张、茶纸182

---

① 史若民、牛白琳编著《平、祁、太经济社会史料与研究》，山西古籍出版社，2002，第482页。
② 吴觉农主编《中国地方志茶叶历史资料选辑》，农业出版社，1990，第490页。

张等，箬皮箱封口亦要支付封口酒钱 16 文左右。箬皮大箱，每箱外加酒钱 10 文，每箱连酒钱大约 1 钱 9 分 3 厘。棕绳，每千条价洋钱 44 元，大约每箱用银 2 分 6 厘。箬皮，每箱用 3 张，每箱银 3 分。茶纸，每箱用茶纸 18 张，每箱用银 4 分 7 厘左右。棉纸，每箱用纸 20 张，每箱用银 5 分 4 厘左右。画箱店、锡店，每两价毛银八二申七扣付茶平。此外，口庄亦使用大箱装茶。另武夷茶走上海运输，茶叶自玉山发往常山时，大箱每箱算 75 斤，斗箱每箱算 60 斤。

二 茶叶流通成本

商人自星村茶贩手中购买茶叶之后，便开始茶叶的长途运输（办茶费用如表 4-6 所示）。于崇安关报税，大箱按 90 斤计，二五箱按 30 斤计。在崇安县，还需给过载行缴纳一定费用。茶叶运至吉安府之后，驳船钱在此并不完全支付，留一部分至赣州将茶数清楚再付。如果茶货被盗，轻则扣去水脚钱，重则交由官府处置。在赣州府每大箱按 90 斤计进行报税，还需在此缴出口票，各船户开舱口单，拿河口船契去税房报税。

表 4-6 武夷茶流通成本

	关口	费用	备注
至广州	崇安关	每 100 斤报税钱 17 文	此钱与过载行结算
	赣州府	每 100 斤正税银补上 1 两加耗银 1 钱 7 分，每帮船京差银 2 钱 6 分	报税系库平
	韶州	大箱每箱重 83~84 斤，每 100 斤茶正税银 7 分 6 钱，每船上关银 2 钱 2 分，红票一张银 1 钱	税银每两加 1 毫算
关税税收	九江关	每箱过秤 84~85 斤不等，每担正税 2 钱 6 分，每两六二加火耗，每船使费银 68 两	关于每船所需费用，亦有另说
	临清关	每箱算 60 斤，每 100 斤算 1 引，每引正税 3 钱 6 分，每船使费银 4 两 7 钱 8 分，每船查关 3 钱	无
	东口	每大箱银 6 分，饭银 2 分，小脚钱 16 文	行用火房钱 8 文

货至南安府茶行后,要对其逐一称重,有轻重可疑的茶箱,则随时开箱查看,如果货被盗,即将船户扣留,轻则扣其酒钱不付,重则交给官府惩治。

自南安府运货至广东省南雄州茶行之后,亦要对货物进行检查,过山之货,短茶1斤需赔钱300文。对轻重可疑者,可开箱查看,如果货物被盗,即扣留船夫要求赔偿并通知南安茶行店。

待茶运至韶州府后,有揽头卸船,将货物查明件数,即让船主开明舱口单,以便往税房报税,茶箱轻重还需过秤。客商需将红票收好,以到广州销号,无票则不能起货。茶叶运至广州之后,需拿红单去号房销号,每号船销号需要洋钱1元。洋行与客商之间由经司行沟通,经司行每100斤抽佣5钱,小种、白毫亦是5钱。茶叶过秤时,大箱过秤10箱,头尾2箱除皮。所过之秤,为经司行茶秤。若洋行要过秤,则经司行请客商去洋行进行过秤。武夷山所办之茶,越早到广州越好,宜早不宜迟。

除正常的税关和洋行的监督成本外,流通环节还存在中间商人的盘剥成本。武夷茶运销路途遥远,买卖环节繁多:茶农—茶贩—客商—茶行—茶栈—洋行—外商,位于中间环节的茶栈与洋行是产生额外流通成本的重要因素。

首先是茶栈,茶叶自生产到销售,经过中间环节极多,且如前所述,客商在办茶过程中,需要给茶行缴纳一定的行用钱,这无疑是茶行对茶商的剥削。威廉·乌克斯在其著作《茶叶全书》中就指出:"中国之茶叶贸易向来积弊重重,每经一中间人之手即多一层剥削,最大之中间人如买办者,洋行所购各货亦均向货客收取佣金,且视此为应享之权利。中国人习非成是,对于此项陋规视为当然,反以不付陋规为可耻。中国海关往往被人诋为弊端百出,此语似非凭空污蔑。"① 而茶栈业务除卖茶外,也向茶号放款。茶栈向茶号放款,一方面可取得微薄之利息,另一方面则可以支配茶叶的运输与销售。茶栈出售茶叶后,向茶号收取名目繁多的费用。

其次,洋行亦对我国茶商限制颇多。洋行为国外茶商代购茶叶,而国

---

① 〔美〕威廉·乌克斯:《茶叶全书》(下册),中国茶叶研究社社员集体翻译,中国茶叶研究社,1949,第12页。

外茶商往往会限定价格,这样洋行便压低向茶栈购茶的价格,以使其低于国外茶商的限定价而取得利润。同时,与茶栈收茶类似,洋行在收到茶后,也会对茶栈进行茶叶数量的克扣。更有甚者,洋行借口其他在扣息的基础上再推迟付款。

由于我国茶叶贸易手续繁多,内地茶商对外国商情了解不多,只能通过洋行将茶叶输出国外,而不能直接与外国贸易。国外茶商代销华茶,只为牟取利益,而非推广华茶,因此若华茶无利可图,国外茶商必然会放弃华茶。故而我国茶叶在国外市场并没有被积极地推广与营销,同时缺乏在国外的直接贸易机构,使国内茶商对洋行及洋商依赖较多,"我国茶业界没有全盘计划,即在全盛时代,也未能作直接的运销,故印度锡兰、爪哇等英荷殖民地的红茶种植成功,我国茶业即就走上衰败和没落之路,日本的绿茶……发展,我国茶业更受其极大的威迫了!"①"洋商为什么能这样横行霸道呢?原来是中间掮买掮卖的茶栈,一方面为便于私图;一方面对于各主顾洋行,唯恐失了欢心。这样洋商的买办,以及茶栈主便成了三位一体了。"②"植茶虽为茶农副业之一,但在产茶较多之区域,茶农全家生活所资,几全以茶市收入是赖,安徽祁门,即为好例。"③ 至后期,由于中间商人对茶农的剥削,茶农为增加茶叶重量,以次充好现象更加严重,而形成恶性循环。

因此,近代中国茶叶贸易的流通成本主要产生于茶叶的选购环节和茶叶交易的中间商,一方面,茶叶种类本身的繁杂与茶叶质量辨识的困难,客观上既提高了茶叶贸易所需要的知识门槛,又促进了内地茶商向中介机构的转型,有利于产业链条的延伸;另一方面,茶栈及洋行对茶号的剥削,则转嫁于内地茶客,继而又转嫁于茶行等,最后必然落至茶农身上,因此茶农是茶叶贸易中受压迫最大者,生产领域的创新动力不足。而茶叶经如此几重环节,成本必然较高,与质优价廉的印度等茶相比必然没有优势,中国茶叶贸易难以良好发展。

---

① 吴觉农、胡浩川:《中国茶业复兴计划》,商务印书馆,1935,第113页。
② 吴觉农、胡浩川:《中国茶业复兴计划》,商务印书馆,1935,第62页。
③ 吴觉农、范和钧:《中国茶业问题》(上),商务印书馆,1937,第58页。

第三节 南路边茶

茶叶是文艺复兴以来风靡整个欧美地区的高档消费品，早在16世纪，"产于东方的茶叶即曾经出现在西方人的游记中"①。作为当时世界主要茶叶生产地，依然奉行着"普天之下，莫非王土"的清代中国，并没有把茶叶作为刺激经济发展的资源禀赋，而是作为扼控边疆的战略物资，与俄、英等国及中国西北、西南地区进行交换。

目前学者对清代茶叶贸易的研究，多集中于恰克图和广州的茶叶贸易，以及西北"茶马互市"②。而西南边茶因史料阙如，至今成果寥寥。清代西南地区的"茶禁"肇始于顺治十八年（1661），清廷准西藏达赖喇嘛及根都台吉奏，开云南北胜州与西藏茶马互市。康熙三十五年（1696），理藩院议准，四川巡抚于养志所请，在打箭炉与藏民互市，南路边茶正式开通。③ 与清初西北地区的茶马互市不同，西南边茶"名虽禁茶，实未禁也"，发行茶引仅是"官征其税"而已。④ 事实上，行销于打箭炉（今康定）的南路边茶，不仅是藏民生活所必需，亦经拉萨销售至尼泊尔、锡金等地。因此，打箭炉既是国内贸易的重要集散地，也与北部边陲的恰克图相类似，是国际性茶叶贸易的中转地。

19世纪中后期，在政治和经济利益的驱使下，长期觊觎西藏的英国人，包括在东印度公司从事经营的印度人，先后多次赴四川、西藏实地考察。正如 A. De Rosthorn 所说："印度想要取代中国内地在西藏的商业霸主地位，完全要依靠茶叶贸易，而且这样的经济依赖是一个很重要的政治杠杆。"⑤ 为了建立与西藏的经济联系，进而使西藏对印度产生经济依赖，

---

① 陈慈玉：《生津解渴：中国茶叶的全球化》，台湾：三民书局，2008，第3页。
② 相关著作如陈慈玉所著《近代中国茶业的发展与世界市场》，米镇波所著《清代中俄恰克图边境贸易》，魏明孔所著《西北民族贸易研究——以茶马互市为中心》等。
③ 清高宗敕纂：《清朝文献通考》（第一册）（卷30），载王庆云主编《万有文库》（第二集），商务印书馆，1936，第5127页。
④ （清）李调元：《井蛙杂记》，载《笔记小说大观》（十九编），台湾：新兴书局，1977，第5656~5657页。
⑤ A. De Rosthorn, *On the Tea Cultivation in Western Ssuch'uan and the Tea Trade with Tibet Via Tachienlu* (London: Luzac & Co., 1895), p. 6.

完成英国对西藏在政治上的需求，印度人 A‐K. Pundit，英人 M. Hue，W. W. Rockhill，Abbe Desgodins，Baber，Rockhill，以及奥地利籍外交官 A. De Rosthorn 等先后来到川藏地区。考察最重要的目的是弄清川茶入藏的成本，为印度茶进入西藏提供一手数据。

1895 年在英国伦敦出版的 A. De Rosthorn 所著 *On the Tea Cultivation in Western Ssuch'uan and the Tea Trade with Tibet Via Tachienlu* 一书，以其亲身经历，对当时茶叶贸易的概要和历史、管理和税收、茶引的分配、茶树的种植以及茶叶的产量、生产、运输、销售等情况进行了详细的叙述。更为珍贵的是，书中保存了较为丰富的数据资料，包括生产成本、运输成本、茶叶包装重量、运输工具的运力、茶叶价格等，为进一步研究清代川藏茶叶贸易提供了很好的史料。黄康显在其文《清季四川与西藏之间的茶叶贸易》[①] 中对该书有所提及。本书结合该史料提供的数据，探究南路边茶贸易的运输路线、西藏茶叶供给状况及其对周边地区经济的影响。

一 供求关系

明代谈修的《滴露漫录》载："茶之为物，西戎土蕃，古今皆仰给之。以其腥肉之食，非茶不消；青稞之热，非茶不解，是山林草木之叶，而关系国家大经也。"[②] 西藏地处高寒，不适宜种植茶叶，而云南、四川地区是中国茶叶的重要产地，就使得西藏自古便对云、川地区茶叶存在刚性需求。就四川而言，行销打箭炉的南路边茶主要供给西藏，"炉（打箭炉）不产茶，但系西藏总会，口外番民，全资茶食，惟赖雅州府属之雅安、名山、荥经、天全、直隶邛州等五州县商人行运到炉，番民赴炉买，运至藏行销"[③]。基于藏人对茶叶的刚性需求，我们以人均年消费砖茶量为标准，剔除个人茶叶需求量及消费能力不同等因素，考察晚清时期藏区南路边茶的需求及供给状况。

[①] 黄康显：《清季四川与西藏之间的茶叶贸易》，（台湾）《大陆杂志》1972 年第 45 卷第 2 期。
[②] 凌大挺编著《中国茶税简史》，中国财政经济出版社，1986，第 8 页。
[③] （清）曹抡彬、曹抡翰纂辑《雅州府志》（乾隆四年刊本），台湾：成文出版社，1969，第 137 页。

（一）西藏对边茶的需求

由于资料缺乏，有清一代西藏的茶叶需求量并无确切数据。我们以与西藏饮食结构相近的蒙古地区做类比，间接估算西藏对茶叶的需求。

藏人以糌粑为主要食粮，且多食牛羊肉和奶酪，这样的饮食结构需要茶叶来帮助消化。在西藏逢年过节或丧葬、宴会时，主人亦常用茶酒或油茶来招待客人。在婚嫁时，茶叶往往还是男方送给女方的聘礼之一。[1] 西藏人民不论贵贱，都爱好饮茶，其茶叶需求量可见一斑。蒙古地区的情况大致与西藏相同，亦是"风俗随水草畜牧而转移，无城郭、常居耕田之业，以肉为饭，以酪为浆，无五谷菜蔬之属，衣皮革，处毡庐，见中国茶叶则宝之，而金银非其好也"[2]。康熙五十八年（1719），"廷臣议覆都统法喇疏言：蒙古及西番人民，皆藉茶养生"[3]。蒙古人与藏人相似的饮食结构，为我们依照蒙古茶叶需求推算西藏提供了依据。

清代中叶以后，茶叶已成为蒙古地区"男女老幼每日生活消费的必需品"[4]。仅以砖茶叶为例，蒙古人每户每10天消费1块砖茶，即每户每年消费36.5块砖茶。蒙古地区在清中后期的人口数总计159万，按后来对蒙古地区统计的一般标准，内蒙古4.57人/户，外蒙古5人/户。[5] 此处若以蒙古地区每户5人为标准计算其人均年消费砖茶量，则可知清时期蒙古地区人均最小年消费砖茶量计算如下：

$$D = C/m \qquad (4-1)$$

其中，D 表示蒙古地区人均年消费砖茶量，C 表示每户年消费砖茶量，m 表示每户人数。

将相关数据代入，$D_1 = C/m = 36.5/5 = 7.3$ 块/人

若以蒙古地区每户4.57人为标准，则将相关数据代入式（4-1），

---

[1] 《西藏研究》编辑部编《西藏志》《卫藏通志》合刊，西藏人民出版社，1982。
[2] （清）张鹏翮：《奉使俄罗斯日记》，载王锡祺辑《小方壶斋舆地丛钞（第3册）》，杭州古籍书店，1985。
[3] 王庆云：《石渠余纪》（卷5），北京古籍出版社，2000，第266页。
[4] 〔日〕后藤英男：《東蒙に於け撐子》，满铁调查资料第四十五编，第18页。
[5] 乌云毕力格、成崇德、张永江：《蒙古民族通史》（第四卷），内蒙古大学出版社，1993，第237页。

蒙古地区人均最大年消费砖茶量计算如下：$D_2 = C/m = 36.5/4.57 = 7.99$ 块/人。

由此可以推知，蒙古地区人均年消费砖茶为 7 块多。且 1870 年以后，"每一块茶砖的重量应是 2 磅①多，凡斤两不足或有任何缺陷者，皆挑出重制"②。故 7 块砖茶约为 10.5 斤。西藏不产茶，生产力低下，藏人通常用牦牛、硼砂、肉桂等当地特产来换取所需茶叶。"清代西藏地区与外界的商业贸易较为繁荣"③，"至川康商业在清季时亦相当繁盛，藏民将货物售与出口商人，取得四川成渝各地兑票；藏民再以兑票购茶布杂货，每年由四川、滇、甘松销康藏印度之货约三千万元之巨"④，西藏特产在"外界"的稀缺无疑会给"外界"商人带来丰厚的利润。

（二）四川对西藏的边茶供给

《清史稿》载"我国产茶之地，惟江苏、安徽、江西、浙江、福建、四川、两湖、云、贵为最"⑤。而四川"雅安地区是世界上文字记载人工栽培茶树最早的地区之一"⑥，除雅安之外，荥经、邛州、名山、天全也都盛产茶叶。康熙三十五年（1696），清政府批准四川打箭炉成为与西藏进行贸易的市场，这 5 个地区所产茶叶也成为供给西藏的主要来源。

"通番之咽喉"⑦ 打箭炉，是四川去往西藏所必经的要冲所在。雍正七年（1729），打箭炉设厅，之后成为"雅属边茶总汇"⑧。清政府实行"引岸制"之后，规定雅安、荥经、邛州、名山和天全所产的茶叶都要运至打箭炉进行销售。同时政府对四川茶叶种植实行一定的保护，

---

① A. De Rosthorn 在其书中介绍茶叶历史时，指出 "100 catties = $133\frac{1}{3}$ English Ibs"，即当时 100 斤 = $133\frac{1}{3}$ 磅，故此处 2 磅 = 1.5 斤。
② 陈慈玉：《近代中国茶业的发展与世界市场》，台湾：中研院经济研究所，1982，第 147 页。
③ 陈庆英、高淑芬主编《西藏通史》，中州古籍出版社，2003，第 544 页。
④ 四川省档案馆、四川民族研究所合编《近代康区档案资料选编》，四川大学出版社，1990，第 219 页。
⑤ （清）赵尔巽主编《清史稿》（卷 124），中华书局，1977，第 3651 页。
⑥ 何仲杰、李文杰、冯沂主编《南路边茶史料》，四川大学出版社，1991，第 1 页。
⑦ 萧奭：《永宪录》，载沈云龙主编《近代中国史料丛刊》（第七十一辑），台湾：文海出版社，1973，第 403 页。
⑧ 四川省康定县志编纂委员会编《康定县志》，四川辞书出版社，1995，第 175 页。

"成立引岸以后，即绝对禁止私运茶籽于大相岭以西各地，恐其产地西移，即系仰给内地，而其所运来之珍贵药材、羊皮等商品来源即弱"①。

清代边茶体制在明代的基础上有所改变，如前文所述，四川有边、腹、土引之分。② 四川设盐茶道对茶叶贸易进行管理，在发放的茶引中，边引所占比例最大，而边引中"行藏卫为大宗，松潘地及之"③。茶引的数量亦随着西藏等地人口的增多而逐渐增加，清朝初年"四川行茶旧额新增共十万六千百二十七引额，征银万三千一百二十八两三钱七分五厘，税银四万五千九百四十二两三钱七分八厘"④。"（康熙）四十一年定四川天全土司增五千六百引，雅州增二千七十九引，邛州三百引，荥经县三千五百有四引"⑤，"雍正三年增邛州边引千三百，四年增雅州成都大邑荥经灌县边引八千六百三十有五，又增天全土司土引七百七十，增安县边引二百"。⑥ 嘉庆二十年（1815），边引占全部茶引的 66%，行销打箭炉的茶引占全部茶引、边引的比例分别为 53% 和 79%。⑦ 至光绪十六年（1890），行销打箭炉的边引已达 126800 张。⑧

那么，在晚清时期四川供给西藏的茶叶能否满足藏民对茶叶的需求？《中国人口史》记载，1954 年国家统计局统计，西藏和昌都地区的人口为 1373669，且"从乾隆二年至此，西藏和昌都地区的人口年平均增长率仅为 1‰"⑨。昌都地区历经多次沿革，民国时期曾先后属川边特别行政区和西康省管辖，于 1950 年解放，1956 年正式划归西藏自治区管辖，而在

---

① 四川省档案馆、四川民族研究所合编《近代康区档案资料选编》，四川大学出版社，1990，第 223 页。
② （清）赵尔巽主编《清史稿》（卷 124），中华书局，1977，第 3652 页。
③ 吴慧主编《中国商业通史》（第四卷），中国财政经济出版社，2008，第 277 页。
④ （清）常明、杨芳灿等纂修《四川通志》（第二册），巴蜀书社，1984，第 2329 页。
⑤ （清）常明、杨芳灿等纂修《四川通志》（第二册），巴蜀书社，1984，第 2329 页。
⑥ （清）常明、杨芳灿等纂修《四川通志》（第二册），巴蜀书社，1984，第 2330 页。
⑦ A. De Rosthorn, *On the Tea Cultivation in Western Ssuch'uan and the Tea Trade with Tibet Via Tachienlu* (London: Luzac & Co., 1895), p. 17.
⑧ A. De Rosthorn, *On the Tea Cultivation in Western Ssuch'uan and the Tea Trade with Tibet Via Tachienlu* (London: Luzac & Co., 1895), p. 19.
⑨ 葛剑雄主编、曹树基著《中国人口史·第五卷·清时期》，复旦大学出版社，2001，第 449 页。

清时期，昌都于雍正时期即归驻藏大臣管理。① 故在此计算清时期西藏人口时，应包含昌都地区人口。② 1890 年西藏的人口计算如下：

$$n = 1373669/(1 + 1‰)^x \qquad (4-2)$$

其中，n 表示西藏人口，x 表示幂数。

将相关数据代入公式（4-2），$n = 1373669/(1 + 1‰)^{64} = 1288550$（人）。

根据 A. De Rosthorn 的记载，1890 年从打箭炉运至理塘、巴塘和西藏的茶叶每年共 66060 担，即 6606000 斤。由于运至西藏的茶叶大大多于运至理塘和巴塘的茶叶，此处暂且估计这些茶叶都运至西藏，即运至西藏的茶叶为 6606000 斤，则可知南路边茶可供给的西藏人均年消费砖茶量计算如下：

$$S_0 = S/n \qquad (4-3)$$

其中，S_0 表示西藏人均年消费砖茶量，S 表示砖茶年供给量，n 表示西藏人口。

将相关数据代入公式 3，$S_0 = S/n = 6606000/1288550 = 5.13$（斤/人）。

由前已知清代西藏人均年消费砖茶约 10.5 斤，故晚清时期四川供应西藏的每人年均 5.13 斤茶叶并不能满足当时藏人的需求。除四川外，云南地区亦是藏人所需茶叶的来源之一。若云南供给西藏的茶叶少于四川供给，则西藏市场中茶叶将供不应求。若云南供给西藏的茶叶与四川相当或多于四川所供茶叶，则藏区茶叶将供求平衡或供过于求。

A. De Rosthorn 在其书中将藏人所需边茶供不应求作为立论的基础，而并未进行论证。对藏区供给茶叶，除四川之外还有云南等地，且藏人购茶也受货币购买力等因素的影响，这些都是 A. De Rosthorn 没有考虑的，故其结论具有一定的片面性。

---

① 西藏昌都地区地方志编纂委员会编《昌都地区志》（上册），方志出版社，2005。
② 另刘瑞主编的《中国人口·西藏分册》在考察清时期西藏人口时，亦将昌都地区的人口数量包含在内。

二 运输路线考

清代雅州府至打箭炉有大、小两条路（见图4-4）。以雅安为中心，大路是从西南方向到达荥经，翻越大相岭到达清溪，再穿过飞越岭，到达化林坪后，沿大渡河向北可到达泸定和打箭炉。小路则是从雅安自西北方向到达天全，再沿着正西方向穿过两座山脉，到达距泸定桥大约10里的大渡河岸，溯河西行，到达打箭炉。因此路险峻，多羊肠小道，故称为"小路"。据 A. De Rosthorn 的记载，尽管小路较大路近，但因崎岖难行，负重搬运所需时间与大路无异。如果不带行李旅行，来往打箭炉和雅州，走小路可节约两天时间。①

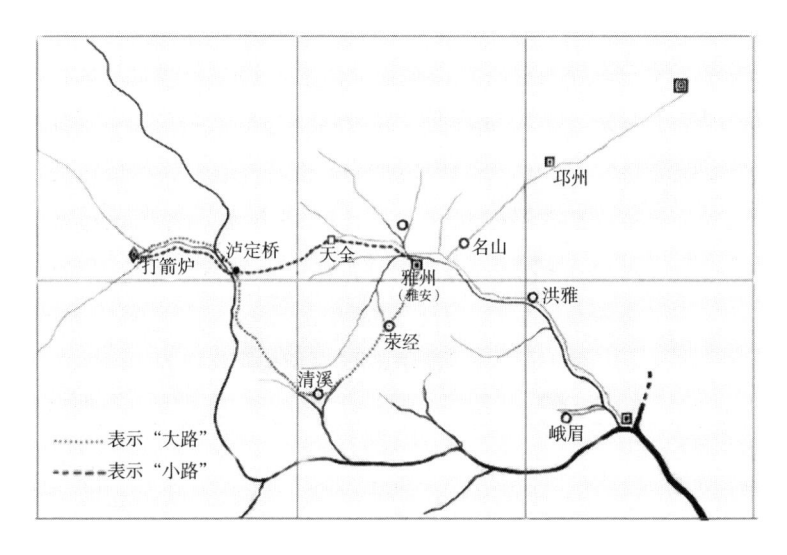

图4-4 南路边茶运输路线示意

资料来源：A. De Rosthorn, *On the Tea Cultivation in Western Ssuch'uan and the Tea Trade with Tibet Via Tachienlu* (London: Luzac & Co., 1895), p. 3。

学术界对大路和小路的路线并无异议，但对各产地所产茶叶的运输路径，观点却不尽相同，大致有三种说法。其一，天全所产为小路茶，其余各地均为大路茶。《中国茶业》记载："天全所产称为小路茶，雅安、荥

---

① A. De Rosthorn, *On the Tea Cultivation in Western Ssuch'uan and the Tea Trade with Tibet Via Tachienlu* (London: Luzac & Co., 1895), pp. 28-30.

经各县所产称为大路茶。"① 其二，天全、名山、邛州为小路茶，其余为大路茶。《四川茶业史》中记载："因雅茶经大相岭运往打箭炉，又称'大路茶'，以别于天全、名山的小路茶，大路茶的品质较小路茶高。""名山、天全、邛崃的茶包由小路经马鞍山、泸定至康定，称'小路茶'；雅安、荥经的茶包由大路经大相岭、飞越岭、泸定至康定，称'大路茶'。"② 这与刘勤晋的《川藏茶路万里行》③ 一文观点一致。其三，单就名山茶而言，亦有大、小路两种。据1992年编纂的《名山县志》记载，名山县所产茶叶在"明代以后，运销打箭炉的路线也有两条：一是名山—天全—新沟—马鞍山—泸定—打箭炉；二是名山—雅州—飞龙关—荥经—鹿角坝—大关山—泥头—化林坪—泸定—头道水—打箭炉"④，即清时期，名山去打箭炉有大、小两条路可供选择。

这些说法无一例外地将距打箭炉最近的天全作为小路茶，而争议主要集中在名山是小路茶还是大路茶上，并且这些争议存在一个共同的缺陷，便是没有提供史料依据，而 A. De Rosthorn 经过实地考察后所做的记录应更能反映当时南路边茶的运输状况。其对1890年前后各产地运茶至打箭炉的距离记录（见表4-7）无法与上述说法一一吻合。

表4-7 五产地运茶至打箭炉的距离

单位：里

地区	长短途	距离
邛州	短途	510
名山	长途	570
雅安	长途	540
天全	长途	480
荥经	长途	450

资料来源：A. De Rosthorn, *On the Tea Cultivation in Western Ssuch'uan and the Tea Trade with Tibet Via Tachienlu* (London: Luzac & Co., 1895), p. 30.

---

① 朱美予编《中国茶业》，中华书局，1937，第136页。
② 贾大泉、陈一石：《四川茶业史》，巴蜀书社，1989，第331、361页。
③ 刘勤晋：《川藏茶路万里行》，《中国茶叶》2005年第6期。
④ 名山县志编纂委员会编《名山县志》，四川科学技术出版社，1992，第299页。

从图 4-4 可以看出，距离打箭炉最远的是邛州，最近的是天全，而 A. De Rosthorn 所记录的距离最远的却不是邛州而是名山。图 4-4 显示名山与雅安至打箭炉距离相比邛州近，但表 4-7 载从邛州运茶至打箭炉的距离少于名山、雅安。对比可知，邛州所产茶经小路运至打箭炉，名山、雅安所产茶经大路运至打箭炉。又由表 4-7 知，从雅安运茶至打箭炉距离为 540 里，且《荥经县志》记载"（荥经）至雅安县城九十里"①，可知荥经由大路至打箭炉距离应为 630 里，这与表 4-7 中经荥经运茶至打箭炉的距离一致，故可推断荥经所产茶亦为大路茶。

应该注意的是天全，如果按现有研究成果的结论天全是小路茶，那么从图 4-4 上的距离看天全是在邛州和打箭炉之间更靠近打箭炉的地方。若天全是小路茶，距打箭炉 480 里，那么邛州与天全的距离应在 960 里甚至更远，但事实上，邛州仅距打箭炉 510 里，若前述邛州茶为小路茶的推断正确，那么，天全茶绝不可能是小路茶，而应是大路茶。还有一条资料可资佐证，《雅州府志》载"（天全州）南至荥经县界三十里"②，而荥经到打箭炉为 450 里，天全距打箭炉 480 里，天全经荥经走大路到打箭炉的距离刚好与 A. De Rosthorn 的记录吻合。

问题是天全茶若走小路距打箭炉十分近便，为何要舍近求远绕路到荥经走大路？关于这一点没有确切的史料可以证明，但我们从 A. De Rosthorn 的调查和后人的叙述中能够找到一些有价值的线索。

首先，A. De Rosthorn 在 *On the Tea Cultivation in Western Ssuch'uan and the Tea Trade with Tibet Via Tachienlu* 一书中反复提及名山和雅安是茶叶种植和加工的中心。"名山和雅安一带的居民将经营茶种植园的技术垄断了，对外是保密的。"③"工厂里为西藏市场生产砖茶所准备的原料，便是被全部买下并运到城镇的农产品。我在雅州府所看到的加工过程是非常简

---

① 张赵才等纂修《荥经县志》（1915 年刊本），台湾：成文出版社，1977，第 130 页。
② （清）曹抡彬、曹抡翰纂辑《雅州府志》（乾隆四年刊本），台湾：成文出版社，1969，第 47 页。
③ A. De Rosthorn, *On the Tea Cultivation in Western Ssuch'uan and the Tea Trade with Tibet Via Tachienlu* (London: Luzac & Co., 1895), p. 8.

单的……"①；等等。其次，1992年由四川省雅安市委员会、文史资料研究委员会编纂的《雅安文史资料选辑》第7辑也提到，"南路边茶以雅安为制造中心，加工制成茶包后，清时，运到康定销售"②。说明当时南路边茶加工生产环节集中在以雅安为中心的名山、荥经等少数地区，天全不具备加工生产砖茶的工艺或生产能力不足，因此需到荥经加工后方能运往打箭炉，这一推断并非十分牵强。

由此我们推断，至迟在光绪十六年（1890），名山、雅安、荥经、天全所产茶为大路茶，邛州所产茶为小路茶，这与表4-7中A. De Rosthorn对各产地路途的长、短途（长途即为大路，短途即为小路）的判断一致。另据A. De Rosthorn考察，背夫在运茶的过程中，可以选择大路或小路③，故以上路线只是大多数情况下南路边茶的运输路径，不排除有例外情况。

三 对地区经济的有限拉动

清康熙以来，引票政策主导下的南路边茶带动了产茶区及沿线市镇如巴塘、理塘、炉霍、甘孜等地的经济发展，刺激了茶叶生产、加工、包装、运输等行业规模的增长。但受清廷边关政策和藏区购买力等因素的影响，南路边茶对地区经济的拉动仅限于传统意义上的规模增长，没有实现带动生产力提高等现代意义上的经济发展。

（一）南路边茶经济区的形成

南路边茶是在政府发行茶引基础上实现的贸易行为，抛开偷漏行为，茶叶供给是稳定的，也就是说，南路边茶的规模是随着茶引数量的变化而变化的。茶引在邛州、名山、雅安、荥经、天全发放，每年2月由这五处地方官发放茶引，同时将发引情况告知打箭炉。茶商需找当地殷实之家作保，方可请领。

由于引数较多，这五个地区茶叶产量不平均，其中名山和天全实际茶

---

① A. De Rosthorn, *On the Tea Cultivation in Western Ssuch'uan and the Tea Trade with Tibet Via Tachienlu* (London: Luzac & Co., 1895), p. 26.
② 中国人民政治协商会议四川省雅安市委员会、文史资料研究委员会编《雅安文史资料选辑》（第7辑），1992，第65页。
③ A. De Rosthorn, *On the Tea Cultivation in Western Ssuch'uan and the Tea Trade with Tibet Via Tachienlu* (London: Luzac & Co., 1895), p. 30.

叶提供量超过引额所规定的数量，而其余三地较引额所需数量不足。即便不考虑地区产茶能力不平均的问题，茶引所需茶叶量与这五处茶叶提供量之间仍有10880担的缺额（见表4-8）。

表4-8　南路边茶各地引数及所需茶叶估算数量

地区	发引数量（张）	所需茶叶量（担）	实际供给量（担）	缺额（担）
邛州	27000	23220	19000	4220
名山县	8000	6880	22000	-15120
天全州	23000	19780	20000	-220
雅安县	27000	23220	12000	11220
荥经县	23000	19780	9000	10780
总计	108000	92880	82000	10880

资料来源：A. De Rosthorn 记录每年发引数为126800张，所需茶108780担，由此可知，1引≈0.86担，该表数据来自 A. De Rosthorn 著述，其中所需茶叶量按上述方法计算得出。

因此，除这五个地区之间茶叶原材料应有流动外，嘉定府所辖洪雅、峨眉和雅州府清溪均向茶叶原材料不足的雅安、荥经提供原茶。其中，每年清溪向荥经提供7000担，峨眉向荥经提供8000担，洪雅向雅安提供13000担。① 由此在茶叶生产上形成了以荥经、雅安为中心的雅州府辐射到嘉定府和邛州的南路边茶供给区。

南路边茶的繁荣带动了产茶区经济的发展，不少茶商因经营茶叶而获得巨额利润，A. De Rosthorn 在其书中对商人利润进行了详细的计算。他认为经营南路边茶的茶商除需缴纳茶引费用133840两，支付生产成本278476.80两，在泸定桥所缴费用及其他33475.20两，运输费用131872两之外，共可获利437536两之多。② 四川"先后有边茶制造及贩运商一百余家，遍及川西十余县"③，商号有"义兴""永昌""福元"等八十多家。边茶贸易促进了茶业和其他相关产业的发展。至迟在光绪十年

---

① A. De Rosthorn, *On the Tea Cultivation in Western Ssuch'uan and the Tea Trade with Tibet Via Tachienlu* (London: Luzac & Co., 1895), p. 22.
② A. De Rosthorn, *On the Tea Cultivation in Western Ssuch'uan and the Tea Trade with Tibet Via Tachienlu* (London: Luzac & Co., 1895), pp. 34-37.
③ 杜长焜等编《四川茶叶》（修订本），四川科学技术出版社，1991，第53页。

(1894)，打箭炉陕帮知名商号即有40家。①

（二）粗放式生产与运输

清后期中国茶叶海外贸易出现危机后，茶叶生产机械化已在其他地区出现。咸丰十一年（1861），"福建茶商购入英国机器，设厂制造，大获厚利，一时开办三厂"②。但是，1890年，南路边茶生产、加工和运输等依然保留了以往的做法，生产力水平几乎没有提高。在茶引数额的限制下，茶叶供给量随引数的增加而增加，体现出南路边茶经济区的发展是在政府控制下的增量发展。一旦茶商（生产商或经销商）试图通过技术改良节约成本，便会使原本在茶产业链条上的生产者大量失业。同时，藏区消费者购买能力有限，即便是在市场环境下，技术进步所带来的也并不一定是更高额的利润，而是产品的积压。因此，从康熙至光绪近两个世纪，南路边茶在生产技术和运输条件上并没有大的改观。

茶叶生产和加工环节存在着雇佣关系，一般采茶采取计件工资制，支付货币作为报酬。采摘茶叶时，规模稍大的种植园需要雇用采摘工，雇主除负责采摘工食宿之外，每采摘1斤茶叶还需支付1文铜钱工资。而加工制作环节则采取计时工资制，同样支付货币作为报酬。制茶需要不同种类和等级的工人，劳动分工较为严格。技术含量较高的蒸茶工和包装工，工资为每天100文铜钱。烧火、砍柴的工人则每天只有60文铜钱。③

在茶叶制作过程中，一般4~5斤茶青可制成1斤毛茶。五产地所制毛茶重量如表4-9所示，以4.5斤茶青可制成1斤毛茶为标准，五产地共需茶青45500000斤。就茶叶采摘工而言，"摘择的工作皆以女子小孩为之。这种情形在鸦片战争前已经存在，当时他们一日平均采摘10斤"④，A. De Rosthorn记载采茶从"二月开始，六月结束"⑤，约计120天。由此

---

① 中国人民政治协商会议甘孜藏族自治州康定县委员会编《康定县文史资料选辑》（第1辑），1987，第103页。
② 杨大金编《现代中国实业志》（上册），颜白贞校，商务印书馆，1938，第785页。
③ A. De Rosthorn, *On the Tea Cultivation in Western Ssuch'uan and the Tea Trade with Tibet Via Tachienlu* (London: Luzac & Co., 1895), p. 24, p. 28.
④ 陈慈玉：《近代中国茶业的发展与世界市场》，台湾：中研院经济研究所，1982，第50页。
⑤ A. De Rosthorn, *On the Tea Cultivation in Western Ssuch'uan and the Tea Trade with Tibet Via Tachienlu* (London: Luzac & Co., 1895), p. 24.

推算采茶人数约为41250人，茶叶制作的其他环节所需工人亦不在少数，"在这拣选、再制、调和、包装的过程中，需要为数不少分工的工人"①。

表4-9 各地区所供应的毛茶重量

单位：斤

地区	毛茶重量
邛州	1900000
名山	2200000
天全	2000000
雅安	2500000
荥经	2400000
合计	11000000

资料来源：A. De Rosthorn, *On the Tea Cultivation in Western Ssuch'uan and the Tea Trade with Tibet Via Tachienlu*（London：Luzac & Co.，1895），p. 22.

雅州府砖茶制作简单、粗糙，制茶原料中仅有35%是茶叶，其余65%为其他树木的枝叶。先将茶叶晒好，再放在大木盆里蒸，蒸好后将茶叶摊在席子上，待表面晒干后即掺入足量浆使其带黏性，彻底搅拌后便可开始包装。包装过程亦十分简单，将糊上白纸的竹席滚成圆筒状，将用红纸包好的4盎司（约0.22斤）质量稍好的茶封住圆筒的两头，中间加入茶叶，盖好缝住即可。②大量茶叶的制作则需要大量纸张、竹席，"用于包装的材料，每年需要竹编茶兜五十余万个，竹篾条约二百五十万根，红、黄包纸二百万张以上，竹编叶子二百五十万张"③，这带动了当地缝茶、造纸、竹篾、牛皮包装等相关产业的发展。

南路边茶的运输方式是最原始的。由于道路交通条件恶劣且多年未得到改善，人力是唯一的运输工具，也正是这种原始的方式，才使得更多的人依靠背负茶包维持生计。《四川茶业史》记载："南路边茶最远的

---

① 陈慈玉：《近代中国茶业的发展与世界市场》，台湾：中研院经济研究所，1982，第57页。
② A. De Rosthorn, *On the Tea Cultivation in Western Ssuch'uan and the Tea Trade with Tibet Via Tachienlu*（London：Luzac & Co.，1895），pp. 26-27.
③ 贾大泉、陈一石：《四川茶业史》，巴蜀书社，1989，第204页。

产区邛州至雅州约 180 华里。由雅州至打箭炉约 500 华里，全用人力背运。"①

人的运输能力十分有限，《四川茶业史》认为："背夫每人可运 9~13 包，每日行程 30~40 华里，二十余日始能到达打箭炉。"② "背茶工俗称'背脚''茶脚子'，均系雅属贫苦农民，茶号发货以'引'为单位、背脚按照自己的体力每次背 15~20 包不等……每天只走 30 华里左右。需要 16~20 日方能抵达康定。"③ 而 A. De Rosthorn 的记录却提供了另一种说法，"一个成年男人通常能搬动的货物数量应为 11 包或 12 包（即 250~280 磅）"④，即当时的 187.5~210 斤，如果按 15~20 包计算，每人背负的重量达到当时的 256~350 斤，这个数字的可信度存在疑问。因此，我们以成年背夫平均每人可背 11 包（每包 17 斤）为标准进行计算。光绪十六年（1890），共有 126800 张茶引行销打箭炉，每引为茶叶 5 包，其中运往西藏、理塘等地的茶引为 73400 张（每包 18 斤），运往其他地方的茶引为 53400 张（每包 16 斤）⑤，则在一次运茶过程中所需背夫人数计算如下：

$$L_0 = Y/h/17 \qquad (4-4)$$

其中，L_0 表示一次运茶过程中所需背夫人数，Y 表示砖茶重量，h 表示每人可背茶包数量。

将相关数据代入式（4-4），L_0 =（73400×5×18+53400×5×16）/11/17=58171（人）。

由此可知，在雅州府至打箭炉的运茶途中有背夫约 58171 人次。具体而言，五产地所供应毛茶重量如表 4-9 所示。由于制茶过程中会有一定的生产消耗，故毛茶重量（11000000 斤）较砖茶重量（10878000 斤）稍

---

① 贾大泉、陈一石：《四川茶业史》，巴蜀书社，1989，第 238 页。
② 贾大泉、陈一石：《四川茶业史》，巴蜀书社，1989，第 238 页。
③ 贾大泉、陈一石：《四川茶业史》，巴蜀书社，1989，第 361 页。
④ A. De Rosthorn, *On the Tea Cultivation in Western Ssuch'uan and the Tea Trade with Tibet Via Tachienlu* (London: Luzac & Co., 1895), pp. 30-31.
⑤ A. De Rosthorn, *On the Tea Cultivation in Western Ssuch'uan and the Tea Trade with Tibet Via Tachienlu* (London: Luzac & Co., 1895), p. 33.

多，据此可基本估算各地所需背夫人数。

将相关数据代入式（4-4），得出表4-10第一项内容。

表4-10 从五产地去打箭炉的搬运费

地区	背夫数量（人）	名义费用（两）	实际费用（两）
邛州	10160	1.30	1.04
名山	11765	1.70	1.36
雅安	13369	1.30	1.04
天全	10695	1.10	0.88
荥经	12834	0.90	0.72
总计	58823	6.30	5.04

资料来源：A. De Rosthorn, *On the Tea Cultivation in Western Ssuch'uan and the Tea Trade with Tibet Via Tachienlu* (London: Luzac & Co., 1895), p.30.

五产地运输毛茶共需背夫人数为58823人，运输毛茶人数（58823人）稍多于运输砖茶人数（58171人）。茶叶运到泸定桥，会有茶背①把茶叶搬过桥，每背1包可得1文铜钱。② 我们同样假设每人可背茶11包，那么在把茶叶运到泸定桥的这段路程中，一次共需茶背至少58171人。在运往打箭炉的途中，共需至少116342人，这与"川省载茶之园户、运茶之商贩、负茶之脚夫，多至数十万人，悉赖此为生活"③的说法相符。

根据A. De Rosthorn对当时从各产地运茶至打箭炉的运费记录，从五产地去打箭炉的实际运费平均约为1两。光绪年间，每石米平均价格为2.17两④，则背夫运茶一趟所得银尚不足以购买1石米。"秋冬两季是背茶的季节，其工资奇低，背夫们除去伙食外已所剩无几，如遇雨水阻路，耽误行程，其力资便不足糊口了。"⑤

---

① 此处"茶背"亦指茶叶搬运工的一种，与前面所提背夫不同的是，茶背只需将茶叶搬运过泸定桥即可。
② A. De Rosthorn, *On the Tea Cultivation in Western Ssuch'uan and the Tea Trade with Tibet Via Tachienlu* (London: Luzac & Co., 1895), p.31.
③ 中国近代经济史资料丛刊编辑委员会主编《中国海关与缅藏问题》，中华书局，1983，第162页。
④ 彭信威：《中国货币史》，上海人民出版社，1958，第602页。
⑤ 贾大泉、陈一石：《四川茶业史》，巴蜀书社，1989，第362页。

(三) 康泸地区的发展

清初泸定尚为西番村落，为方便川藏在打箭炉的边茶贸易，康熙帝准四川巡抚能泰奏，在打箭炉以东130里①山势较缓之处，兴修铁索桥。康熙四十五年（1705）桥成，"凡命使之往来，邮传之络绎，军民商贾之车徒负载，咸得安驱疾驰，而不致病于跋涉"②，是南路边茶沟通川藏的必经之处。清廷在此地设卡征税，"茶背经过泸定铁索桥，有最严之引票检查"③，茶商持引交与管关官员查验，引货不得分离，验讫后，方可通行。④ 光绪十六年（1890），在泸定桥每引缴纳铜钱18文，所收茶税达1825.92两⑤，商贾辐辏之境况可见一斑。

自泸定桥建成之后，即有汉人开始于桥头经营贸易。泸河水流湍急，普通小船不能通过，所有来往打箭炉的车马都在泸定桥停歇⑥，促进了当地脚店业的兴起。早在乾隆年间"打箭炉市渐兴旺，雅炉之间货运日盛，（泸定）桥之西端，脚店蔚起"⑦。除脚店外，晚清时期，泸定的陕西帮商号即有世丰合、永聚源、复兴德、天增公、泰新生、永益庆、复德元、天顺详、复兴公九家，其中资本较雄厚之世丰合、永聚源、复兴德、天增公四家，主要业务之一便是运销边茶。其余五家资本不大，但亦经营各种杂货⑧，促进了泸定经济发展，"商务繁荣，行旅云集，米粮畅销，冠于全县"⑨。

---

① 《西藏研究》编辑部编《西藏志》《卫藏通志》合刊，西藏人民出版社，1982，第223页。
② 《西藏研究》编辑部编《西藏志》《卫藏通志》合刊，西藏人民出版社，1982，第133页。
③ 四川省档案馆、四川民族研究所编《近代康区档案资料选编》，四川大学出版社，1990，第223页。
④ （清）惠祥等纂《钦定户部则例》（同治朝）卷三十二《茶法七》，同治十三年校刊，第20页。
⑤ 根据A. De Rosthorn 在 *On the Tea Cultivation in Western Ssuch'uan and the Tea Trade with Tibet Via Tachienlu* 第36页中对当时茶叶运输成本的计算，可知当时1文铜钱 = 0.0008两白银，据此可知当时泸定桥所收茶税为1825.92两。
⑥ A. De Rosthorn, *On the Tea Cultivation in Western Ssuch'uan and the Tea Trade with Tibet Via Tachienlu* (London: Luzac & Co., 1895), p.29.
⑦ 任乃强：《民国川边游踪之"泸定考察记"》，中国藏学出版社，2009，第24页。
⑧ 政协四川省泸定县委员会、文史资料工作委员会编《泸定文史资料选辑》（第4辑），1990，第77~79页。
⑨ 政协四川省泸定县委员会、文史资料工作委员会编《泸定文史资料选辑》（第4辑），1990，第91页。

打箭炉是汉藏人民的交易市场、入藏必经之地。"四川西连卫、藏，北接青海，南尽蛮夷。自雍正、乾隆间，青海、大小金川次第绥定，沿边之防，以打箭炉为尤重。"① 鉴于打箭炉的地理位置之重要，"驻藏大臣往返皆以四川为正驿，而互市与贡道亦皆在打箭炉"②。政治经济地位促进了打箭炉的发展，清中叶，打箭炉已成为川藏之间"百货完备，商务称盛，在关外可首屈一指"的核心市镇。③

A. De Rosthorn 记录了 1890 年打箭炉贸易的流程。内地茶商将茶叶运到打箭炉，须从设在城东门的本关进入，交由炉关监督查验、注册，再由茶商选择茶店存放。值得注意的是，以往的研究大多谈到打箭炉的锅庄，而鲜有涉及茶店者。从 A. De Rosthorn 的记载中可以看出，锅庄所存放的是藏区商民的货物，而中国茶商则将茶叶存放在由汉人开设的茶店内。这一时期打箭炉城内的茶店有 36 家，锅庄 48 家。茶店往往由资本雄厚的中国茶商开设，中小茶商的货物存放到这些茶店中需要支付 1 文铜钱的费用。藏区商民的货物存放到锅庄不需要支付租金、存货费以及食宿费，在每笔生意做成后，锅庄主人抽取 8% 的佣金。由于打箭炉明正土司临时征用男性，当年藏民与汉人的交易主要由女性来完成。打箭炉市场上茶叶的价格十分稳定，无论包装大小，一律按每包 5 卢比（约 1.6 两白银）的价格进行交易。交易结束后，中国茶商到东门本关验引交税，并将交换到的钱货运回内地。藏区商民则将交换到的茶叶分别从北门和西门运出，从北门运出的茶一般为小包装的精品茶，向西北运往甘孜等处，每年的运量达 53400 引。从西门运出的茶多为大包装的劣质茶，向西从理塘、巴塘入藏，每年的运量达 73400 引。④

事实上，锅庄的发展见证了打箭炉逐渐繁荣的过程。元朝时期打箭炉还只是一片荒凉原野，关外及西藏商人来炉用土特产交换茶叶时，只好搭起帐篷，竖起锅桩，作为住宿的地方。后来，商业逐渐繁荣，汉藏商人云

---

① （清）赵尔巽主编《清史稿》（卷137），中华书局，1977，第4068页。
② （清）魏源：《圣武记》，世界书局，1936，第154页。
③ 徐珂编撰《清稗类钞》（第5册），中华书局，1984，第2336页。
④ A. De Rosthorn, *On the Tea Cultivation in Western Ssuch'uan and the Tea Trade with Tibet Via Tachienlu* (London: Luzac & Co., 1895); 贾大泉，陈一石：《四川茶业史》，巴蜀书社 pp. 31-33.

集打箭炉进行贸易,在这些锅桩地方建起房屋,于是锅桩便成为锅庄了。① 清后期,锅庄所经营业务不只限于茶叶,匹头、药材、羊毛、黄金、白银等亦是多数锅庄的主要业务。② 之后与锅庄功能相似的"招商店"出现,"招商店"亦接待来往商贩,促成交易,只是称谓有所不同。③ 1950年前后,"招商店"与锅庄共有六七十家之多。④

打箭炉的繁荣是政府边茶政策引导下的产物,茶引的数额决定着打箭炉贸易的规模,同时茶税也是官府收入的主要来源。"自打箭炉设关管理贸易以来,炉关税种开征边茶、常税,分别为茶关、税关。"⑤ "其时收入以茶课为大宗……米豆杂粮官房地租,收入甚微。"⑥ 茶引则自打箭炉设关到光绪六年(1880),"一直稳定在年均10万引上下,计50万包"⑦ 光绪二十六年(1900)至二十八年(1902),光绪三十年(1904)至三十二年(1906),行销茶引数量为95415张,税收也保持稳定。

图4-5显示了打箭炉市场上,除1900年与1906年各种税收因按一年13个月计算而有所增加外,其余年份各种税收均基本保持稳定,茶税稳定在17457两。其他商品的税收与茶税相比极少,即使是其他各种商品的税收合计也与茶税相差甚远,茶税占全部税收的比例各年均约为87%,正是"川康茶叶,其货量及所售价格,约为别项商业所不及"⑧ 的体现。

由于炉关对藏区商民的货物并不征税,这些税收数据不能够说明用茶叶交换到商品的数量。如果打箭炉市场的贸易方式仅有物物交换,那么,如此巨额的茶叶能够换回的商品数量同样也应该是惊人的。由于从打箭炉回到雅安等地的道路不通畜力,这些交换所得货物仍需人力运输。因为不

---

① 游时敏:《四川近代贸易史料》,四川大学出版社,1990,第52页。
② 中国人民政治协商会议四川省甘孜藏族自治州委员会编《甘孜州文史资料》(第七辑),1988,第78~82页。
③ 中国人民政治协商会议四川省甘孜藏族自治州委员会编《甘孜州文史资料》(第七辑),1988,第84~85页。
④ 中国人民政治协商会议四川省甘孜藏族自治州委员会编《甘孜藏族自治州文史资料选辑》(第三辑),1985,第144页。
⑤ 四川省康定县志编纂委员会编纂《康定县志》,四川辞书出版社,1995,第257页。
⑥ 四川省档案馆、四川民族研究所合编《近代康区档案资料选编》,四川大学出版社,1990,第79页。
⑦ 四川省康定县志编纂委员会编纂《康定县志》,四川辞书出版社,1995,第175页。
⑧ 朱美予编《中国茶业》,中华书局,1937,第4页。

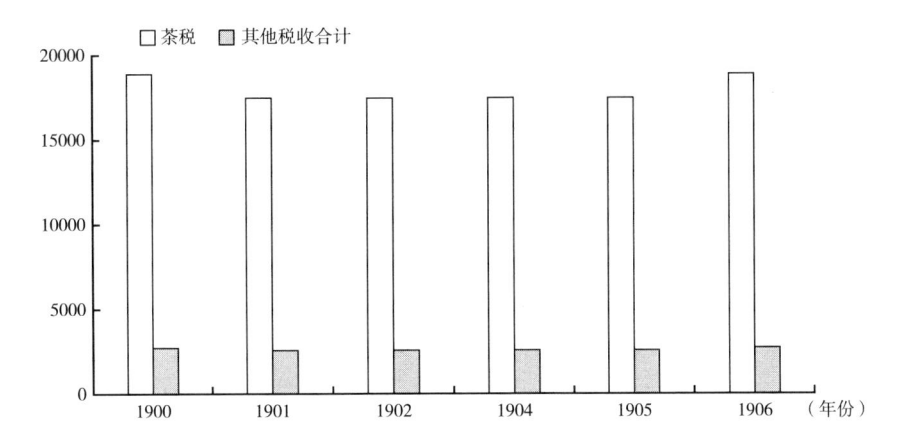

图 4－5　打箭炉关税收比较情况

资料来源：据朱批奏折"奏报打箭炉关上年征收茶米豆杂税等银两事"等整理绘制而成，1900 年与 1906 年奏折，按"正月初一日起连闰至年底"所征税收计算。

可能在当日完成交易，那么，将近 6 万的脚夫必须在打箭炉当地食宿，且不说食宿成本由谁来负担，打箭炉城是否能容纳得了如此庞大的人群也是一个问题。因此我们推断，打箭炉市场应该有规模不小的货币贸易。《清稗类钞》所载"关外各处市况，视炉城行市之高下为标准"①，"常年贸易，不下数千金，俗以小成都名之"②，或许能够成为这一推论的佐证。

"四川每年运藏茶叶二千万磅，约值银一百万两，除为川省提供税收十五万余两，并可为川省货物开辟市场，为边地无数居民取得生业。再者西藏供应驻藏大臣经费，向以收受川茶抵账。川茶不仅是一种官方专利，实系兴利便民的要务，维持边地安宁，亦有赖于此。"③ 南路边茶作为藏人迫切需求的茶叶，维系着清政府在边疆的统治，同时带动了产茶区人们的就业和"茶马古道"沿途市镇的兴起和繁荣。然而由于当时生产力低下等原因，南路边茶对地区经济的带动有限，当时各地区所呈现出的发展亦只是低水平的繁荣。

晚清时期，印度茶逐渐渗入西藏市场，对于西藏茶叶市场的前景，在

---

① 徐珂编撰《清稗类钞》（第 5 册），中华书局，1984，第 2337 页。
② 徐珂编撰《清稗类钞》（第 5 册），中华书局，1984，第 2336 页。
③ 中国近代经济史资料丛刊编辑委员会主编《中国海关与缅藏问题》，中华书局，1983，第 164 页。

当时存在不同看法。日人山县初男认为"将来西藏贸易，权必尽归印度人之手，中国人在此地所营商业，则将日趋衰退，受人驱逐，如砖茶者，亦必大被其影响者也"①。A. De Rosthorn 在对晚清南路边茶进行考察及量化分析之后，亦探讨了当时西藏茶叶市场的前景。他认为首先藏人已经习惯饮用川茶，能否适应印度茶尚不能确定。其次就生产和运输成本而言，川茶都比印度茶有优势。故即使中国对印度开放西藏市场，亦不会给华茶贸易带来损失。清政府将边茶供应控制在藏民需求以下，通过藏民对茶叶的依赖维持其对西藏地区的影响和统治。

事实上，虽然直到19世纪末，川茶都是西藏等地茶叶的主要来源，但进入20世纪之后，印茶便逐渐取代了川茶在西藏的地位。从雅州府运茶至打箭炉虽只是南路边茶贸易的一部分，但边茶质量的优劣、政府对边茶的政策、税收的轻重等都对该贸易有很大的影响。也正是边茶质量变差，政府却没有对此及时进行改革，才导致了川茶的衰败。相比之下，印茶质量的不断改良，制作成本的降低，也使得印茶市场扩大成为必然。

---

① 〔日〕山县初男编著《西藏通览》（第十一章），东京：丸善株式会社，1908，第80页。

第五章
民国时期的茶业改良运动

中国茶叶在西藏市场的失败,在世界茶叶市场上贸易额的减少,都为中国的茶叶生产敲响了警钟。华茶的失败不仅在于外部环境的干扰,我国茶业本身也存在诸多问题制约了其发展。诸多有识之士认识到我国茶业的困境,纷纷著书立说,或者上下奔走发起茶业改良运动。例如张謇拟定了《茶叶检查条例》(未能实行),吴觉农、张康泽等人草拟的《出口茶叶检验规程》获实业部批准和推行。国民政府在20世纪30年代将茶业等五项事业列为中心改良事业,不仅着手制定茶叶检验标准,建立商品检验局,而且在全国重点茶区都设立茶业改良场,进行茶叶的改良和推广。福建福安茶业改良场是民国时期最早建立的茶业改良机构之一,我们依托收集到的珍贵史料,力图从科研机构、职业教育和生产运销这三个方面展现其在福建茶业复兴中所起的作用,以此重现民国政府复兴茶业的努力,弥补当前学界对此情况研究的空白。

第一节　民国时期茶业复兴计划

"中国一切的产业都已落后,惟茶叶还不曾脱离手工业生产的范畴。印度、锡兰、爪哇等各国虽都利用了英荷各国的大资本在发展,日本也用了资本主义与科学方法在竞争,但一般市价还能作相当的维持。我们倘能利用天然的品质,与数百年来独霸各国市场的威名,以政府及全体茶农的力量,急起图存,虽不能打倒各产茶国的一切势力,然而最低限度,恢复旧有势力,总非难事。"①

---

① 吴觉农、胡浩川:《中国茶业复兴计划》,商务印书馆,1935,第3页。

一 茶业复兴计划制定的背景

我国茶业由盛转衰,不敌国际市场中印度、锡兰、日本等新起供茶地的竞销,除资本主义势力对我国茶叶贸易利润的觊觎而故意为我国贸易设置障碍外,我国茶业本身也存在诸多问题限制发展,比如茶叶的种植技术落后,加工、包装的方式方法陈旧。我国多是以一家一户为生产单位的小农经营,包括茶叶的种植、制造和销售,不仅效率低下,而且茶叶品质无法保证。再如我国茶商为谋求高额利润,掺杂伪劣茶叶及其他杂质,损坏华茶在国际市场上的声誉,进而影响茶叶销量。当时我国茶业复兴受制于国际、国内茶叶市场变化的双重影响。

首先,国际茶叶市场的变化。19世纪末国际茶叶市场发生了变化,华茶的地位受到了威胁。"1886~1887年中国茶叶出口量相较1880~1881年减少23800000磅,而1887~1888年的出口量仅为20000000磅,甚至比上一数字还少。原因很明显:是由于在世界的另一部分,尤其是英属印度、锡兰和爪哇等地上等茶叶的产量增加了"①。《清史稿》记载了光绪七年(1881)开放嘉峪关为通商口岸后茶叶出口兴盛到光绪十三年(1887)茶叶出口有限的变化,"光绪七年定约,允以嘉峪关为通商口岸,而往来益盛。十年后我国运往之茶,居全数三之一。十三年,并杂货计,出口价九百二万两有奇,而进口价仅十一万八千余两,凡输自我者八百九十万两。然十二年茶少价多,十三年茶多价少,华商已有受困之势,厥后亦兼购于他国,用此华茶之利骤减。盖我国自昔视茶为农家余事,惟以隙地营之,又采摘不时,焙制无术,其为他人所倾,势所必至"②。

其次,国内茶业的变化。受茶叶出口额递减的影响,各地原本兴盛的茶业转而萧条、衰落,各地多个茶园相继荒废,有的茶农入不敷出,被迫改为他业,"欧战时代,我国安徽产茶一带之农民,感于茶价一蹶而不振,竟有不鲜烧伐茶丛而另植棉业等农作物。此虽缘夫茶价低落,尚不敷

---

① 姚贤镐编《中国近代对外贸易史资料(1840—1895)》,中华书局,1962,第1211页。
② (清)赵尔巽主编《清史稿》(卷124),中华书局,1977,第3663页。

成本之故"①。

皖南地区是我国茶产最丰富的地区之一，十大名茶之五——黄山毛峰、祁门红茶、泾县的涌溪火青、太平猴魁和休宁的屯溪绿茶俱产自皖南。近代以来，皖南茶业经历了从兴盛到衰落的变化过程。皖南茶厘总局具详，皖南茶商在光绪十一年（1885）、光绪十二年（1886）间生产亏空为30%～60%，光绪十三年（1887）损失白银将近百万两。清明节前新茶上市之际，茶号甚至拿不出足够的资金去购买茶叶，迟迟未能定夺。茶户亦因此受损，生计困乏。"据皖南茶厘总局具详，光绪十一、十二两年，亏本自三四成至五六成不等，已难支持；十三年亏折尤甚，统计亏银将及百万两，不独商贩受累，即皖南山户园亦因之交困……向来茶业各号，均于清明节前开设，本年新茶上市，各号迄未定夺，营运俱穷，空乏莫补。"②进入20世纪之后皖南茶务更趋衰落，如原本繁盛的祁门红茶自光绪四年（1878）后，茶价渐低，因而日形减色。"今岁（1883年）价更不佳，亏本益甚，故茶商之往建者，较往年仅得一半，而市面荒凉几无过问。"③1897～1917年物价上涨，茶价亦随之上涨，1914年祁茶最高价达96两每担，建德商庄的茶价也要每担50～60两，但茶农、茶商获利较少甚至没有获利。"本年欧战未已，金融困难，茶号收茶，不敢放价，进本极轻、出数极少，幸汉口茶市甚佳，各茶商均获厚利，亦不幸之中幸也。"④

中国茶业由盛转衰，除了国际茶叶市场上印度、锡兰、日本等新兴茶叶的竞争，英美等国不满于中国茶叶法案的不健全，英美等资本主义国家觊觎中国茶叶出口所获得的高额利润等外在因素外，中国茶业自身存在的诸多问题也是不可忽视的原因。本书认为原因有二，分述如下。

其一，小农经营。中国传统的植茶方式始终以一家一户为生产单位，茶叶的种植、采摘和加工，乃至运销都由茶户一家完成，生产周期长且效

---

① 毕卓君：《爪哇茶业之勃兴与华茶海外贸易之影响》，《上海总商会月报》1927年第7卷12号，第2页。
② 李文治编《中国近代农业史资料（1840—1911）》（第一辑），生活·读书·新知三联书店，1957，第451页。
③ 李文治编《中国近代农业史资料（1840—1911）》（第一辑），生活·读书·新知三联书店，1957，第450页。
④ 谢恩隆等：《调查祁浮建红茶报告书》，《农商公报》1915年第13期，第2页。

率低下,茶户没有时间、人手和资本去进行技术的改良。"小所有者,他们缺乏改进生产方法所需要的智慧和资本。"① 但为了满足大量的需求,茶户只能在有限的技术水平下粗制滥造甚至作伪掺假以压缩成本提高利润,自然无法与国外机械制茶等新式制茶法相抗衡。据当时的日本人观察"支那人民之培植茶园,皆农民为之,茶园之旁多种菽麦,无专种茶树之地,亦无专事制茶之人。故茶树之培养,茶叶之采摘,制造之方法,皆墨守旧章,不知改良,品质恶劣,实由于此。品质既劣,价格下落,农民亦减少制造费用以补之,故愈陷于粗制滥造之弊"②。《东方杂志》记载了一位来华游历的英国人对于1918年湖南茶业的描述:"湖南种茶者,皆系个人营业,无一定之栽培法。凡有10亩之茶园者,土人目之为大园主,可知其种茶方法,自然参差不一。至观其制造之方法,尤为不合。"③ 可见当时湖南的茶园皆是个人营业,且无规律的栽培方法。此外,小农经营的生产方式决定了中国茶商"向无团体,又乏资本",不像外国茶业有专门的公司经营,讲求章法且资金雄厚。当国外公司联合起来挟制中国,中国茶业衰落在所难免。"茶无定价,授权外人,洋商遂使种种手段,抑勒茶商,茶商亏本,遂用贱价欺压茶户,茶户受茶商之抑勒。"④

其二,茶叶质量问题。近代中国茶叶的质量问题是尖锐而复杂的,主要体现在茶叶贸易中中国茶商和茶户的掺假行为,不仅使得华茶在国际市场上的声誉受损,也是中外贸易中纠纷频发的重要导火线。《政艺通报》就曾指出:"(中国茶叶)而尤大病在多作伪,如绿叶之染色,红茶之掺土,甚至取杂树之叶充茶出售。坏华商之名誉,蹙华商之销路,莫此为最。"⑤ 鸦片战争之后随着茶叶出口量的增加,这一现象日益严重。19世纪60年代末,茶叶掺假几乎成为中国茶户生产的普遍做法。1869年英国驻上海领事麦华陀的报告中记载,当时"运到上海的绿茶中,约有三分之二是出口到美国去的。这种茶主要是以日本进口的茶叶与湖州的茶叶相

---

① 姚贤镐编《中国近代对外贸易史资料(1840—1895)》,中华书局,1962,第1208~1209页。
② 李哲濬:《呈度支部农工商部整顿出洋华茶条议》,《江宁实业杂志》1910年第3期。
③ 李哲濬:《呈度支部农工商部整顿出洋华茶条议》,《江宁实业杂志》1910年第3期。
④ 李哲濬:《呈度支部农工商部整顿出洋华茶条议》,《江宁实业杂志》1910年第3期。
⑤ 华实父:《红茶制法说略》,《政艺通报》1903年第2卷第1期。

混合，并掺杂柳树叶而制成的"，掺杂柳树叶的工作是"在苏州河虹口一带的乡村里公开进行的，而且它已成为这些乡村和地方值得予以重视的一种行业"①。到19世纪70年代之后，茶叶掺假几乎发展到泛滥的地步。掺假的方式也多种多样，有的在茶叶中掺入其他植物的枝叶，茶叶的比例极低；有的将冲泡过的茶叶作为新茶售卖；有的用颜料给茶叶上色以增加色泽感和重量。例如宁波商人制造的"阴光茶"，一种在茶叶中添加滑石粉和颜料的茶叶，"令其色黝然而幽，其光炯然而凝"。洋商受外表蛊惑，争相抢购，华商受利益驱使，"转相效尤，变本加厉，年甚一年"②。洋商以高价购入转售回国的中国茶叶，遭到了购买者的抵制，只能贱价售卖甚至卖不出去，造成巨额亏损。他们将亏损归因于中国商人，抵制与中国的茶叶贸易。早在1868年，经营茶叶的英国商人就认为中国商人的不诚实行为是导致其贸易失败的主要原因，为此向中国政府提交了一份抗议当地茶农的备忘录，并要求中国商人赔偿他们的损失。③ 这些事件的出现当然不排除外国商人对中国商人的刁难，但华茶质量不高是不争的事实，也是阻碍中国茶业发展不可忽视的原因。

面对我国茶业的衰败及其存在的问题，官方或民间都认识到了复兴茶业的重要性，尤其是在20世纪30年代经历了五四运动的洗礼，纷纷行动起来，谋求变革。在诸多有识之士在我国发起和创导了"中国科学化运动"，以科学来拯救实业，以实业来拯救国家的大潮下，以吴觉农先生等人士为代表相继提出茶业的拯救策略。吴觉农先生被称为"当代茶圣"。1922年，他在《中华农学会报》上发表了两篇论文。一篇为《茶树原产地考》，另一篇为《中国茶业改革方准》。吴觉农在后文中痛心地陈述了当时中国茶业现状的晦暗，还运用大量的数据分析华茶与俄国、美国及其他国家的贸易情况，并从茶的栽培、制造、流通、制度和行政及其他方面

---

① 《领事麦华陀1869年度上海贸易报告》，载李必樟编译《上海近代贸易经济发展概况——1854—1898年英国驻上海领事贸易报告汇编》，张仲礼校订，上海社会科学院出版社，1993，第198、203~204页。
② 程雨亭：《请禁绿茶阴光详稿》，载陈祖槼、朱自振编《中国茶叶历史资料选辑》，农业出版社，1981，第199~200页。
③ "Annual Report on Foreign Trade at Foo-chow-foo, for the Year 1868", *British Parliamentary Papers*, China 8, Irish University Press, 1971, pp. 487-488.

的比较探究华茶失败的原因。

国民政府的建立也为茶业的发展提供了一个暂时稳定的社会环境，加之国民政府对于茶业的重视，茶业得以在民国时期短暂复兴。国民政府对于茶业的扶持政策分为两个阶段，第一个阶段是在中华民国初期，国民政府对于茶业的措施主要是创立初级茶叶专科学校、设置茶叶专修科和茶叶系培养科技人才，推广新法种茶、机械制茶，建立茶叶商品检验制度，推进茶叶质量检验标准化等。① 第二个阶段是在北伐战争结束之后，南京国民政府更加重视整个茶业经济的发展，主要措施如下。(1) 制定茶业改进的制度和标准，公开发布茶业改进办法，为地方的茶业发展提供依据，指明方向。(2) 广泛开展茶业调查，对国内外的茶业进行充分的调查研究，从而对国内外茶业现状有总体的把握。在吴觉农先生多方奔走的努力下，国民政府于1931~1932年对各重点茶区进行了一次调查工作。吴觉农先生和吴浩川先生合著的《中国茶业复兴计划》和《祁门红茶复兴计划》就是在这个基础上完成的。(3) 设立茶业改良场，划拨经费在各地设立试验场，一方面培养技术人员，为茶业改良提供技术支持；另一方面便于开展茶业改良的推广工作，推动茶叶技术的实用化。(4) 减免茶税，降低茶商的成本，提高其在国际市场上的竞争力。(5) 统购统销，国民政府于1936年在皖、赣两省发起皖赣红茶运销委员会，1938年通过《管理全国茶叶出口贸易办法大纲》，对全国茶叶实行统购统销，旨在保护茶农免受茶栈的盘剥。(6) 建立茶叶检验制度，为了限制假茶、劣质茶的输出损坏华茶在世界市场上的声誉，国民政府规定检验标准并严令产地执行，使得茶叶生产标准严格化，同时为茶业改良提供了标准，等等。

其中最重要的措施是建立茶叶检验机制与设立茶业改良场了，一个是针对华茶出现的质量问题，另一个是针对华茶的生产技艺问题，二者贯穿整个茶叶生产过程。对茶叶质量进行检验不仅有助于恢复茶叶在国际上的声誉与销量，而且对于解决中外因茶叶质量而引发的交涉与诉讼问题有重要的作用。尽管不能在短时间内改变茶农传统的生产经营方式，但设立茶

---

① 宣恩贡茶编纂委员会编《宣恩贡茶》，长江文艺出版社，2016，第185~189页。

业改良试验场，在农户中推行生产合作社，以合作的形式普及推广新式制茶法，长此以往有助于改善茶业传统的小农经营形式，提升我国茶叶的产量和质量。

二　建立茶叶检验机制

正如前文所述华茶的质量在世界茶叶市场一直被诟病，并由此引发诸多冲突和争端，尤其是在茶叶出口极盛时期的 19 世纪 80 年代，伪劣茶出口数量大增阻碍了华茶在世界茶叶市场上的进一步发展。1883 年 4 月 24 日日本驻旧金山领事在其报告中写道："近日从日本、中国两国输入的红、绿茶叶中，有大量的伪制茶叶出现。外貌带有光泽，恰似精制的上等茶叶。其实是用老叶浸泡于上等茶叶的煎汁，用香料加以粉饰，貌似新茶的伪制茶叶。输入的茶叶中七八成为伪制茶叶，其中绿茶数量最多。如嗜饮该种茶叶后，在健康上会带来莫大的伤害。"[1] 1887 年广东约 6000 箱珠兰茶运往英国，伦敦海关查验出，该批茶叶掺杂铁屑、沙土，不适合饮用，全部不准发售。[2] 可见当时中国出口的茶叶中伪劣茶数量多且问题严重。国民政府一方面设立茶叶检验机构，另一方面建立茶叶检验制度，完善茶叶检验标准。尽管茶叶检验为消极改良方法之一，但"其使命为增进外销信誉，督促生产改良；其目的在于取缔掺伪作假，禁止劣质茶之输出"[3]。

（一）开办茶叶检验机构

茶叶检验机构是从地方性组织逐步发展过渡为国家机构的。1915 年浙江省温州地区曾设立过地方性组织"永嘉茶叶检验处"，查禁伪劣茶出口。1923 年台湾省总督府成立茶叶检查所，对出口进行检验。1929 年上海和汉口分别成立商品检验局。1931 年上海正式开始实行出口检验，1932 年起汉口商检局也开始执行茶叶检验制度。自 1936 年起，实业部又

---

[1] 王力：《清末茶叶对外贸易衰退后的挽救措施》，《中国社会经济史研究》2005 年第 4 期。
[2] 广州市地方志编纂委员会办公室、广州海关志编纂委员会编译《近代广州口岸经济社会概况——粤海关报告汇集》，暨南大学出版社，1995，第 428 页。
[3] 浙江农业大学茶学系编《庄晚芳茶学论文选集》，上海科学技术出版社，1992，第 15 页。

倡导各产茶区实行产地检验，首先在祁门、屯溪两地试办，这意味着由原来对茶叶运销末端的被动检查变为对贸易流程源头的积极控防。1937年1月，实业部国产委员会成立茶叶产地检验监理处，先后在浙、皖、赣、闽等茶叶产地设立茶叶检验办事处，实施就地产品检验，及时指导生产，以保证出口茶的产品质量。设立的地点有：上海、浙江的平水（下设绍兴、诸暨、上虞、宁波、奉化等分处）、温州（下设瑞安、平阳等分处），安徽的祁门、屯溪（兼管浙江遂淳茶区）、至德，江西的浮梁、婺源等。广州商检局在福州、厦门、汕头设立商检处，并在福鼎设立办事处，从事茶叶产地检验。

"七七事变"爆发后，上海停止出口，茶叶检验也随之停顿，仅余广州商品检验局的福州检验分处。1941年太平洋战争爆发后，茶叶外销受阻，茶叶检验均告暂停。1945年抗日战争胜利后，上海、汉口、广州、台湾等商检局又陆续恢复了出口茶叶检验，各省也继续办理产地检验。

（二）完善茶叶检验制度

民国时期，国民政府对于茶叶检验制度的完善主要集中于丰富茶叶检验标准，完善茶叶检验条例，缺乏对茶叶分级体系的关注。茶叶检验制度的出台和完善是由张謇、吴觉农、张康泽等人一步步推动的。最先关注茶叶质量的是时任农商部总长的张謇，他曾于1914年10月26日向总统呈递《请减茶叶税率与制定茶叶检查条例》。他提出："在汉口、上海、福州等销茶地点，设立茶叶检查所，遴派富于茶叶学术经验之员，督同中西技师，前往办理。凡出口茶之色泽、形状、香气、质味，均须由检查所查验。其纯净者，分别等级，盖用合格印证；其有前项作伪情弊者，盖用不合格印证，禁止其买卖。"①

紧接着留学回国的茶叶专家吴觉农、张康泽等人草拟出了我国第一份《出口茶叶检验规程》，经"茶叶标准委员会"通过后，报实业部批准，于1931年7月8日在报上公布，并由上海商检局对出口茶叶执行，这是中国政府首次对茶叶的标准进行规定。随后实业部发布《茶叶检验实施

---

① 江苏省商业厅中国第二历史档案馆编《中华民国商业档案资料汇编（第一卷 1912~1928）》（下），中国商业出版社，1991，第344~346页。

细则》，规定出口茶叶必须按照标准检验，合格者发给检验证书，由海关查验放行，不合格的茶叶不准出口。1932年7月，实业部于第二次全国商品检验会议中提出了当年商品检验的标准。①

1936年4月，上海商品检验局技正吴觉农提出外销茶叶实施产地检验的倡议，得到实业部的采纳。同年12月发布《实业部茶叶产地检验》，并选择安徽祁门、屯溪两地为试点。1937年3月，实业部国产检验委员会茶叶产地检验监理处通知，凡不合包装规定的茶箱，一律不准出厂外销。

"七七事变"爆发后，茶叶外销受阻，茶叶检验机关临近关停，茶叶检验标准的制定与完善亦受影响，几近停滞。此外，1938年6月，财政部颁布的《管理全国茶叶出口贸易办法大纲》规定在全国实行茶叶的统购统销。统购机关追求成本收益的立场与检验机关看重茶叶质量的立场相悖，对于茶叶检验标准时常意见不同，因此绝对统制后茶叶检验标准如何制定，由谁执行也成为制约当时茶叶检验发展的因素。

尽管国民政府每年对检验标准都会有所调整并不时加进新的内容，但就目前我们所掌握的材料来看40年代之前的茶叶检验缺乏茶叶分级体系。事实上，我国的茶叶分级始于1942年，由陈观沧主持，分别在祁门茶业改良场、福建崇安茶叶研究所、福建福安茶业改良场等地开展。② 吴觉农先生的一份《红茶分级试验报告》中也曾说道："我国红绿茶，向不注意分级标准，品质参差，名目纷歧……外销衰落，此为主要原因之一。中国茶叶公司有鉴及此，爰于三十二年春与本所合作进行红绿茶分级试验，籍为厘订外销茶品级之依据……兹阅时两载……先将有关红茶之试验研究……所获结果，草成报告书，籍留记录……"③

民国时期的茶叶检验标准与我国现行的茶叶检验对比如何，当时的检验水平达到何种程度，结果如表5-1所示。其中仅就理化检验项目而言，新中国成立后茶叶检验标准相较民国时期不仅在数量上有所增多，而且

---

① 曹英：《近代中外贸易冲突及中国应对举措研究》，湖南师范大学出版社，2013，第265页。
② 牟树良主编《中国时代经济论坛》，中国时代经济出版社，2003，第184~185页。
③ 北京图书馆编《民国时期总书目（1911—1949）·经济》（下），书目文献出版社，1993，第11887页。

表 5-1 茶叶检验标准变化

年代	标准	茶叶检查事项						
		茶叶品质理化检验			着色	包装	其他（包含不合格示例）	检查方法
		水分	灰分	粉末				
1914年	《茶叶检查条例》		灰末不能过于原定成分太甚	禁掺和铁屑、土沙、滑石粉等杂质者	禁用靛青及各种颜料着色		色泽、香气、质味、形状、重量混用椪柳等相似之物者；用黏质物制造者	普通泡看法、利科检查法、化学分析法
1931年	《茶叶检验规程》			绿茶、红茶、熏茶花茶用一厘米具六十三网眼之筛（即一英寸具十六网眼之筛）筛出末粉不超过5%	禁止着色及利用黏质物制造	包装不良或有破损	品质低于标准茶者；茶有霉蒸烟臭腐败品者；同号货物品质参差不匀，或泥有尾箱装不齐；掺入杂茶纤维矿物质或粉饰物	
1933年	年度茶叶检验标准	以8.5%为标准，但本年度绿茶以9%为合格，红茶以11%为合格，其余各种茶叶以12%为合格	4.5%~7%，不得超过7%或不得低过4.5%		茶叶着色相同或着色过浓写重者禁止出口；凡着有黄、三鱼黄、又记（俗名浓黄，三鱼黄）、绿色亚硫酸铜、氢氧化铜（俗名砂绿等）及其他有毒色料者禁止出口		绿茶以平水二茶七号珠茶为标准，红茶以湖南次红为标准，其余各种红茶以色泽相当，味种香可口为标准	

续表

茶叶检查事项

年代	标准	茶叶品质理化检验			着色	包装	其他（包含不合格示例）	检查方法
		水分	灰分	粉末				
1933年	茶叶检验暂行标准之建议	4.5%~8.5%，绿茶不得超过8.5%，红茶不得超过11%	绿茶、红茶之灰分以7%为标准，但本年度最高以7.5%为合格		禁加矿务杂质或有机物杂质用以增加重量或溶剂；禁加味色粉饰物，粉饰及颜色物如滑石粉以增加茶色的味道，收敛性味色		茶单宁4%~6%~14%；绿茶不得低过6%或超过14%，红茶不得低过1%；纤维10%~15%；蛋白质24%~39%；酸中茶溶灰不得超过1%；色、香、味及形状由茶师评验，并与各标准品级茶相比，以定优劣等诸多项目，不一一列举	化学分析法
1936年	茶叶检验新标准	以不得超过7%为合格	以不得超过8.5%为标准，但本年度除绿茶依据标准外，红茶以12%为合格		一、凡商人报验着色茶，须将所着色料之名称详细填明，必要时，得今呈验所用之色料；二、茶叶着色标准与制定之着色标准相同，或变更重者，禁止出口；三、凡使用含有铅、铝、钡、锅等金属（如习用之浓黄、三鱼黄及砂绿等）及其他无机或有机色料者，禁止出口	一、箱内四角及上下边线，须各加订木条4根，计共12根，以增茶箱之支持力；二、铅箔内壁，须裱糊坚洁洁纸张，使茶叶与铅箔完全隔绝；三、箱外与铅箔之茶类、商标、件数、毛重及净重（大面名目）、采（新制）采制时期、制茶庄号反及地点		霍夫门氏简易容量法

续表

年代	标准	茶叶检查事项							检查方法
		茶叶品质理化检验				着色	包装	其他(包含不合格示例)	
		水分	灰分	粉末					
现今	我国现行茶叶检验标准	6.0%~9.5%, 红茶不超7.5%, 绿茶6.0%~8.0%, 紧压茶不超过9.0%	6.5%~7.5%, 红茶不超6.5%, 绿茶6.5%~7.0%, 乌龙茶、白茶和花茶不超6.5%, 紧压茶不超7.5%	红茶不超2.0%, 绿茶1.0%~2.5%, 茉莉花茶及其他花茶不超1.5%, 碎茶不超3.0%, 片茶不超7.0%		包装规格、茶箱牢固度,对包装材料依据各种指标分项检验	咖啡碱、水浸出物、水溶性灰分、水不溶性灰分等	

资料来源：江苏省商业厅中国第二历史档案馆编《中华民国商业档案资料汇编（第一卷 1912—1928）》（下），第 344~346 页；《国内农业消息：茶叶检验规程》，《农业周报》1931 年第 1 卷第 12 期，第 40~41 页；《法规：民国二十二年度茶叶检验标准》，《检验年刊》1934 年第 3 期，第 31~32 页；屠祥麟：《中国茶叶分析及其化学检验暂行标准之研究（附图表）(未完)》，《国际贸易导报》1935 年第 7 卷第 7 期，第 75~90 页；屠祥麟：《中国茶叶分析及其化学分析暂行标准之研究（续）(附表)》，《国际贸易导报》1935 年第 7 卷第 9 期，第 75~108 页；杜刚：《茶叶检验标准》，《上海法租界纳税华人会会报》1936 年第 1 卷第 6 期，第 104~105 页；陈宗懋、杨亚军主编《中国茶经》（2011 年修订版），上海文化出版社，2011，第 659~667 页。

在茶叶的分类上更加细致化、多样化。民国时期的茶叶检验标准以上海出口茶叶为依据，仅就红、绿茶做规定，但福州、厦门、汉口等口岸出口茶叶种类较多，如1937年厦门出口之茶叶，以乌龙茶为大宗，其与红绿茶性质迥异。单以红、绿茶为标准去评定白茶、乌龙茶、花茶等，自然会产生很多问题，因为白茶、乌龙茶等茶叶无论是从抽样方法，还是品质水分、粉末等均与红、绿茶有所不同。但检验者不顾实际情形，强行套用红、绿茶标准，无异于削足适履。"此乃检验标准之规定，未能顾到全国性，通判拟定，以致发生无谓之纠纷。"从理化检验项目的数值来看，民国时期红、绿茶的检验标准与我国现行标准相差不多，甚至基本一致。比如说我国现行的绿茶水分以不超过7.5%为标准，1936年规定茶叶水分以不超7.0%为标准。除此之外，从理化检验项目的类别来看，与我国现行茶叶检验标准相差无多。特别是屠祥麟先生所提出的茶叶化学检验标准项目，如水浸出物、水溶性灰分、水不溶性灰分等与现行化学检验标准项目基本一致。

总的来说，民国时期国民政府对于茶叶的品质标准、水分标准、灰分标准，每年均有规定。每年的水分标准在逐渐减低，品质标准逐渐提高。而且对于"着色染烟假杂茶叶"① 予以取缔，禁止出口。数年来我国茶叶质量因茶叶检验的施行而改良不少。尽管茶叶检验不能从源头上改进茶叶，也未能在短时间内扭转华茶长久以来在世界市场上的声誉，但它足以显示国民政府对于茶业发展的重视和为此所做出的努力。同时严格茶叶质量检查也为茶业发展步入正轨提供了方向，为以后提供了例证。

三 设立茶业改良试验场

为打破旧时中国土法制茶带来的低效率、低品质，促进科学制茶、机械制茶等新式制茶方法在中国的普及，国民政府为此做了一定的努力，在各地设立茶业改良试验场就是其中最重要的措施之一。在当时战乱频繁、举国积弱的背景下，改良机构停续莫测、存废不定，又受制于经费与人

---

① 浙江农业大学茶学系编《庄晚芳茶学论文选集》，上海科学技术出版社，1992，第16页。

力,但其仍取得了不错的成绩,实属不易。其不仅对于红绿茶制造各个过程进行科学研究且成效显著,还在茶叶的经营与推广方面颇有建树。虽然因战争、政治等因素几度改制迁变、时断时续,但为当时茶叶产量、质量的提高注入了新的活力,为新中国成立之后的茶业发展打下了基础。

(一) 民国时期茶业改良研究机构的演变

1915年北京政府农商部在安徽祁门设立的"农商部安徽模范种茶场"是民国时期最早的茶叶专门研究和实验机构之一。后因为经费紧缩,时局变化,工作时断时续,几近停顿荒废。同年江西宁州的当地士绅及茶商日感宁红销路日蹙,联合茶界筹资10万余两,组织宁茶振植公司,以期复兴茶业。其在修水东泰乡开辟茶园1200余亩,并购置制茶机械。但因地理位置偏僻,缺乏茶业人才,惨遭失败。1917年湖南省首先在安化创办湖南省立茶叶学校,1928年改为湖南省茶事试验场,开了机械制茶的先河。1917年四川省于宜宾设立四川省立制茶厂,旨在谋求边茶的改进,但不久停顿不开。

自1919年以来,国内政治动荡,国人日益意识到只有努力发展生产才能改变国家命运。同时这一时期的"中国科学文化运动"倡导科技与实业的重要性,对于国人思想乃至政府政策的制定都有一定的影响。总之,茶业又一次引起国人的注意。

1932年,南京国民政府行政院农村复兴委员会将茶业等五项事业列为中心改良事业,在全国重点茶区都设立茶业改良场,用于本地茶叶改良及推广。同年在吴觉农先生的多方奔走下,安徽省设厅改组祁门农商部茶业试验场为安徽省立茶业改良场。1933年,全国经济委员会成立,内设农业处,专门负责茶业及畜牧生产改进事项。1935年张天福建立福建省第一个茶叶研究机构——福安茶业改良场,在李联标、庄晚芳等人的支持和帮助下开展科学试验,特别是从国外引进或自己设计制造制茶机械,为当地茶户服务。差不多同时代被建立的还有江西修水茶场。

1935年之后,各省茶业改良场纷纷设立,俱为农业处拨经费辅助设立,不久农业处取消,整个茶业改良计划备受打击。1936年起全国茶业行政事务由农业部负责,技术改良则与各省当局分工合作,由各省下拨经费6万元分别辅助皖赣浙闽及两湖之改良机构,事实上这一辅助事项的效果并不明显。之后受抗日战争、国内战争的影响，各省茶业改良场多有迁变，其中湖南安化、安徽祁门、福建福安、江西修水茶场是我国最早从事茶业改良的四个科研单位，明确它们的演变过程对于了解整个民国时期茶业改良机构情况有一定的借鉴价值，故分述如下。

祁门茶业改良场为民国时期最重要也是存续时间最长的茶业改良场之一，在我国近代茶业改革中地位突出，且其几经变制易名，发展历程曲折又混乱，故将其详细的沿革列于表5-2中。

表5-2 祁门茶业改良场沿革（1915~1944年）

时代	名称	备考
省协国立时代 （1915.4－1928.3）	农商部安徽模范种茶场 农商部茶业试验场	创成时场名 1917年11月初更名，其经、临各费除部拨，皖赣两省均有补助。其业务区域以祁门为中心，近如皖之秋浦，赣之浮梁，远及赣之修水各红茶产县，总场设祁门平里。1926年9月北伐军入境，经费无着停办。
第一次完全省立时代 （1928.4－1934.6）	安徽省立第二模范茶场 安徽省立第二茶业试验场 安徽省立第一模范茶场 安徽省立茶业试验场 安徽省立茶业改良场	1928年4月二度更名，仅保管 1928年8月三度更名，从事恢复业务 1929年2月合并秋浦安徽省立第一茶业试验场，四度更名，以祁门为总场，秋浦为分区1929年8月停办 1930年恢复业务，五度更名 1932年11月六度更名
国省合立时代 （1934.7－1936.6）	祁门茶业改良场	1934年7月由全国经济委员会、实业部、皖省政府会同组织祁门茶业改良场，委员会为主管机关。同时中央农业实验所筹合办之江西修水茶业改良场并入扩大组织，七度更名
国协省立时代 （1936.7－1944.1）	祁门茶业改良场	1936年7月由实业部协款，由安徽省管辖，名称仍旧。1937年部款停发，自1938年1月保管，由省每月发260元。后由经济部于1938年度仍拨补助费5000元，于1939年4月先行恢复技术工作。1940年1月完全恢复，其经费由理念营业盈余动支
第二次完全省立时代 （1944.1－）	安徽省立祁门茶业改良场	1944年1月八度更名

资料来源：《安徽概览·建设》，第177页，转引自王鹤鸣、施立业编著《安徽近代经济轨迹》，安徽人民出版社，1991，第178~179页。

根据湖南省档案馆农业历史资料，安化茶场原为湖南省立茶叶学校，于1917年在长沙麓山创办。1920年迁移至安化小淹，更名为湖南省茶叶讲习所。1927年迁移至资水上游黄沙坪。后来因为经费困难，于1928年7月奉令停止办学，改为湖南省茶事试验场，委任冯绍裘为场长。冯绍裘是著名的茶叶评审专家，且农学知识丰富，历任茶叶技师、总技师和副教授。其任职期间，克服没有土地可资利用的困境，租种山地300余亩，备作试验场地。1929年，鄞勤先继任场长，累计植茶十万余丛，育苗30多万株，使茶园建设粗具雏形。到1932年罗远接任场长后，出资将原租用的茶园用地全部买下，计费2500余银圆。1936年7月，奉令改为湖南省第三农事试验场，由曾留学日本的园艺学家、曾为湖南省茶叶管理处处长的刘宝书担任场长。12月，刘宝书以过去支援安徽祁门、江西修水茶场的成例，呈请省建设厅及中央实业部同意补助扩充经费。中央与省政府各拨10000银圆，指令为建筑工厂，购置制茶机械及其他推广事业之用。因经费较之前充足，刘宝书得以重新制定计划，扩大建厂规模，购置制茶机械与仪器设备，培训技术员等。①

1938年，湖南省农业改进所成立，第三农事试验场与该所合并更名为安化茶场，隶属省农改所领导，规定试验研究与精制红茶为主要工作任务。1941年《安化茶场经济制茶计划暨概算书》载："本场近三年来，研究所得之改良制茶方法，拟再创造一种木质揉茶机和精制方面的捞筛机，与本场发明之抖筛机相配合，使制茶方法渐进机械化。"② 1939年以来，先后研制成功的有轧茶机、抖筛机、脚踏撞筛机、茶叶筛分机、拼堆机、捞筛机等，各地争相仿造，推广迅速。

1943年，委任彭先泽为技正兼茶场主任，下设推广、技术、会计、总务4种职位，共22人，职工48人。这一时期正值香港被日寇侵占，海上交通受阻，茶叶出口大为减少，茶叶生产日益萎缩。同时这一时期茶叶

---

① 方永圭、廖奇伟：《安化茶场与安化茶叶》，载湖南省安化县政协文史资料研究委员会编印《安化文史资料》（第三辑），1986，第7~10页。
② 《安化茶场经济制茶计划暨概算书》，转引自方永圭、廖奇伟《安化茶场与安化茶叶》，载湖南省安化县政协文史资料研究委员会编印《安化文史资料》（第三辑），1986，第10页。

又为战时统制出口货物，一概由中国茶叶公司统一办理采购及运销业务，安化茶场仅能做红、绿茶加工试验和栽培方面的研究。《（湖南）省农改所过去工作概要》记载：1944年，因受战乱的影响，茶叶生产更加萧条，中茶公司的业务已经停顿几年有余，砖茶厂处于保管状态，仅安化茶场这一政府所属机构仍存在，然而也受限于经费，业务无甚开展，处境十分困难。① 直至新中国成立，茶场已经形同虚设。

江西修水茶业改良场的前身为宁茶振植公司。宁茶振植公司于1933年倒闭后，政府实业部令将原有茶场及机器设备租给中央农业试验所与上海、汉口商品检验局合办茶业改良场。② 上官俅所编写的《江西修水县之茶业》记载：该场设于修水城西对河山坡之下，内部共占山田二百六十余亩，建有木质厂屋一所，为试验制茶之用。场内设一名主任，由江西农业院技士调充，技术员一人，书记、办事员、练习生各一人。1934年10月，修水茶场移充祁门茶业改良场之用，场部设在祁门，经费由农业部补助。1939年江西农业院以修水茶场居临前线，则将人员设备移设婺源，另立婺源茶业改良场，并在浮梁设立分场。③

1915～1932年，是茶业改良机构开始创办的时期，但最终这些机构都处于停顿不开的状态。从1932年开始，在吴觉农先生等人的奔走呼号下，国民政府终于在真正意义上重视茶业，不仅对原有的茶业改良场进行改组合并，还专门划拨经费扶持各茶业改良场。1935年之后全国各地掀起建设茶业改良场的热潮，但受抗日战争等的影响，茶业改良场又开始迁移变化，直至新中国成立，才有所稳定。"总观既往，改良研究机构停续莫测，存废无定，既受环境之影响，又乏通盘之计划，期具有良好成绩自属不易。"④

---

① 《省农改所过去工作概要》，转引自方永圭、廖奇伟《安化茶场与安化茶叶》，载湖南省安化县政协文史资料研究委员会编印《安化文史资料》（第三辑），1986，第10页。
② 王红谊等编著《中国近代农业改进史略》，中国农业科技出版社，2001，第80页。
③ 上官俅：《江西修水县之茶业》，《工商通讯》1937年第1卷第20期，转引自江西省社会科学院历史研究所、江西省图书馆选编《江西近代贸易史资料》，江西人民出版社，1988，第418～419页。
④ 浙江农业大学茶学系编《庄晚芳茶学论文选集》，上海科学技术出版社，1992，第6～7页。

(二) 研究改良的成绩

"茶业改良机构中除祁门茶业改良场历史最为长久外,其次为江西、湖南等茶业改良场,再次为福建和浙江,各场对茶业改良成绩虽无特殊显著之表现,但亦有足道者。"① 本节仅就祁门、江西、湖南这3个茶业改良场逐一讨论,总的来说它们都是从3个方面来探求中国茶业的进步方法,其一是科学研究,其二是茶叶经营,其三是推广应用。这些改良场在一定程度上所获成绩不少,对于茶业的发展也影响颇深,对比见表5-3所示。

表5-3 民国时期主要茶业改良试验场成就概况

		茶业改良试验场		
		祁门茶业改良场	湖南安化茶场	江西修水茶业改良场
科学研究	茶树栽培及茶叶制造	栽培方面:无性繁殖扦插试验,压条方法,茶籽选择试验,茶树品种改良;制茶方面:室内萎凋,试验萎凋方法及适度,揉捻工具有揉捻机、手摇揉捻机、单动双动揉捻机,此外开展设计发酵用器、探求发酵方法时间适度、应用烘焙机械、改善烘焙方法等试验	栽培方面:选种试验以盐水选种为佳、播种期试验以3月中旬播者为适,播种深度以6.6厘米左右生长较良;茶树修剪能增加收获;制茶方面:偏重红茶试验,特别是对于萎凋、揉捻、发酵等过程	栽培方面:扦插、播种等;制造方面:红绿茶制造各个过程之试验,如红茶之发酵结果28℃以3小时为适
	制茶机械改良	抗战胜利前有揉捻机、解块筛分机、烘干机,抗战胜利后仅有抖筛机、切茶机、拣梗机、风茶机	木质揉茶机、A型烘干机、轧茶机、抖筛机、脚踏撞筛机、茶叶筛分机、拼堆机、捞筛机等	木质筛分机、红茶萎凋机
茶叶经营	推行茶叶生产合作社	1932年在平里首办茶叶合作社1所,等级社员58人,资金3000元,并介绍银行贷款1000元,共制茶59箱。至1940年发展到71个茶叶产销合作社,社员有3100人,共制茶13200箱,占全县箱茶总数的21.9%	与湖南省茶叶管理处联合商请修业农校师生,在资江两岸茶区,动员群众,组织茶叶生产合作社,产制运销,概由省第三农事试验场负责技术指导。共成立98社,社员4671人,社股达9522元	1936年江西省合作委员会在修水茶区开始组织茶叶运销合作社。1937年计组织有10余社,全面抗日战争爆发后修水茶区继续发展,计达42社。1940年计52社,1941年则减为38社

---

① 浙江农业大学茶学系编《庄晚芳茶学论文选集》,上海科学技术出版社,1992,第7页。

续表

	茶业改良试验场		
	祁门茶业改良场	湖南安化茶场	江西修水茶业改良场
推广（生产辅导、技术推广和调查统计）	1937年编印《怎样采茶》《祁红毛茶怎样做法》《毛茶怎样烘法》《祁红毛茶怎样复制》《红茶怎样的看法》《制茶工厂怎样管理》6种技术浅说数千册，发给茶农和一些茶号。培育优良种苗赠送给省内外各地茶农机构和茶农栽植,1934年共赠发茶苗20多万株	示范种茶及制茶，推广手摇揉茶机，统计湘红产量，宣传改良制茶，督导茶垦复茶园，协助省修业农校建立茶科分校等	组织示范社和普通社，以合作的方式指导茶农培养方法

资料来源：浙江农业大学茶学系编《庄晚芳茶学论文选集》，上海科学技术出版社，1992，第6~17页。

相较于其他两个茶业改良场，祁门茶业改良场存续时间更长，所获成绩也更多，特别是科学研究的成果可见于历年业务和工作报告中。其中有一些也发表于专业期刊，比如《国际贸易导报》《中国实业杂志》等。该场自1932年起开始进行气象观测，《祁门茶业改良场二十三、四年度业务报告》以及《民国二十五年至二十八年茶季气候观察报告》（铅印本）中记载1935年和1936年两年的气候观测结果。我国茶业合作首倡于安徽祁门，1932年由吴觉农先生任祁门茶场场长，就极力提倡组织合作社。但祁门茶场的最大成效是推行经济制茶，"每年所制茶叶除1933~1934年推销上海为茶栈洋行歪曲事实压低价格外，以后每年均得红茶之首盘，获利不少，祁门茶场之经济制茶可谓公营茶厂之先例"[①]，见表5-4所示。

此外，茶业改良场的技术溢出效应明显。首先，统计1935~1948年祁门茶场的鲜叶收获量1940年达到最高，为24449斤；1945年最低，仅

[①] 浙江农业大学茶学系编《庄晚芳茶学论文选集》，上海科学技术出版社，1992，第8页。

表 5-4　1935～1940 年祁门茶场经济制茶概况

单位：箱，元

年份	制茶箱额		成本总额	收入总额	比较盈亏		
	正茶	副茶					
1935	56	19	1870.67	2233.19	盈	362.52	
1936	219	58	8333.59	18338.88	盈	10005.29	
1937	615	106	37354.70	54619.85	盈	17265.15	本年茶价未结，所列收入系估计数
1938	450	116	23823.10	52771.61	盈	28948.51	
1939	536	181	49287.57	78496.67	盈	29209.10	
1940	1234	392	35309.89	203135.60	盈	77744.71	
合计	3110	872	246060.52	409595.80	盈	163535.28	

资料来源：浙江农业大学茶学系编《庄晚芳茶学论文选集》，上海科学技术出版社，1992，第 8 页。

为 3922 斤。其次，建有初制和精制工厂，均使用机械进行生产，极大地改进了祁门红茶的生产工艺和提高了产出数量。1935～1948 年自营制造祁门红茶（包括正副产品）共 5300 多担，其中 1941 年达到最多为 1613 担。祁门茶场先后与中国茶叶公司、安徽茶叶公司联营共制 2890 担。此外，还先后承担崇安茶研所、宁尉廷茶商、大中国茶叶公司、华制茶公司、人和合记茶厂、中央信托局等委托共同制造茶叶 2016 担。[①] 1937 年湖南安化茶场联络闽、浙、皖、赣 4 省，组成中国茶叶公司，并与之商订具体合作办法，即中国茶叶公司在湖南设置红茶精制厂，在安化仙溪、小淹、江南、雅雀坪、西州、乔口、东坪、马路、探溪、润溪、蓝田等处设立鲜叶初制厂。1937 年《市场新闻》报道，宁红机制茶售出历史最高价。

此外，1933 年 6 月底的《中央日报》对江西修水茶场的成绩有专门报道，称："现闻该场头茶已转运到沪，经各大茶号及购茶洋行品评，红茶之色香味均极良佳，其优者堪与印锡红茶相匹敌，次者亦不亚于祁红。兹该场以原有器械尚不甚完备，对于制茶机械改良研究不遗余力，除由吴

---

① 中国人民政治协商会议、祁门县委员会文史资料研究委员会编《祁门文史》（第二辑），1988，第 53 页。

委员觉农、方委员翰周设计所造之绿茶机械运场试用，成绩甚佳，并由该场主任俞海清、技术员冯绍裘设计制造红茶萎凋机……极为灵便。该机已于本月十四日实地试用，所萎凋之叶，无异于阳光晾青者。如是则中国多年以来天雨不能制造红茶之困难，一旦迎刃而解矣。"[1]

虽然茶业改良场在战乱中几经更迭，受制于经费短缺，经常处于保管状态，但它们对于当地茶业的发展，尤其是对于新式制茶法的研究和推广起到重要的作用，比如一些新式的制茶机械，多为我国自主研发，一定程度上提高了我国茶叶的品质和数量，挽救了华茶在国际市场的颓势。有关福建福安茶场的情况见于下文。

第二节 民国时期茶业复兴实例——福安茶业改良场

唐代陆羽的《茶经》中早有记载，茶"生福州、建州……往往得之，其味极佳"。由此可见福建产茶历史之悠久，而且在唐代已经达到了一定的规模。在清代福建茶叶生产进入了鼎盛时期，不论种类还是茶叶的产量和质量，都有了很大提升。然而由于茶叶种植在其他国家和地区的开展，中国的茶叶贸易受到了挤压。民国时期，福建政府意图复兴茶叶种植及生产，促进地区经济发展，由于资料缺乏，这方面的研究比较分散。

2008年5月，我们在武夷山市档案馆发现了一批非常珍贵的史料。其内容是1935~1942年关于福建省茶叶科研机构和茶业职业教育的历史资料，主要有：1937年的一期《安农校刊》；著名茶人张天福先生的口述《我的回忆》；1939年的调查报告《三年来福安茶业的改良》；关于茶厂的介绍《一年来的福建示范茶厂》；等等。以这些材料为中心，在收集了大量其他资料的基础上，我们力图展现抗战前期，福建茶叶生产的面貌，重现当时的茶人为复兴福建茶业所做出的多种努力，勾勒民国政府复兴茶业的全貌，弥补当前学界对此情况研究的空白。

而福州港则在第二次鸦片战争中兴起。"自1803年开港后，就有英、

---

[1] 《江西修水茶业改良场发明制茶机械》，《中央日报》1933年6月28日。

美商人到福州购买茶叶，运销欧美各国。鸦片战争以后，福州列为五口通商口岸之一，闽茶直接输出口外，使福州成为国内三大茶市之一。福州茶叶贸易最旺盛的时期，约在19世纪60年代至20世纪初叶。当年福州输出货物总值中，茶叶几达百分之八十。集中福州转口的茶叶，有红茶、绿茶、青茶、白茶、砖茶等，其中以红茶为大宗。"① "清末民初以后，印度、爪哇、锡兰、日本等国都先后种茶成功，夺取了我国部分国外贸易市场。福州茶叶外销数量虽已大不如前，但由于它是花茶的发源地，因而一直全抗日战争以前，其茶业营业额仍保持在兴盛与平稳之间……1929年曾达到352500余担（其中包括少量三都口出口数）；茉莉花旺产时，日达二三千担……当时福州茶商大户如闽帮的'福胜春'、'庆春'、'建春'，天津帮的'成兴'、'正兴德'，山东帮'泉祥'以及后来的何同泰茶厂等，营业均十分兴旺。大厂在旺产时制茶技工多者达数百人，拣茶工数千人，年可产茶叶二至五万担。"②

"晚近因受新兴茶业国家之竞争，益以采制经营未臻完善，致销路陷入疲致不振状态。际此抗建时期，茶叶为我国主要外销货品，且为易货及换取外汇之重要物资，兼以一般茶农茶商因海口被敌封锁，运销两感困难，对于茶叶采制渐乏兴趣。"③ 可见抗日战争初期我国茶业发展的恶劣环境。其他产茶国的勃兴与国内生产方式的落后都成为茶业发展疲滞的因素。1935～1945年的福建对外贸易整体呈衰落趋势，对外贸易总值1936年9700多万元，而1943年仅有647万元。贸易衰落的原因在于"当时外受世界经济衰退之影响，内因银价高涨，外汇汇率上升，省内外购买力萎缩之结果。再加上日寇封锁海岸，公路被破坏，运输困难，使进出口贸易大幅度下降"④。

1935年，福建财政厅厅长陈体诚与教育厅厅长郑贞文为恢复和发展福建省茶叶生产，商定在福安（专属所在地）设立"福建省建设厅福安

---

① 中国民主建国会福建省委员会、福建省工商业联合会合编《福建工商史料》（第三辑），1988，第122页。
② 中国民主建国会福建省委员会、福建省工商业联合会合编《福建工商史料》（第三辑），1988，第123页。
③ 福建示范茶厂编《一年来的福建示范茶厂》，福建示范茶厂，1941，第1页。
④ 廖大珂：《福建海外交通史》，福建人民出版社，2002，第517页。

茶业改良场"为科研机构，当年还设立了"省立福安农业职业学校"，作为茶业人才的职业教育单位。1938年教育厅将福安农校合并到福建农学院。1938年8月，茶业改良场被划归福建省农业改进处，9月奉令迁往闽北崇安赤石镇，原福安茶业改良场成为分场，后来称为"福安分场"，并在福安设立"福建示范茶厂"作为生产单位。之所以选择福安一地，是因为福安县的红茶产量占了"全省半数以上"。抗日战争开始之后，国民政府为了提高国家财力，要求各省成立茶业管理机关。1938年4月1日，将福建省原有茶仓管理所及出口红茶联合远销处，二者合并，设立茶业管理处，1939年4月1日，由于福建省政府调整行政机构，又改称茶业管理局，开始了茶叶的"统购统销"，力图在此艰难的环境中，挽救中国的茶业。

一 科研机构

在《我的回忆》中，张天福先生叙述了福安初级农业职业学校、福建示范茶厂、福安茶场的创立和发展过程，对学校的教师、茶厂的经营人员和茶场的科研人员都做了介绍。福建省原有各茶号，设备简陋，掺假行为也无法断绝。在闽东成立福安茶业改良场，除了进行科学研究外，还兼有监督和示范生产的功能。

福安茶业改良场与安徽祁门茶场、湖南安化茶场、江西修水茶场，同为国内最早从事茶业改良的四个科研单位。① 现在福建省农业科学院茶叶研究所的前身就是在1935年成立的福建省建设厅福安茶业改良场。在福安设立茶业改良场，隶属福建省建设厅农林股，是一个省级的试验研究机构。1935年8月，福建省建设厅于福安社口设立福安茶业改良场，茶场选在驰名中外的"坦洋功夫"红茶的生产中心地——社口，进行有关茶叶品种、栽培试验。② 1937年增加制茶试验，设制茶厂。

抗日战争爆发后，福安茶业改良场迁崇安赤石，更名为崇安茶业改良场。1938年，又在福安建立茶业改良试验区。1938年7月迁于崇安赤石，

---

① 方永圭、廖奇伟：《安化茶场与安化茶叶》，载湖南省安化县政协文史资料研究委员会编印《安化文史资料》第三辑，1986，第7页。
② 福建省地方志编纂委员会编《福建省志·农业志》，中国社会科学出版社，1999，第409页。

更名为福建省农业改良处崇安茶业改良场。1939 年，茶业管理局为免偏废闽东茶业，复设福安茶业改良试验区，并在福安之社口、棠溪、穆洋设立 3 个制茶所。1940 年，福建示范茶厂成立后，将其场、区、所统隶之。① 1942 年，民国政府中央财政部贸易委员会接管设在武夷山地区的福建示范茶厂，建立第一个全国性茶叶研究所（抗战胜利后停办），主要进行茶苗繁殖更新、茶树栽培法、制茶工艺及机械等研究，1946 年合并崇安茶场。②

（一）科研人员

茶业改良场和示范茶厂当时引进了大量的人才资源，作为科研攻关的技术力量。现列举部分如表 5-5 中。

表 5-5 科研机构和茶厂的技术力量（部分）

技术人员	职务	日后成就	技术人员	职务	日后成就
李联标①	技师,兼农校讲师	茶业专家	陈 橡	制茶所所长	茶业专家
庄灿彰②	技师,兼农校讲师	茶业专家	林馥泉	制茶所所长	茶业专家
庄晚芳	技师,兼农校讲师	茶业专家	陈时中	技师	
童衣云	技师,兼农校讲师	茶业专家	梁达新	技师	
张天福	茶场负责人	茶业专家	王世亿	技师	

注：①李联标（1911~1985），江苏六合县人。新中国成立初，深入茶区调查研究，制定全省旧茶园改造与新茶园建设规划，领导茶叶改制。1958 年后，主持中国农业科学院茶叶研究所得茶树栽培技术研究。1964~1965 年受农业部委托，主持并参加甘肃、西藏等新茶区的考察、开发等研究。70 年代参加山东新茶区的考察，80 年代致力于研究生的培养和主持茶树品种资源的研究。《中华当代茶界茶人辞典》，第 90 页。
②庄灿彰，1937 年著有《安溪茶业调查》一书，时为福安茶业改良场技师。书中详尽记录安溪茶业的各个方面，从社会背景、栽培环境、栽茶历史、栽培面积与生产数量、繁殖方法、栽培品种管理方法、制茶方法，到安溪茶的检验、品茶、茶之贩卖等。参考池宗宪《铁观音》，中国友谊出版公司，2005，第 50 页。
资料来源：张天福：《福建茶叶科研机构和茶叶职业教育的历史资料（1935—1942 年）》，武夷山市档案馆，1978。

从表 5-5 可以看出，后来中国茶业界的十大专家有三位曾就职于此，是国内屈指可数的茶业方面的专家型科研人士。可见当时福建省为了茶业

---

① 福建省地方志编纂委员会编《福建省志·农业志》，中国社会科学出版社，1999，第 411 页。
② 福建省地方志编纂委员会编《福建省志·农业志》，中国社会科学出版社，1999，第 411 页。

的发展，吸引了全国顶尖茶业人才进入茶场进行研究，而这种前瞻性的政策，也为我国日后茶业的发展奠定了相当的基础。其中李联标先生在1935年从金陵大学农艺系毕业后，就参与了福安茶业改良场的创设。在1945年之前，他还参与了贵州省湄潭实验茶场及福建省崇安实验茶场的建设和科研工作。

（二）生产技术改良及其影响

我国加工茶叶，一直使用的是传统的制茶方法。使用机械制茶始于1876年，俄商在华建立蒸汽机、水力压机砖茶厂，压制砖茶输俄。而中国商人开始使用制茶机械，则始于福州。1896年，福州成立机器制茶公司。1897年，温州开始用机器制造红茶。1925年，浙江余杭首次引进日本茶叶揉捻机。1929年，江西茶商从德国引进制茶机械，创办我国首家机械化茶叶精制厂。1932年，冯绍裘设计制造木质揉捻机和 A 型烘干机。1935年，安徽祁门茶业改良场引进德国大型制茶机械加工红茶。[①] 使用机械制茶，能够降低茶叶生产的成本，进行批量生产，并且使生产过程标准化。所以，在与其他国家的市场竞争中，中国的茶业建设者，也逐渐认识到了机械化生产引入和推广的必要性。

建立福建福安茶业改良场之后，1936年引进德国大型制茶机械加工红茶。向日本伊达工厂定购全套红茶机械制造设备，伊达工厂与德国有业务来往。1936年运到并安装，1937年投产。这是福建省制茶史上由手工过渡到机械制茶的开端。当年即"制茶81箱，由英商裕昌洋行每百斤银（元[②]）七十五两成交（福安一般红茶最高价为五十六两）"[③]。此茶比以往的茶价高出了34%，这就意味着，机械制茶能带来更多的利润，并且制成的茶叶"外表形状香味水色，均较一般手工制造者为优"[④]。1938年除留作罐装及袋泡茶外，其余制茶28箱，经中国茶叶公司、商检局、汪裕泰茶号，以及专家吴觉农、冯绍裘等审评，认为比过去"建红"茶的

[①] 中国茶叶股份有限公司、中华茶人联谊会编著《中华茶叶五千年》，人民出版社，2001，第475页。

[②] "元"，疑为一衍字。文中价格以两计，则应该是白银而不是银元。

[③] 张天福：《福建茶叶科研机构和茶叶职业教育的历史资料（1935—1942年）》，武夷山市档案馆，1978。

[④] 黄锚：《复兴道上之福建茶业概观（上）》，《闽政月刊》1939年第4期。

品质大大提高，堪与"祁红"媲美。此产品"由茶业管理局在香港以每百斤港币130元出售，比当年福安、寿宁各县出售的红茶最高价港币95元，高出37%"①。一年之后，茶叶的品质就得到了提高，茶价差也从之前的34%增长到了37%，增长了3个百分点。

如此高的利润，使得当时福安茶业改良场使用机械制茶的消息广为传播，许多厂家都来向其请教生产方法。这是福建茶场技术改良后的第一次技术传播。先进的技术，让许多制茶商趋之若鹜，增加了使用机械制茶的比例，也坚定了各地茶叶生产者研究先进的制茶技术提高茶叶品质的决心。

而除了改良示范之外，茶业改良场还兼有协助监督茶号生产及定价的功能。改良场每天都要将毛茶的价格悬牌公告，以免茶号随意压低价格，倾轧茶农。此外，对茶号中的掺假作伪、粗采滥摘行为进行取缔②，比如人工进行薰烟着色等。

福建省政府当时看到福安茶业改良场的成功之后，原本拟定拨出一批款项来购买更多的机械开展生产，无奈当时正值抗日战争期间，政府收入已经减少，海面也被日本军队封锁，购买机械困难，机械生产普及化难以实现。

二 科研教育

吴觉农先生在《中国茶业改革方准》一文中痛陈中国茶业失败的原因，即没有茶叶方面的人才。而在如何培养人才上，他就建议设立茶叶专科，派遣留学生，"亟设巡回教师，成立茶叶传习所，在甲、乙种农校中加设茶叶专业"等。③

民国时期，福建省相继成立农、林、蚕、茶等学校，培养技术人员和开展学校周边技术培训推广工作。④ 1935年，福建省财政厅厅长陈体诚⑤

---

① 张天福：《福建茶叶科研机构和茶叶职业教育的历史资料（1935—1942年）》，武夷山市档案馆，1978。
② 黄镪：《复兴道上之福建茶业概观（上）》，《闽政月刊》1939年第4期。
③ 王旭烽：《茶者圣——吴觉农传》，浙江人民出版社，2003，第25页。
④ 福建省地方志编纂委员会编《福建省志·农业志》，中国社会科学出版社，1999，第417页。
⑤ 陈体诚（1893~1942），我国著名的公路工程师，曾赴美留学，后任福建省建设厅厅长、财政厅厅长。他在浙江、福建任职期间所建公路达数千公里，被誉为"我国公路运输的奠基人"。1942年在西南督运抗战物资过程中，染病亡故。

与教育厅厅长郑贞文为恢复和发展福建省茶叶生产，设立"省立福安农业职业学校"，原为初级，1936年改为高级茶叶科，作为茶业人才的职业教育单位。该学校一是为了培育茶业人才，二是为了改进茶叶技术，开始了"研学一体"的发展模式。1938年福建省教育厅将福安农校合并到福建农学院。

（一）《安农校刊》所反映出的职业教育情况

在该学校的开办期间，发行了校刊，即《安农校刊》，我们目前收集到的，为1937年出版的1卷2期。1937年1月1日出版的这期《安农校刊》为福建省立福安初级农业职业学校编印。这本期刊不仅收录了当时致力于福建茶业的各位人才的文章以及国外资料的译文，而且展现学校的茶叶课程、学生生活等。卷首附有学校的校歌，以及当时学校教学和学生学习、生活和娱乐的照片。"卷首语"由张天福写作。在正文后附录了学校茶业科的课程，教材和教学大纲，学校的组织系统表，教职员一览表，各级学生人数，籍贯年龄比较表，还附上了学生自治会会歌及平时的"作息歌"。内容非常全面，从学习到生产、生活、课外以及校内行政均有涉及。期刊的正文部分内容见表5-6所示。

表5-6 《安农校刊》1937年1卷2期论著目录一览

文章题目	作者或译者
改良福建茶业与职业教育的实施	张天福
中国茶叶分布的梗概	范则尧
茶业经营年中行事历	陈汉杰
制茶处理上的疏忽和错误	童衣云
红茶精制筛分顺序表	童衣云
茶之检验概说	童衣云
复兴福安茶业声中急应组织的运销合作社	林传光
中国茶史概说	王景纪
茶藉一束	剑屺
中国的茶业	江中砥（译）
本年祁红实行统制后之不完善处及其补救办法	庄晚芳、童衣云
介绍福安茶业改良场	童衣云
复兴华茶三大原则	茶者

从表 5-6 中可以看出，该校刊的内容都是与茶叶相关的。不论是中国的茶叶历史，还是茶叶经营，抑或茶叶生产中的技术问题，均有涉及。内容丰富，且论述者见解深刻，介绍详细周到。

其中列举了学生的专业课课程①，包括茶业史、茶业地理、茶树栽培、茶叶制造、茶业经营、茶树病虫害、茶叶检验、各国茶业研究、制造机械学，茶学大意、作物学、蔬菜园艺、果树及花卉、森林学、牧畜学、养蜂学、农产制造。可以看出，该校在涉及茶叶生产的各方面都设置了课程供学生学习，而且学生不仅要学习与茶叶生产直接相关的知识，甚至还要学习茶业发展的历史，以及园艺、花卉、畜牧等农学课程。这样，就不仅让学生学习技术，还深化了他们的认识，使得他们的知识体系更加完整。其后还列出了各科的课程大纲，以及每周课程表设置及教学进程规划，以及教职员一览表，各级学生人数，籍贯年龄比较表。附录中还加入了"学生自治会会歌"和"作息歌"的曲谱和唱词，并有专门的一项内容记录校庆活动过程，及校庆时学生出游的照片。

卷首的照片，其中一张是"和本校合作的建设厅福安茶业改良场制茶工场和机器"，图片中展现了茶业改良场的厂房及大片的茶田，以及几种制茶的机械。

除了对农业和茶业方面专业知识的学习，从校刊的照片中，还能看出学生的课余生活丰富多彩。除了日常的早操之外，学校有"力士团"，参加者多为身体健壮的学生。还常常进行篮球比赛，分为学生球队和教职员球队。有时还进行拳击和摔跤比赛。这些都是为了锻炼同学们的身体，增强体能，提高团队合作意识。

在日常的课堂学习之外，学生们也去田间进行工作，亲自实践农业生产。在国难当头的时代，他们还在街头进行募捐活动。写海报，做演讲，开展禁烟宣传。

这些教育内容，都体现了当时除了培养学生们的专业技能之外，也对学生的体育、美育和德育相当的重视，在民族生死存亡的关头，激发同学们的爱国心。这些都完善了学生的人格，达到了教育的目的，使得学生们

---

① 《本校茶业科课程及教材大纲》，《安农校刊》1937 年第 2 期。

真正成为茶叶生产中的后备人才。但是也能发现一些问题，比如，学校的学生只有男性学员，没有女性学员，体现了女子教育的缺失。

（二）茶业人才培养

福安农职学校的师资力量在当时也是不容小觑的，除了茶场的科研人才作为农校讲师之外，学校还聘请了当时能够挖掘到的技术力量。学校与茶业改良场互相合作，互为依托。童衣云撰文描述了校场结合的意义："本校茶业科之创办，福安茶业改良场之设立，以树复兴福建茶业之根基；且校场两方密切合作，一负培育茶业人才之责任，一任改进茶业技术之使命，双管齐下，相辅而行，俾收复兴福建茶业之实效。"① 1939 年，茶业管理局招收了 50 名学员，又借调了学生 30 余名（其中有福安农职学校的学生），到茶业管理局进行训练，然后就"分派到各县及长驻各茶号负责指导"②，还在福安茶业改良场，招收了技术人员，组成"制茶巡回工作队，到各乡区办理宣传调查指导事宜，并携带简单制造工具，实施表演改良方法"③。不但如此，他们还取缔了茶叶生产中的掺假行为，并且对茶农的生活状况做了调查。为期六个月的实践，使学生们认识到了当时生产中的很多弊端，比如山价过高、擅用大秤等。

学校不但要培养茶业人才，而且肩负着复兴福建茶业的重担。可见教师们的责任之重大，部分教师如表 5-7 所示。

表 5-7　福安农职学校的师资（部分）

师资	学历状况	所授学科
江中砥	福建协和大学教育学士	国文,公民,英文
李廷绶	福建协和大学理学士	数理,机械学
陈桂荣	福建协和大学理学士	生物化学,农产制造,茶树病虫害,养蜂学
林传光	河南大学农学士	农学大意,作物学,畜牧学,茶业经营
王世浩	留日回国	—
范则尧	金陵大学农业专修科毕业	造林学,果树花卉,茶业地理
刘仰文	毕业于金陵大学农专	—

---

① 童衣云：《介绍福安茶业改良场》，《安农校刊》1937 年第 2 期。
② 黄锼：《复兴道上之福建茶业概观》（上），《闽政月刊》1939 年第 4 期。
③ 黄锼：《复兴道上之福建茶业概观》（上），《闽政月刊》1939 年第 4 期。

续表

师资	学历状况	所授学科
王景纪	大夏大学高等师范专修科毕业	国文,茶业史
游通儒	福建协和大学肄业	体育
张天福	金陵大学农学士	茶叶栽制,茶业研究
庄灿彰	金陵大学农学士	茶树育种及栽培
童衣云	苏州博文中学毕业	制茶及检验
陈汉杰	福建省立甲种农业学校毕业	茶叶栽制,蔬菜园艺

资料来源:《福建省立福安初级农业职业学校教职员一览表》,《安农校刊》1937年第2期。

从表5-7能看出,该校教师资源也是相当丰富的,在抗日战争中,福建处于沦陷区,能够集中如此多的人才实属不易。表5-7中的教师大都是大学中走出的技术和教学人才。在这样艰苦的环境中,依然培养出了众多优秀的学生,其中有很多人成为大陆和台湾地区的茶业界知名人士。部分学生如表5-8所示。

表5-8 福安农职学校培养出的茶业人才(部分)

学生姓名	日后的成就
吴振铎	台湾茶业界知名人士
林复	台湾茶业界知名人士
李孟昌	台湾茶业界知名人士
李文庆	台湾茶业界知名人士
蔡润生	中国科学院上海药物研究所研究员
仉郑重	晋江地区工商联民建主委
李润梅	政和茶厂厂长
黄麟琪	福安茶厂工程师
陈士雄	福安茶厂工程师
黄桐孙	宁德地区茶叶学会代表
张步韩	毕业后即为茶厂技师
张鸿经	毕业后即为茶厂技师
吴肇麟	毕业后即为茶厂技师
朱龙文	福建茶厂总工程师
邰大传	江苏省农业厅工程师
朱鸿寿	江苏省农业厅工程师

资料来源:张天福:《福建茶叶科研机构和茶叶职业教育的历史资料(1935—1942年)》,武夷山市档案馆,1978。

由表 5-8 中可见，很多学生在日后对中国的茶叶生产做出了贡献。特别是吴振铎和林复两位学生，成为台湾茶业界的泰斗。而很多学生毕业后留在了茶业改良场从事科研工作，或者进入福安茶厂指导工人生产。这里只列举了少数学生。1935~1941 年，正值日本侵略势力步步侵入中华大地之时，职业学校却为发展战争期间的茶业培育了大量骨干力量，而这些接受了职业教育的毕业生，前往祖国各地，发挥自己的所学，成为中坚力量。这种人力资源的辐射力，逐渐体现出长足的动力和影响。

三　生产运销

自福安茶业改良场利用机械试制茶叶成功之后，福建省一直筹划推广机械化生产，无奈资金有限，且国难当头，海运封锁导致运输困难。1939 年，中国茶叶公司经理寿景伟到福建省，与省府顾问徐学禹商议建立"国省合营之集体茶园及示范茶厂"①。1940 年，福建省政府与中国茶叶公司及福建省贸易公司在崇安合办了福建示范茶厂。1942 年，国民政府财政部贸易委员会接管设在崇安的福建示范茶厂并改为茶叶研究所，1946 年由农林部中央农业实验所茶叶试验场接管。②

（一）发展历程和生产结构

1939 年由中国茶叶公司并福建省政府联合投资 100 万元设立福建示范茶厂。《一年来的福建示范茶厂》中记载："我中央暨本省当局为谋统一管制，救济茶农，及改良制造研究品种，增加生产起见，乃筹议设本厂。于民国二十八年十月间开始筹备，翌年二月一日正式成立，设总厂于崇安之赤石，分厂于福安、福鼎，并于政和及崇安之星村设制茶所，资本总额原定为六十万元，由福建省贸易公司及中国茶叶公司福建办事处各认三十万元。嗣因业务日渐扩充，原有资本不敷应用，经本厂监理会第五次会议议决，增加资本总额为一百万元，由省方及

---

① 黄镪：《复兴道上之福建茶业概观》（上），《闽政月刊》1939 年第 4 期。
② 福建省地方志编纂委员会编《福建省志·农业志》，中国社会科学出版社，1999，第 410 页。

中茶闽处各认半数，均先后如数收足。"① 这段话详细地说明了建立茶厂的初衷及建立过程。茶厂本质上是国民政府进行经济统制的产物。由政府牵头组织，福建省贸易公司和中国茶叶公司投资筹建，共花费100万元。

茶厂设在崇安，于1940年1月成立。总厂下设福安、福鼎分厂，政和、星村、武夷制茶所，为当时国内规模最大的茶厂，厂长为张天福先生。② 原有茶业改良场并入了茶厂。茶业改良场的福安分场由福建示范茶厂福安分厂接管。从此时起，福建省茶叶科研系统分为两路，即闽北的崇安和闽东的福安③，崇安县立初级茶业职业学校即设在示范茶厂内④，基本上在地区建立"产学研一体"的发展模式。学校培养茶业发展需要的人才，学生们实习则在茶厂进行，相辅相成，使得人力资源得到了充分的补充和利用，继而开了福建闽东地区茶业职业教育的先河。而原茶业改良场（现由福安分厂接管）则进行各种科技创新或引进新技术的工作，例如培养新茶种，对茶叶的生产过程进行改良，开发新的仪器设备，培育茶业科研人才等。茶厂则利用茶业职业教育中培育的人才进行生产，利用茶场的科研改良和创新，进行生产活动。在厂内部设立了自己的科研机构——制茶所，这也是一大创新点。当时的技术人员有"副厂长庄晚芳，制茶所所长陈椽、林馥泉，技师陈时中、梁达新、王世亿，技术员吴振铎、仉郑重、黄桐孙、张步韩、张鸿经、吴肇麟等"⑤ 二十余人。在生产的过程中，他们对技术也进行了不断的改良，开展了有益的探索。例如"在崇安搜集省内外44个茶树品种，建立了茶树品种园以及结合生产进行了扦插、茶籽播种期、茶苗种植期等试验，还进行了闽茶分级、武夷岩

---

① 福建示范茶厂编《一年来的福建示范茶厂》，福建示范茶厂，1941，第1页。
② 张天福时任福建示范茶厂厂长，苏皖技艺专科学校茶叶科副教授，崇安县立初级茶业职业学校校长。
③ 张天福：《福建茶叶科研机构和茶业职业教育的历史资料（1935—1942年）》，武夷山市档案馆，1978。
④ 张天福：《福建茶叶科研机构和茶业职业教育的历史资料（1935—1942年）》，武夷山市档案馆，1978。
⑤ 张天福：《福建茶叶科研机构和茶业职业教育的历史资料（1935—1942年）》，武夷山市档案馆，1978。

茶含氟量、简便揉茶机的设计等试验研究"①。尤其是在对武夷岩茶含氟量的改良研究中，茶厂与福建协和大学化学系进行了合作研究，这成为工厂和大学联合进行研究的一个范例。

1941年日军侵占香港，封锁出海口，致使茶叶不能出口。1942年8月福建示范茶厂移交财政部贸易委员会茶叶研究所接管，所长为吴觉农。"茶叶研究所所址就设在武夷山麓，这里有前福建示范茶厂经营的巍峨厂房，山上还有十多个专制岩茶的名厂和企业的广阔茶场等良好的基础，当地的品种资源又十分丰富，在烽火遍地的当时，确实是一个十分理想和非常适宜的所址。"② 示范茶厂的巨大规模和齐备的生产条件，已经成为当时茶叶生产领域当之无愧的领先者之一。

福建示范茶厂在经营中，其常规事务可以分为几项，一为栽培，二为制造，三为研究试验，四为运销。政和制茶所、星村制茶所、武夷制茶所为直属总厂制茶所。畜牧场、锯木厂为办理副业场所。第一、第二茶区为栽植茶苗，改良品种之实验场所，均隶属于总厂。福州接洽处主要负责推销产品和采购，由业务科统管。栽培事务中，包括开辟与种植，日常对茶叶的管理等。制造事务中，包括工场的安排，生产制茶的流程，以及指导工人制茶等。研究试验事务，包括设置茶树品种园，茶树扦插繁殖试验，茶籽储藏试验，茶籽播种期试验，茶苗种植期试验，闽茶之定名分类及分级试验，福建茶叶含氟量研究，简便揉茶机之设计等。运销业务，包括安排每年制茶的种类和数量，与当地的茶农进行合作，茶叶的仓储和销售。此外，还有出席全国茶业技术讨论会、编印浅说手册、进行气象观察等工作。除了茶叶生产之外，还开展了副业，附设了锯木厂和畜牧场。装茶要用木箱，而本地木板缺乏，价格高昂，并且建筑厂房需要大量木材，于是建立锯木厂，不但满足自己需要，还能售卖给其他茶商。畜牧场，主要蓄养了很多牲畜和家禽，一方面有农副产品产出，另一方面则是满足茶叶种植中的肥料需求。

---

① 张天福：《福建茶叶科研机构和茶业职业教育的历史资料（1935—1942年）》，武夷山市档案馆，1978。
② 吴觉农：《我在崇安茶叶研究所的一些回忆和感想》，中国茶叶学会编《吴觉农选集》，上海科学技术出版社，1987，第406页。

（二）福安分厂概况

福安最主要的茶叶是红茶，鼎盛时期，所产红茶能占全省红茶产量的一半以上，品种主要有功夫和小种两种。其次还产绿茶和白茶。绿茶分为炒绿和清水绿，产白茶者极少。可以说福安是闽东的产茶中心区域。福建示范茶厂福安分厂于1940年4月1日成立，由三部分合并而成，即茶业改进处下属的福安茶业改良场，茶业管理局所办之福安茶业改良试验区，社口、棠溪、穆阳三个模范制茶厂。合并之后设4个制茶所，除前有3个制茶所之外，增设阳头制茶所。4月15日，便收到茶业管理局汇给福安分厂的茶款40万元。4月27日寿宁设立制茶所，隶属于福安分厂。5月2日，又增设斜滩、武曲、两合营制茶所。①

福安分厂相对于其他分厂所有的优势就在于拥有之前的福安茶业改良场的精良设备、生产技术和科技人员，可以更方便地继续进行各种栽培试验和生产技术的研究。由于设备有限，福安分厂的茶叶分机械和手工两种方式产制。机械制茶所用毛茶多为自己种植，手工制茶所用毛茶多从茶农或者合作社手中买来，品质有参差。当时所用的制茶机械主要有：揉捻机、解块机、筛分机、干燥机等。成品茶叶，所用名称也不同。机械制成的茶叶为"建红"，手工制成的茶叶为"闽红"和"春香"。制茶期限分为首春、二春、三春和秋露。茶叶的山价②也因制茶期的差异而有不同。这种省立茶厂也对茶农有利，以往茶商茶贩压低山价，后政府严禁压低山价，省营茶厂买卖公平，"茶农收入稍增"③。

（三）福安分厂的生产效益分析

由于战争的因素，福安分厂的开厂时间并不长。利用收集到的数据，我们来分析福安分厂的生产效益。

1. 产值

首先，通过史料，可以先了解福安分厂当时的产值情况，见表5-9所示。

---

① 福建示范茶厂编《一年来的福建示范茶厂》，福建示范茶厂，1941，第169页。
② 山价，即拥有茶山的所有者所收取的最基本的价格，又称为山本费，不包括运费等。
③ 高诚学：《福安茶业概况》，《闽茶季刊》1940年第1期。

表 5-9 福建示范茶厂福安分厂 1940 年外销茶数量及评价明细

茶别		出品厂所	件数	总重（斤）	总值（元）
正 茶	功夫（建红）	社口制茶所	112	5824	9786.40
	功夫	社口制茶所	2520	126000	164031.50
	功夫	穆阳制茶所	1855	100183	131848.60
	功夫	阳头制茶所	2281	120690	164967.50
	功夫	棠溪制茶所	2080	111770	151628.80
	合计		8848	464467	622262.80
副 茶		社口制茶所	1073	59355	21504.60
		穆阳制茶所	463	28294	11370.60
		阳头制茶所	821	46880	17453.60
		棠溪制茶所	791	45318	19328.49
	合计		3148	179847	69657.29
总计			11996	644314	691920.09

资料来源：福建示范茶厂编《一年来的福建示范茶厂》，福建示范茶厂，1941，第 79~80 页。

副茶指的是千介、茶珠、茶枳、茶片和茶末等。同年，福建示范茶厂其他分厂的制茶情况是：福鼎分厂总值 372784.30 元[1]，星村制茶所总值 71280.90 元[2]，政和制茶所总值 43767.04 元。[3] 可以看出，福安分厂所占比例很大，其产值几乎是福鼎分厂的 2 倍。

2. 成本

通过成本表，来了解福安分厂在生产和销售的过程中所产生的成本（见表 5-10）。

表 5-10 1940 年福安分厂制茶成本计算

摘要	福安分厂	
	小计（元）	合计（元）
制茶成本		586941.44
减：盘存	1503.33	

---

[1] 福建示范茶厂编《一年来的福建示范茶厂》，福建示范茶厂，1941，第 82 页。
[2] 福建示范茶厂编《一年来的福建示范茶厂》，福建示范茶厂，1941，第 82 页。
[3] 福建示范茶厂编《一年来的福建示范茶厂》，福建示范茶厂，1941，第 83 页。

续表

摘要	福安分厂	
	小计(元)	合计(元)
寄售		
赠送及日用	6.72	1510.05
销售成本		585431.39
加:推销费用		
税捐	8894.83	
运送费	5366.36	
包装费	73932.40	
总厂推销费摊销	179.22	
其他	14.14	88386.95
销售总成本		673818.34

资料来源：福建示范茶厂编《一年来的福建示范茶厂》，福建示范茶厂，1941，第87页。

从表5-10中可以看到，销售成本＝制茶成本－盘存－寄售－赠送及日用，销售总成本＝销售成本＋税捐＋运送费＋包装费＋总厂推销费摊销＋其他。其中制茶成本则由制造费用和厂务费用两部分组成。原料、人工、物料、折旧、房租和其他租金则构成了制造费用。薪金和行政管理等费用则构成了厂务费用。① 最终我们得到销售的总成本为673818.34元。

3. 生产收益

所获得的资料中，有福建示范茶厂的整体资产负债表及损益表，但是没有专门的福安分厂的数据。所以我们通过总产值与总成本的简单计算来得出其生产效益。而这里我们得到的总收益，只是外销茶的总收益，还有一部分茶属于内销茶，并没有列入。材料中也有全部制成茶叶总量的数据，制成正茶数量464987斤，茶叶副茶数量198087斤。② 而由表5-9中数据可知，外销茶正茶为464467斤，副茶为179847斤。分别占各自总量比例的99.9%和90.8%。可见，绝大部分的茶叶是外销所用。用表5-9中的外销茶总值除以数量可以得到每斤的价格，正茶为1.33974元/市斤，副茶为0.38731元/市斤。假设内销茶与外销茶的价格相同，那么就能得

---

① 福建示范茶厂编《一年来的福建示范茶厂》，福建示范茶厂，1941，第88~89页。
② 福建示范茶厂编《一年来的福建示范茶厂》，福建示范茶厂，1941，第89页。

出包括内销茶的正茶总值为 622959.46 元，副茶总值为 76721.90 元，则当年茶叶总产值为二者之和，即 699681.36 元。

因此，可以得到 1940 年福安分厂的利润额为总产值减去总成本的差，为 25863.02 元。收入利润率为利润总额与总产值之比，为 3.7%，成本利润率为利润总额与总成本之比，为 3.84%。应该说同现在一般利润率为 10% 的水平相比，这两个值并不算高，但是当时正值抗日战争期间，尤其是以上数据均为 1940 年期间，福州在 1941 年沦陷，可见形势之紧迫。因此能够盈利而不亏本已经令人欣慰，并且福安分厂开创时，正值物价暴涨，毛茶山价高昂，导致制茶成本提高，盈利不高也是理所当然。而且 1940 年 4 月 1 日福安分厂才建立，我们得到的只是当年后 3 个季度的利润额，还有其他原因造成的损失，如 1940 年 8 月底，阳头制茶所被水冲湿各批箱茶 367 件，漂走 289 件。

尽管如此，福安分厂制造的成品茶叶品质仍明显高于一般茶号。1940 年，产制"机制功夫一百二十三箱，坦洋功夫八千七百三十六箱，寿宁功夫一千六百二十八箱，副茶三千三百二十箱"①。不论产品差异，笼统计算，则当年即产茶 13807 箱。但是也能看出机制功夫茶的量在总量中比例很小，不到千分之一。1941 年 4 月福州沦陷之后，监理会命令茶厂停购毛茶，阳头、穆阳、棠溪都暂停生产，只留下社口一个制茶所继续生产，大部分成品茶叶都内销，无法外销。1941 年 5 月 12 日，总厂发电报通知福安分厂，令其出售储备的物料，其他资产内迁。② 1942 年 4 月，整个福建示范茶厂因故结束。8 月，更名为财政部贸易委员会茶叶研究所，是中国最早建立的全国性茶叶科学专业研究所。③

1935～1941 年正是国家经历战火，日本侵略中华大地逐步加剧之时，尤其是在 1937 年卢沟桥事变后，日军逐渐南侵。茶叶历来是创造外汇的重要出口产品，而在这样的世界政治经济格局下，我国的茶叶生产受到了重创。近代以来，日本、印度、爪哇等国亦开始产茶，逐渐崛起成为华茶的竞争对手，利用机械制茶成为必然趋势，为了复兴华茶，当时的国民政

---

① 福建示范茶厂编《一年来的福建示范茶厂》，福建示范茶厂，1941，第 103 页。
② 福建示范茶厂编《一年来的福建示范茶厂》，福建示范茶厂，1941，第 169 页。
③ 夏涛主编《中华茶史》，安徽教育出版社，2008，第 255 页。

府和福建省建立了福安茶业改良场、福安职业农业学校以及福建示范茶厂，基本建立了产、学、研为一体的发展体系。

不论是茶场、学校还是茶厂，其科研、教师和管理人才，都来自当时中国各大学（农学院）或者海外留学归来人员。职业农校的学生们毕业后，或深入各个茶号，或成为工厂技师，或进行科研工作，都在茶叶运销中发挥了自己的作用，体现了职业教育的创新性和延展性，具有长远的意义。本文通过统计福安分厂的生产成本和生产收益，得出利润率为3.7%，量化研究使我们清楚地了解到当时生产的具体情况。除了生产上的物质收益，其生产技术的推广与影响则是无形的，经过多年的发展，最终成为我国茶业领域科技研究的先锋者。

结　语

  中国古代社会粮食作物的生产在整个农业中的地位是无可替代的，作为刚性需求的粮食是人民生活的基本保障。在传统生产方式下，尤其到了南宋，精耕细作的农业生产技术达到了新高度，经济重心向东南方向移动，生产技术跨越了地域的限制而在全国范围内不断普及的前提下，粮食产量的地域性差异主要受到自然条件、灾害等因素的影响。宏观上说，宋代以后中国的粮食安全问题并不是绝对稀缺，更多地体现在地域的不平衡上。

  明代以降，在自然条件较差、粮食产量较低的地区，人口的规模流动不再只是被动的"逐熟"，毕竟粮食产量丰富的地区往往也是人口聚集的地方。于是，从事商业成为这些地区百姓改变生存状况的一个必然选择，明清时期山西和陕西商人的崛起便是例子。也许起初改变职业并不是为了日后的富有，而只是为了获得更多的食物交换权利。那么，经营何种商品能够获取高的利润呢？受明初开中法的影响，这些商人最初选择的依然是粮食与盐这些生活必需品。

  大航海运动让欧洲人大开眼界，除了香料、原材料和劳动力之外，17世纪中叶以肉食为主的欧洲人开始注意到中国特产的具有良好助消化功能的茶叶，并且这种饮品很快风靡欧美等地。18世纪，"茶"这种经济作物的商业价值开始在中国体现出来，成为中国商人谋利的重要选择。不可否认，商人的嗅觉是灵敏的，尽管山西不产茶叶，但并不影响山西的商人从事茶叶经营。在清前期开放的两大口岸中，山西的茶商几乎独占了北路恰克图的茶叶贸易。

18世纪至19世纪中叶，世界茶叶的供给国为中国和日本。1637年1月2日，荷属东印度公司董事会在给驻华总督的信中说："自从人们渐多饮用茶叶后，余等均望各船能多载中国及日本茶叶送到欧洲。"① 据记载，日本的茶树种植大约在公元805年，是日本僧人最初从中国带回的种子。在"朝日、康巴亚、京极、山梨和宇蒙建立了5个主要的种植园"②，所产茶叶主要供日本皇室和贵族僧侣饮用。而中国的茶叶产地十分广阔，北起山东、陕西，南至两广云南，几乎各省都有茶叶生产。庞大的茶叶产量除了能够满足本国消费和茶马互市外，依然能够支撑欧洲人的需求。因此，中国在这一时期是世界茶叶市场的主要供给国。贸易数据显示，从18世纪到19世纪中叶，中国在世界市场上的茶叶供给始终处于垄断地位。

随着世界茶叶需求量的不断扩大，茶叶贸易在各国经济中所占的比重越来越高。1830年至1833年前后，茶叶带给英国国库的税收平均为每年3000余万英镑，从中国来的茶叶提供了英国国库总收入的1/10左右和东印度公司的全部利润。③ 而中俄恰克图茶叶贸易额在1821~1830年为5953.5千卢布，占俄输入货物总额的88.5%，1831~1840年茶叶贸易额增至7551.1千卢布，所占比重达到93.6%。④ 1805年恰克图茶叶贸易占俄国GDP的比例达0.3456%，到1850年升至0.5719%。这种垄断并不意味着中国的茶叶商人在世界茶叶市场上具有压倒性优势，受闭关锁国政策、海上运输能力和海外贸易经验的影响，世界茶叶市场的供给和销售脱节，并形成了两种不同的趋势。

首先，中国供给垄断被打破，被迫开始自由竞争。1834年，印度开始发展茶业。他们通过偷购茶籽茶苗，雇用中国制茶工人等方式，逐渐掌握中国种植茶叶和制茶的技术。从1839年开始，印度茶叶开始批量进入

---

① 陈椽编著《茶业通史》（第二版），中国农业出版社，2008，第479页。
② 吴维真编《世界茶文化》，中央广播电视大学出版社，2015，第59页。
③ 〔英〕格林堡：《鸦片战争前中英通商史》，康成译，商务印书馆，1961，第3页。原文为330万英镑，据笔者根据基顿·奈尔一书的记载进行了修正，英国茶叶的实际税收应为3000余万英镑。
④ 〔日〕吉田金一：《关于俄清贸易》，《东洋学报》（第45卷第4号），转引自刘建生、刘鹏生等《晋商研究》，山西人民出版社，2005，第52页。

英国市场。19世纪70年代，印度茶业开始机械化生产，实现揉茶、切茶、焙茶、筛茶、装茶各个环节的机械化，茶叶生产得到进一步发展。到1885年，印度茶叶输入英国为6815.96万磅，从总量上已经可以与中国茶叶分庭抗礼。从垄断到自由竞争的过程中，中国的茶业竞争力逐步衰退，以至于到1893年，中国茶在英国已沦落为"一种充数之物……伦敦杂货店里已买不到华茶。假若买主指名要买华茶，他们就把他们自称为华茶的茶卖给他，实际上根本不是华茶"①。这种情况也间接引致中俄恰克图贸易的衰落，俄国深入中国内地设厂制茶。同时，印度茶叶的兴起也使英国开始在中国寻找新的茶叶销售地，一直以引岸贸易为主的川藏茶叶贸易到19世纪后期开始被英国人所觊觎。

其次，世界茶叶市场上的销售，则从自由竞争逐渐过渡到垄断。19世纪中叶以前，中国是世界上唯一的茶叶供给国。中国的茶叶商人将茶叶运到广州、恰克图等地与外国商人完成交易后，这些茶叶销往何处、定价多少全部与中国商人无关。从18世纪开始，欧洲的英国、荷兰、法国、瑞典、丹麦、普鲁士等国纷纷通过在印度建立的东印度公司从中国广州购买茶叶，以牟取高额利润。1728年俄国取得了在中俄边境恰克图与中国进行贸易的权利，也加入茶叶贸易的行列中来。18世纪后期，美国成为世界茶叶市场上的重要销售国后，逐步形成了英国、俄国和美国三国垄断的局面。

在从供给价格垄断到与印度等国茶叶的竞争中，中国茶叶商人的供给定价权逐步丧失，加之茶叶质量问题，出现了出口量和出口额的倒挂。而世界茶叶市场销售权的垄断，又使销售定价权逐渐掌握在英、俄、美等国手中，从而导致中国茶叶获利减少，进而影响了整个中国茶业的发展。事实上，一直到19世纪前期，中国茶叶商人的利润依然是十分丰厚的。经过计算，晋商恰克图茶叶贸易的利润率为74.14%，成本利润率为286.77%，高额的商业利润成为茶叶贸易不断加快发展的内在动力之一，同时也是制约中国商人走向世界市场的重要影响因素。

---

① 姚贤镐编《中国近代对外贸易史资料（1840—1895）》，中华书局，1962，第286、527、1186、1193页。

值得注意的是，在世界茶叶市场需求旺盛的情况下，中国茶叶何以没有发挥价格优势，在中国茶叶商人获利丰厚的情况下，中国的茶叶种植和加工为何难以有技术上的改进？

英国茶税政策引导下欧洲对高品质茶叶的追求，与中国茶叶生产技术创新之间的矛盾，导致中国茶叶外销门槛提高，低档茶叶价格下降。而中国茶叶生产和销售脱节，商业资本很难用于提高茶叶生产数量的技术创新上。一方面，商人在办茶过程中费用繁多，如武夷茶叶的购买价、运费、搬运工的伙食费、税费等，还需给茶行就交易额按一定比例缴纳行用银。随着通商口岸的逐渐开放，上海、福州和汉口成为国内三大茶叶集散地之后，茶叶交易方式也逐渐多元，由单纯的进出口贸易，发展到在具有商品交易所性质的茶栈、茶行进行交易，直至产生以贷款、赊销或租赁为主要形式的信用交易的雏形。而茶栈与洋行等中介机构对茶农及客商的剥削、茶商对洋行的过度依赖等，同样也导致利益分配机制出现问题。"茶农在卖茶过程中也往往受到茶庄等机构的克扣。茶农一般经茶庄之手贩卖茶叶，直接运至市场销售者极少。"因此，有"年年贩茶嫌茶贱，茶户艰难无人见……犹得食力饱其身，就中最苦种茶人"[①] 的说法。

另一方面，低水平的产业依赖也是影响中国茶叶技术创新的重要因素。清后期中国茶叶海外贸易出现危机后，茶叶生产机械化已在其他地区出现。但南路边茶经济区是在政府控制下的增量发展，一旦茶商（生产商或经销商）试图通过技术改良节约成本，便会使原本在茶产业链条上的生产者大量失业。加之藏区消费者购买能力有限，即便是在市场环境下，技术进步所带来的并不一定是更高额的利润，而是产品的积压。因此，其生产、加工和运输等依然保留了以往的做法，生产力水平几乎没有提高。而且在极端困苦的情况下，茶农很难有余钱花费到提高生产效率和产量上。面对国际市场日益增长的茶叶需求，中国茶叶生产和销售者往往通过降低茶叶质量甚至制作假茶的方法来勉强维持。茶叶质量的下降一方面导致了茶叶价格下跌，另一方面也促使英俄等国开辟自己的茶叶生产基地。

---

① 李文治编《中国近代农业史资料》（第一辑），生活·读书·新知三联书店，1957，第532页。

中俄贸易从表象上看是中国国力衰微导致的俄国抛弃恰克图市场进入中国内地，但更为重要的原因应该是俄国与中国茶叶交换商品种类发生了变化。1821年后，俄国近代毛呢工业的发展提高了产品附加值，在恰克图交换的商品种类从原来粗加工的毛皮制品逐渐转变为毛呢制品。而中国商人在恰克图经营的商品种类并没有发生变化，茶叶种类和质量基本维持原状，中国市场的银钱比价的变化，隐性增加了"预付包买"的茶商成本，致使俄国商品从19世纪三四十年代开始出现严重积压。双边贸易的平衡被打破，在本国不具备生产茶叶条件的前提下，俄商开始进入中国内地。

进入19世纪中叶，中国茶叶贸易受到了挤压。我国茶业发展的恶劣环境，其他产茶国的勃兴与国内生产方式的落后都成为茶业发展疲滞的因素。民国时期，政府意图复兴茶叶种植及生产，促进地区经济发展。20世纪30年代将茶业等五项事业列为中心改良事业，不仅着手制定茶叶检验标准，建立商品检验局，而且在全国重点茶区设立茶业改良场，用以对茶叶进行改良和推广。

福建是我国重要的茶产地，在全国茶叶出口贸易中占有重要地位。1803年福州开港后，一跃成为国内三大茶市之一。19世纪60年代至20世纪初是福州茶业发展最旺盛的时期。20世纪30年代受全面抗日战争的影响，福建对外贸易整体呈衰落趋势。为恢复和发展福建省茶叶生产，当地政府于1935年在福安设立"福建省建设厅福安茶业改良场"作为科研机构，当年还设立了"省立福安农业职业学校"，作为茶业人才的职业教育单位。1938年联合中国茶叶公司设立"福建示范茶厂"作为生产单位。学校与茶业改良场、茶厂互相合作，互为依托，力图在艰难的环境中挽救福建茶业。不论是茶场、学校还是茶厂，除了生产上的物质收益，其生产技术的推广与影响则是无形的。经过多年的发展，最终成为我国茶业领域的佼佼者。

参考文献

史料类

（明）黄汴：《天下水陆路程》，杨正泰校注，山西人民出版社，1992。

（明）申时行纂修《明会典》，中华书局，1989。

（清）《（光绪）江西农工商矿纪略》，光绪三十四年石印本，清江县商务。

（清）《钦定大清会典事例》，中国藏学出版社，2006。

（清）温达、张玉书编：《御制亲征平定朔漠方略》，台湾：成文出版社，1970。

（清）曹抡彬、曹抡翰纂辑《雅州府志》，台湾：成文出版社，1969。

（清）常明、杨芳灿等纂修《四川通志》第二册，巴蜀书社，1984。

（清）董天公辑《武夷山志》，台湾：成文出版社，1974。

（清）黄遵宪：《日本国志》，天津人民出版社，2005。

（清）李调元：《井蛙杂记》，载《笔记小说大观》（十九编），台湾：新兴书局，1977。

《续修四库全书》编纂委员会编《续修四库全书》，上海古籍出版社，2002。

（清）魏源：《圣武记》，世界书局，1936。

（清）徐珂编撰《清稗类钞》，中华书局，1984。

（清）张曾：《归绥识略》，民国抄本。

（清）王锡祺辑《小方壶斋舆地丛钞》（第3册），杭州古籍书店，1985。

刘超然修、郑丰稔纂《福建省崇安县新志》，台湾：成文出版社，1975。

《本校茶业科课程及教材大纲》，《安农校刊》1937年第1期。

《法规：民国二十二年度茶叶检验标准》，《检验年刊》1934年第3期。

《福建省立福安初级农业职业学校教职员一览表》，《安农校刊》1937年第1期。

《福建省例》，台湾银行经济研究室，1964。

《国内农业消息：茶叶检验规程》，《农业周报》1931年第1卷第12期。

《红茶制法说略》，《政艺通报》1903年第2卷第1期。

《江西修水茶业改良场发明制茶机械》，《中央日报》1933年6月28日。

《清圣祖实录》，中华书局，1985。

《清高宗实录》，中华书局，1985～1986。

《清穆宗实录》，中华书局，1987。

《清世祖实录》，中华书局，1985。

《申报》1890年1月13日。

《申报》1877年6月6日。

《武夷图序》，武夷山市档案馆藏。

《西藏研究》编辑部编《西藏志》《卫藏通志》（合刊），西藏人民出版社，1982。

《中国茶典》编委会编《中国茶典》，贵州人民出版社，1995。

《中国公共图书馆古籍文献珍本汇刊》，中华全国图书馆文献缩微复制中心，1988。

〔俄〕尼古拉·班蒂什-卡缅斯基：《俄中两国外交文献汇编（1619—1792年）》，中国人民大学俄语教研室译，商务印书馆，1982。

〔美〕马士：《东印度公司对华贸易编年史》，区宗华译，林树惠校，中山大学出版社，1991。

〔英〕班恩德编《最近百年中国对外贸易史》，海关总税务司署统计科译印，1931。

安徽省立茶业改良场：《皖浙新安江流域之茶业》，上海大文印刷所，1934。

北京图书馆编《民国时期总书目（1911-1949）·经济》（下），书目文献出版社，1993。

毕卓君：《爪哇茶业之勃兴与华茶海外贸易之影响》，《上海总商会月报》1927年第7卷12号。

陈建棠：《湖南桃源县之茶叶》，《国民经济》1937年第4期。

陈祖槼、朱自振编《中国茶叶历史资料选辑》，农业出版社，1981。

杜刚：《茶叶检验标准》，《上海法租界纳税华人会会报》1936年第1卷第6期。

福建省地方志编纂委员会编《福建省志·农业志》，中国社会科学出版社，1999。

福建示范茶厂编《一年来的福建示范茶厂》，福建示范茶厂，1941。

高诚学：《福安茶业概况》，《闽茶季刊》1940年第1期。

辜鸿铭、孟森等：《清代野史》（第一卷），巴蜀书社，1998。

（清）惠祥等纂《钦定户部则例》（同治朝），同治十三年校刊。

故宫博物院明清档案部编《清代中俄关系档案史料选编》，中华书局，1979。

（清）秦达章、何国佑、穆秉祺纂：光绪《霍山县志》（卷2），《中国地方志集成·安徽府县志辑》（第13册），江苏古籍出版社，1998。

广州市地方志编纂委员会办公室、广州海关志编纂委员会编译《近代广州口岸经济社会概况——粤海关报告汇集》，暨南大学出版社，1995。

（清）何秋涛：《朔方备乘》，台湾：文海出版社，1964。

何仲杰、李文杰、冯沂主编《南路边茶史料》，四川大学出版社，1991。

侯厚培：《华茶贸易史》，《国际贸易导报》（第一卷第二号），工商部上海商品检验局，1930。

胡大望译著《茶业论》，江起鲲校订，新学会社，1915。

胡林翼、胡渐逵、胡遂、邓立勋校点：《胡林翼集》（第二册），岳麓书社，1999。

胡林翼：《胡文忠公遗集》（卷83），载《复李香雪都转》，中华全国图书馆文献缩微复制中心，2007。

湖南省安化县政协文史资料研究委员会编印《安化文史资料》（第3辑），1986。

黄镪：《复兴道上之福建茶业概观（上）》，《闽政月刊》1939年第4期。

黄庆澜：《瓯海观政录》（卷五），台湾：文海出版社，1976。

济南市史志编纂委员会编《济南市志4》，中华书局，1997。

金陵大学农学院农业经济系调查编纂《湖北羊楼洞老青茶之生产制造及运销》，金陵大学农学院农业经济系，1936。

（清）贾桢等编《筹办夷务始末（咸丰朝）》，中华书局，1979。

江苏省商业厅中国第二历史档案馆编《中华民国商业档案资料汇编》（第一卷1912~1928）（下），中国商业出版社，1991。

江西省社会科学院历史研究所、江西省图书馆选编《江西近代贸易史资料》，江西人民出版社，1988。

江召棠编《南昌县志》，1919年刻本。

李必樟编译、张仲礼校订《上海近代贸易经济发展概况——1854~1898年英国驻上海领事贸易报告汇编》，上海社会科学院出版社，1993。

李文治编《中国近代农业史资料》（第一辑），生活·读书·新知三联书店，1957。

李哲浚：《呈度支农工商部整顿出洋华茶条议》，《江宁实业杂志》1910年第3期。

李宗文：《国茶对美贸易》，《贸易月刊》1941年2月号。

梁嘉彬：《广东十三行考》，广东人民出版社，2009。

刘选民：《中俄早期贸易考》，《燕京学报》1939年第25期。

卢坤等编《广东海防汇览》（卷三十六）（方略二十五·驭麦一），载《中国公共图书馆古籍文献珍本汇刊·史部·澳门问题史料序》，中华全国图书馆文献缩微复制中心，1998。

孟宪章主编《中苏贸易史资料》，中国对外经济贸易出版社，1991。

南平地区茶叶学会编《建茶志》，南新出内部书刊第96044号，1996。

彭泽益编《中国近代手工业史资料（1840—1849）》（第1卷），生活·读书·新知三联书店，1957。

齐思和等整理《筹办夷务始末（道光朝）》，中华书局，1964。

钱承绪：《华茶的对外贸易》，中国经济研究会，1941。

秦含章：《中国农业经济问题》，新世纪书局，1931。

渠绍淼、庞义才：《山西外贸志上（初稿）》，山西省地方志编纂委员会办公室，1984。

全国政协文史资料委员会编《中华文史资料文库·经济工商编》（第14卷），中国文史出版社，1996。

任乃强：《民国川边游踪之泸定考察记》，中国藏学出版社，2009。

上官俅：《江西修水县之茶业》，《工商通讯》1937年第1卷第20期。

《上海茶叶对外贸易》编辑委员会编《上海茶叶对外贸易》，上海茶叶进出口公司，1999。

上海商业储蓄银行调查部编《上海之茶及茶业》，上海商业储蓄银行信托部，1931。

上海书店出版社编《（同治）淡水厅志》，上海书店出版社，1999。

实业部商业司通商科：《茶叶国外商情调查报告》，中华印刷公司，1931。

史若民、牛白琳编著《平、祁、太经济社会史料与研究》，山西古籍出版社，2002。

沈云龙主编《近代中国史料丛刊》（第七十一辑），台湾：文海出版社，1973。

四川省档案馆、四川民族研究所合编《近代康区档案资料选编》，四川大学出版社，1990。

四川省康定县志编纂委员会编纂《康定县志》，四川辞书出版社，1995。

童衣云：《介绍福安茶业改良场》，《安农校刊》1937年第2期。

屠祥麟：《中国茶叶分析及其化学检验暂行标准之研究（附图表）（未完）》，《国际贸易导报》1935年第7卷第7期。

屠祥麟：《中国茶叶分析及其化学检验暂行标准之研究（续）（附表）》，《国际贸易导报》1935年第7卷第9期。

名山县志编纂委员会编《名山县志》，四川科学技术出版社，1992。

王庆云：《石渠余纪》，北京古籍出版社，2000。

（清）王崧编纂、李春龙点校：《云南备征志》（下），云南人民出版社，2010。

王先谦编《乾隆朝东华续录》，文海出版社，2006。

吴觉农、范和钧：《中国茶业问题》，商务印书馆，1937。

吴觉农、胡浩川：《中国茶业复兴计划》，商务印书馆，1935。

吴觉农主编《中国地方志茶叶历史资料选辑》，农业出版社，1990。

西北大学历史研究室：《西北历史资料》，姬增禄译，西北大学西北历史研究室，1980。

西藏昌都地区地方志编纂委员会编《昌都地区志》，方志出版社，2005。

谢恩隆等：《调查祁浮建红茶报告书》，《农商公报》1915年第13期。

谢天祯：《有关近代中国茶叶贸易兴衰的统计资料》，《福建茶叶》1984年第4期。

（清）徐润：《徐愚斋自叙年谱》，梁文生校注，江西人民出版社，2012。

许道夫编《中国近代农业生产及贸易统计资料》，上海人民出版社，1983。

宣恩贡茶编纂委员会编《宣恩贡茶》，长江文艺出版社，2016。

严中平等编《中国近代经济史统计资料选辑》，科学出版社，1955。

杨大金编《现代中国实业志》（上册），颜白贞校，商务印书馆，1938。

姚贤镐编《中国近代对外贸易史资料（1840—1895）》，中华书局，1962。

游时敏：《四川近代贸易史料》，四川大学出版社，1990。

詹宣猷修、蔡振坚等纂《建瓯县志》（卷25），台湾：成文出版社，1967。

张家口市税务局、张家口市税务学会编《张家口市税务志》，张家口市税务局，1989。

张天福：《福建茶叶科研机构和茶叶职业教育的历史资料（1935—1942年）》，武夷山市档案馆，1978。

张余：《上海茶业之概况》，《钱业月报》1933年第3卷第8期。

张赵才等纂修《荥经县志》，台湾：成文出版社，1977。

张正明主编《明清晋商商业资料选编》（全2册），山西经济出版社，2016。

（清）赵尔巽主编《清史稿》，中华书局，1977。

赵竞南：《中国茶业之研究（八）》，《银行月刊》1926年第6卷第2号。

赵烈编著《中国茶业问题》，上海大东书局，1931。

浙江省商务管理局编《浙江之茶》，浙江省商务管理局印发，1936。

政协四川省泸定县委员会、文史资料工作委员会编《泸定文史资料选辑》（第4辑），1990。

中国第一历史档案馆编《鸦片战争档案史料》（七），天津古籍出版社，1992。

中国近代经济史资料丛刊编辑委员会主编《中国海关与缅藏问题》，中华书局，1983。

中国民主建国会福建省委员会、福建省工商业联合会合编《福建工商史料》（第三辑），1988。

中国农业百科全书总编辑委员会茶业卷编辑委员会：《中国农业百科全书茶业卷》，农业出版社，1988。

中国人民政治协商会议、福建省武夷山市委员会、文史资料委员会编《武夷文史资料第十辑（茶叶专辑）》，1991。

中国人民政治协商会议甘孜藏族自治州康定县委员会编《康定县文史资料选辑》（第1辑），1987。

中国人民政治协商会议四川省甘孜藏族自治州委员会编《甘孜藏族自治州文史资料选辑》（第三辑），1985。

中国人民政治协商会议四川省甘孜藏族自治州委员会编《甘孜州文史资料》（第七辑），1988。

中国人民政治协商会议四川省雅安市委员会、文史资料研究委员会编《雅安文史资料选辑》第 7 辑，1992。

中研院近代史研究所编《中国近代史资料汇编 中俄关系史料》，台湾：中研院近代史研究所，1969。

中央银行经济研究处编《华茶对外贸易之回顾与前瞻》，商务印书馆，1935。

朱美予编《中国茶业》，中华书局，1937。

中国人民政治协商会议甘孜藏族自治州康定县委员会编《康定县文史资料选辑》（第 1 辑），1987。

论文类

曾丽雅、吴孟雪：《中国茶叶与早期中美贸易》，《农业考古》1991 年第 4 期。

毕卓君：《爪哇茶业之勃兴与华茶海外贸易之影响》，《上海总商会月报》1927 年第 7 卷 12 号。

陈彬藩：《中美茶贸简史》，《中国茶叶》1981 年第 6 期。

陈钧：《十九世纪沙俄对两湖茶叶的掠夺》，《江汉论坛》1981 年第 3 期。

成艳萍：《资源禀赋与晋商的茶叶贸易》，《山西大学学报》（哲学社会科学版）2007 年第 4 期。

成艳萍：《国际经济一体化视角下的明清晋商》，《中国经济史研究》2008 年第 2 期。

程镇芳：《清代的茶叶贸易与资本原始积累》，《福建师范大学学报》（哲学社会科学版）1990 年第 1 期。

仇华飞：《早期美国对华贸易的几个特征》，《学术月刊》1999 年第 11 期。

刁莉、金靖壹、胡娟：《全球化视野下的近代中俄贸易：以棉布和茶叶为中心》，《清华大学学报》（哲学社会科学版）2019 年第 2 期。

刁莉、邰婷婷：《清末民初中俄茶叶贸易与汉口茶市的发展（1862—1919）》，《中国经济与社会史评论》2015 年卷。

甘满堂：《清代中国茶叶外销口岸及运输路线的变迁》，《农业考古》1998 年第 4 期。

高春平、田晓红、高小平：《晋商与北部市场开发》，《晋阳学刊》2002 年第 4 期。

郭蕴深：《汉口地区的中俄茶叶贸易》，《江汉论坛》1987 年第 1 期。

郭蕴深：《论中俄恰克图茶叶贸易》，《历史档案》1989 年第 2 期。

郭蕴深：《中俄黑龙江地区的茶叶贸易》，《龙江社会科学》1994 年第 6 期。

郭蕴深：《论新疆地区的中俄茶叶贸易》，《中国边疆史地研究》1995 年第 4 期。

郭蕴深：《论中俄九江茶叶贸易》，《龙江社会科学》1996 年第 4 期。

黄康显：《清季四川与西藏之间的茶叶贸易》，《大陆杂志》1972 年第 45 卷第 2 期。

李锋、丁俊之：《广州茶叶外贸史话》，《中国茶叶》1988 年第 1 期。

李金明：《鸦片战争前中美广州贸易述略》，《南洋问题研究》1994 年第 3 期。

李荣林：《十九世纪的海上茶叶运输》，《农业考古》1999 年第 4 期。

李易文：《清中后期蒙古地区的对俄茶叶贸易》，《中国边疆史地研究》1996 年第 4 期。

李永福、何伟：《近代中俄茶叶贸易制约性因素探因——基于厘金视角的分析》，《经济问题》2014 年第 10 期。

李志强、张垣：《晋商对俄贸易》，《文史月刊》1996 年第 2 期。

厉声：《俄茶倒灌与〈议订俄商借道塔城伊犁运茶赴俄条约〉》，《新疆社会科学》1989 年第 4 期。

梁碧莹：《略论早期中美贸易的特点》，《史学月刊》1985 年第 5 期。

梁四宝、吴丽敏：《清代晋帮茶商与湖南安化茶产业发展》，《中国经济史研究》2005 年第 2 期。

林齐模：《近代中国茶叶国际贸易的衰减——以对英国出口为中心》，

《历史研究》2003 年第 6 期。

刘秉贤：《清政府挽救蒙古茶叶利权的措施——围绕〈中俄陆路通商章程〉的签订及两次修订》，《内蒙古民族大学学报》（社会科学版）2010 年第 3 期。

刘建生、吴丽敏：《试析清代晋帮茶商经营方式、利润和绩效》，《中国经济史研究》2004 年第 3 期。

刘勤晋：《川藏茶路万里行》，《中国茶叶》2005 年第 6 期。

刘晓航：《东方茶叶港——汉口在万里茶路的地位与影响》，《农业考古》2013 年第 5 期。

渠绍淼：《晋商与茶文明》，《沧桑》2001 年第 s2 期。

邵继勇：《明清时代边地贸易与对外贸易中的晋商》，《南开学报》（哲学社会科学版）1999 年第 3 期。

石涛、李志芳：《清代晋商茶叶贸易定量分析——以嘉庆朝为例》，《清史研究》2008 年第 4 期。

宋时磊：《冲击与变革：美国质量门槛对近代华茶外贸的影响》，《华南师范大学学报》（社会科学版）2017 年第 2 期。

苏宁：《早期中美茶叶贸易的启示》，《福建茶叶》2002 年第 4 期。

苏全有：《论清代中俄茶叶贸易》，《北京商学院学报》1997 年第 1 期。

孙守春：《早期恰克图贸易的历史地位和作用》，《辽宁师范大学学报》（社会科学版）2003 年第 3 期。

陶德臣：《中国近代外销茶的生产和流通环节》，《中国茶叶》1994 年第 6 期。

陶德臣：《近代中国外销茶流通环节考察》，《中国经济史研究》1995 年第 1 期。

陶德臣：《论中国近代外销茶价的下跌》，《农业考古》1997 年第 2 期。

陶德臣：《晋商与西北茶叶贸易》，《安徽史学》1997 年第 3 期。

陶德臣：《伪劣茶与近代中国茶业的历史命运》，《中国农史》1997 年第 3 期。

陶德臣：《中国近代出口茶业的经济结构考察》，《苏州大学学报》（哲学社会科学版）1997年第4期。

陶德臣：《中国古代的茶商和茶叶商帮》，《农业考古》1999年第4期。

陶德臣：《近代中国茶叶市场结构与功能》，《中国社会经济史研究》2001年第1期。

陶德臣：《近代中国茶农的经营状况（1840~1917）》，《中国农史》2003年第1期。

陶德臣：《清至民国时期茶叶消费主体的新变化及其影响》，《安徽史学》2010年第5期。

陶德臣：《中美茶叶贸易的发展阶段及特点》，《古今农业》2015年第3期。

陶德臣：《晋商与清代新疆茶叶贸易——新疆茶叶贸易史研究之二》，《中国社会经济史研究》2015年第4期。

汪敬虞：《中国近代茶叶的对外贸易和茶业的现代化问题》，《近代史研究》1987年第6期。

汪熙、邹明德：《鸦片战争前的中美贸易》（上、下），《复旦学报》（社会科学版）1982年第4、5期。

王力：《清末茶叶对外贸易衰退后的挽救措施》，《中国社会经济史研究》2005年第4期。

吴建雍：《清前期中西茶叶贸易》，《清史研究》1998年第3期。

阎东凯：《近代中俄贸易格局的转变及新疆市场与内地市场的分离》，《陕西师范大学学报》（哲学社会科学版）2000年第2期。

杨慧、衣保中：《中国东北与俄国的茶叶贸易》，《农业考古》2011年第5期。

杨江帆、郑乃辉：《论鸦片战争前后中国茶叶的发展及其对世界的贡献》，《福建农林大学学报》（哲学社会科学版）2004年第1期。

杨力：《晋商茶道冠古今》，《农业考古》2001年第2期。

袁欣：《1868—1936年中国茶叶贸易衰弱的数量分析》，《中国经济史研究》2005年第1期。

张喜琴、刘建生:《近代中国新疆与俄国的贸易》,《太原理工大学学报》(社会科学版) 2012 年第 2 期。

张喜琴:《清末新疆对俄国出口结构和新疆地区农业结构的关系》,《中央民族大学学报》(哲学社会科学版) 2016 年第 3 期。

张雪峰:《拂去"张库大道"上的岁月蒙尘——读〈清代中俄恰克图边境贸易〉》,《历史教学》2003 年第 10 期。

张正明:《明清山西商人概论》,《中国经济史研究》1992 年第 1 期。

赵楠、张嵩:《近代中俄的茶叶贸易及其现实意义——以汉口(口岸)为分析对象》,《学习与实践》2014 年第 12 期。

郑乃辉:《茶叶在美国的传播与消费》,《茶叶科学技术》2003 年第 2 期。

仲伟民:《近代中国茶叶国际贸易由盛转衰解疑》,《学术月刊》2007 年第 4 期。

朱平、杨婵容:《鸦片战争前的中美茶叶贸易探析》,《农业考古》2006 年第 5 期。

庄国土:《18 世纪中国与西欧的茶叶贸易》,《中国社会经济史研究》1992 年第 3 期。

庄国土:《茶叶、白银和鸦片:1750—1840 年中西贸易结构》,《中国经济史研究》1995 年第 3 期。

庄国土:《鸦片战争前福建外销茶叶生产和营销及对当地社会经济的影响》,《中国经济史研究》1999 年第 3 期。

庄国土:《从闽北到莫斯科的陆上茶叶之路——19 世纪中叶前中俄茶叶贸易研究》,《厦门大学学报》(哲学社会科学版) 2001 年第 2 期。

刘卓:《新疆的内地商人研究——以晚清、民国为中心》,复旦大学博士学位论文,2006。

成艳萍:《经济一体化视角下的明清晋商:以中俄恰克图茶叶贸易及其结算方式为例》,山西大学博士学位论文,2009。

公一兵:《1780—1880 年间中国白银出入的变化及外国银元之地位》,载《北京大学 1999 级"泰兆奖助金"论文集》,1999。

郝玉凤:《中俄恰克图边境贸易述论》,东北师范大学硕士学位论文,2007。

胡小军:《清代广州茶叶外贸的兴衰及其社会影响》,华南师范大学硕士学位论文,2007。

著作类

〔澳〕Nick Hall:《茶》,王恩冕等译,中国海关出版社,2003。

〔德〕G·F·米勒、彼得·西蒙·帕拉斯:《西伯利亚的征服和早期俄中交往、战争和商业史》,李雨时译、赵礼校,商务印书馆,1979。

〔德〕马克思:《政治经济学批判》,中共中央马克思恩格斯列宁斯大林著作编译局译,人民出版社,1976。

〔俄〕п. 司徒卢威:《俄国经济发展问题的评述》,李尚谦译,商务印书馆,1992。

〔俄〕阿·柯尔萨克:《俄中商贸关系史述》,米镇波译、阎国栋审校,社会科学文献出版社,2010。

〔俄〕阿·马·波兹德涅耶夫:《蒙古及蒙古人》,刘汉明等译,内蒙古人民出版社,1983。

〔法〕费尔南·布罗代尔:《十五至十八世纪的物质文明、经济与资本主义》(第一卷),顾良、施康强译,生活·读书·新知三联书店,1992。

〔法〕费尔南·布罗代尔:《十五至十八世纪的物质文明、经济与资本主义》(第二卷),顾良、施康强译,生活·读书·新知三联书店,1993。

〔法〕皮埃尔·米盖尔:《法国史》,桂裕芳、郭华榕等译,中国社会科学出版社,2010。

〔美〕彭慕兰:《大分流:欧洲、中国及现代世界经济的发展》,史建云译,江苏人民出版社,2003。

〔美〕泰勒·丹涅特:《美国人在东亚》,姚曾廙译,商务印书馆,1959。

〔美〕威廉·乌克斯:《茶叶全书》(上下册),中国茶叶研究社社员集体翻译,中国茶叶研究社,1949。

〔日〕滨下武志:《中国近代经济史研究:清末海关财政与通商口岸市场圈》,高淑娟、孙彬译,江苏人民出版社,2006。

〔日〕大渊宽，森冈仁：《经济人口学》，张真宁等译，北京经济学院出版社，1989。

〔苏〕B. H. 雅可夫柴夫斯基：《封建农奴制时期俄国的商人资本》，敖文初译，科学出版社，1956。

〔苏〕п. и. 卡巴诺夫：《黑龙江问题》，姜延祚译，黑龙江人民出版社，1983。

〔苏〕米·约·斯拉德科夫斯基：《俄国各民族与中国贸易经济关系史（1917年以前）》，宿丰林译、徐昌翰审校，社会科学文献出版社，2008。

〔印〕罗梅什·杜特：《英属印度经济史》（下册），陈洪进译，生活·读书·新知三联书店，1965。

〔英〕安格斯·麦迪森：《世界经济千年史》，伍晓鹰等译，北京大学出版社，2003。

〔英〕约·弗·巴德利：《俄国·蒙古·中国》，吴持哲、吴有刚译，商务印书馆，1981。

〔英〕格林堡：《鸦片战争前中英通商史》，康成译，商务印书馆，1961。

〔英〕吉尔伯特：《俄国历史地图》，王玉菡译，青年出版社，2009。

〔英〕莫克塞姆：《茶：嗜好、开拓与帝国》，毕小青译，生活·读书·新知三联书店，2015。

龚缨晏主编《20世纪中国"海上丝绸之路"研究集萃》，浙江大学出版社，2011。

葛剑雄主编、曹树基著《中国人口史·第五卷·清时期》，复旦大学出版社，2001。

曹英：《近代中外贸易冲突及中国应对举措研究》，湖南师范大学出版社，2013。

陈柏坚：《广州外贸两千年》，广州文化出版社，1989。

陈椽编著《茶业通史》（第二版），中国农业出版社，2008。

陈慈玉：《近代中国茶业的发展与世界市场》，台湾：中研院经济研究所，1982。

陈慈玉：《生津解渴：中国茶叶的全球化》，台湾：三民书局，2008。

陈庆英、高淑芬主编《西藏通史》，中州古籍出版社，2003。

陈宗懋、杨亚军主编《中国茶经》（2011年修订版），上海文化出版社，2011。

程光、李绳庆编著《晋商茶路》，山西经济出版社，2008。

程启坤、庄雪岚主编《世界茶业100年》，上海科技教育出版社，1995。

池宗宪：《铁观音》，中国友谊出版公司，2005。

邓亦兵：《清代前期商品流通研究》，天津古籍出版社，2009。

杜家骥：《杜家骥讲清代制度》，天津古籍出版社，2014。

杜长煜等编《四川茶叶》（修订本），四川科学技术出版社，1991。

关剑平主编《世界茶文化》，安徽教育出版社，2011。

郭孟良：《中国茶史》山西古籍出版社，2003。

郭蕴深：《中俄茶叶贸易史》，黑龙江教育出版社，1995。

《国际贸易导报》第一卷，工商部上海商品检验局，1930。

国务院发展研究中心经济要参编辑部主编《中国经济结构调整理论与实践指导全书》（下），人民日报出版社，2002。

何芳川：《崛起的太平洋》，北京大学出版社，1991。

何乐琴等编著《农业标准化管理——探索与实践》，中国农业出版社，2003。

黄国盛：《鸦片战争前的东南四省海关》，福建人民出版社，2000。

黄鉴晖：《明清山西商人研究》，山西经济出版社，2002。

贾大泉、陈一石：《四川茶业史》，巴蜀书社，1989。

蒋廷黻：《中国近代史》，团结出版社，2006。

蒋相泽、吴机鹏主编《简明中美关系史》，中山大学出版社，1989。

李定一：《中美外交史》（第一册 1784—1860），台湾：力行书局，1960，第22页。

李楠编著《中国古代交通》，中国商业出版社，2015。

李倬、贺龄萱编著《茶与气象》，气象出版社，2005。

连横：《台湾通史》（上册），商务印书馆，2010。

梁碧莹：《龙与鹰：中美交往的历史考察》，广东人民出版社，2004。

廖大珂：《福建海外交通史》，福建人民出版社，2002。

林坚：《远渡重洋：中美贸易二百年（1784－1999）》，厦门大学出版社，2003。

林立强：《晚清闽都文化之西传——以传教士汉学家卢公明为个案》，海洋出版社，2010。

林仁川：《福建对外贸易与海关史》，鹭江出版社，1991。

林远辉编《朱杰勤教授纪念论文集》，广东高等教育出版社，1996。

凌大挺编著《中国茶税简史》，中国财政经济出版社，1986。

刘佛丁主编《中国近代经济发展史》，高等教育出版社，1999。

刘建生、刘鹏生、燕红忠等：《明清晋商制度变迁研究》，山西人民出版社，2005。

刘建生等：《明清晋商与徽商之比较研究》，山西经济出版社，2012。

刘建生、刘鹏生等：《晋商研究》，山西人民出版社，2005。

刘建生、刘鹏生等：《山西近代经济史（1840—1949）》，山西经济出版社，1995。

刘逖：《前近代中国总量经济研究（1600－1840）：兼论安格斯．麦迪森对明清 GDP 的估算》，上海人民出版社，2010。

刘秀生：《清代商品经济与商业资本》，中国商业出版社，1998。

刘自省、苗建寅主编《中国革命史略》，陕西人民教育出版社，1988。

卢明辉：《中俄边境贸易的起源与沿革》，中国经济出版社，1991。

陆松侯、施兆鹏主编《茶叶审评与检验》，中国农业出版社，2001。

吕昭义：《英属印度与中国西南边境（1774－1911 年）》，中国社会科学出版社，1996。

米镇波：《清代中俄恰克图边境贸易》，南开大学出版社，2003。

牟树良主编《中国时代经济论坛》，中国时代经济出版社，2003。

穆雯瑛主编《晋商史料研究》，山西人民出版社，2001。

潘序伦：《美国对华贸易史（1784—1923）》，李湖生译，立信会计出版社，2013，第 81 页。

彭信威：《中国货币史》，上海人民出版社，1958。

平准学刊编辑委员会编《平准学刊——中国社会经济史研究论集》（第四辑下册），光明日报出版社，1989。

沈立新：《绵延千载的中外文化交流》，中国青年出版社，1999。

卿汝楫：《美国侵华史》，生活·读书·新知三联书店，1952。

丘进、张倩红、万明主编《全球视野下的中外关系史——中国中外关系史学会2014年学术论文集》，中国华侨出版社，2015。

汪熙主编《中美关系史论丛》，复旦大学出版社，1985。

王鹤鸣、施立业编著《安徽近代经济轨迹》，安徽人民出版社，1991。

王红谊等编著《中国近代农业改进史略》，中国农业科技出版社，2001。

王尚义：《晋商商贸活动的历史地理研究》，科学出版社，2004。

王旭烽：《茶者圣——吴觉农传》，浙江人民出版社，2003。

王越：《明代北京城市形态与功能演变》，华南理工大学出版社，2016。

乌云毕力格、成崇德、张永江：《蒙古民族通史》（第四卷），内蒙古大学出版社，1993。

吴春明：《环中国海沉船：古代帆船、船技与船货》，江西高校出版社，2003。

吴慧主编《中国商业通史》（第四卷），中国财政经济出版社，2008。

中国茶叶学会编《吴觉农选集》，上海科学技术出版社，1987。

吴思：《隐蔽的秩序：拆解历史奕局》，海南出版社，2004。

吴维真编《世界茶文化》，中央广播电视大学出版社，2015。

吴远之主编《大学茶道教程》，知识产权出版社，2011。

夏春玉主编《流通概论》，中央广播电视大学出版社，2002。

夏涛主编《中华茶史》安徽教育出版社，2008。

熊军主编《歙县——徽商之源》，安徽人民出版社，2003。

徐晓村主编《茶文化学》，首都经济贸易大学出版社，2009。

徐晓望：《中国福建海上丝绸之路发展史》，九州出版社，2017。

许涤新、吴承明主编《中国资本主义发展史》（第二卷），人民出版社，1990。

薛荣久：《国际贸易》，对外经济贸易大学出版社，2008。

严中平主编《中国近代经济史（1840~1894)》，人民出版社，2001。

杨金森、范中义：《中国海防史》（上册），海洋出版社，2005。

余耀华：《中国价格史》，中国物价出版社，2000。

俞寿康编《红茶的制造》，新农出版社，1951。

詹罗九主编《茶叶经营管理》，农业出版社，1992。

张世明：《法律、资源与时空建构：1644—1945年的中国》（第五卷经济开发），广东人民出版社，2012。

张正明、张舒：《晋商兴衰史》，山西经济出版社，2010。

张正明：《明清晋商及民风》，人民出版社，2003。

浙江农业大学茶学系编《庄晚芳茶学论文选集》，上海科学技术出版社，1992。

郑佳明主编《清政府封闭状态和心态研究》，湖南人民出版社，2010。

中共中央马克思恩格斯列宁斯大林著作编译局编《马克思恩格斯选集》，人民出版社，1972。

中国茶叶股份有限公司、中华茶人联谊会编著《中华茶叶五千年》，人民出版社，2001。

中国航海学会：《中国航海史（近代航海史）》，人民交通出版社，1989。

中国科学院近代史研究所编《沙俄侵华史》（第三卷），人民出版社，1981。

中国美国史研究会编《美国史论文集1981—1983》，生活·读书·新知三联书店，1983。

中国商业史学会明清商业史专业委员会编《明清商业史研究第一辑》，中国财政经济出版社，1998。

仲伟民：《茶叶与鸦片：十九世纪经济全球化中的中国》，生活·读书·新知三联书店，2010。

朱自振：《茶史初探》，中国农业出版社，1996。

庄建平、陆勤毅主编《世纪之交的中国史学——青年学者论坛》，中国社会科学出版社，1999。

总参谋部测绘局编制《中华人民共和国地图》，星球地图出版社，2006。

外文资料

〔俄〕阿·柯尔萨克：《俄中通商历史统计概览》，喀山：喀山出版社，1857。

〔俄〕帕·西林：《十八世纪的恰克图》，伊尔库茨克出版社，1947。

〔日〕后藤英男，《東蒙に於け撥子》，满铁调查资料第四十五编。

〔日〕吉田金一：《关于俄清贸易》，《东洋学报》第45卷第4号。

〔日〕农商务省商工局：《臨時海外派遣官報告集》，農商務省商工局，1919。

〔日〕山县初男编著《西藏通览》，东京：丸善株式会社，1908。

〔日〕田中忠夫：《支那経済史研究》，大鐙閣版，1922。

〔日〕外务省记录局：《明治十六年通商汇编》（上），外务省记录局，1883。

〔日〕伊藤文吉：《米国戦時財政経済事情》，特派财政经济委员，1918。

俄国对外政策档案库：《圣彼得堡全宗》，主档Ⅱ-3，1843。

A. De Rosthorn, *On the Tea Cultivation in Western Ssuch'uan and the Tea Trade with Tibet Via Tachienlu* (London: Luzac & Co., 1895).

Anthony Giddens, *The Constitution of Society: Outline of the Theory of Structuration* (Cambridge: Polity Press, 1984).

C. J. A. Jorg, *Porcelain and the Dutch China Trade*.

K. N. Chaudhuri, *The Trading World of Asia and the English East India Company 1660–1760* (Cambridge University Press, 2006).

Gideon Nye, *Tea and the Tea Trade* (New York: Geo. W. Wood, 1850).

H. B. Morse, *The Chronicles of the East India Company Trading to China 1635–1834*（1）(Oxford, 1926).

John Francis Davis, "Esquire", British Parliamentary Papers, Vol. 37.

Jules Davids, *American Diplomatic and Public Papers, The United States and China, Series 1: The Treatry System and the Taiping Rebelling 1842–1860*. (Wilmington: Scholarly Resources Inc. Series I, Vol. ⅩⅧ, 1973).

K. S. Latourette, *The History of Early Relations between the United States and China 1784–1844* (New Haven: Yale University Press, 1917).

Robert Fortune, *A Journey to the Tea Countries of China: Including Sung - Lo and the Bohea Hills* (London: John Murray, 1852).

S. E. Morison & H. S. Commager, *The Growth of the American Republic* (New York: Oxford University Press, 1942).

S. E. Morison, *The Maritime History of Massachusetts 1783 - 1866* (Boston and York: General Books, 1924).

The Chinese Repository, Vol. 9.

Yen - Ping Hao, *Chinese Teas to China Trade: In History Perspective* (Boston: Harvard University Press, 1986).

附录一
茶和茶叶贸易*
Gideon Nye**

第二版序言

Gideon Nye 的文章在《商人》（*Merchants' Magazine*）杂志上发表时得到了普遍认可，由于缺少副本，于是将这些文章以小册子的形式重新出版。第 2 版在第 1 版的基础上进行改进，对附言进行了编辑，但内容没有变动。

承诺在《商人》杂志发表的第 3 篇文章正在准备中。考虑到今年作物不寻常地早熟，在此期间，请允许作者就这些文章中关于供给和价格的问题发表评论，也包括对中国、英国和美国目前的事态发展和市场走势进行研究，来继续支撑他之前提出的观点。而且，只要这一不寻常的事件影响到这里的市场地位，那么为了确保其稳定和发展，唯一的必要条件是在需求量最大的季度更为循序渐进地供应货物，很明显明年 10 月前的进口不符合这一条件。

1850 年 3 月 18 日。

---

* 翻译说明：囿于译者水平，个别茶叶等级、芳香程度、如何装箱的缩写和地名等无法译出，直接附原文。该书成书和首次出版均为 1850 年。

** Gideon Nye（1812~1888），19 世纪上半叶在广东经营茶叶生意的美国商人。

第一部分

不管是不是生活的必需，茶叶这种商品都是近代商业历史中当之无愧的"第一商品"。中国将茶文化传播到世界其他文明中间，直到茶叶成了这个古老帝国的代名词。这种最普通而且有益健康的芳香植物，改变了中国的贸易史，也改变了中国本身的历史。

没有别的商品能像茶叶这样刺激国际贸易，也没有哪种饮品能带来和茶叶一样的利润，并让中国以外的文明国度都如此痴迷。英国大规模进口茶叶，也是因为茶叶能给英国国库带来丰厚的收入①，会给英国的制造业和商业带来利润，甚至包括其他国家；茶叶那令人愉快和健康的特性给西方国家的家庭带来了安慰和愉悦，使生活更加节制。反过来，这种商业交流也在人口众多的遥远的东方产生了道德影响。

但是，在研究茶叶的使用过程和评估贸易利益时，我们看到，茶叶贸易带来的并不只有好处。这是因为虽然中英贸易是互惠的，但是某种程度上，鸦片贸易是极度有害的。这对英国来说是一种可耻的对比：中国给英国送去了有益健康的茶，而英国却将魔鬼般的鸦片作为回馈。

在这种有害的药物充斥整个中国之前，中国通过贸易赚取西方国家的贵金属。在贸易差额的调整中，中国是占有贸易顺差的。但是自从东印度公司的宪章过期（1834年），鸦片消费已大幅增加②，即使中国的农产品出口也大幅增加，但在调整对中国不利的差额后，中国贵金属的流出已达到每年约1000万美元。因此，鸦片对中国造成了双重伤害，它不但使得人民士气低落，也破坏了中国的经济资源。后者产生的影响最为严重，甚

---

① 英国茶叶进口税每年给财政增加5400000先令（约合25000000美元）的收入。
② 过去在中国鸦片作为药物使用，销量很小，但自从鸦片这种让人欲仙欲死的"美味"传遍中国后，英国对中国的鸦片出口量迅猛增长。一组数据显示：1767年中国进口鸦片1000箱，1816年3200箱，1826年9900箱，1836年26000箱，1845年达到40000箱。英国政府在1845～1846年从向中国出口鸦片的获利已达到4766536英镑，折合23000000美元。这给中国经济和人民的身体健康造成了双重灾难，甚至威胁到了清王朝的根基。

至威胁到国家的完整。

鸦片贸易是茶叶贸易发展的阻碍之一，所以考虑这种巨额贸易的影响绝非偏题。关于鸦片贸易我们也不能仅仅是偶然提到，尽管我们的目的并不是讨论道德问题，但鸦片贸易的不道德对与中国的合法贸易极为不利。①

鸦片严重扰乱了中国的经济运行，从而削弱其信心，并且直接压低了其他进口商品的价格，中国为了尽量保持对英国贸易的平衡，提高了出口商品的价格。即使忽略这其中涉及的政治问题，这些也都是不当的商业行为。

毒品贸易的合法化无疑会降低毒品的价格，并减轻一些毒品贸易的罪恶；毒品贸易合法化削减了鸦片原本作为奢侈品和违禁品的魅力，这也许在某种程度上粉饰了其在道德和经济上对消费者的损害。

一　中英茶叶贸易

茶叶贸易的最大且最直接的障碍是英国强加的高额茶税，这也是对中国更大的不公平之处（仅从商业角度考虑）；而且，即使罗伯特·皮尔爵士4年前宣布的自由贸易政策让人们深信不疑，今天的英国关税表也清楚地揭露了英国对中国强征的高额茶税。在国际正义和相互尊重的问题上，从英国对进口茶叶所征收的无以复加的压迫性税收也可以看出，现今中英之间的法律条约存在着"对中国的严重不公正"②。

---

① 1849年8月，一封上海某公司的信件谈到了这一点，下议院特别委员会的乔治·莫法特提供的证据也是如此："我认为，从印度出口到中国的鸦片价值很低。去年（没有官方申报的）中国进口的鸦片价值为500万英镑，而1844年其价值为480万英镑，这使贸易差额对中国非常不利，因此中国调高了其出口茶叶的价格。"
摘自1849年8月一家上海公司的信件："我们不知道这里的情况是否和广州一样。但我们认为'Register'（报纸）上的一篇文章说出了事实，我们减少对欧洲（外国）商品的需求是因为鸦片的倾销。中国不能同时接受商品和毒品，所以问题的根源是，英国究竟是否愿意选择一种贸易。"
"东印度公司永远不可能放弃鸦片，就算1854年该公司章程不再更新，英国政府也不会放弃鸦片贸易。鸦片出口的数量越多，英国就越不可能放弃鸦片贸易。"
② 引自1847年巴特·乔治·拉彭爵士在下议院特别委员会面前所使用的表述。

前文说明了英国每年对进口茶叶征收的巨额关税。① 至于对中国不公的税收的性质和程度，通过两国关税的对比可以看出：在英国每进口 1 磅茶叶政府收取 2 先令 2.25 旧便士的关税，甚至超过了茶叶平均价值的 250%；而在中国，进口英国货物（主要是鸦片）所收取的平均关税只有货品价值的 5%～7%。虽然税率不等同于提高的成本或对消费者提高的价格，但是因为税款构成了成本的很大一部分，同时开展业务所需资金的利息也占成本的很大一部分，因此，茶叶贸易对大量资金的需求就使少数富有的公司保持了对茶叶贸易业务的实际垄断，茶叶通过进口，失去了竞价优势，而对于其他的进口商品，价格往往不像茶叶这样极端。

而且，在英国政府和广大消费者之间，法律实践也存在严重的不公平，而这种不公平往往会直接抑制对茶叶的消费。这项税费对贫困群体来说更是不公平的，并且引起了投机行为。我们发现，对所有品种的茶叶征收的关税（每磅 2 先令 2.25 旧便士）是相同的，这就使得那些只买得起次等茶叶的消费者（他们的舒适、健康和节制的生活极大程度地依赖于茶叶②），以关税的形式被迫缴纳自己消费额 200%～400% 的税款。但是购买高档茶叶的富裕阶级，只需要缴纳他们消费额 50%～100% 的税款。这种不公平税收的影响是显而易见的，因为它影响到了对价格最敏感的人群。

关税过高就会带来降低关税的预期，这引起了投机买卖，从而间接地对贸易造成了极大危害。正因如此，关税才是贸易活动变迁的源头，这一点在过去的 6 年中尤为明显。

对于关税过高这一问题，我们期望将关税降至约每磅 1 先令，虽然这种调整仍然和以前一样是统一对茶叶重量征收的，但仍是比较合适的。由于税款比较温和，所以统一税会更大程度地同化进口茶叶的品质，如此一来，税款对消费者的不公平就基本可以被接受。

为了使贸易摆脱目前的低迷态势，上述的措施是必需的，英国国会下

---

① 现已达到每年 5400000 英镑。关税收入具有巨大的增长潜力，但这一潜力使得官员越发贪婪，他们为了巨额的关税收入不顾民众生活和国家的对外贸易。笔者记得几年前，民众对于减免关税的呼声十分高涨，但是政府却对茶叶的高额关税十分满意，无意放弃从中获得的任何利益，即使当时的关税收入比现在还少 80 万美元，只有 380 万美元。

② 参阅后文诺顿先生论文副本。

议院专责委员会的报告（1847年）和英国一家有名的茶叶公司的通告可以证明这一点。该专责委员会报告里这样说："我们必须聚焦到茶叶消费的巨大潜力，维持并扩大与广大地区贸易的利润。除非我们对仅依靠缓慢的人口的增长来带动茶叶消费量的增加感到满足，否则就必须得考虑降低茶叶价格了。在东印度公司的茶叶垄断被废止之后，商业竞争已然开始发挥效力，并且新的茶叶供应资源已经开放，但茶叶价格仍然没有下降，因此我们只能寄希望于茶税的降低了。在茶叶的初始成本中，茶商们在中国港口进货时茶叶价格是8～10旧便士，如果茶叶的初始购买价格有所下降，这或许对茶叶贩运商有益，但对国内的茶叶销售价格的影响却微乎其微。因此只能着眼于高额的茶税，国内对不同等级的茶叶征收的平均税额高达茶叶本身价值的200%，其中对品质最次的茶叶征税甚至达到了350%以上（在英国茶税按茶叶重量征收，每石茶叶赋税相同），因此任何降低茶税的政策都将奏效，并将有效刺激国内茶叶消费，这样的减税政策对贸易的健康发展非常必要。

扩大国内的茶叶消费、让各个阶层的人都有机会喝到这种健康的饮料，从而代替那些酒精饮品是大有益处的，但国内的茶叶消费显然受到了抑制，这当然不能苛责对我们收取如此之低关税的中国，而责任在我们国内的高额茶税，这对中国的贸易也带来了损害。事实上，降低国内茶税唯一的困难只是国库收入可能因减税而有所损失。"

下文是节选自1849年8月22日，英国一家名为"布罗德里布和科茨先生茶叶"（Messrs. Brodribb and Coates' Tea）公司的贸易报告：

中国和英国的茶叶存货比去年同期都有所减少，尤其是红茶，但茶价并没有提高。茶叶需求与去年相当，因此这种反常现象并不能用普通的需求供给法则来解释，一定是其他因素造成了这一结果。根据一封"英国对华贸易"的回信可知：1847年中国对英国出口茶叶价值2849577英镑，而在1848年这个数字只有1909900英镑。我们对这一贸易状况最真实的描述，就是把其与每年茶叶所付的关税数额对比。以下是这家公司在1847～1848年进口茶叶所上缴的税额：

表1　英国某公司1847~1848年茶叶进口税额

单位：英镑

年份	从中国进口的茶叶价值	英国各地区上缴的茶叶关税			
		大英帝国（总和）	英格兰	苏格兰	爱尔兰
1847	2849577	5067042	3859720	494847	712475
1848	1909900	5330537	4075777	520453	734307

我们认为这才是茶叶贸易不景气的原因。在如此重的税收负担之下，贸易怎么可能发展呢？而且要让茶叶进入消费环节流通，需要茶商有极大额的资金投入。那么第一手买家的数量应该非常多，反而进口商的数量应该是有限的。茶叶贸易只有依靠少数几家一流的大公司才能保证销售，但即使对于这些大公司来说，它们也要优先保证关税的缴纳。在这样的环境下，自由竞争不复存在，而是将茶叶市场变成了事实上的垄断，自由竞争无法再使商人保证其商品的最大价值，这样怎么能使得茶叶价格下降呢？茶叶在国内被定以高价来补偿商人的资本，更重要的是为了初始垫付的高额税款。

国会委员会也开诚布公地表示政府必须减少实际关税，但众所周知，减税政策一直被拖延的唯一原因就是关税收入对国库来说是不可或缺的。自上述报告发表以来，由于一些不可预见的事件，英国财政一直吃紧，也就推迟了减税政策的出台。这些事件如下：第一，1845年秋季开始的爱尔兰大饥荒，英国政府因救灾而面临高额财政赤字；第二，1847年发生的英国第九次经济危机；第三，1848~1849年的大革命。

随着英国国内对经济危机预期的减弱及宏观经济的逐渐恢复，降低茶税成为可能，并很有可能在下届议会召开后付诸实施。这将给中英茶叶贸易带来空前的繁荣，毫无疑问，降低茶税之后的2~3年之内，英国国内的茶叶供应将由民众的茶叶需求来决定，然而在接下来的1~2年里，茶叶进口的规模将大幅攀升，在这之后，国家才有必要把茶叶价格提高。

二　中美茶叶贸易

与英国所面临的茶叶贸易障碍形成鲜明对比的，是从 1832 年起美国卓有成效的茶税完全免除政策，这使我们迫切地需要研究这个国家的贸易。由于我们仔细研究过英国所追求的减税政策及其广泛的使用，所以可以很明显地看出美国的税收政策远没有得到充分的实施。然而令人惊奇的是，美国的茶叶消费量远不如英国，这可能是因为英国人普遍更加富裕，而美国人还未养成饮茶的习惯、对茶叶的了解不够，或者泡茶的水不合适、茶叶放得太多导致茶水太浓，从而美国人认为茶叶的口感很糟糕。但值得注意的是，美国人所认为的中国茶的"糟糕口感"与假茶的引入有莫大关系，而假茶进口并充斥美国市场，又源于美国人对廉价茶叶的需求，不过这里的廉价不代表低质量，而是物美价廉，美国的消费者还没有意识到，真正有价值的茶叶恰恰是高质量的茶叶，高质量茶叶的价格又从来都不会低廉。

然而，美国人眼中最昂贵的中国茶，其实恰恰是最"廉价"的。因为茶叶的大部分成本都是由运输费用等因素构成的，而非茶叶本身的价值。这些成本包括茶箱和绳索等包装成本、关税（每种茶叶基本都是每磅 3 美分左右）、茶叶在中国本土数百英里的转运成本以及从中国运往美国的运费等。这些成本只与其体积和重量成正比，而不因茶叶的等级、价格高低而不同，假茶也不例外。所以对茶商来说，每磅 60 美分的茶叶并不比每磅 30 美分的茶叶需要的运输费用多。假设上述成本是每磅茶叶 10 美分，那么消费者在购买每磅 30 美分的廉价茶叶时，为这些不包含在茶叶本身价值的额外成本需支付茶叶售价的 1/3 的费用，但这只相当于每磅 60 美分的茶叶价格的 1/6，也就是说，消费者支付成本的 5/6 是茶叶的真正价值。这说明如果将 30 美分用于购买更好的茶叶，消费者得到的真正价值是 25 美分，而用 30 美分购买劣质茶叶他们得到的真正价值是 20 美分。只需要将这一简单的计算扩展到一个家庭的年消费量上，就可以证明这样消费是性价比最高的，但这还不是最重要的，最重要的是低质量的假茶会对健康造成损害。

国会的大多数代表向来认为推广茶叶的使用有利于提高人们的生活质

量，并且支持推行茶叶免税的政策。有茶叶在英国和中国的广泛普及和益处的先例在前，我们相信，通过经销商明智的管理，人们对茶叶的品位可能会很快提升，尤其是在假茶泛滥的美国西部和南部。

三 茶叶价值的证明

茶叶在英国受欢迎的证据。

威廉斯博士在他对中国①的研究中说："任何环节都会受到指责，甚至在预备阶段也是如此。"他强调"欧洲的泡茶过程比起正宗的泡茶手法也相差无几"。

"起初，人们对茶叶是持怀疑态度的，虽然对那些有勇气尝试的人来说茶叶是非常可口的，但是随着茶叶的涌入，人们是抵制茶叶的；之后，饮茶成为一股流行的热潮，人们又开始滥用它；最后，茶叶随着时间的沉淀缓慢地、日益地发挥着影响，从名流到平民，茶叶终于被这片土地欢迎，确立了它在饮品中独一无二的地位。"

约翰逊医生对茶的偏爱是众所周知的，在这里不需要对众多支持茶叶的医学机构的研究进行过多引用，因为除了医学的证明之外，茶叶在英国消费量的持续增长是更有力的证据。在英国，尽管茶叶的关税极其高昂，但人们更热爱茶叶带来的生活方式。蒙哥马利·马丁记述了茶叶在英国的首次饮用："1662年，查尔斯二世迎娶了嗜茶的葡萄牙的凯瑟琳公主，据说公主未嫁之前就在葡萄牙习惯了喝茶。"这促使茶叶在英国流行起来。

诗人对茶叶也多有赞颂。沃勒在一首献给女王陛下的生日颂歌中将草药②介绍给女王，诗句如下：

> 一为后中英，一为群芳最。
> 物阜称东土，携来感勇士。

---

① 当时中国被称为"Middle Kingdom"。
② 草药：原文为herbs，指茶叶，当时名为shrub。

沃勒也认为茶叶有鼓舞人心的力量：

助我清明思，湛然祛烦累。

长久以来，人们对中国的欣赏都源于中国作家的著作，在此摘录一些译文（1849年1月出版于中国文献馆），也摘录了一些对制茶方法的指导。喝茶的仪式感（根据作者在中国《申报》多年的工作经验）会让人们更偏爱饮茶，也让人更享受喝茶的过程。

中国人指导你如何泡一杯好茶。

泡茶的水是很讲究的。苏东坡说道："活水还须活火烹。"中国惯常在明火上烧开活水，据说山中清泉最佳，河水次之，井水最差，而明火最是清洁，需用木炭来焚烧。

"在泡茶时，不要急于将水烧至滚沸，而是先让水冒泡如'蟹眼'（'蟹眼已过鱼眼生'）；其沸，如鱼目，微有声，为一沸；缘边如涌泉连珠，为二沸；腾波鼓浪，为三沸。"这就是烧水的方法，需要用明火才能将水烧好。

"茶性寒凉，如果过度饮用，会使人疲劳和困倦；乡人在喝之前，会加入姜和盐来调和这种寒性。茶叶具有广泛的用途，培植之，有利于其广泛地发挥效益，饮用之，有利于使头脑清明。统治者、公爵及贵族都看重茶叶，黎民百姓、穷人、乞丐也消费得起茶叶。"

另一位名家说"喝茶使人睡眠减少"，这是事实；但是由于茶对人有益，所以喝茶粉（tea dust）也有同样的效果，不同的是，茶叶不需要熬煮。

还有一位作家说，"饮茶可以清除体内的杂质，减轻困倦，缓解头疼，人们普遍看重茶叶"，"味为甘露胜醍醐，服之顿觉沉疴苏。身轻便欲登天衢，不知天上有茶无"。

由此可见，在中国，泉水或河水的水质优于井水，是泡茶的上品，而石灰岩水是不宜泡茶的。除了水之外，煮水的陶器和瓷质的茶壶都是泡茶时不可或缺的。

伦敦改革俱乐部的索耶先生建议这样泡茶：一定要将水煮沸，而且为了泡出完美的茶，只应取用第一道茶，所以如果第一道的茶水不够的话，就应该把茶壶洗净，重新放入茶叶和沸水。因此，每次使用后都应该即刻清洗茶壶。这种泡茶方法是非常值得一试的。

索耶先生建议在放入沸水之前，先将放有茶叶的茶壶在炉子上加热，或者用酒精灯加热，也可以直接放在火前加热（当然不要靠得太近），将茶壶预热之后再加满沸水。索耶先生说这样做的话，在1分钟之内就可以泡出一杯最为美味的茶，远胜常规的泡茶方法。

四　美国的茶叶关税问题

只要财政收入不是靠高额关税这种让人反感的方式来实现，人们就不会这么抵触。美国从中国进口茶叶的同时主要向中国输出棉纺织产品，茶叶和咖啡都不是美国的本土作物，因此对茶征收关税只会直接作用在消费者身上，成为他们的负担。对茶征税无疑会减少美国的茶叶消费，而这意味着美国在华的棉纺织产品销量将会受到影响，因为美国的棉纺织产品要和英国的同类产品竞争，而英国拥有更加低廉的劳动力成本，因此对茶征税会提高美国茶叶销售价格，从而带动生活消费品价格提升，进一步提升美国的劳动力价格。这样看来，对茶叶征税不利于国民经济的繁荣和民众生活质量的提升。

最重要的是，茶叶作为中国最大宗的出口商品，美国免除茶叶关税无疑会赢得中国政府的好感，从而在对华贸易中处于有利地位，获得更佳的讨价还价能力。对于那些过去与西方和中国成功开展贸易的商人，他们更能认识到这一有利地位的可贵之处，他们也更理解接近中国所能带来的贸易优势。在英国人抵达美洲的早期，我们感激那些在美国开拓新领域的企业家，也赞颂他们的睿智，他们在整个利益链条中行之有效又令人钦佩，作为链条中的黄金一环，将英国本土与遥远的美洲大陆紧密联系在一起。更不必说从巴拿马到加利福尼亚的太平洋轮船航线（由豪兰和阿斯平沃尔先生及其同事建立），这条航线极大地方便了对当地丰富资源的开发。尽管这些资源在之前已经被探测到了，但直到一年前都无法被开发。这条先驱的纽带是由共同利益构成的，而此利益链条注定会将最古老的英国和新兴的美国联系得更加紧密。

第二部分

此主题在本杂志 1 月刊上已介绍过，概括了其一般特征，特别描述了中国及其他两个主要消费国。① 现拟简要介绍茶叶贸易的历史，并阐明其在包括中国在内的所有较大消费国的统计进展和目前地位。

在做阐述之前，可以说，作者的初衷只是展现当前的贸易状况，这种初始的分析只能让有限的人感兴趣。但是，由于我们新确立的领土靠近中国，缩短了英国东海岸到中国的实际航程，以及由于我们在中国不断获得的巨额财富，这一系列原因重新激起了人们对中国的兴趣。如果作者的作品有助于茶叶的推广，那么作者所付出的时间与精力就值得了。他相信，至少中国和外国当局的引文表明了在那些最了解茶叶使用方法的国家，对茶叶进行的估计将有助于说明在该国推广茶叶所产生的道德和经济结果。考虑到此文章对商人的实用价值主要在于其统计的可靠性，作者对其特别关注。

一 茶叶贸易历史梗概

现在，我们继续对贸易历史进行概述，以温奇先生和诺顿先生的言论为佐证，在英国下议院特别委员会面前陈述其统计的进展情况，表达对消费的同情并且评价该国的贸易状况。

"中国人对茶树的了解最早可追溯到 350 年，但一般认为茶叶最早于 800 年开始普及。"②

葡萄牙航海家在 16 世纪首先将茶叶带往西欧，在 1633 年的时候，茶叶已在波斯得到普遍推广。17 世纪早期，荷兰东印度公司将茶叶进口到欧洲，但在查尔斯二世与葡萄牙凯瑟琳公主结婚（1662 年）之前，英国人对茶叶一无所知。1669 年，英国东印度公司第一次从印度进口了两箱（143.5 磅）茶叶，1678 年，从印度进口的茶叶为 4713 磅，但数量太多，

---

① 因为中国既是最大的消费国，也是最大的生产国。
② 出自威廉姆斯博士的"Middle Kingdom"。

使市场供过于求，且印度茶的口感极差，几年内几乎没有获利。1680年，英国东印度公司开始与中国进行直接贸易，到了1700年进口中国茶叶量已达到6万磅，而1721年，这个数字达到了100万磅。从1710年到1810年的100年时间里，英国东印度公司累计从中国进口茶叶750219016磅，价值129804595英镑（其中116470675磅茶叶未在英国本土消费，由东印度公司再出口到他国）。

二 19世纪中英茶叶贸易

从19世纪开始到1845年，在英国已累计售出1385949566磅茶叶，并累计为英国国库带来167643702英镑的税收收入。① 表2的数据由文奇先生在1847年提交给英国下议院专责委员会，包括1801~1846年英国家庭茶叶消费量，以及在茶税变化的不同时期，普通功夫茶在英国的价格、税前价格和上缴的税金，这能反映出茶叶销量随价格和税金变化的基本趋势，也表现出了"对消费价格的关注"。

表2　1801~1846年英国家庭茶叶价格、消费量及税率

年份	普通功夫茶平均价格		功夫茶家庭消费量	茶叶税率a
	税前价格	税后价格		
1801	3先令2.75旧便士	4先令8.25旧便士	24470646磅	1801年5月，税前茶价2先令6旧便士以上的50%，平均茶税为45%。1804年，所有茶叶税率为96%
1811	3先令0.25旧便士	5先令11旧便士	23058496磅	
1821	2先令7旧便士	5先令2旧便士	27638081磅	税前茶价2先令以下的96%；2先令以上100%
1831	2先令1.5旧便士	4先令3旧便士	30920879磅	
1834	1先令9旧便士	3先令11旧便士	35490901磅	4月22日，武夷茶税为每磅1先令6旧便士；功夫茶税为每磅2先令2旧便士；其他各类茶税为每磅3先令

---

① 出自马丁先生向下议院委员会的报告。

续表

年份	普通功夫茶平均价格		功夫茶家庭消费量	茶叶税率[a]
	税前价格	税后价格		
1835	1先令4.375旧便士	3先令6.375旧便士	36653000磅	
1836	1先令1.75旧便士	3先令2.75旧便士	38707000磅	统一为每磅2先令1旧便士
1837	1先令1.375旧便士	3先令2.375旧便士	36315000磅	
1838	1先令4.75旧便士	3先令5.75旧便士	36415000磅	
1839	1先令5.5旧便士	3先令6.5旧便士	36351000磅	
1840	2先令3.75旧便士	4先令6旧便士	31716000磅	5月,关税增加5%
1841	1先令10.5旧便士	4先令0.75旧便士	36811000磅	
1842	1先令8.75旧便士	3先令11旧便士	37554000磅	
1843	1先令2旧便士	3先令4.25旧便士	39902000磅	
1844	1先令0旧便士	3先令2.25旧便士	41048721磅	
1845	10旧便士	3先令0.25旧便士	43595265磅	
1846	9旧便士	2先令11.25旧便士	47534000磅	

注：a 茶税数值是关税和消费税的总和，例如1800年，税前茶价在2先令5旧便士以下的，征收5%的关税和15%的消费税，共计20%；税前茶价在2先令5旧便士以上的，征收5%的关税和35%的消费税，共计40%。

下面的报告是诺顿（W. Norton）等人在1847年上交给英国下议院专责委员会的，从中可以看出对1847年英国贸易的一般状态和消费价格的关注。其中的内容被证明源于相关文件和事实，被认为是最有说服力的（见表3）。

（1）随着人口的增长，茶叶消费量获得了巨大的增长。对于中产家庭来说，即使以现在的茶税负担（以中产阶级每人每年消费13磅茶叶计）来看，茶叶在他们之中也很有市场；而对于穷人阶层来说，即使生活再为不易，茶和干面包也成了他们生活的必需。

（2）茶叶消费量会随着茶价和税收的变化而出现波动。

（3）中国茶叶的供应已经也将继续仅随英国国内的需求而变化。①

（4）如果国内茶叶消费增加到每年8000万磅，减税不会对国家财政有影响，国家税收总额还将比过去大幅提升。

（5）减税将会给消费者、生产商、运输商带来不可估量的益处。

---

① 价格向来是随着需求变化的。

表 3　英国人口和茶叶消费量

年份	地区	人口(人)	消费量(磅)	茶叶税负(每人每年)
1801	大不列颠	10942646	23271790	未知
1811	大不列颠	12596803	22454532	未知
1821	大不列颠	14391631	26754537	1.25 英镑
1821	北爱尔兰	6801827	26754537	1.25 英镑
1831	大不列颠	16539318	29997055	约 1.25 英镑
1831	北爱尔兰	7767401	29997055	约 1.25 英镑
1841	大不列颠	18720394	36675677	1.375 英镑
1841	北爱尔兰	8196597	36675677	1.375 英镑
1846	大不列颠及北爱尔兰	约 29000000	47534000	1.639 英镑

可以看到，从 1831 年到 1841 年，由于高茶价及战争的影响，茶叶人均消费量只增加了约 1/8 磅；从 1841 年到 1846 年，由于茶叶进口价格的下降，茶叶人均消费量增加了约 1/4 磅，而茶税依然高昂。我们大胆推测，如果茶价下降到现在的 2/3，其销售量将大幅增长（见表 4）。

在普通家庭中，消费水平由消费能力决定，茶叶消费量平均为每人每年 12～13 磅。在这样的家庭中，如果佣人被允许喝茶，那么一般为每星期 0.25 磅，每年约为 13 磅。

茶对于穷人来说是最好的安慰剂。几个月前，两名验尸官对两名饥饿致死的贫困妇女进行了解剖，她们彼此并不相识，但是验尸结果显示，她们两人都靠喝茶和吃干面包生活了两个星期，而她们花在茶上的一点钱中，2/3 是税款。

表 4　茶叶消费量随茶价和关税变化情况

年份	茶税	消费量(磅)	备注
1782	55 英镑 15 先令 10 旧便士（每 100 磅）附 1 先令 1 4～15 旧便士	6202257	
1783	55 英镑 15 先令 10 旧便士（每 100 磅）附 1 先令 1 4～15 旧便士	4741522	

续表

年份	茶税	消费量（磅）	备注
1784	12 英镑 10 先令（每 100 磅）	10150700	较上一年度增长 113.5%
1785	12 英镑 10 先令（每 100 磅）	14800932	较上一年度增长 46%
1786	12 英镑 10 先令（每 100 磅）	15851747	较上一年度增长 7%
1795	茶叶税前价格的 20%	21342845	较 1783 年增长 350%
1801	税前茶价 2 先令 6 旧便士以上的：50% 税前茶价 2 先令 6 旧便士以下的：20%	23730150	
1803	税前茶价 2 先令 6 旧便士以上的：95% 税前茶价 2 先令 6 旧便士以下的：65%	24877450	较 1795 年增长 16.5%
1821	税前茶价 2 先令 6 旧便士以上的 100% 税前茶价 2 先令 6 旧便士以下的：96%	26754537	较 1803 年增长 7.5%
1833	同 1821 年	31829620	较 1833 年增长 19%
1834	功夫茶每磅征税 2 先令 6 旧便士；武夷茶每磅征税 1 先令 6 旧便士；1836 年起，所有茶叶每磅征税 2 先令 2.25 旧便士	34969631	从本年度开始实行茶叶自由贸易。茶价因市场竞争而出现每磅 1 先令 6 旧便士到 2 先令的降幅
1844		41363770	
1846		47534977	较 1834 年增长 35%

可以看到，从 1784 年到 1795 年的 12 年中，茶叶消费量增长了 350%。毫无疑问，较低的税负抑制了茶叶的走私，如果茶价能够进一步降低，茶叶消费量还将获得更大的增长。

1795~1797 年的茶税是 20%，1798 年达到 35%，1800 年进一步提高到 40%，到了 1801 年，税前价格在 2 先令 6 旧便士以上的茶叶税率已达 50%。在高税率的背景下，从 1795 年到 1803 年的 8 年中，茶叶消费量只增长了约 16.5%。

在 1803 年，税前茶价 2 先令 6 旧便士以上的茶叶税率猛增到 95%，2 先令 6 旧便士以下的茶叶税率为 65%。1818 年时这个数字增加到 96%，1821 年达到了 100%，而这 18 年中茶叶消费量只增加了约 7.5%，但 1803～1821 年英国的人口增长约为 27%，因此由茶叶税率猛增导致的高茶价使人均茶叶消费量出现了明显下降。

从更多的证据中可以看出消费量对价格的敏感。1834 年，英国政府最终取消了东印度公司对中国的贸易垄断权，因此从 1834 年到 1846 年的 12 年中，自由竞争市场使得茶价出现明显回落，尽管此时的税负依然沉重，但茶叶消费量的增长却是显而易见的，这 12 年中茶叶消费增长了约 35%。

我们可以推断，在 1783 年的时候，大多数人对茶叶是一无所知的，正是当时茶叶的大幅降价，使得茶在普通民众中迅速普及。更确切地说，可能由于当时功夫茶价由每磅 4 先令降到每磅 2 先令 6 旧便士，越来越多的人开始接纳茶。

国内目前的经济状况、民众的自由交流、一般就业率状况、逐渐增强的理性、教育和道德观念的确立还有"茶极权主义"都支持这一假设：降低茶叶价格将使茶叶消费得到普及。而对于大多数人来说，将茶叶价格从每磅 4 先令降低到每磅 1 先令 6 旧便士，比从 6～7 先令降到 4～5 先令更能刺激消费。

中国茶大部分在北纬 23 度的广东、北纬 27 度的福建附近种植，最远延伸到北纬 32 度的南京也有生长，而在长江沿岸生长的茶叶品质是最好的。

在斯汤顿（Sir George Staunton）的《英使谒见乾隆纪实》中有这样的话："中国的茶叶产量巨大，但即使欧洲的茶叶消费量骤然减少，也不太会引起中国原茶的价格下调。"也可以说，无论中国供应欧洲的茶叶总量是否出现波动，茶价基本上维持在一个比较固定的水平。而事实上，来自中国的茶叶供应以前也曾出现过大于英国最大需求量的情况（但茶价依然没有降低），如表 5 所示。

表 5　中国茶叶供应英国的增加情况

年份	出口量（磅）	中国的茶价（每箱）
1834[a]	30224904	
1836[b]	94129480	1835～1936 年,福建武夷茶 14 两;拣焙茶、功夫茶 18 两 34 钱
1842[c]		由于此 6 年与中国存在争端,茶叶出口极不正常。6 年中出口量为 209171099 磅,平均每年出口量为 34861847 磅
1843[d]	47855312	1842 年 10～12 月,功夫茶 14 两 30 钱
1844[e]	50241428	1843 年 10～12 月,功夫茶 16 两 33 钱
1845[f]	53959618	1844 年 1～3 月,功夫茶 13 两 36 钱
1846[g]	57584561	1845 年 10 月至 1846 年 3 月,功夫茶 16 两 36 钱（极少数种类的优质功夫茶达到 40 两）

注：（1) a 截至 1834 年 3 月 30 日；b 从 1834 年 4 月 23 日到 1835 年 3 月 30 日；c 从 1836 年 7 月 1 日到 1842 年 6 月 30 日；d 从 1842 年 7 月 1 日到 1843 年 6 月 30 日；e 从 1843 年 7 月 1 日到 1844 年 6 月 30 日；f 从 1844 年 7 月 1 日到 1845 年 6 月 30 日；g 从 1845 年 7 月 1 日到 1846 年 6 月 30 日。本季（1846 年 7 月 1 日到 1847 年 6 月 30 日）预计与去年持平。
（2）1847 年来自中国的最新的商业通知说茶叶价格要下调。

因此,消费者在茶叶上的支出可以节省大约 33.3%,这对富人阶层来说可能意义不大,但对于穷人来说意义非凡,而穷人阶层则正是当前快速增长的强大的茶叶消费力量。

假定在茶税下调后的第 2 年,英国茶叶消费总量达到 8000 万磅,则国库税收将会如此变化,见表 6。

表 6　假定英国茶税从每磅 2 先令 2.25 旧便士降到 1 先令对国库收入的影响

以平均零售价为每磅 4 先令的普通功夫茶为例	
税前茶价	每磅 10 旧便士
茶税	每磅 2 先令 2.25 旧便士
假定的批发利润	每磅 2 旧便士
假定的零售利润,现金的 25%	每磅 10 旧便士
如果茶税降到	每磅 1 先令
假定的批发利润	每磅 2 旧便士
假定的零售利润,现金的 25%	每磅 6 旧便士

当前茶税每磅 2 先令 2.25 旧便士，茶叶消费总量 4500 万磅，国库税收 4921875 英镑；茶税调整为 1 先令之后，茶叶消费总量预计达到 8000 万磅，国库税收 400 万英镑。

而茶叶消费每增加 1 磅，糖的消费将增加 3 磅，糖消费总共增加 46875 吨，每吨 21 英镑，国库税收将会增加 984375 英镑，因此，国库总收入变化情况为：增加了 4000000 + 984375 − 4921875 = 62500 英镑。

表 7 至表 9 显示了中国对英国茶叶出口数据来自英国广东商会（这些数据包括中国出口到英国的全部茶叶，而前文的计算不包括没有在英国被消费的茶叶，即在英国再出口的茶叶）。

表 7 1844~1846 年中国出口到英国的茶叶

单位：磅

茶叶种类	1844[a]	1845[b]	1846[c]
功夫茶	37735900	35740400	37173500
小种红茶	1315800	1341800	1966100
熏香珠兰茶	519900	1367300	1637800
白毫	526800	627900	681000
橙香白毫	1056800	1832300	2592700
杂茶	484200	463600	924400
红茶总数	41639400	41373300	44975500
皮茶	549000	319300	207000
雨前茶	1465200	2969100	3395600
屯溪茶	3828600	3200300	3680300
熙春茶	1276300	2112100	1685100
御茶	581700	1229900	1104000
珠茶	1273400	2366200	2537100
绿茶总数	8974200	12196900	12609100
红绿茶共计	50613600	53570200	57584600

注：a 截至 1844 年 6 月 30 日，共 97 艘货船；b 截至 1845 年 6 月 30 日，共 105 艘货船；c 截至 1846 年 6 月 30 日，共 117 艘货船。

表8 1846~1849年中国出口到英国的茶叶

单位：磅

茶叶种类	1846~1847[a]	1847~1848[b]	1848~1849[c]
功夫茶	10067665	36602963	33877560
珠兰茶	142121	100570	—
熏香珠兰茶	706083	1027916	1371587
小种红茶	1436121	767499	1042505
杂茶	264965	379827	294241
花白毫	698918	165317	438500
白毫	510698	283215	117203
橙香白毫	1622119	1402736	1631071
红茶总数	45448690	40730043	38772667
屯溪茶	1425560	813232	118062
皮茶	39236	116	49246
熙春茶	1443468	1088270	967697
雨前茶	2347631	2168190	3077882
御茶	675312	551816	619643
珠茶	2068442	2331014	3646656
绿茶总数	7999649	6952638	8479186
红绿茶共计	53448339	47682681	47251853

注：a 共105艘货船；b 共92艘货船；c 共86艘货船。

表9 中国对英出口茶叶数据对比（1848年7月1日至1849年9月25日）

单位：磅

茶叶种类	1848~1849	1849~1850
功夫茶	9352004	17329290
小种红茶	521382	680214
白毫	16142	130972
橙香白毫	426826	711106
熏香珠兰茶	354223	593529
包种茶	5190	165317
杂茶	510698	—
红茶总数	10739164	19728510
屯溪茶	43365	—
熙春茶	22723	44400
雨前茶	560905	234587
皮茶	6613	—
珠茶	928821	983217
御茶	88353	19368
绿茶总数	1649680	1281572
红绿茶共计	12328844	21010082

表 10 至表 13 向我们展示了英国当时的茶叶贸易环境，数据来自利物浦 Messrs. Brodribb and Coates 公司的内部通函。

表 10　1848 年、1849 年 1 月 1 日至 8 月 16 日利物浦、都柏林、伦敦的茶叶进口情况

单位：磅

	利物浦		都柏林		伦敦	
	1848 年	1849 年	1848 年	1849 年	1848 年	1849 年
国外进口茶	8600300	6666300	599700	217300	24326000	26814000
埠际流通茶	292800	527000	1841900	1818800	818000	472000
总进口茶	8893100	7193300	2441600	2036100	25144000	27286000

表 11　1848 年、1849 年 1 月 1 日至 8 月 16 日利物浦、都柏林、伦敦的茶叶流通、存货情况

单位：磅

	利物浦		都柏林		伦敦	
	1848 年	1849 年	1848 年	1849 年	1848 年	1849 年
纳税茶	3573500	3966000	2121600	2068800	15036000	14945000
埠际流通茶	4339200	3853000	103300	89600	3806000	5039000
出口茶	490300	668100	—	—	1433000	1942000
总流通茶	8403000	8487700	2224900	2158400	20275000	21926000
存货	13614200	9477700	1667900	1326400	38045000	34755000

表 12　1848 年、1849 年 1 月 1 日至 8 月 16 日利物浦各类茶叶进口、流通和存货情况

单位：磅

茶叶种类	进口		流通		存货	
	1849 年	1848 年	1849 年	1848 年	1849 年	1848 年
武夷茶	—	—	8600	5800	110300	121800
功夫茶	5144300	7180800	6316600	6393200	5759700	10635500
珠兰茶	25000	35600	11400	35500	21400	32700
香薰珠兰茶	158400	155500	122900	159200	147900	97400
包种茶	—	—	600	11500	43900	61600
Ng. Yg & Og.	—	—	39300	10700	24000	22500

续表

茶叶种类	进口		流通		存货	
	1849 年	1848 年	1849 年	1848 年	1849 年	1848 年
小种红茶	116000	80700	249200	114100	335700	373000
Pekoe & H. Mu（白毫）	11900	—	5600	22000	77700	65000
花白毫	5400	15600	27600	15100	8200	9500
黄白毫	—	35000	42800	96800	5400	46600
橙香白毫	250200	425000	282400	199500	447800	580500
屯溪茶	18300	31300	247300	150600	551300	468400
皮茶	3800	100	3300	4400	36800	26600
熙春茶	79600	67500	105500	199500	254200	199000
雨前茶	281000	283400	424200	330000	414400	503500
御茶	58400	45400	98300	154300	50500	75500
珠茶	471600	203100	324000	261500	353400	106200
杂茶	569400	334100	178100	239300	795100	188900
红茶总数	6280700	8262300	7258100	7302700	7777100	12235000
绿茶总数	912700	630800	1202600	1100300	1660500	1379200
总计	7193400	8893100	8487700	8403000	9437700	13614200

表 13　1848 年、1849 年 1 月 1 日至 8 月 16 日伦敦各类茶叶进口、流通和存货情况

单位：磅

茶叶种类	进口		流通		存货（8 月 16 日）	
	1849 年	1848 年	1849 年	1848 年	1849 年	1848 年
武夷茶	—	—	9000	8000	97000	113000
功夫茶	19414000	18701000	14475000	13636000	23927000	25533000
珠兰茶	—	22000	41000	100000	73000	157000
香薰珠兰茶	321000	404000	342000	382000	228000	420000
包种茶	—	—	11000	25000	68000	86000
Ng. Yg & Og.	103000	258000	174000	226000	119000	357000
小种红茶	812000	609000	702000	676000	988000	1186000
Pekoe & H. Mu（白毫）	8000	1000	26000	26000	65000	119000
花白毫	286000	117000	294000	155000	210000	481000
白毫	23000	208000	248000	190000	334000	704000

续表

茶叶种类	进口		流通		存货（8月16日）	
	1849年	1848年	1849年	1848年	1849年	1848年
橙香白毫	840000	589000	804000	713000	602000	910000
屯溪茶	88000	275000	692000	557000	1207000	1844000
皮茶	35000	2000	13000	30000	166000	157000
熙春茶	448000	500000	785000	688000	1001000	1423000
雨前茶	2165000	1145000	1266000	1023000	3019000	2291000
御茶	449000	308000	376000	385000	602000	744000
珠茶	2138000	1083000	1569000	1308000	1665000	1206000
杂茶	156000	922000	117000	144000	384000	314000
红茶总数	21963000	21831000	17225000	16284000	27095000	30380000
绿茶总数	5323000	3313000	4701000	3991000	7660000	7665000
总计	27286000	25144000	21926000	20275000	34755000	38045000

上述的文件和表格，清楚地展示了中国和英国之间的贸易运作情况。

三 19世纪中美茶叶贸易

中美茶叶贸易始于1784年，当时只有1艘货轮，但5年后就增加到了12艘，但在1820年之前，由于和英国的战争等原因，中美茶叶贸易波动较大，总量较小，研究价值不大，以表15至表19列出。

表15 1821~1839年美国从中国进口茶叶年度数据

单位：磅

年份	进口茶叶量	年份	进口茶叶量	年份	进口茶叶量
1821	4973463	1828	7689305	1835	14403458
1822	6636705	1829	6595033	1836	16347344
1823	8208895	1830	8584799	1837	16942122
1824	8919210	1831	5177557	1838	14411337
1825	10178972	1832	9894181	1839	9296679
1826	10072898	1833	14637486	总计	195106125
1827	5868828	1834	16267852		

注：数据来源于美国财政部的记录，截至每年9月30日。

表16　1832～1838年广东出口到美国的各种茶叶量

单位：箱

茶叶种类	1832～1833	1833～1834	1834～1835	1835～1836	1836～1837	1837～1838
武夷茶	13665	1445	779	867	2183	—
小种红茶	34815	52278	35245	64760	29139	52135
包种茶	4723	9181	5733	4619	4644	7720
白毫	2563	2192	1030	2273	1604	3186
红茶总量	55766	65096	42787	72519	37570	63041
熙春茶	14248	23787	16509	16346	19986	13112
雨前茶	51363	86115	76557	83426	93056	70146
皮茶	31736	31591	16002	23086	24557	20986
屯溪茶	4872	2777	980	1299	5211	561
珠茶	6614	10154	7335	8002	9373	8343
御茶	5939	9424	7736	7444	8051	6911
绿茶总量	114772	163848	125119	139603	160234	120059
总计	170538	228944	167906	212122	197804	183100

表17　1838～1843年广东出口到美国的各种茶叶量

单位：箱

茶叶种类	1838～1839	1839～1840	1840～1841	1841～1842	1842～1843
武夷茶	2898	—	—	—	737
小种红茶	11659	37434	20933	20778	41806
包种茶	7164	9447	3610	6387	10279
白毫	629	1936	518	627	1692
红茶总量	22350	48817	25061	27792	54514
熙春茶	8850	17817	5851	9492	15835
雨前茶	65918	128301	58990	85000	81488
皮茶	8245	26759	11455	17579	24666
屯溪茶	938		2281	4024	
珠茶	7774	15243	2970	8021	10146
御茶	6691	13169	2392	6315	8451
绿茶总量	98416	201289	83939	130431	140586
总计	120766	250106	109000	158223	195100

注：数据来源于美国财政部记录，以相邻两年的6月30日为一个商业年度。

表 18　1843～1849 年广东出口到美国的各种茶叶量

单位：箱

茶叶种类	1843～1844	1844～1845	1845～1846	1846～1847	1847～1848	1848～1849
雨前茶	6800419	9182281	8633931	8573137	8628376	9153476
熙春茶	539794	358915	9054666	754243	881434	645248
皮茶	1430263	2654859	2588936	1690219	2756611	2009679
屯溪茶	308028			1080486	1002991	480160
御茶	456245	674979	54063	956381	968910	710902
珠茶	597088	941065	1253686	1334472	1102243	834988
功夫茶	3133133	5264090	3092122	3127796	3016675	2874093
包种茶	799622	1318731	918315	435224	372124	550456
白毫茶	60178	51906	22147	120398	4204	18513
上等白毫	—	19701	13288	173350	45176	55865
乌龙茶	132594	296031	220294	642030	526355	1376637
绿茶总量	10131837	13812099	14236082	14388938	15340565	13834453
红茶总量	4125527	6950459	4266166	4498798	3998518	4875564
总计	14257364	20762558	18502284	18887736	19339083	18710017

注：从 1843 年开始，茶叶数据以"磅"为单位，以相邻两年的 6 月 30 日为一个商业年度。1843～1844 年共 29 艘货船；1844～1845 年未知；1845～1846 年共 40 艘；1846～1847 年共 41 艘；1847～1848 年共 31 艘；1848～1849 年共 38 艘。

表 19　1849 年 7 月 1～25 日与 1848 年同期对美国茶叶出口量比较

单位：磅

茶叶种类	1848～1849	1849～1850
雨前茶	174275	140899
熙春茶	13328	5042
皮茶	103778	168281
屯溪茶	140921	177503
珠茶	10700	28204
御茶	11510	7771
乌龙茶	310450	1098625
Souch'g & Cong. 小种功夫茶	549947	382293
包种茶	47925	20212
白毫茶	—	97263
绿茶总量	454518	527200
红茶总量	908322	1598397
总计	1362840	2125597

表 15 至表 19 包括了让我们了解 1821～1849 年中美茶叶贸易进程的所有重要数据。从表 15 中可以看出,从 1821～1832 年的 12 年中,美国对中国茶叶的年平均进口量为 7733320 磅;从 1832 年美国免除茶叶进口税之后,1833～1839 年的 7 年中,这个数字几乎增长了 1 倍,达到每年 14615183 磅。

受中英鸦片战争的影响,除去 1839～1842 年的 3 个商业年度,将接下来 7 年（1842～1849 年）的数据进行计算,看到平均运量是每年 18137006 磅。

对比免除茶叶关税（1832 年）后的第 1 个 7 年和最后 1 个 7 年,发现前者的年平均进口量为 14615183 磅,而后者的年平均进口量为 18137006 磅,比 1833～1839 年的年平均进口量增加了 3521823 磅。

茶叶进口量的增长虽然惊人,但这并不能反映真实的美国茶叶消费比例的增加,因为还需考虑人口的增长和茶价的下调。除此之外,在当时的美国,假茶充斥着消费市场,"廉价"的茶叶有着普遍而稳定的市场需求,这向来是阻碍正常中美茶叶贸易繁荣发展的最大因素,因此同英国茶叶消费的增长相比,美国的增长率很低。

根据第一部分的分析,从本质上讲,这种成本极低、利润极大的劣质廉价茶叶实际上是最昂贵的。对低价格的追求超越了对品质和健康的追求,对低价商品的追求直接导致了自 1931～1932 年不法茶商开始对劣质假茶的引入,1831 年前后美国茶叶进口量明显偏低（假茶进口量不显示在表中）,假茶的引入可以解释这一点。质量中等的茶叶与便宜的假茶相比,性价比更高。假茶糟糕的口感也干扰了美国正常茶叶消费的增长,但我们相信,美国消费者在不久之后就会掌握茶叶的鉴别方法,他们会以他们认为合适的价格买到品质适中的真茶,价格较低的真茶会逐渐占领消费市场从而使劣质假茶没有生存空间。

从之前英国茶叶进口数据表中可以看出,从 1832 年到 1847 年,英国的年茶叶消费量从 3200 万磅增长到 4800 万磅,增长了大约 50%,这样的高增长是发生在英国高达 200% 的茶税之下的,而且完成这样的增长所耗费的时间远少于美国。这样的结果使我们得出以下推断:高额的茶税迫使英国茶叶进口商运输高品质的昂贵茶叶以降低单位运输成本,但也正是英国茶商摒弃劣茶选择优茶的策略使得味美醇香的高品质中国茶在英国得到了认可，从而促使消费增加。

在美国，茶叶进口商们没有像英国那样有2倍甚至3倍的茶税负担，这就很容易使茶商们倾向于选择低品质的低价茶叶甚至是假茶来进口，以减少他们的货款积压、降低贩茶投资的风险。这样的原因正好解释了为何在英美两国茶叶消费的增长比例不尽相同，而在美国，不出几年，人们就意识到中高品质的茶叶性价比更高，也更加健康，当人们学会辨别茶叶品质而渐渐抛弃假茶之后，茶叶消费量也得到了平缓而稳定的增长。

但是，正如之前所说，我们认为实际消费增长超过了这两个时期的平均水平，原因如下。第一，第一时期美国被1834～1837年表面上的繁荣所刺激，茶叶进口量在某种程度上超过该国当前对此的需求。事实上，紧接着这一时期的就是另一场普遍的经济萧条和商业混乱，由于这个原因，商家积攒了大量的库存，并在随后的几年中投入市场。第二，在美国引入茶叶的早期，城镇中的普通茶叶商人都会积聚可观的茶叶库存，但随着交通和通信技术的快速发展，新式的商业体系得以建立，因此，茶商们不再需要大量的库存来保证销售，而后期的茶叶进口数据也越来越接近茶叶的真实消费量。第三，上述第一个时期内，美国从中国进口再转运欧洲北部的茶叶量（1812～1832年欧洲北部的茶叶市场主要由从中国到美国的茶叶供应）相较第二个时期很大程度上已经有所增加。自鸦片战争以来，中国与欧洲的几个国家之间建立了直接贸易往来关系，特别是扩大了对英国的茶叶出口，上述国家的需求基本上得到了满足。因此尽管美国茶叶在世界茶叶市场之外，但美国本土对茶叶的消费量逐渐增加。同时多种原因导致经销商在经营方式上发生变化，比如说减少囤货量。不仅是美国的经销商系统发生变化，而且在美国出口北欧的贸易中茶价时常被压低，尽管双方同时减少了实际库存。这种影响已经达到了一定的程度，例如英国的茶价长期低迷，进而衍生出投机者。除上述指出的原因，还有随之而来的中国茶叶成本的降低，均导致茶叶进口量下降，造成美国的需求极大地短缺。与前几年同期的库存相比，一手和二手的库存量充分显示了这一点，事实上全国库存普遍大幅度减少。

毫无疑问，茶商考虑到现实的贸易环境，会使价格更加趋于稳定，如果他们同意利用销售的新系统以代替目前不规则的拍卖模式。

很明显，一些影响销量的系统化模式阻碍了某些经销商所追求的新商业机制的建立，诸如那些受低价茶叶的诱惑而囤积茶叶以攫取利润的商人。正因为这个原因，目前不规则的拍卖方式被公认为茶叶贸易的恶魔。这对各方都是一种伤害，除了投机者之外，其他各方都不希望出现这种情况，因为它造成了快速的价格波动，以至于经常从事交易的人，即使时刻保持警惕，也无法让他们的客户满意。

因此全国各地的贸易都不稳定，低价抛售的恶意竞争导致市场上充斥着虚假或劣质的产品，消费处于不健康发展的状态。

简单地说，这就是目前的销售方式的弊端。如果进口商能就定期拍卖达成协议，各自按其存货的比例或每艘货船到达的先后顺序参与拍卖，这将是朝着价格稳定和遵循规律迈出的第一步；而且，在相当大的程度上，它将减弱这种贸易目前的投机性质。

综上所述，拍卖——这种不规律的茶叶销售方式被公认为茶叶贸易的恶魔。这种销售方式给了一些投机倒把的茶叶贩子生存的土壤，他们在茶叶价格低廉时大量囤货，等到市场供不应求时高价抛售积茶，导致美国茶叶市场价格的频繁波动，也是美国茶商引入假茶的原因之一。

四　对价格主导茶叶供给问题的回顾

也有人指出，要不是中国物价萧条，美国茶叶市场价格的下跌及波动将会更频繁，在此之前中国出现严重的通货膨胀，由英国和欧洲其他国家1845~1847年的危机所造成，不过1848~1849年欧洲国家的经济得以复兴。在物价下跌的情况下，进口跟不上贸易需求的步伐。现在提出的证据表明，今后有必要提高价格，以保持足够的供应量来满足实际需要。

在开始考虑价格问题时，要适当地估计出与价格有关的每一种情况。我们发现，计算中没有任何因素支持对过去一个季度持续低价的预期。无论是调查生产和运输成本，还是考虑外部因素对生产国影响的可能性；不管我们是否考虑到美国茶叶消费的必然增长，或者是所有其他必需品价格的普遍上涨，我们都得出了同样的结论：几乎每一种财产都是由繁荣带来的。

我们已经看到，在过去的一年里，不同寻常的环境因素同时出现，导致中国物价下跌。回顾贸易发展历程，也能发现除非有相似的原因，否则从未有过类似程度的价格下跌。因为任何人都能看到中国报纸公布的价格，其中 1837~1838 年和 1848~1849 年中国物价大幅波动，足以表明这两个时期内茶叶价格低于生产成本。因此，1837~1838 年，广州茶叶市场经历了几个月的萧条后，绿茶和红茶同时到货，商人纷纷囤积茶叶，高品质装箱雨前茶竟然降到了 17 两，皮茶 13 两，屯绿 15 两，其他种类和等级的绿茶也同时跌价；小种红茶降到了 11 两，宁红茶的价格在 14~16 两，这是当时中国高品质茶叶价格的冰点。而在 1838 年 1 月 29 日，来自利物浦的"自然之神号"到达中国，这马上导致广东茶价的上扬，在 2 月 9 日，雨前茶涨至 20 两，皮茶 16 两，屯绿 22 两，小种红茶 13 两，其他种类和等级的茶叶也竞相涨价，到了 3 月 5 日，相同等级的雨前茶已涨至 26 两。可见，由于外国茶商的到来，在短短 35 天的时间里，广东茶价竟涨了 50%。

略过之后的几年，直到中国与英国签订和平条约之后的每一年，茶叶价格变动的周期都大致相同：1843 年 2 月 18 日，普通至高品质打包好的雨前茶为 25~30 两，存货 20000 半箱 (half chests)；每箱皮茶为 17~21 两，有 17000 箱存货；每箱屯绿 20~25 两，有 30000 半箱、10000 箱。1844 年 1 月 10 日，普通品质的装箱雨前茶为每箱 25~28 两、高等装箱雨前茶 30~32 两，普通品质到高等的装箱皮茶为 14~19 两，装箱屯绿 22~24 两。紧接着 3 月 6 日，有记录称由于茶叶的减产，各等级的茶叶均提价 10%~15%，而为了弥补需求的缺口，茶商只能将广东自产的茶与原产地茶混合后充数。尽管如此，在这个商业年度结束（截至 1844 年 6 月 30 日）时，广东对英国的茶叶出口量依然达到了 14257364 磅。相比前几年依然有 2000000 磅的缺口。1844 年 11 月 25 日，"由于英美两国的绿茶需求同时增加，装箱雨前茶价达到（普通品级）30 两到（高品级）34 两"，"与去年同期茶价行情相比，大多数种类的茶均涨价 25%~30%，只有皮茶涨幅为 10%~15%"。

1844 年 12 月 5 日，最低等级的装箱雨前茶也涨到了 34 两，装箱特级熙春涨至 38 两。茶价依然涨势凶猛，但将原产地高品质茶中掺入广东本地产的茶的做法却越来越盛行，只有这样，茶叶价格才会平稳甚至有所下跌，而这种"掺假"的低价茶叶支撑了广东茶叶的出口贸易，截至 1844 年底，经广东出口的茶叶达 20751583 磅，出口到英国的达 6500000 磅，超过了以往任何年度。

在接下来的 1845 年 12 月 24 日，随着成品茶出产高峰的到来，普通等级的装箱雨前茶价格降到 27~29 两，优级装箱雨前茶 31~33 两，普通到优级不等的装箱皮茶降到 28~23 两。不变的是茶叶贸易增长依然迅猛，到了 1846 年 6 月 30 日，广东的绿茶已全部脱销，出口到英国的茶总量达 18502092 磅。

1846 年 11 月，茶价比 1845 年同期要低 10% 左右，但广东上一季的茶叶几乎没有存货，即使这样，出口到英国的茶叶总量依然达到 18886287 磅。

1847 年 11 月，茶价比 1846 年同期高 10%~15%，紧接着又有一轮快速涨价，但之后装箱雨前茶的价格有所下跌，普通级的装箱雨前茶为 20 两。截至 1848 年 6 月 30 日，所有茶叶全部脱销，出口到英国的茶叶达 19339133 磅。

我们再也没有看到像 1837~1838 年中国茶叶那样的低价格。

从贸易记录中我们发现，1848 年 12 月 27 日有这样的记录："中国的绿茶贸易非常活跃，主要是与美国的绿茶贸易往来频繁。普通级的装箱雨前茶 18~21 两，优级装箱雨前茶 24~34 两，特级 40~45 两；普通皮茶 10~13 两；普通屯绿 13~15 两。"

这样的价格与 1837~1838 年的平均价格相当，这要得益于出口税的降低，减税的效应在 1843 年得以显现，同期，上海港的各类茶叶价格也相应下跌。截至 1849 年 6 月 30 日，出口到英国的茶叶总量为 18710017 磅，绿茶出口量是近年来的最低水平，只有 13834453 磅，而这个数字在 1847~1848 商业年度时为 15340565 磅。不仅绿茶的装船量明显下跌，还有 3000 余箱各类绿茶存货剩余在广州港，同期上海港也有少量存货。

这可能表明，功夫茶和其他红茶由于类似的原因而面临相同的波动。但是前文对绿茶的论述已经足够充分，因此，为了使本文尽可能地简明扼要，就不对红茶的问题加以扩展。

仔细研究后会发现，对广州市场的回顾，将支持有关供应不足的观点，因为最近这里的价格下降。它将显示，每年中国茶叶的库存几乎完全耗尽。一般说来，茶叶收成好的年份里，茶叶的低价以超出消费国当前的需求刺激生产，因此价格的突然上涨使得这些国家恢复了繁荣。

一个简单的计算将告诉读者，价格低廉的熙春皮茶、屯绿和低等红茶不可能以去年的价格销售：中国每1箱茶的出口税都相同——2两5钱，约等于每磅3美分；另外，不同等级和价位的茶叶的包装费、中国境内交通转运费和搬运费都大致相同，这些费用每磅总共至少要4美分，从中国至英国的运费每磅至少要3美分；运抵英国后的茶叶重量大约有2%的折损（损耗），因此每磅最低等茶叶的上述成本总和至少是10美分，这还不包括茶叶的种植、养护、包装以及茶商投资的利息和佣金支出。我们假设成本是每磅10美分，而那些卖价维持在20美分以下的廉价中国茶根本承受不起这些成本，这个价格下任何中国商人都不会得到利润，而这些是成本计算中不可更改的因素。正如前文对广州市场的回顾中所显示的那样：供给能够准确无误地调节价格，供给不足加之不变成本对价格的影响都要求这里的茶价提高。

近一年来，对中国贸易状况的更仔细研究，揭示了另一个导致中国贸易成本下降的因素。这也提供了另一个证据，证明有必要制定更高的价格，作为运送足够茶叶的唯一肯定的诱因。它降低了英国购买茶叶的主要媒介（棉纺织品）的成本，而茶叶和棉纺织品较以前花费更多。因此，任何基于这一外部的、暂时的或不确定的原因来推测中国茶叶成本的永久性降低，都是不合理的。

我们将目光聚焦于博览会后的中英贸易。我们发现，一方面，在为期16年的商业区间内，茶价两度达到了去年的水平，在这两次之间，茶价有超过50%的涨幅，这导致茶叶脱销，商人们甚至将质量较次的茶叶（如广东本土茶）掺到优等茶中以稳定茶价保证出口供应。另一方面，我们发现这16年中在英国各地，商店内的茶叶存货都要比1832年以前少得多，因此可以推断英国的茶叶消费量有很大的增长。与此同时，不可否认的是，从导致总体繁荣的各种因素的累积以及人口的迅速增长中，也可以合理地推断茶叶的消费量会有很大的增长。

根据这一贸易观点,能够得出这样的结论:随着2月份贸易的开展,我们将看到绿茶价格的普遍上涨,相应地,至少上一季的功夫茶、小种红茶和其他红茶的价格也会有所上涨。转而看一下外部原因,会发现到目前为止,还没有任何迹象表明英国的物价较低,或英国对茶叶的需求有所减少。人们强烈期望英国的关税大幅降低——其直接结果(乃至是对其可能性的坚定信念)将是中国茶价上涨,同时大多数欧洲国家的贸易状况将普遍恢复到稳定状态。

简而言之,无论我们是否抽象地看待这个问题,将研究局限于从统计数据中得出的结果和推论,还是全面综合地去考虑,英国和中国商业同时空前繁荣所产生的不可避免的、强有力的影响,我们都得到了同样的结论。

这就决定了茶叶贸易的繁荣和茶叶消费量的增加,因为除了价格的不稳定所造成的损害之外,这些巨大的价格波动还诱使人们去装运一些假的、质量很差的茶叶。

毫无疑问,价格的巨大差异与贸易的性质是分不开的,而且与中英两国之间距离遥远有关。当给予茶叶贸易适当的补贴之后,我们发现茶价低于其生产成本,正如1847年和1848年的功夫茶、小种红茶和其他红茶的价格上涨。同样能够期待绿茶价格的逐渐上涨。

可以看出,在没有其他来源的证据支持的情况下,任何陈述都不能以写信人的意见为依据。如果这些论文能在一定程度上帮助实现必要的有益改变,使茶叶贸易具有规律性,那么作者会感觉得到了充分的回报,就像那些受茶叶影响的读者会更广泛地介绍这种有益健康的饮料一样——

"为从不会醉而欢呼。"

第三部分　后记(附言)

英国国内民众对减免茶税的呼声很高。1849年11月22日,有位名叫布罗德里布(Brodribb)的人曾在利物浦做过关于税收的演讲,他说:"茶叶的推广和使用大有益处,它有助于人们戒酒、节欲,它使人们的习惯和思想都得到改良，有助于良好社会风气的形成……为什么要对这样一种'精神和灵魂的解药'征税呢？"

以下是布罗德里布先生赶在英国财政改革协会之前，于1849年11月22日在利物浦就税收所做演讲的摘录。这段演讲如此直接而有力地证实本文第一部分（1月份出版）就英国茶叶税收降低、扩大茶叶消费的有益影响所提出的观点和陈述。饮茶有助于戒酒、解腻，会使人们生活得更舒适，并且描述英国税收如何运作也是有趣的课题。11月写这一部分的时候，布罗德里布先生正在为他在利物浦的演讲准备材料。

布罗德里布先生演讲的价值体现在下面这篇摘自11月24日《利物浦时报》的社论中。

在公开会议上，很少有发言者能像布罗德里布先生那样受到如此大的关注。他滔滔不绝地发表不少真知灼见，这不由自主地引起了人们的注意，与其说是演讲文字的修辞装饰，不如说是他以一种令人印象深刻的方式阐述文字背后深刻而实用的价值。很少有人能比他更有力量、更有魅力地罗列统计数据，他的目明显而诚实，即他有着自己的信念——他要将一系列不言而喻且极具说服力的真理讲给听众并让他们接受。由于他不常露面，公众对他的印象更为深刻，尽管内部和外部都存在着诱惑——随时准备发言，渴望鼓掌。他出来不是为了"炫耀"，而是为了做好事。

为什么要对茶和咖啡征税呢？茶和咖啡是烈酒的解毒剂，免费和廉价的茶和咖啡很可能会取代烈酒。

糖、茶和咖啡对于家庭和社会有很大的帮助。无论人们的家是多么简陋，也不论人们多么节俭，糖、茶和咖啡都是他们想要的。它们也为各个阶级的人们所垂涎。个中原因不难确定。用它们招待客人最容易也最省事。此外，它们是社交的伟大推动者，不会导致任何形式的放纵或过度。的确，也许没有什么比使用这些外国产品更能使未受过教育的阶层的粗鲁举止变得文雅和柔和了。无论在什么地方，只要能不断地使用它们，举止将变得优雅、思想将变得深邃。茅屋和牧羊俱乐部视它们为最大的敌人。醉酒的人、逃学的人被它们盯上。当丈夫、儿子或兄弟在它们的影响下重新回到家中，凉透了的火炉又燃烧起来，充满泪水的眼睛也变得清澈，许多孩子都是从这个时候开始感受到父亲对他们教育、品德的担心。从那个时候起，父亲履行了对国家的最高职责。国家是如何报答他的？通过对糖、茶和咖啡这3种物品征税，每年可达1100万英镑，是昂贵的受保护土地所缴纳税款的10倍。

在这里，我们有近4000万的人口挤压着工业的发展。考虑到这4000万人民必须从中攫取的利润，包括就业和投资，全体人民的收入将足足减少5000万英镑。这就是波特所说的"在工业弹簧上用破坏性的力量称重"，他这样描述是对的。它阻碍了工业的发展，从而破坏了工业。一个小贩可以以3英镑10先令买到一箱茶叶，然后再以每磅1先令1旧便士卖掉，可获利20先令，或者以每盎司1旧便士卖掉，可获利2英镑，但不幸的是，在此之前，他必须先支付9英镑3先令1便士的茶税。结果就是他注定要失业，而且很可能会成为穷人，从而成为他人的负担，而不是从这些收入中拿出一部分来缴纳直接税，从而减轻他人的负担。但这并不是税收的唯一弊端。更大的影响在于茶叶价格上涨，现在每磅茶叶售价4先令，而不是之前的1先令1旧便士；现在每盎司茶叶售价3旧便士，取代之前的1旧便士。并且按照当前价格计算，按所使用的资本和风险经营的比例计算，交易商获得的利润并不比前一种价格所获利润高。提价对经销商来说没有额外的好处。这一切都是由税收引起的，而且是间接税制的附加税。此外，它阻止了除了有钱人以外的任何人从事这种贸易，并在一定程度上造成了一种实质上的垄断。这种性质并不只是茶叶税所特有的，只是茶叶税比除烟草税以外的任何税都重。

勘误

在第二部分结尾处，打印机省略了下面的声明：关于这个问题的另一篇论文将在本杂志未来的 1 期上发表：介绍英国与俄国、荷兰和其他国家贸易的一些统计数字，以及对这个问题的一些一般性评论。

后记——1850 年 1 月 23 日

在这些发表于报刊的文章中，有几封来自中国和英国的邮件和有关茶叶市场的每周报道，都有力地证实了作者对这个问题的几个重要观点的正确性。其中一些，作为对第一部分的确认，已附于本文之后。下面是我们收到的一些资料，希望能帮助读者对茶叶贸易的现状有一个正确的认识。

一篇刊登在 1849 年 12 月 21 日的《伦敦纪事晨报》（London Morning Chronicle）"英国对华贸易"（British Trade with China）版块上的文章提到了茶税的问题。

英国资本进入中国的几个渠道，本应该被议会鼓励和保护，但却受到阻碍，主要归因于：

首先，英国用制成品、印度的棉纺织品及鸦片与中国的茶和丝绸等做交换，这其中涉及制造商的利益、印度属地的利益、运输商的利益，而最重要的是国家财政的利益。

其次，在中国沿海的几个港口之间和在英国与邻近的岛屿和东海的一些地区，无论何时都是在英国首都进行国内外贸易，因此这也同样涉及国家财政利益，因为在这一贸易中所使用的资本的来源与前一种情况相同。

要想从与中国的贸易中获得回报，我们应该利用我们的市场优势，使销往中国的商品达到中国人认为合理的价格水平。此外，如果要使两国贸易长久稳定的发展，两国之间互惠并且不至于苛重的税收是必要的。但当我们国家的制成品运往中国被征收可忽略不计的 5% 的关税时，中国的茶却在我国被征收 80%~600% 的巨额税负，中国消费品在英国的平均税负达到 200%。因此，我国和中国的贸易达不到预期的成果一点也不足为奇。

以下来自伦敦巴林兄弟公司（Messrs. Baring Brothers & Co. of London）

1849年12月28日的内部通函,记录了他们以减税为预期做的一次对于功夫茶的投机行为。

1849年12月20日,上等茶叶共19800包,已售约4300包。熏香珠兰茶和橙香白毫价格下跌了1旧便士到2旧便士,其余价格未变。我们发现近期普通功夫茶的需求猛增,交易量暴涨,我们已将20000担功夫茶提价1/2旧便士到1旧便士在市场上转手。

以下是伦敦巴林兄弟公司最新商业价目表中有关该市场的可靠报告,完全支持上述观点,即全国各地普遍存在茶叶库存异常减少的情况。

在这个季节里,本国对于绿茶和红茶的需求增加得极不寻常,并且我们注意到雨前茶、熙春皮茶和屯绿的销量达800半箱,此外501箱熙春皮茶和来自利物浦的589箱新加坡红茶一到就全价售罄。——12月22日

除售出1500半箱红茶和1000半箱绿茶外,前者以全价售出。塞缪尔·罗素号上剩余的红茶于9秒内拍卖售出。——1月5日

人们对绿茶和红茶市场持乐观态度,在某些情况下,价格已有所降低。"塞缪尔·罗素号"装载的宁红和乌龙茶售出2500半箱,雨前茶1000半箱,皮茶和屯绿在500~600半箱之间。"浩官号"近来抵港,是目前热门的茶叶供应者。——1月18日

绿茶和红茶库存不足,茶叶市场表现坚挺,商人投机意愿高涨。1000箱雨前茶(大部分是低等茶),600半箱皮茶、屯绿和少部分熙春茶,以及近来抵港的新收红茶,均以有少量提高的全价售出。——1月23日

1850年1月26日的内部通函:

下文摘录了伦敦巴林兄弟公司(尼亚加拉瀑布附近)1850年1月11日下午5点的内部通函,其进一步证实了作者的观点。

茶叶经历了前所未有的需求增长，销售最好的是功夫茶，从10.5便士到1先令9便士不等；普通熙春茶每磅1先令4便士到1先令6便士，雨前茶每磅8.5便士到1先令。

第四部分*

关于这一主题的两篇论文分别发表在本杂志的1月和2月号上，并已同时以宣传册的形式再版，共2版。

现以本论文作为这个系列的总结。

由于这个主题的内在重要性，不论是商业读者还是一般读者都予以极大关注；而本文希望今后能够由经验丰富、技巧娴熟的作家，或习惯于讨论政治经济学的学者，或积极倡导节制的政客以一种更具价值和吸引力的形式来进行写作，以便更广泛地传播这方面的知识，使茶这种饮料的消费变得更加普遍。《晚间邮报》（*Evening Post*）的一篇社论恰当地将其称为："现代文明进步的标志性饮品，不论贫富都可享用，令人心旷神怡。"文学界一篇相当长的赞赏性文章这样评价："在所有奢侈品中，没有任何一种的地位比茶叶更稳固，也没有任何一种的性质比茶叶更高雅、纯净和健康。扩大茶叶的影响是一项慈善事业，也具有商业利润。"

诺亚少校（Major Noah）最近发表了以下支持喝茶的决定性意见。这段话是他回答一位"程"（Ching）姓记者提出的一个问题时说的：

程："你更喜欢在家中喝哪种饮料，茶还是咖啡？""当然是茶。茶与一天辛劳之后的休息、温暖的火炉、快乐与平和联系在一起。饮茶可以使人高兴，但不会令人醉倒，因此，比起其他任何饮品，人们更愿意大量地饮茶，把工人从酒馆引到他家里的炉边，以减少醉酒的诱惑。"

---

* 刊登于《商人》杂志5月号。

目前在英国，人们对这个问题的关注程度不同寻常，布罗德里布先生在第二部分附言中的讲话，以及后来的叙述都表示人们对这个问题的兴趣丝毫没有减弱，正如下面关于首相约翰·罗素（John Russell）伯爵在最近一期的伦敦《时代镜报》（Mirror of the Times）上一则名为"潘趣"（Punch）（英国滑稽木偶戏《潘趣和朱迪》中的主角）的报道中对接见"茶业代表团"的幽默采访。

一　茶业代表团

1月16日，星期三。来自利物浦的茶业代表们在约翰·罗素首相和财政大臣的门前等待，希望他们能接受降低茶税的请求。

此次会见首先由托马斯·波奇（Thomas Birch）先生进行简短发言，因为罗素首相认为他是英国茶叶领域最重要的代表。随后，卡德威尔（Cardwell）先生做了这样一个计算：在英国，每人每年的茶叶消费量只有约1.75磅，而在澳大利亚，人们每年平均消费9磅茶叶。爱德华·布罗德里布先生则进一步阐述了茶叶的社会价值，并说英国的一些茶党正在兴起，政府最终将因茶税问题被耻笑。另一名代表说，只要茶叶还是因高额赋税被阻挡在国门之外，农民的篱笆就不得安宁，因为那些假茶贩子会用这些篱笆来制作假茶，并搅乱国内茶叶市场的秩序。

在代表们发言完毕之后，罗素首相承认他本人也是爱茶一族，虽然国内少数人认为茶仅仅是英国的敌人（中国）制造的污水，但他并不认为茶是"敌人拙劣的发明"。在表达完他对茶的喜爱之后，他向代表们保证，将认真考虑减税和自由贸易的可行性。

相同的会见也被记录在了1月19日的《伦敦观察》（London Spectator）上：

约翰·罗素首相和财政大臣在星期三会见了来自利物浦茶商代表、爱丁堡商会代表及格拉斯哥商会代表，商人代表们此行是为了敦促政府降低茶税。商人们为一直以来关于降低茶税的诉求补充了新的理由，即英国在对中国出口商品规模不断扩大的同时，从中国进口商品却越来越难。去年中英贸易总额约为 10000000 美元，但在今年，除非增加茶叶的进口，否则我们不得不减少出口来获取国际收支的相对平衡，这将有损国家的收入。罗素首相认真听取了代表们的意见，并表示将认真考虑，并尽快给出满意的答复。

二 茶叶观察

1 月 5 日，伦敦一家规模庞大的经纪公司发布了一份通知，其中的部分摘录以简洁而有力的措辞，表现普通民众对高茶价及茶叶暴利的不满。

什么东西拥有每磅 2 先令 2.25 旧便士的巨额赋税，比它自身价值的 300% 还高？——茶！

什么东西带给政府每年 550 万英镑的收入？——茶！

如果将目前这种高额税收以黄金的形式存入英格兰银行，按照惯例，一个职员要花 4 年 21 个星期零 5 天的时间计量。

什么东西造就了庞大的东印度公司？（这里也许会有分歧，但茶叶的作用的确不可忽视）——茶！

什么东西除了进口关税过高外几乎没有任何缺点？——茶！

什么东西未被纳入皮尔政府关于关税的改革？（其他任何一种商品或进行税率调整，或被取消征收关税）——茶！

什么东西对穷人征收 300% 的税，而对富人只收 30% ~ 60%？——茶！

什么东西最受旅行者的欢迎？——茶！

什么东西可以冲销食品业中所有的坏账损失？——茶！

是什么造就了一批伦敦银行家？——卖茶！

是什么造就了一批国会议员？——卖茶！

是什么造就了地产业的繁荣？——卖茶！

为了正确评价茶叶的优点，我们不能抽象地考虑它的价值，而是需要考察它对整个国家的影响。我们认为茶叶的最大的用途是对酗酒的抵制，因为和家人一起喝茶的人不会去酒馆和酒店寻求刺激。我们相信马修神父（Father Mathew）为爱尔兰和英国做出了很好的贡献；但是我们不能忘记，人们需要充足的资金满足精神需求，如果他们能够以低廉的价格喝到好茶，那么一种活泼、温和、令人愉快的饮品就会被介绍给劳动者，人们就不会像现在这样经常忍不住要"把一个敌人塞进嘴里，偷走他的脑子"。

我们把酒店看作故意设置的陷阱，以便诱捕那些粗心大意的人。如果暴露在他们的视线之下，很少有人不会掉入陷阱；但是温暖的炉火，明亮的灯光，兴奋的喘息，就像鲜花铺在致命的深渊上。我们不敢断言好茶和劣茶能以十分有效的方式解决这个问题，但凡是思考过这个问题的人都会同意我们的观点，那就是，一个人如果能够喝上一杯好茶，并且能够在家里得到它所必需的温暖和舒适，那么他就不会在辛苦工作了一天之后，去酒馆寻求那种有害的刺激。这个主题已经得到了慈善家的关注，也是值得关注的。但是谁能数得清已经造成的损失、破灭的希望和济贫院的人数呢？让我们不要浪费时间长篇大论地反对什么是邪恶和错误：一个明智的人会说，最好的办法是以德报怨；提供不是绝对有益的，也是无害的东西，来代替那些明显有害的。罗伯特大厅悬挂着关于对沉迷烈酒强烈的谴责的话语：

> "液体的火，蒸馏的诅咒！"酗酒对身体健康是有害的，而且完全与心灵的宁静和安详不相容。那么，让我们做好合作的准备，尽一切努力说服政府减少对茶叶的关税，如果我们真诚地希望这样做，他们迟早会屈服于来自外部的压力。

下面关于茶税的简短描述来自去年1月12日的《利物浦纪事》（*Liverpool Chronicle*）：

> 巨额的茶税使人们无法承受，对这样一杯"使人愉悦但不会使人沉迷"的饮料征收重税，就等于把广大贫苦阶级唯一的慰问品，又变成了与财富相联系的奢侈品，这是多么残忍。本着贸易的灵魂——以物易物的精神，茶税降低后不仅会大大增加对中国茶叶的消

费,而且会在某种我们预想不到的程度上有利于增加财政收入……我们拥有的最大安慰,是我们目前荒谬的、不平等的税收制度,这将不会长久。

三 美国茶叶消费问题

为了重提美国的茶叶消费问题,我们必须找到一个稳定的市场,而假茶的引入及其糟糕的口感大大影响了茶叶的消费。①

茶叶是一种来自遥远国家的必需品,其使用范围随着知识的传播而扩大,并且由相对有限的几个大商人承销,同时,它的进口几乎仅限于某个口岸,这种贸易性质使它不会像咖啡和其他产品的进口和销售那样既不局限于为数有限的商人,也不局限于任何一个港口以至于频繁受到价格剧烈波动的影响。

我们发现在过去5年中(1845~1849年),美国从中国进口的茶叶总量是平稳的。

5年中红茶年平均进口量为4917磅,绿茶14323000磅,总计平均19240000磅,呈现出别的商品在同一时期所不具备的稳定性(见表20)。

表20 1845~1849年美国华茶进口量

单位:磅

	1845	1846	1847	1848	1849
绿茶	13812099	14236082	14388938	15340565	13834453
红茶	6950459	4266166	4498798	3998578	4875564
总计	20762558	18502248	18887736	19339083	18710017

因此我们发现,引起价格秩序混乱的因素来源于外部,或者是自然的因素。而解决办法是采用一种新的销售模式,即每年更有规律、更渐进地

---

① 同样的效果也体现在咖啡的使用上,正如诺亚少校最近发表的一篇论文谈道:"这座城市在一所房子的正面进行咖啡烘焙的广告宣传费用为500亿英镑。这是在邀请人们把咖啡和文化混在一起进行欺诈,这种行为即使不是有害的,至少是令人反感的。我们更赞成自己烧咖啡。"

将茶叶投放到市场上,而在春季的进口积累可以保证这种模式。谈到从中国进口并运输茶叶,自然的法则控制着这样的商业活动,因为茶叶的收获季节在秋季。

这种自然的、不可抗的因素使商人们必须考虑补救办法。以前的几篇论文就已经提出了对这一问题可能的解决办法,因为预期这里的春季贸易即将开始,而随后的市场走势,也以最显著的方式证实了当时的观点,这是在过去 6 周对异常有限的国家需求做出适当考察之后得出的结论。

毫无疑问,越来越多进口的茶叶通过拍卖公司来售卖,这种新的茶叶销售体系将会促进茶叶销量的增长,但茶叶的交易费用(拍卖公司的佣金)也在增长,不过茶叶销售带来的便利是显而易见的。巨大的便利及近年茶叶利润的进一步增加,使得许多组织(公司)涌入茶叶贸易市场,事实上,当为了寻求国际收支的总体平衡时,茶叶巨大的销售总额将给所有别的商业部门带来益处。

销量向来被看作研究任何货品商业化进程的最重要因素,但在研究茶叶的时候,却表现出一些异常。茶是固有品质认可度最低的一种商品,这种价值判断对任何刚刚进入消费领域的商品来说都至关重要。没有任何生活消费品会在种类、等次方面有如此多的区分,相同重量或体积的别的生活消费品也没有如此高的单位价值,更不会被如此仓促地检验和售卖。

绝不仅仅是单纯的价格波动影响着茶商的经营,更严重的问题来源于仓促而缺乏检验技能的销售,进而导致了消费者对茶的偏见。正如以前所说的,价格的波动使得劣质的茶叶被引入,而缺乏检验意识的茶叶零售商们将这些次品茶售给消费者,导致了他们对茶的反感。

在挑选和检验茶的细节方面,过分看重茶叶的"外形"或者是叶片的颜色,而不是将其泡在杯子里去品味其内在的品质。而最嫩的叶片往往是最软、最容易破的,却恰恰是品质最佳、味道最美的。其他的误解也有类似的影响:例如,人们普遍认为茶叶在放置一两年后品质就会大打折扣,但除了白毫易损的白色叶片外,其他所有的红茶在放置一年后品质会更好;此外,根据中国人和英国人的经验,像乌龙、功夫、小种等饮用最广的茶品,必须要放置一段时间来"降火",使其变得更柔和,也更美味；相当一部分种类的绿茶在放置一年后会进一步增加而不是失去其特有的韵味。但有必要说明的是，任何种类的茶在一个很小或者是未密封的包装中都不可能被很好地保存，如果包装妥当、储存环境干燥通风，茶叶通常可以被保存许多年。

中国人并不喝新茶，他们认为新红茶"火气"太大，在密封的盒子中放置两年后口味更佳。

各种各样的原因导致了美国茶叶销量增长缓慢，与此同时，销量猛增的咖啡却与茶的境况形成鲜明的对比。劣质茶叶被引入美国的西部和西南部，而这些区域恰恰是人口增长最快的地区，这里的人们也逐渐形成了对咖啡的消费偏好。毫无疑问，我们发现茶叶销量增长的地区主要集中在东部和中部的一些州，当然俄亥俄州是个例外，这里的茶叶销售商和消费者们都在享用品质较高的茶叶。如果茶叶被恰当地使用，它比咖啡更经济，也更健康，在去年霍乱流行的时候，医生也更推荐民众饮用红茶来代替咖啡。因此，在美国西部已经有红茶消费超过咖啡的迹象，我们希望，随着茶叶的进一步普及，其美味会被越来越多的人喜爱，茶和咖啡的销量会有所改变。

通过坚持不懈的努力，美国的茶叶消费量也许会追上英国，不过在英国"相当一部分人不消费茶"，因为那里的茶实在是太贵了。1846 年，英国（包括北爱尔兰）人均茶叶消费量是 1.625 磅，富裕阶层人均茶叶消费量达到每人每年 13 磅；同期，美国的茶叶消费总量为 30000000 磅。但如前面所说，在美国可以负担起茶叶消费的人要比英国多很多，考虑到这一点，正如诺顿先生（Mr. Norton）在第二部分中所述，"家庭的茶叶消费能力为每人 12 ~ 13 磅，如果将佣人的消费也纳入进来，每周消费近 0.25 英镑，每年 13 磅"，因此，英美两国的茶叶消费水平的差距是显而易见的。这表明美国的茶叶消费有望实现比以往统计数据更高的增长率。并且可以相信，上一季度和本季度的数据将会有更大的增长。

以下是 3 月 2 日发表在《文学世界》（*Literary World*）上的第一篇和第二篇论文的编辑公告，其中有对这个问题的探讨。

一个显著的结果就是明显的因果不一致。英美两国的茶叶消费量差别巨大，但英国的茶税高昂，美国则不是。奈尔先生（Mr. Nye）称英国对所有品质的茶叶都征收一个固定的关税，每磅约50美分！英国茶叶消费之所以持续升温，是因为引入英国的茶都是高品质的，这一是由于高品质茶叶的单位运输成本较低，二是由于英国对不同等次和价值的茶叶收税基本相当，都是以重量为单位收取，因此价值高的优等茶单位税负成本也较低。因此，在英国1杯劣质茶的消费者要缴纳其成本价的200%~400%的税款，而优质茶只需50%~100%。这两种茶叶中后者更受消费者青睐，对优质茶叶的需求增长弥补了政府税收的成本和负担。在美国情况相反，在茶税减免的背景下，商人引入价值低的劣等茶所需的货款也少，投资贩运成本较低，因此低价劣质的茶叶充斥美国市场，但其糟糕的口感和味道也极大地阻碍了茶叶在美国的推广。因此这样的体系需要被改变，让优等茶叶得到普及，以此来扩大美国市场的茶叶需求。

四 供应问题

这个问题似乎没有达成共识，甚至在那些从事这一行业的人中间也存在着诸多误解。有些意见似乎相互矛盾。

前面的章节曾经提到，过去两年间茶叶的价格有下降的趋势，这导致先前的茶叶库存得到消化，但是显而易见，目前中国的茶叶是供不应求的，即便茶叶种植技术愈加先进使茶叶增产早熟，以及运输效率的大大提升预示着供给量可能增加。然而茶叶价格上升实质上导致茶商在消费者普遍缺乏茶叶辨识能力的情况下通过以次充好的方法扩大发货量。而通过正常的茶叶种植流程来增加产量则需要2~3年的培育。

从中国连续寄来的信件证明，劣质中国茶的供应量越来越小，因为极低的价格对于茶商来说已没有盈利空间。在英国，功夫茶的供应量小于消费需求，在10月1日之前，进口量将不能满足贸易需求，而目前以1月1日到6月1日的总的供应量数据来看，雨前茶为15000半箱（half-chests），其他各品种等次的绿茶均比去年下降。这批数据中没有美国的进口情况，也许其商船是在6月1日以后到达中国的。数据显示，出口到英国的绿茶有 2000000 磅的缺口，如果这些缺口（主要是雨前茶）用中国的存货茶补足的话，今后的缺口将更大。中国茶的产能有限，而英国对高品质绿茶的需求却有增无减，这就导致假茶被混入其中。12 月 26 日一封来自广东的信中说："英国能买到的新绿茶非常有限，本季的茶叶进口有五分之四依靠广东货源，而其中有不少被混入了假茶。"①

在 12 月，4000 箱上等熙春茶由广东运往葡萄牙，另有相当大数量的皮茶发往悉尼。

考虑到这些以后，英国上等绿茶进口的缺口不止 2000000 磅，因此，作者认为英国应该提高茶叶售价来平衡这种供给和消费需求之间的差距。

五　中国与俄国、荷兰及其他欧洲国家（包括英国殖民地）之间的茶叶贸易

我们现在将目光转向那些茶叶消费量较小的国家。

俄国的茶叶消费情况少有波动，而且从 1820 年起稳定增长，但无法获得全部数据，以下是可以获得的一些数据（见表 21）。

表 21　俄国茶叶进口情况

	重量（普特）	价值（卢布）
1824	154197	6260429
1825	133514	4807049
1826	130562	5675992
1827	161958	6719166
总计	580231	23462636
再出口量	3843	775730
俄国国内消费	576388	22686906

平均每年 144097 普特，价值 5671726 卢布。换算成英制单位，5187496 磅，价值 248646 英镑。1832 年，俄国进口茶叶 179474 普特（6461064 磅）。1847 年，俄国的茶叶消费量估计达到了 10000000 磅。这些茶叶几乎全是红

---

① 信中同样提到其他货物和优质绿茶的供给相比过去 10 年要少。

茶，经由西伯利亚到达彼得堡需要 2~3 年。

荷兰在茶叶消费和进口方面也占有非常重要的地位。荷兰茶叶贸易在历史上和当前有很大区别。早先，大量茶叶被引入荷兰，有一部分被走私到英国。1783~1794 年，荷兰人年平均从中国进口茶叶 4000000 磅。1818~1829 年，约有 19000000 磅茶叶从美国运至荷兰，同一时期，荷兰人运了 492382 四分之一箱茶叶到本土，每箱装 66 磅。1829~1838 年，美国几乎每年都有大量的货船驶向荷兰。

到了 1838 年，荷兰的年茶叶消费量估计为 2800000 磅。荷兰直接从中国进口的茶叶量低于这个数字，不仅是荷兰，其他的欧洲国家，除了俄国，都主要靠英国的茶叶再出口来满足国内需求。

近期中国对欧洲的出口情况见表 22。

表 22　1846~1849 年欧洲大陆国家从中国直接进口茶叶量

单位：磅

		1846~1847[a]	1847~1848[b]	1848~1849[c]
绿茶	雨前茶	202422	27200	24800
	熙春茶	291268	117300	88900
	皮茶	149219	43300	40100
	屯溪茶	190773	124100	92500
	御茶	108044	62000	91600
	珠茶	63219	59500	21200
红茶	功夫茶	1905942	1027300	1231600
	小种红茶	641046	372300	119600
	包种茶	23300	—	—
	乌龙茶	21600	10300	—
	花白毫	677633	150600	146300
	橙香白毫	58300	25700	—
	珠兰茶	2100	32100	13900
绿茶总计		1004945	433400	289400
红茶总计		3329921	1618300	1511400
总计		4334866	2051700	1800800

注：a 有 15 艘货船，b 有 7 艘货船，c 有 8 艘货船。

法国：每年有 2~3 艘载有茶叶的货船从中国运往法国。

葡萄牙：几年来，货船从澳门运往葡萄牙，船上载有约 10000 箱熙春茶。

德国：平均每年从中国进口 2~3 艘货船的中等茶叶至汉堡及不莱梅。

丹麦、瑞典：每年从中国直接进口 1~2 艘货船的茶叶。

澳大利亚：由于饮茶人口比例的增加，澳大利亚已经成为目前最重要的茶叶消费国之一。从表 23 中可看出，随着澳大利亚人口增长和经济的发展，茶叶的进口量也迅速增加。澳大利亚的茶叶消费数据使其不再是茶叶的次级消费国。

表 23　1846~1849 年澳大利亚从中国进口茶叶情况

单位：磅

		1846~1847[a]	1847~1848[b]	1848~1849[c]
红茶	功夫茶	784000	472100	902300
	小种红茶	93000	19200	32600
	橙香白毫	2600	—	800
	熏香珠兰茶	7600	—	—
	原味橙白毫	2000	—	—
	原味珠兰茶	1000	19200	—
	花白毫	200	—	—
	杂茶	5100	—	3400
绿茶	皮茶	2803000	1592400	2046900
	屯溪茶	59300	29400	3700
	熙春茶	30500	11500	9300
	雨前茶	7600	2000	7000
	御茶	5700	1300	600
	珠茶	17700	15400	15500
红茶总计		895500	510500	939100
绿茶总计		2923800	1652000	2083000
总计		3819300	2162500	3022100

注：a 有 27 艘货船，b 有 17 艘货船，c 有 24 艘货船。

表 24 统计了世界各地区或国家的茶叶年消费量。

表24 世界各地区或国家的茶叶年消费情况估计（除了中国和日本）

单位：磅

	数量
英国（包括北爱尔兰）	52000000
欧洲大陆国家从英国进口茶叶总计	4500000
欧洲大陆国家（除俄国）从中国直接进口茶叶	2500000
欧洲大陆国家（除俄国）茶叶消费总量	4500000 + 2500000 = 7000000
减除"其他国家"后，欧洲大陆国家（除俄国）茶叶消费总量	7000000 - 2000000 = 5000000
英属北美国家、印度东西部、好望角等地区	3500000
澳大利亚	3500000
俄国	10000000
美国（包括美国再出口到其他国家的茶叶总量）	20000000
南美地区、印度洋东部岛屿	500000
全世界年茶叶消费总计	94500000

（52000000 + 5000000 + 3500000 + 3500000 + 10000000 + 20000000 + 500000 = 94500000）

在总结这一系列文件时，我们附上了从马丁（R. Montg Martin）先生向英国下议院委员会提交的报告中摘录的关于茶的生长和养护的内容：

> 欧洲和美洲所消费的大量茶叶均产自中国长江以南，这一地区位于北纬27度到31度之间，从沿海延伸至内陆500英里到600英里的范围内，都宜种植茶叶。位于北纬25度到31度之间的福建省、江苏省及浙江省所产的茶叶质量最佳，这几个省份丘陵广布，不适宜农作物的生长但适宜茶树生长。这片土地的面积为350到400平方英里，土壤主要由粗花岗岩和铁质砂岩的碎片组成，这些岩石在土壤中破碎并腐烂，在充分粉碎和得到灌溉后，茶树（一种茶花）能够从中获得充足的营养。茶树就和葡萄一样，其生长状况是由土壤性质、海拔高度、气候和光照条件决定的。①
>
> 一般说来，绿茶和红茶是由同一品种的茶叶制成的，相差并不

---

① 我在中国部分地区见到的茶树是以树篱的形式栽种的，茶园看起来就像田园。——马丁

大。绿茶的叶子和红茶相比大而宽，绿茶的叶子是圆形的，而红茶的叶子为椭圆形，更扁平，更有韧性。

在何种土壤中种植，在何时采摘，吸收热量的多少以及生长周期的控制，都是造成茶叶品种差异的原因。这好比红葡萄与白葡萄、黑加仑与白加仑的差异。

茶株被茶农精心培育，主要沿着山坡的南面将种子以梅花型栽种在贫瘠的碎石土上。这种土壤多含腐烂的花岗岩和砂岩的碎片，其他的作物难以生长。茶株生长得十分茂密，高度从3英尺到7英尺不等。其花朵形似英国秋天树篱中常见的野玫瑰或野蔷薇。茶籽被包裹在一个像是小榛子大小的坚果壳中，或者说更像蓖麻的坚果，但比蓖麻的坚果更圆。每颗坚果中都有三颗红色的果仁，果仁像胶囊一样相互分隔，这就是茶籽。从茶籽中可以提炼出"茶籽油"，这种油在中国很常见。种茶籽时，每个种穴里播六七粒种子，12个月或18个月后进行移植，生长至第3年左右就可以采摘茶叶了。茶树生长至第7年的时候，需将枝条砍去，只留下枝干（就像花园里的老醋栗树一样），接下来一年它们又会长出茂盛的枝条。

我们并不清楚茶树的寿命，不过其产茶的时间是15~20年。茶树是一种常绿植物，从秋末跨越冬季到次年春天都是其花期。制茶时，首先把叶子放在扁平的篮子里，保持其通风并在适度的阳光下晒干。茶叶晒干后，就将其在薄铁锅中炒干，用炭火保持高温，直接用手不断地翻动茶叶，手指滚动茶叶使其卷成圆形。经过充分炒制后，将茶叶在广东进行挑拣并包装成100~1000整箱，每箱上都标有制造商的名称、茶叶种植区、质量和日期。

制茶时只用铁具而不用铜器。我参观了广州市五英里外的一家茶厂，那里大约共有500个男人、妇女和儿童从事制作绿茶的工作。在工厂里，一排大平底铁锅被放置在用木炭加热的火炉上。茶叶经过挑选和分类后，被人依次放在这些平底锅里，由工人把茶叶炒至卷曲。茶叶在反复炒制过四五次后，在一个高温的平底锅中撒上少量的姜黄粉，再换一个平底锅撒上一种含有普鲁士蓝和石膏的蓝色粉末，这使得原本暗黑色或棕色的茶叶变成一种微妙的绿色。再把茶叶铺在一个浅缘的大篮子里，待茶叶冷却后就把茶叶放入一台筛分机器中，将不同大小的茶叶分开，较小的茶叶包装成珠茶销售。通过这种方式，中国制茶的垃圾和喝过的茶渣就被伪造成了珠茶和熙春茶等茶叶出口国外。这家工厂的老板告诉我，这种假茶是卖给几乎不喝红茶的美国人的。据说很难从纯茶中分辨出这种染色的假茶，而且就像美国在广东有优秀的评茶师也会买到掺假茶叶一样，英国人也有可能买到用这种方法生产出来的茶叶。

以茶叶的名称来分辨其质量高下并不精确，从前人们喝的最多的茶是武夷茶，而现在，武夷茶是红茶中最次等的。一般来说，通过茶叶名称还是可以估计其品质的。"Bohea"是中文"武夷茶"的英语读法，武夷是一片山脉的名称，周长约 12 英里，坐落于福建省，分隔广东省，武夷茶就是产自这片山脉，每年产茶 3 季，在中国武夷茶也被称为"大茶"（Large Tea）。

功夫茶，质量好于武夷茶，茶叶的灰尘更少，口感更粗糙、苦涩。

Wo-ping 茶产自广东 Wo-ping，与武夷茶混合后被称为"广东武夷茶"。

安溪茶，是一种粗制茶，产自安溪。

拣焙茶产自 Keinpoi，味道比功夫茶更浓厚。

Souche 或珠兰茶，产自 Swangche，经过双重调制，气味芳香，外形像是一颗珍珠，或用树兰，多产自安溪地区。

小种红茶，产自黄溪州，质量上乘，产量稀少，产于有 3 年树龄的茶树。树龄老的茶树在同样的栽种条件下产出的茶叶是功夫茶、武夷茶或其他劣质茶。

小种红茶品种繁多，在英国很难买到这种不掺杂质的上等茶叶。小种红茶叶子芳香怡人，形似干草，叶子干脆，呈有光泽的黑色，放入沸水中呈病态的红色，而泡出的茶水呈琥珀色。

白毫产自南平，形似白色的花瓣，长有一层绒毛，是用茶幼芽制成的，初春时节，在茶叶长出了白色的绒毛的时候就可以采摘白毫了。

茶花与茶叶的味道混合，为茶叶增添了芬芳的气味。

屯溪茶一般产自屯溪，屯溪茶在绿茶中的品质相当于红茶中的功夫茶。

松萝茶产自安徽松萝山。屯溪茶和松萝茶都有大而平的叶子，叶子不甚卷曲。

熙春茶产自熙春，一般在春日和煦、万物初生时采摘茶叶的嫩芽。

皮茶中"皮"在中文里的意思是废料。皮茶是由制作熙春茶产生的废料做成的，伦敦商人给其命名为花茶（Bloom Tea）。

雨前茶产自 Yee-tseen，叶片非常小，在谷雨前采摘。

珠茶是精选过的熙春茶，茶形小而圆，像一粒子弹，又称珍珠茶（Pearl）或御茶（Lmperial Tea）。其他几种新茶也正在被推出。

不同的茶由茶农大致生产好，送往生产商那里，生产商根据茶叶不同的种植地区、茶树的品种和年龄、叶子的大小和质量等因素将茶叶分类包装。在给茶叶质量分级之前，要将茶叶用尺寸不同的筛子过筛。茶叶制造商挑选茶叶的眼光和工人炒制茶叶的技术是最重要的。质量较高的茶叶要被多次烘焙，需要工人精心卷制每一片茶叶。质量最好的茶叶无法被运往英国，因为那些茶太过昂贵，茶味非常易损，经过四五个月的航运茶叶会受潮变质。在中国，供给中下层阶级的茶叶生产量势必非常充足，因为中国人茶叶消费量惊人，几乎每顿饭都要喝茶。

俄国人饮用的茶是通过陆路及水路运达的，据说运往俄国的茶叶普遍优于输入英国的茶叶。这可能是由于运往欧洲的茶叶被过度烧制了。最好喝的茶叶在湿热的船舱里无法存放五六个月，因此被运往欧洲的茶叶需要被烘焙得更久防止受潮，而这会损害茶叶的口味。我在福州、宁波和上海喝的茶都没有被过度烧制，而且和中国人喝茶一样，我也没有在茶里放牛奶和糖，这种茶的味道非常好，但这种茶叶一般只有几个月的保质期。中国人认为干燥的高级红茶放在密封铅罐中发酵一两年，其味道会更加香醇。在中国，一些最好的茶叶甚至不出茶色，其备制方法是在茶杯里放入少量茶叶，将沸水倒在茶叶上并盖上盖子，在茶杯底部装有一个银质的过滤器，这是最高级的茶之一。茶叶还可被压成球状、砖状或饼状，用于售卖到西藏及缅甸等地。当地人用牛奶煮茶，制成可口又富含营养的奶茶。

单宁与铁盐反应能产生以黑色调为主的显色变化。不同质量的茶叶势必含有不同比例的单宁。从茶叶中可以提取出一种可成盐的碱，叫作"茶碱"，是一种无色晶体（见表25）。

表 25　茶的组成成分

单位：%

	红茶	绿茶
茶单宁	40.6	34.6
植物蛋白	6.4	5.7
果胶	6.3	5.9
不溶性纤维	44.8	51.3
损失	2.0	2.5

燃烧红茶与绿茶后，其灰烬中都含有硅氧烷、碳酸钙、氧化镁和氯化钾。对茶叶进行蒸馏，会产生一种具有挥发性的油，有理论说这种油是少量的树脂，可溶于酒精，闻起来有茶的味道。茶对人体具有一定的影响，茶可以是人体的兴奋剂，随着饮用的浓度和剂量增加，也可以变为麻醉剂。适量的茶是很好的稀释剂，可以促进消化和保护肾脏。

权威机构用以下文件证明茶叶比咖啡等其他饮料更加健康，这引起了笔者的注意，并以更清晰直接的问答方式表达这些观点。

1847 年，乔治·加布里埃尔·西格蒙德医学博士提交给英国下议院委员会的证据。

主席：你对茶叶非常了解吗？

答：1839 年，当阿萨姆茶在英属印度被发现时，东印度公司向我咨询相关问题。当时，我在皇家医学植物学学会（Royal Medico Botanical Society）做教授时做了一次演讲。我被邀请前去再做一次演讲，这也引起了我对茶这个问题的关注，之后我出版了一本相当受欢迎的关于茶的书籍。

霍斯先生（Mr. Hawes）：你觉得俄国进口的茶好吗？

答：是的。

问：在什么方面呢？

答：无论是茶的香气，还是功效都很好。茶叶会对人的感觉神经产生影响，我认为这是茶的主要功效。

问：医学上对茶对人体的影响进行了调查，结果如何？

答：我认为茶对预防皮肤疾病的作用是任何饮品都无法相比的，它还可以消除腺体的影响。我认为自从我国民众广泛饮用茶叶，国内的淋巴结患者大大减少了。对于那些不常劳动，习惯久坐，并且从事脑力劳动的人来说，茶对他们的健康来说是非常重要的，他们由于久坐，神经系统受到很大影响。

G. 斯汤顿爵士（Sir G. Staunton）：你认为茶叶进口量的大幅度增加有利于人们的健康吗？

答：当然。

问：你对阿萨姆茶有什么看法？

答：我恐怕并不看好它。

问：那你怎么看待印度西部出产的卡蒙茶（Camoun）？

答：我没有听说过这种茶叶。

鲍林博士（Dr. Bowring）：为什么阿萨姆茶不受欢迎呢？

答：我认为是因为阿萨姆茶使人们感到兴奋、过度警觉。

主席：绿茶有镇静作用吗？

答：某些情况下会的。

埃沃特先生（Mr. Ewart）：在某些情况下绿茶是镇静剂，而某些情况下会令人兴奋，是这样吗？

答：这取决于具体使用情况。

问：你能给出茶叶的化学分析结果吗？

答：那不是我的专业。我的专业更倾向于植物学而不是化学，不过茶中最重要的成分是茶碱，类似于吗啡。

问：茶叶中没有氮的混合物吗？

答：并不比其他植物含量高。

问：那高于一般植物的含量吗？

答：我们只有干茶叶，所以很难从中得出结论。

乔斯林（Viscount Jocelyn）子爵：茶和咖啡的作用原理相似吗？

答：不。咖啡中的功效成分是"咖啡因"，我们也在咖啡中发现了大量的铜，大部分的蔬菜都含有铜，但茶里几乎没有。

鲍林博士：1000份茶叶中含有多少茶碱？

答：我无法回答，因为变数太大了。

莫法特先生：你认为茶是一种非常健康的饮料吗？

答：是的，茶是我们所熟知的饮料中最有利于健康的饮料。

乔斯林子爵：你认为茶和咖啡哪个是更有用的兴奋剂？

答：咖啡。

问：也就是说，对那些从早忙碌到晚的人来说，咖啡更能提神？

答：是的，但我们日常更应该注重营养，而不是依靠这种兴奋剂提神。

问：说到营养，你认为茶和咖啡哪个更有营养？

答：茶。它从动物和蔬菜等其他物质中获取了更多营养。

主席：你有没有就英国是否存在许多掺假茶叶的问题进行过调查？

答：几年前，财政法庭（Court of Exchequer）请我和吉尔伯特·伯内特教授（Pro. Gilbert Burnett）检查了一些茶叶，不过这些茶叶似乎是为了收集假茶而收集的。

哈考特先生（Mr. Harcourt）：咖啡中所含的铜是否足以危害人体健康？

答：如果适量饮用的话，我想对健康没有影响。我相信已经有人做过类似的分析了。我听过一种分析：大约10盎司的咖啡所含的铜，足以为两英寸长的钢琴线包铜。奥肖内西博士做了一系列的实验，以确定哪些物质含铜最多，哪些最少，他得出的结论是，茶叶和土豆中的铜比其他任何可食用的蔬菜中的含量都少。

问：咖啡虽然不含氢氰酸，但对某些人来说，可以让他们像喝了绿茶一样保持清醒？

答：是的。

问：你如何解释这一点呢？

答：我并不认为是氢氰酸使人感到过度兴奋，我只是说阿萨姆茶和绿茶使人亢奋。我发现人们拒绝阿萨姆茶的最大原因是它让人过度亢奋。

埃沃特先生：你认为，如果国内大多数劳动人口都消费茶叶的话，会有积极影响吗？

答：我认为茶是最好的饮品。

问：对劳工来说吗？

答：茶水并不是灵丹妙药，不能使人不知疲倦，但它可以或多或少地赋予人精力。茶叶更适合从事制造业的人群饮用，我认为茶对他们来说必不可少。

问：你认为它纠正了拥挤城市中的制造业体系所产生的一些不良态势吗？

答：当然。

1850 年 4 月 27 日后记

关于第 2 版的序言，作者在 3 月 18 日提到了他关于供应和价格问题的论点。并表示，为了确保市场稳定和促进发展，唯一的必要条件是在需求量最大的季度更为循序渐进地供应货物，他在此提供下列关于之后市场进程的报告，以充分证实他在 3 月 18 日所表达的意见。

（摘自商业清单）

茶叶——尽管拍卖频繁，但私人市场的需求量仍然很大，我们发现有 1000 半箱的雨前茶（大部分是低档的），500 半箱屯溪茶，1000 半箱皮茶以及 600 半箱功夫茶被拍卖，但没有透露具体交易情况。——3 月 27 日

茶叶——由于茶叶的大量供给和频繁的销售，茶叶价格下降，市场低迷，茶商对这种情况感到焦虑。这周的两次销售显示，乌龙茶和功夫茶的价格下跌了 2~2.5 美分，雨前茶的价格下跌了 1.3 美分，优质皮茶和普通的珠茶、御茶的价格下跌了 2.3 美分。熙春茶和普通

皮茶没有变化。下周将有3次公开拍卖。——4月6日

茶叶——尽管有大量的公开销售（上周3次、本周3次），但仍有稳定公平的交易需求，并且拍卖全都成交了。达成交易的包括500半箱的雨前茶、1200半箱的熙春茶和800箱的宁红功夫茶和乌龙茶，私人交易了200半箱的皮茶，价格为23美分，1500美分的2000半箱的广东雨前茶，将在半年内以9~11.5美分的价格销往加拿大。——4月17日

茶叶——在周三和周四的两次公开销售中，大多数茶叶都销售一空，价格基本没有变化。由于茶商的努力和国家贸易的发展，不只是优质的雨前茶和功夫茶的销售额较之前增加了，而且这两次的茶叶成交总额比上周收盘的成交额还要高。我们还注意到有1000箱功夫茶以全价出售。"沙皇"号（Tsar）货船的货物将于今天上午拍卖。——4月20日

茶叶——周六和昨天的公开销售活动非常热烈，市场总体上比较稳定，宁红茶、乌龙茶和功夫茶的价格也有所提高。在私人交易中，500半箱的雨前茶以26.5~27美分的价格售出，有600半箱的茶叶是广东产的，但不知晓具体交易情况。"塔尔博特"号（Talbot's）的货物是在新成立的"华尔街交易所"（Wall-street Sales-room）出售的，有些人认为这里是这个城市最好的交易地点。——4月24日

茶叶——本周的公开销售受到了广泛关注，总体价格也很高，呈上升趋势。——4月27日

以下是一封最新来自中国的邮件所述的英文价格报告，可以证实先前的陈述：

本月初，美国市场对茶叶需求旺盛，大量的茶叶有了销路，但由于货主和大股东要求高价卖出茶叶，购买者被高价限制，获利无几。在英国市场上，有人对优质的熙春茶和珠茶进行了问价，但由于库存量小、价格高，无法进行大宗交易。而红茶的生意向来微不足道，所以出口到英国的功夫茶的数量很可能远远低于今年的消费量。广东，1月28日

1971 年前：1 英镑 = 20 先令 1 先令 = 12 旧便士 1 英镑 = 240 旧便士

1971 年后：1 英镑 = 100 新便士

英文茶叶对照：Moyune 婺源茶；Scented or Orange Pekoe 橙香白毫
   Scented Caper 熏香珠兰茶

附录二
四川西部的茶叶种植及以打箭炉为中心的汉藏茶叶贸易

A. De Rosthorn*

序

很早以前，发生在中国边陲小镇打箭炉的汉藏茶叶贸易就吸引了国外旅行者的注意。如果一个人碰巧在城市以外的地区旅行，就会看到驮着细长的"茶砖"包裹的长长马帮队伍，沿着崎岖的道路缓慢行进，间或有谈话声。或者冗长的背夫队伍，负着沉甸甸的茶包蹒跚前行，穿梭于中国境内的两座高山之间。游客们很难不被这一景象吸引，古伯察先生（M. Huc）曾经感叹："一个落后且无宗教信仰的文明知道如何以上帝的形象来育人，将人教化得近乎于天使。"① 及至新近探险家柔克义先生②，其对于川藏茶叶贸易秉持更加严肃的态度。每一个来此的旅行者或多或少都对此有一定的了解，因此收集了大量有价值的信息，尤其是 Abbe Desgodins、贝德禄和柔克义。

然而，值得注意的是，在巨大困难下经营，却取得显著成功的汉藏茶叶贸易，已经成为近年来的一个研究课题。而该贸易所涉及的商业和政治

---

* A. De Rosthorn（1862~1945），奥地利籍外交官，早年学习汉文。
① 〔法〕古伯察：《中华帝国纪行》，南京出版社，2006，第7页。
② 〔法〕柔克义：《喇嘛之国》，1891，第277页。

问题远比研究利润更重要。对于最敏锐的观察员和最友善的作家之一——已故的贝德禄先生来说，这是一个炙手可热的课题。他认为，西藏作为一个茶叶消费较多的地区，其茶叶应该是由地理上邻接的印度供应。近来在柔克义等人的探究下，这一问题有了新的进展。由于印度茶叶有涩味，所以不能像内地茶叶一样适合西藏消费者的口味。但是，印度希望取代中国内地在西藏的商业垄断地位并且学习中国的茶叶种植技术，有其政治考量。因此英国人更乐于看到，西藏对印度开放通商。然而中国也想好一个漂亮的借口，如果没有一个强大的动机，他们拒绝接受任何方面的建议。

我面前有很多关于这个问题的文献。不同报告和报纸中的数据尽管有时候非常接近真相，但仅仅是猜测或者只是只言片语。1891年，当我从康定出发，经过天全到雅州，我有更多机会去观察川藏茶叶贸易的外在、明显的特点。接着，我又继续研究这个课题，借用先进的设备，把迄今为止还未家喻户晓的各种各样的细节和统计数据结合在一起，但是这些统计数据在一定程度上是经过验证的，而且完全值得信赖。鉴于前面提到的这些情况，我希望将这些研究成果出版，希望能证明它们是适当、有趣的。

在出行前，一个纯理论问题就一直萦绕在我脑中，即四川西部生长的茶树是不是野生的。国内外的很多文章让我对此有所怀疑。茶树这种灌木，如果无人照管，在适合的土壤和气候下极可能像野生树木一样繁茂生长。我们也必须忽略贝德禄先生在他的文章末尾所提到的那些杂类品种——例如在峨眉山售卖的甜茶，以及柔克义先生提到的白茶。前者在烘焙茶叶之前将普通茶叶浸泡在糖水中，这仅仅是僧人的一种欺骗手段。后者根本就不是一种茶叶，只是当地的一种苔藓植物。因此这一问题仍然困扰着我，即普通的茶树是不是该区域的原有植物群。我只能说，我未曾看到过野生的，并且我所做的一些调查也证实了这一观察结果。正如我所了解到的，为西藏市场制造的"茶叶"只有一小部分真茶叶，大部分掺杂着某几种灌木和树木的树叶、树枝，例如胭脂栎、黄荆等，这些混合的灌木可能是"野生茶叶"理论产生的原因。不管怎样，似乎并没有证据可以证明存在野生茶树。

关于当地的茶树，下文将重点叙述茶树的种植以及经营茶园的技术，这些都为名山和雅安（雅州府）居民所垄断，因此这些地区为最早的茶树种植区。最好的茶叶产自四川西部名山县，确切来说是名山县西部15里（5英里）的蒙山。蒙山山顶有一座佛寺，传说寺庙中照管佛像的僧人们也守护着一座仅有七株茶树的小茶园。传说，茶树是一个名叫吴理真的僧人于西汉时期从印度带来种子种下而得。蒙顶茶园出产的茶叶仅有几磅，但这些茶叶每年由"官亲督而摘之"，后进贡给北京，称为献茶或者贡茶。"蒙茶"长于蒙山的其他地方，声誉良好，被卖给游客。我提到这些传说是因为它们似乎指向了茶树由西方引进，并证实了我们已经得出的否定结论，即四川西部并不存在野生茶树。

有一句盛传的俗语，要想饮到一流的茶水，你必须取"扬子江中水，蒙山顶上茶"。现在四川人可以毫无困难地辨认出蒙山，但不清楚扬子江的位置。尽管听起来很荒谬，但我经常被问到，我在旅行中是否遇到过叫这个名字的河流。关于扬子江名字的来源和它的适用范围这一有争论的问题，我们暂且放置一边。很明显的是，俗语中的"扬子江"不可能是暗指普通的江水。那么著名的扬子江在哪里呢？冒昧用我自己的回忆来结束这段介绍性的文字，这可能会给出一个答案。当我旅居上海时，有机会拜访上海道台。我认为他用来招待我的茶水味道很好，于是他详述烹茶前用好水准备的必要性，并且补充说他自己仅用扬子江的水。我询问他从哪里能得到扬子江水，他告诉我是通过日常来往镇江的船只。在那以后的一段时间内，我几乎忘了这件事情。直到有一天我去了镇江，碰巧要穿越分开外国人定居点与金岛之间的河湾，我看见许多小船驶进深水区时，船员们把水桶装满水后回到岸上。我打听了一下，得知溪底有著名的泉水。我忘记了泉水的名字，但据说泉水旁有一块写有古老铭文的碑碣，后来当扬子江水开始冲刷这古老的遗迹时，碑碣被移到内陆更远的一处泉水旁。新泉继承了古老泉水的名声，但是那些熟知它的历史的人并不会因此被欺骗，并且继续从"扬子之床"汲取饮茶之水。

一　综述和历史

四川除了与西藏邻接的山区，其北部、南部、东部和西部地区都大面积地种植茶叶。毫无疑问，茶叶在这一地区的普遍繁荣归功于其多山的地形、肥沃的土壤和温和的气候等最适合茶树生长的条件。成功地种植茶树是四川省茶叶能自给自足的原因之一，就供应茶叶而言这就不只是一种无聊的吹嘘。

但川茶的品质似乎并非一流，因为除了销往西藏并没有出口国外。甚至在国内市场，云南普洱茶占据较大的份额，人们普遍认为普洱茶的品质优于川茶。滇茶在徐州府和镇江分别缴纳每担（$133\frac{1}{3}$磅）0.4 两白银①的税后，在镇江以大约每担 27 两的价格售卖。然而即使是产自南川②的最好的本土茶叶，每斤也仅卖 320 钱。与专为西藏市场准备的砖茶的价格相比，这些数据会有所启示。据估计，内地进口滇茶的数量在 1400 担③左右，但是也有一定数量的茶叶来自四川西部，经由雅州府路线。

每年四川的产茶量是一个理论价值高于实际价值的问题。准确的统计数字是由四川省方志提供的，但遗憾的是，这一有用且内容丰富的概要自 1815 年以来就没有被修订过，因此它的数字并不真实。但有关茶叶贸易和行政管理的早期历史的一些有趣信息，下文有所摘录。

对茶纳税开始于唐代，从 780 年开始计征一种产量的 10%、用实物偿付的什一税。宋代时茶叶贸易合法化，并且仅在 3 个省（其中包括四川）且仅限于省内是合法的。1074 年政府以茶易马的制度始于陕西，这是最早被提及的与西藏（当时为吐蕃）的茶叶贸易。然而这类贸易持续被政府垄断，并且政府在所有重要的茶叶产区建立公共集市，以更好地控制销售额和征集税收。为了避免税收波动带来麻烦，政府设计了一种新的制度来估计产量和种植面积，并相应地修正了税收制度。但是这种评估方式太武断，太容易滥用了，而且税负也变得非常繁重，以至于不久之后就必须变革该制度。为了保护途中运输的货物以及更有效地检查走私，"茶

---

① 1 两白银相当于 1500 文铜钱，1 担 = 100 斤 = $133\frac{1}{3}$磅。根据税率征收的关税是每载重量（负重）（140 斤）征收 0.7 两，但是有 20% 的折扣，所以事实上每负重仅征收 0.56 两，或者是 0.4 两/担。批发价是每负重 38 两或者每担大约 27 两。

② 最好的南川茶叫作白毫，一斤 320 钱（批发价）；其次是毛尖，一斤 200 钱。还有更便宜的品种，价钱低至每斤 40 钱的老梗，它由树枝等组成。之后，我们还会遇到这个词语。

③ 每 32 桶为 1000 担，每桶包括 7 块（yuan），重 10 盎司。因此每负重等于 140 斤。

引制"于 1127 年开始施行，自那以后一直被沿用。我们通过查阅资料了解到早在明代有一种粗劣的名叫 Chien-tao 的茶，产自碉门（现天全州）和其他地方。西藏人过去常常带着马匹从打箭炉到雅州府，以在雅州换成茶叶。一匹小雄马可换 70 斤茶叶，最好的马能换 120 斤茶叶。

明永乐年间（1403~1425 年）四川地区中断了战马的购买，但是陕西省仍然在继续这一贸易。尽管私贩茶叶受政府管制但仍然在运输。然而，长途运输使大部分茶叶有所损坏，因此政府发布了一项税收新则：茶叶 1/3 的税收由货物支付，其余 2/3 用货币支付。这是用现金支付茶税的首例。直到 1569 年，陕西省内所有的茶税都用现金支付。迄今为止，当我们谈论茶税时，能够理解根据茶叶产量征收的原始税或什一税。当废除"茶榷制"后，茶叶贸易向商人开放，除了原始的什一税（课）之外，还征收了茶税（税）。政策实施的初期，在当时那个年代，每年征收的茶税能入账 45942 两，什一税 13128 两。在 1696 年，政府批准打箭炉建立茶马贸易市场，只有由达赖喇嘛认可的西藏人才能从事购买茶叶的贸易活动。1719 年理塘和巴塘也有了同样的特权。1743 年再一次修订税收制度，茶引固定在 100 斤（允许有 14% 的损耗）并且茶税（课）增加到每引 0.125 两。茶引的需求量不断增加，因此政府在额定应颁发的茶引之外，预颁给茶引 5000 张，收储在总督府，作为机动之用。在 1815 年，方志的记录中断，此时茶叶生产和茶引分配情况如下。

该年发行的茶引数量为 139354 张，其中有 92327 张边引，31120 张土引，15907 张腹引。而边引又分为 3 类：雅安、荥经和名山地区行销打箭炉的茶引 53004 张，邛州出口打箭炉行引 20300 张，因此经打箭炉出口行引 73304 张。行销松潘行引 19023 张，然而这其中又有 2677 多张茶引名义上从松潘出口了，但其实是囤积起来，代销内地。边引因供应邻近内地封邑（土司）的边境城镇而得名。内地茶引，顾名思义，是应用于内地贸易。

每道茶引均须缴付四项费用：（a）原始的什一税（课），每种类别的每一引缴纳 0.125 两；（b）茶税，边引是 0.472 两，土引是 0.361 两，腹引是 0.250 两；（c）附加的管理费用（封），每 1 张边引是 0.124 两，土引是 0.111 两，腹引是 0.098 两；（d）关卡费用（截），每 1 张边引的行销通行费 0.142 两，经雅安、荥经和名山地区行销打箭炉的通行费是 0.142 两，经邛州出口打箭炉的通行费是 0.186 两；经松潘行销的费用为 0.100 两。倘若松潘的许可额度在内地使用后，则费用为 0.142 两；边境通行费（土引）为 0.122 两；内地通行费（腹引）为 0.120 两。

据此，1815 年的收入情况如表 1 至表 3 所示。

表 1　川茶边引税额

单位：两

税目	边引额度		单位边引的税额	总金额
课	92327		0.125	11540.875
封	92327		0.472	43578.344
羡	92327		0.124	11448.548
截	雅安、荥经、名山	53004	0.142	7526.568
	邛州	20300	0.186	3775.800
	松潘	16346	0.100	1634.600
	代销松潘土引	2617	0.142	380.134
共计				79884.869

表 2　川茶土引税额

单位：两

税目	土引额度	单位土引的税额	总金额
课	31120	0.125	3890.000
封	31120	0.361	11234.320
羡	31120	0.111	3454.320
截	31120	0.122	3796.640
共计			22375.280

表 3　川茶腹引税额

单位：两

税目	腹引额度	单位腹引的税额	总金额
课	15907	0.125	1988.375
封	15907	0.250	3976.750
羡	15907	0.098	1558.886
截	15907	0.120	1908.840
共计			9432.851

由上可知，1815 年茶叶税收共计 111693 两。

茶叶分销的占比如下：出口占据 66%，土司占比 22%，内地占比 12%。从收入的角度来看，出口贸易贡献了 72% 的份额，而当地的封邑则占 20%，内地贸易仅占 8%。从数量上看，打箭炉茶叶贸易在全省边贸中所占比例为 79%，松潘占比为 21%；对于全省茶叶贸易而言，打箭炉占比 53%，松潘占比 14%。具体来看，打箭炉茶叶贸易为总收入贡献了 64154.552 两、松潘 15730.317 两。在接下来的出口贸易中，内地将会通过打箭炉占据整个西藏茶叶市场。

二 行政管理和财政收入

与前文提到的有 75 年历史的统计数据相比，现今收集到的打箭炉茶叶贸易及其税收收入数据，显示了打箭炉迅速但不健全的发展。

治署成都的盐茶道是清代四川总督辖下专司盐茶政务的机构。茶叶贸易所需要的茶引，每年统一由京城户部宝泉局发放，于年底缴回。其中 108000 道分拨给打箭炉用于与中国北部和西部地区展开贸易。茶引由总督钤印盖章后，通过盐茶道转送给打箭炉同知（厅，也叫军粮府，因为管理着军粮供应），即打箭炉级别最高的文官。打箭炉同知以及两个副将（委员）这三个官员共同负责征缴税收。茶引在阴历二月分发，阴历十月收回，且必须补上废弃不用的空白茶引和填好又被废除的茶引所造成的损失。每道茶引需缴纳课税等费用达 1.10 两。因此，中央政府每年从打箭炉的茶叶贸易中获得的收入是 118800 两。这笔款项由盐茶道对户部负责。

除上述额定的许可证（引或者正引）外，特殊的许可证（票）由盐茶道颁发。它们主要预防出现赤字的偶然性。但是，额引完全被占用，因此向茶票收取费用成为盐茶道的特权。每颁发十张额引就发一张茶票，即每年颁发 10800 张茶票。茶票和额引所规定的茶叶数量是相等的，但其课税是每张 0.8 两，因此每年需缴税 8640 两。

与此类似，打箭炉同知每年也要额外发放 5000 张许可证，确保他自己不会有所损失，还有 3000 张许可证属于两个副将的收益。这些茶引的课税和上述茶票相同，也是每张 0.8 两，因此每年需缴税 6400 两。

每年签发的茶引总数以及在打箭炉实际征收的茶叶课税如表 4 所示。

表 4　年茶引数及茶税额

茶引类别	引票额度	单位茶引的税额（两）	总金额（两）
正引	108000	1.10	118800
茶票	10800	0.80	8640
	5000	0.80	4000
	3000	0.80	2400
共计	126800		133840

政府每年只给打箭炉840两的行政费用，这点费用十分捉襟见肘，其中包括两个副手一年的工资（每人仅有300两），以及四个办事员的工资（每人每年60两）。但是同知雇用的12个左右仆人的工资，以及和茶叶事务有关的其他费用，中央政府并不提供。这就可以解释为什么打箭炉官员要额外发引。

三　茶引的分配

打箭炉同知收到五个地区的地方官发放茶引的申请，这五个地区享有为西藏市场供应茶叶的特权。地方官于每年阴历二月公布茶引申请名单。商人为了获得茶引，首先需找当地有名望的人担保。此外由于茶叶贸易的利润丰厚，商人之间的竞争也很激烈，因此通常在一开始就有大量的支出。其次，在找到担保人后，还要得到他们的认可。当圆满完成这些事情后，地方官向上递交茶引的完整申请表和相关文书，由打箭炉同知签发。这些茶引是可以转让的，有时也会成为可以交易的商品，但在茶叶运输贩卖的过程中产生的税费仍由茶引的原主人缴纳。所有运至打箭炉的茶叶都必须有茶引，在泸定桥和打箭炉城门处要检验引之真伪、时间、数量。卖茶后需要缴税，引票则需缴回所属地方或州县。

在五个特权地区内茶引的分配是根据以下固定的比例（见表5）。

表 5　普通茶引的分配额度

单位：张

地区	引票额度	地区	引票额度
邛州	27000	雅安县	27000
名山县	8000	荥经县	23000
天全州	23000	共　计	108000

特殊茶引的分配不受任何规则的约束。

四　茶叶的生产

每张茶引包含五包茶叶，而且每包的茶叶量不全是统一的，但据此可以很好地计算每年经由打箭炉发运的茶叶数量。我们在此预测每年颁发的 1268000 张茶引代表 108780 担茶叶。

前文列举的五个地区并不能在本地产出打箭炉茶叶市场所需的全部茶叶，因此政府批准另外三个地区参与茶叶供应，即清溪县、峨眉县和洪雅县。每个地区为打箭炉提供茶叶的数量（以整数计）见表 6 所示。

表 6　各地为打箭炉提供茶叶数量

单位：担

地区	茶叶数量	地区	茶叶数量
邛州	19000	清溪	7000
名山	22000	峨眉	8000
天全	20000	洪雅	13000
雅安	12000	共计	110000
荥经	9000		

邛州是一个独立的县；洪雅和峨眉隶属嘉定县，其余地区隶属雅州。将清溪和峨眉的茶叶运至荥经，洪雅的茶叶运至雅安。

然而西藏的茶叶贸易和茶叶制造仅限于最开始列举的 5 个地区，其中每个地区供应的茶叶总量如表 7 所示。

表7 各地茶叶供应量

地区	本地供应数量	进口量	总量（单位：担）
邛州	19000	—	19000
名山	22000	—	22000
天全	20000	—	20000
雅安	12000	13000	25000
荥经	9000	15000	24000
共计			110000

不过，不要以为这些都是真正的茶叶，恰好相反，之后我们将会了解到，在砖茶的制造过程中真正茶叶的含量是最少的。

五　茶树的种植

只有名山和雅安地区有茶树种子。种子是盛在器物里卖的，而不是按重量卖的，一斗茶叶400钱。这两个地区的茶农垄断了茶园建设以及茶树栽培技术，为了能被附近地区的茶园户雇用。茶树的播种通常是在雨水时节（大约2月19日），挑选一个不高不低的小山坡，小把小把地成排播散种子，行间距在2英尺左右。但是，我也见过把茶树种在田地的边埂上，或是随意撒在农舍周围。这些劳动不会马上得到回报，而是要等到3年后视种植结果而定。也就是说，如果这个时期过后一组中只有5株以下成活，便没有报酬；但是如果有5株或5株以上成活，那么每株可获1文铜钱；9~10株是曾经发现在1个集群中存活最多的植物数量。

茶树在生长前期通常与其他作物（多数是玉米）种在一起，一般茶树能长到2英尺或3英尺高，很少有长到与人肩膀同高的。第一次采摘茶叶要等到种植茶树的第4年，采摘期于2月开始，6月结束。采摘时从顶部向下，最先摘下来的幼嫩的芽尖是最好的茶叶，再摘的是幼嫩但发育完全的茶叶（细茶），最后把粗糙的叶子（粗茶）摘下来。采摘持续3年，直到茶树不再发芽，之后砍掉茶树的茎干、树枝（老梗），为新的茶园腾出空间。在更大的茶园里，往往存在家庭劳动力不足的情况，这时会额外雇用采摘者。茶园户除了提供食物和住宿，还付给他们每斤（18盎司）

茶叶 1 钱的工钱。对于四川的茶园户来说，既没有茶叶栽培技术的限制，同样，这些茶叶是为家里还是为市场准备，又或是运到其他地区销售也没有限制。更优质的茶叶，要么在当地销售，要么在官府许可下与内地进行贸易，但并不在非中国领域销售。

在茶叶贸易中 1 斤等同于 18 盎司。我摘录这些价格是为了表明，与在西藏和其他地方销售的"砖茶"的价格相比，上述的最低价格还要高出 5 倍多。

制作西藏所谓的"砖茶"，根本不用一等、二等茶叶，三等茶叶也只用有限的一点儿。大部分砖茶由老梗组成，包含茎、枝和粗糙的叶子，还掺杂着大量其他几种树木、灌木的细枝，比如矮栎、一种牡荆属（黄荆），一种叫作 Chuan-tzu 的树木，以及其他灌木。这种细枝叫作叶梗，一年四季都可以收集到。一般来说销售老梗的茶园户也供应叶梗，它们都会像木柴一样堆放在户外晒干。另外它们通常是按捆卖，每捆老梗重 160 斤或 32 盎司，每捆叶梗重 178 斤或 33~34 盎司，即前者 1 斤 32 钱，后者 1 斤 12 或 13 钱。对于茶叶出口，茶农既没有相关知识，也没有相应设备，因此把茶叶原料（毛茶）都卖给了茶庄，每捆毛茶运往茶庄的运费是每里 3 钱（见表 8）。

表 8　当地市场茶叶报价

单位：钱/斤

茶叶种类	批发价	零售价
一等茶	320	420
二等茶	240	320
三等茶	180	220

六　边茶的制作

商人收购茶叶原料并且运到城里的茶庄以供西藏市场。正如我在雅州府所看到的，这一准备过程极其简单。首先劈好老梗和叶梗，再将其晒好。然后以一定的比例将它们混合放在一个大木盆中蒸。蒸好后将大块茶叶摊在干净的席子上，待表面晒干后即掺入足量浆使其黏着，充分搅拌后便可开始包装。包装按这样的程序进行：首先做一些小茶包，装有四盎司质量较好的茶叶，并用红纸包好。同时将糊上普通白纸的竹席滚成圆筒状，用上面提到的茶包封住圆筒的两头，中间加入茶叶，盖好缝住即可。①

最后制造出的包装（包）有两种，一种用于包装品质稍好的茶，即真正的茶叶比例较大，重达16斤；另一种用于包装品质较差、重达18斤的茶叶。前者注定出口到打箭炉西北部的封邑；后者出口到理塘、巴塘和西藏。这两种不同品质的茶叶，每包的成本是一样的，劣质茶叶用更大的重量弥补了其在品质上的劣势。

据估计，经由打箭炉出口的茶叶中有35%的栽培茶，65%的野生灌木。商人制造这种混合的茶叶每斤需花费32钱（大约是每磅2/3便士），包括主要成本、从产地到茶庄的运输费用以及制茶的人工费用，但是不包括包装费用。

一个熟练的包装工不需要秤，就能分别准确地装好16斤或者18斤。从事蒸茶和包装的雇工是技术工人，其报酬是每天100钱。而从事烧火、劈茶、准备糨糊、缝茶的雇工的工资是每天60钱。工人分为6个等级，而且有严格的分工。包裹每个茶包的竹席是40钱，内衬的纸是12钱。

所有以上述方式准备好的茶叶被送到打箭炉用以销售，"砖"这个词经常被用来形容茶叶，有些人认为这是非常不恰当的。无论是在外形上还是在密实度上，茶叶包装并不像砖。据说有时为了在打箭炉方便运输，只有把茶包切成两半，才会被称为"砖"。但是我经常看到运离打箭炉的是原包装，特别是在北边的路线。

七 茶叶的运输

从雅州府到西藏有两条路，大路是从西南方向到荥经，逾大相岭到清溪，再穿过飞越岭经过大渡河到化林坪。顺着大渡河左岸向北可达泸定，这是一个小但是繁忙的地方，所有来往打箭炉的车辆都在这里停歇。泸定

---

① 根据贝德禄先生所言，似乎在荥经，茶叶并不是手工包装，而是放在木制的模子里。我没有亲眼见过那样包装的过程，也没有见过任何那样包装出来的"砖茶"。

桥横跨在大渡河上，是右岸和左岸之间唯一的连接，由于水流湍急，所以普通船只都不可能在河上航行，泸定桥因此成为一个重要的关卡。过桥后，在河水的右岸向北走即可到达泸河的入口，向西转，再沿着小河前行就能到达打箭炉。

更短的一条路是从雅州的西南方到天全，几乎是沿正西方前行穿过两座并不是很高但极其陡峭的山脉——这两座山脉可能与南方路线有联系，一直走最终到达大渡河的左岸，距泸定桥大约10里远。虽然这条路比大路近一些，但这条路更加费力，并且对于负重前行的搬运工而言，在这条路上花费的时间与其他道路几乎是一样的。不过，如果没有行李的话，经这条路从雅安到打箭炉可节省两天时间（见表9）。

表9　各个茶叶生产区到打箭炉的距离

单位：里

地区	长短途	距离
邛州	短途	510
名山	长途	570
雅安	长途	540
天全	长途	480
荥经	长途	450

背夫可以选择他们喜欢的路线。下文记录的搬运费用是以每张茶引为单位（5包茶叶）估算的，但必须说明的是，这些费用只是名义上的，实际费用要扣减20%。这种现象被描述为"平安险"。运费的一半是预付的，另一半是货到付款（见表10）。

表10　各个茶叶生产区到打箭炉的搬运费用

单位：两

地区	名义费用	实际费用
邛州	1.30	1.04
名山	1.70	1.36
雅安	1.30	1.04
天全	1.10	0.88
荥经	0.90	0.72

据说一个身强力壮的人能够搬运 3 张茶引的茶叶量（12 包 = 240 ~ 270 斤或者 320 ~ 360 磅），但是以我自己的经验来判断成年人正常的搬运量是 11 或 12 包茶叶（250 ~ 280 磅）。背夫在途中行进的方式被频繁地描绘。

到达泸定桥后，地方官员（巡检司）会检查货物、核验茶引，如若无误，每引收 18 钱引税即钤印放行。背夫无须自己搬运沉重的货物过桥，只需支付每包茶叶 1 钱的劳务费，就有一群专门从事搬运的人帮忙一个一个地运过桥。过桥后背夫们重新调整他们的负重并且继续前往打箭炉的行程。计入的附加费用由业主负担，不包括在运输费用中。

八　茶叶的销售

一进入打箭炉，城门处有官员（同知的副将之一）核查茶叶数目并登记在册，核对无误后将茶叶存放在货栈（茶店）以待出售。打箭炉城内有 36 家内地茶店和 48 家西藏锅庄。从事大宗贸易的商人通常有私人货栈，然而其他人不得不临时租借现有的货栈，并且为仓储（放货间）支付 1 钱。也有一些商人有茶引但没有资本做生意，所以把他们的茶引租借给第二方。除了向政府缴纳的所有费用，每 1000 张茶引第二方还需要支付 200 两。

住在锅庄的藏人既不用付租金，也不用付仓储费和食宿费。但锅庄主从他们的每一笔交易中提取 4% 的"退头"作为报酬。这一时期恰逢打箭炉的最高统领明正土司征用男丁，所以购买行为几乎都是由女性完成。明正土司有时被外国作家误称为"打箭炉的王"。

当一笔买卖达成时，商人有时会重新包装茶叶，即先拆除包裹茶叶的竹席，将坚硬的茶叶分成两块"砖"后放入箱内。这项工作由专门的人做，这些人不收钱，只是用劳动换取拆除下来的竹席和用红纸包好的 8 盎司茶叶。茶商出售茶叶后到衙署上交茶引以核对售出的茶叶数量，同时缴纳到期应付款项。打箭炉每包茶叶（大或小）的价格是 5 卢比，并且这个价格几乎不甚波动。如上所述，小包装的优质茶叶从打箭炉北门运出，运往西北方向的甘孜、道孚、炉霍、德格等地，每年的数量可达 53400 引。大包装的劣质茶从西门运至理塘、巴塘以及西藏各地，每年销售量可达 73400 引。

打箭炉坐落在泸河的源头——打曲（雅拉河）和折曲（折多河）两条河流的交汇处，因此称打箭炉为"打折多"，很明显打箭炉是其变体。打曲河发源于打箭炉西南方的 Cheto（Jeddo），到西藏的主干道上。同时折诸（诸是一条小溪）从打箭炉西北方向的 Haizu-shan 流下，并且通往青海。很少有人知道这条路，直到 1889 年柔克义先生走过了这条路，这条路才被更多的人知晓，虽然他并不是第一个走这条路的外国人。A. K. Pundit，这位在印度三角调查局任职的勇敢的印度人就在他之前。

中国茶叶商人不会去打箭炉以外的地区冒险。在西北部的封邑，当地的首领大量购买茶叶似乎是为了进贡。在西藏，宗教神职人员完全垄断了茶叶贸易。藏族地区在节日里免费发放酥油茶的风俗大大推动了民众对茶叶的消费，特别是在农历十月二十日。那么柔克义先生所提到的"普通茶"或者"mang ja"一定是在说这个。

九　总结

我们现在掌握了一切必要的事实，能准确计算每年经由打箭炉出口的茶叶数量以及贸易额。

由前述可知整个茶叶贸易可以由 126800 张茶引代表，其中有 108000 张普通茶引，18800 张特殊茶引；每张普通茶引要缴纳费用 1.10 两，每张特殊茶引 0.8 两。据此，每年普通茶引所缴纳的费用为 118800 两，特殊茶引为 15040 两，共计 133840 两。

前文提到 73400 张茶引从打箭炉再运到西方，53400 张茶引再运到北方。每张茶引包含 5 包茶，每包茶叶的重量不一致。运往西方的茶叶每包重 18 斤，运往北方的茶叶每包重 16 斤。因此西方茶叶贸易的一张茶引代表 90 斤茶叶，北方茶叶贸易的一张茶引是 80 斤，由此得到经由打箭炉出口的茶叶总量如下：

$$73400 \times 0.90 = 66060 \text{ 担} \quad \text{西方}$$
$$53400 \times 0.80 = 42720 \text{ 担} \quad \text{北方}$$
$$\text{总计 } 108780 \text{ 担}$$

第一个数字66060担（相当于8808000磅），不仅包括整个西藏的茶叶供给，也包括理塘和巴塘。

可知，上述茶叶中，35%是人工栽培，65%是野生灌木。这两部分所占的比例见表11所示。

表11 茶叶人工栽培、野生占比

种类	比例（%）	数量（担）
人工栽培的茶叶	35	38073
野生灌木	65	70707
总计		108780

分别探讨前文中提到过茶叶生产地和茶引分配的情况。

我们了解到茶叶成品的成本价格除包装费外是每斤32钱，据此可以计算出茶叶的总成本：

108780担×32钱/斤=（1000）348096×0.80=278476.80两

在泸定桥缴纳的以及其他的杂项费用共计每包茶叶66钱，或者每张茶引330钱。因此得到茶叶的包装费用为：

126800张茶引×330=（1000）41844×0.80=33475.20两

从雅州府出发到打箭炉，名义上一张茶引的运输费用是1.30两，事实上是1.04两，因此总运输费用是：

126800张茶引×1.04=131872两

加上茶税133840两，由此我们得到缴纳税款后且除去利润的打箭炉茶叶贸易净值，是576864两。

为了获得生产总值（包括利润），我们只需要用茶叶包数乘以5，就能得到用卢比表示的贸易额，1卢比可以兑换为0.32两白银。因此126800张茶引×5=634000个包裹，634000个包裹×5=3170000卢比，3170000卢比×0.32=1014400两。

因此每年的贸易利润是437536两，这个结果与我所听到的说法完全一致，即20000两的投资将收回35000两到36000两。因此参与贸易的特权很有价值，但不容易获得，这一点很明显。我们据此也不难得知为何人们那样急切地想要拿到茶引。

结　语

一位熟悉西藏事务的官员告诉我，政府反对西藏对印度方面开放，其主要原因是开放不可避免地会使中央政府在茶叶贸易中有所损失。尽管我掌握的信息不多，但我仍然倾向于消除这种反复出现的担忧。

首先，藏族人能否克服对于更强劲的印度饮料的厌恶，这是否只是习惯导致，印度茶是否会在西藏流行，人们对于这些问题都有所质疑。

其次，我们必须考虑成本问题。我们已经知道重达 18 斤的茶包在打箭炉卖 5 卢比或者（5×0.32）1.60 两，即按照 1 担 8.88 两的价格比例，等同于每磅 $2\frac{3}{4}$ 便士。要记住这包括大约 75% 的利润，并允许存在一定比例的下降。无论如何，为了比较我们不能取这个值。但我们所看到单位茶叶的净值，是在打箭炉缴过税且不含利润的茶叶，即每担 $\frac{576864}{108780}$ 两或者 5.30 两，这一数字等同于每磅 $1\frac{1}{2}$ 便士。同样的茶叶在产地的价格是一斤 32 钱或者一磅不到 3 法新。在印度的任何地方可能生产出价格比这便宜，而且西藏人又高度认可的茶叶吗？再者，即使印度茶叶得以进入西藏，也会受制于某些税收政策。无论打箭炉是采用每担 52 便士的价格比例，还是对印度茶叶征收大约 105 便士的海上关税，总之就成本而言，印度茶叶的成本必须低于 1 便士才能与中国茶叶竞争。

接下来我们考察运输费用。人们可能会认为，在距离更短的地方，运输费用的节省能够使印度茶叶与中国"砖茶"竞争，在一定的限制条件下，这是正确的。M. Desgodin 的说法（《西藏志》，第 300 页）似乎显示茶叶从打箭炉运到巴塘价格会翻倍，运到昌都变成三倍，运到拉萨变成四倍。如果是这样的话，重达 18 斤的茶包在拉萨的价格为 20 卢比，也就是每磅 11 便士。对于印度商业界来说，要确定运到拉萨的茶叶是否为这个价格。但是我认为除了中国的边界城市，内地在西藏几乎没有任何竞争的风险，因为按印茶价格上升的比例，中国的茶价会下降。其竞争的结果，不是印度茶会很有优势地进入西藏的边远地区，而是中国茶将在邻近的地区维持它的地位。在这一点上，我很高兴地发现贝德禄先生和我观点一致，尤其在他论文（R. G. S. Supplementary Papers Vol. I. Part I. P. 199）的末尾。另外贝德禄先生还指出，西藏的茶叶供应远低于需求，因此贸易有很大的发展空间。但他对于供应西藏的茶叶数量估计过高，虽然远远低于打箭炉的贸易总额，因为他似乎忽略了经由打箭炉运往北方的茶叶数量，这使得他的观点很是牵强。我们看到西藏（包括理塘和巴塘）的茶叶贸易量是在 900 万磅以下，这代表打箭炉的茶叶贸易额在 1835000 卢比或者 102760 英镑左右。我认为，这一数字几乎不会受到印度竞争的影响，而这一章的开篇所提到的"茶叶问题"，在我看来，是一种错觉或者一种托词。

然而，就这一课题而言，似乎有一点任何作家都没有想到，或许这值得引起注意。对于一个地区来说，像茶叶和盐这样必要的商品，如果其供应被其他任何一个国家或地区垄断，就会变成该国维持对这个地区的政治影响力的有力手段。清廷似乎没有明确地阐明这一原则。他们并没有强行把产品卖给藏民，而是赐给藏人来他们的边陲小镇购买茶叶的特权。在清政府难以管制西藏地区的情况下，买茶这项特权曾被短暂地撤销过一两次。其次，清政府并没有让茶叶在西藏地区泛滥，就像我们倾向做的那样，而是限制了茶叶供应，始终让茶叶供不应求。西藏对内地茶叶排外性的依赖，对我而言，似乎是一个不可低估的政治因素，并且我认为如果不能打破清廷在西藏地区的茶叶垄断，清政府对西藏地区的影响还将继续。

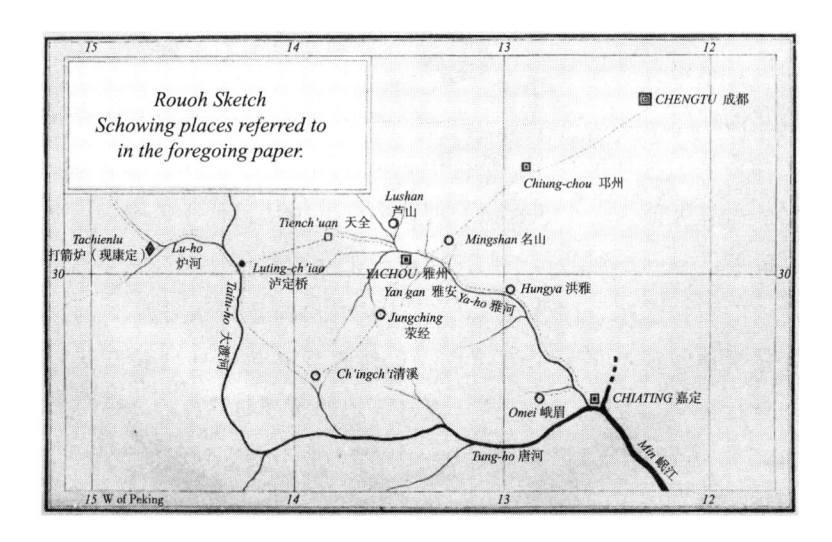

文中提到的地区方位简略图

索　引

A

《安化茶场经济
制茶计划暨概算书》　226

B

北路茶叶贸易　26，65，103

C

《茶叶检验实施细则》　218
茶帮的经营绩效　118
茶店　63，64，68，69，207
茶号　8～10，29，63，72，73，75～
　77，172，183，184，189，190，204，
　213，229，230，233，235，236，
　239，247，248
茶马互市　17，64，191
茶商成本　136，139
茶税税率　52，53，106，120，123

茶税政策　31，52，62，167
茶行　29，63，66～69，71～76，78，
　119，164，172，189，190
茶业产业化　68，76，79
茶业复兴计划　8，73，156，183，184，
　190，211，216
茶业改良场　10，211，216，219，224，
　225，227～229，231～239，241，
　242，244，248
茶业改良机构　211，225，227
茶业改良运动　211
茶业管理局　233，234，236，239，244
茶业检验机构　217
茶业检验制度　216～218
茶业人才　224，233，235，237，239，240
茶叶包装　184，192
茶叶的销售权　49
茶叶公所　74～76
茶叶供给　15，16，32，48，62，70，72，
　136，192，200，202
茶叶集散地　63，67，73
茶叶检查条例　211，218

茶叶交易方式　32，62，76

茶叶进口量　36，51，53，61，69，101，150，151

茶叶流通成本　188

茶叶贸易外部环境变量　103

茶叶贸易依存度　80

茶叶拍卖市场　67，68

茶叶生产　1，2，6，9，10，14，16，28，31，35，36，41，43，45，46，55，67，76，77，156，157，170，191，200~202，211，216，226~228，231，232，235~239，241，243，247

茶叶消费结构　43

茶叶消费数量　35，44

茶叶销售　31，48，49，56，62，166

茶叶需求　28，31，34，48，88，192，193

茶叶研究所　219，233，234，241，243，247

茶叶制作　6，11，45，183，202，203

茶叶质量　6，11，13，31，40，45，56，164，185，190，214，216，218，219，223

茶叶种类　55~59，62，109，146，184，190，223

茶叶专科　216，236

茶叶走私　52~54

茶引　63，64，103，104，109，160，191，192，195，200~202，204，208

茶栈　9，10，29，63，67，70，72~76，78，189，190，216，229

产业结构　27，29，80，102，130，140

《出口茶叶检验规程》　211，218

粗放式生产　202

D

打箭炉　27，28，31，104，105，191，192，194~201，203~210

大路茶　197~200

东印度公司　2，6，12，33，34，36，48~51，53，54，56，57，64，67~69，142，143，154，164，165，191

E

俄国茶叶市场　45

F

贩假的风险　161

贩假利润　161

福安茶业改良场　211，219，224，231~239，241，244，248

福安茶业改良试验区　234，244

福安分厂　242~248

福建茶业　211，231，235~237，239，241

福建崇安　15，16，21，27，29，112，113，118，123，186，219

福建示范茶厂　231~234，241~248

福建星村　171，172，174

G

购茶成本　27，105，119，123

《管理全国茶叶出口贸易办法大纲》

216，219

广东十三行　63，70，71

广州　2，4，6，16，21，27，28，30，31，33，39，48，49，52，54，63～66，70，71，74，78，89，93，97，127，136，141，144，156，159，162，165，170～174，176～178，183，188，189，191，217，218

归化城　97，106，108，110，111，120，135

锅庄　207，208

国内生产总值（GDP）

H

海外贸易　4，24～26，28，33，55，63，65～67，72，78，95，127，171，183，202，212

海外贸易成本　171

汉口　7，13，16，20，41，46，47，63，71，72，75，110，112，114，115，117，172，178～180，213，217，218，223，227

荷兰商人　51，67，141

《红茶分级试验报告》　219

红茶　8，13，15，34，45，55～62，112，146，147，158，163，172，183，185，187，190，213，214，216，219，225，226，228～233，235～237，243

湖南安化　9，15，16，27，31，109，110，112，133，137，225，228～230，233

湖南安化茶场　228～230，233

湖南省立茶叶学校　224，226

华茶垄断贸易时期　33

华茶贸易衰落　10

华茶世界市场份额　35

J

假茶　13，28，30，31，45，61，62，141，148，150，151，153，155，156，159～167，169，170，216

假茶流入量　150，153，167

减税法令　54

《江西修水县之茶业》　227

江西修水茶场　224～226，230，233

晋商茶路长度　112

经济动因　21，26，27，29，80，103，126，139，140

经济人口学　38，51

K

康泸地区　205

L

利润率　29，103，118，125，247，248

绿茶　13，15，34，42～44，47，55，56，58～62，126，142，146，147，150，155～159，170，183，190，213～215，217，219，223，224，227，228，231，232，244

M

买办　32，70，72，73，77，170，186，189，190
贸易管理政策　63
贸易路线　109，113
美国茶叶市场　31，42，43，45，150，155，157，160，166

N

南路边茶　21，29，31，171，183，190～192，194，196～198，200～203，206，209，210
南路边茶经济区　200，202
南路茶叶贸易

Q

祁门茶业改良场　219，225，227～229，235
《恰克图贸易条例》　86
《恰克图贸易章程》　98，99，102
《恰克图市约》　95，98，127
《恰克图条约》　13，17，45，112，130
恰克图市场衰败　126
《请减茶叶税率与制定茶叶检查条例》　218

R

人均茶叶消费量　38，51，147

人均年消费砖茶量　192，193，196
日本茶叶　33，35，37，42～45，235

S

山西商人/晋商
商品检验局　7，211，217～219，227
商品交换需求　133
商品结构　19，27，86，91，130，131，134，135，140
生产技术改良　235
省立福安农业职业学校　233，237
实业部茶叶产地检验　219
世界茶叶市场　1，10，28，30～33，47，48，54，69，72，100，153，154，211，217
税关　26，74，96，103，105，106，120，123，189，208
四川　1，8，64，103～105，160，184，191，192，194～196，198，200，201，203～209，224

W

皖南茶业　213
吴觉农　10，73，156，183～185，187，190，211，215，216，218，219，224，227，229，235，236，243
《武夷图序》　172，173，176，177，179～181
武夷茶　16，18，29，54，56，59～61，146，168，172，174，179，181，183，185，186，188，189

武夷山　1，14，16，17，76，77，103，105，109，110，112，113，118～120，123，125，172，176，185，189，231，234～236，240，242，243

英国茶叶市场　36，39，40，54
预付包买　78
运输费用　118，120，173，178，180～183，201

X

西藏　27，28，31，171，191～196，199，204，206，207，209～211，234
锡兰茶叶　32，41，42，47
下梅　76，109，172，180，186
销售额指数　27，29，127～131，133，136，139，140
小路茶　197～200
信用交易　76，78，79

Y

雅州府　192，196，199，201，203，204，210
洋行　8，18，29，32，67，71～76，78，164，184，189，190，229，230，235
《一份商人的守则》　86
以物易物/物物交换
银钱比/银价比
引岸专卖制　63，103
隐性成本　139，171
印度茶叶　30，31，35，36，38，39，41，47，155，171
印度尼西亚茶叶　47
英国茶税　52

Z

张家口　16，18，66，78，96，97，105，107，108，110～113，115～117，120，135，178～183
张天福　224，231，233～237，240，242
职业教育　211，231，233～237，240～242，248
《中俄陆路通商章程》　101，116，136
中俄恰克图贸易　1，6，13，14，17，18，21，26～29，31，80，89，90，94，95，97，102，103，107，123，124，130
中国茶业　1，2，4，5，7，10，11，21，28，32，38，47，73～75，78～80，100，156，170，172，183，184，190，191，194，197，202，203，208，213～215，228，234，236
中国茶业改革方准　215，236
中国茶叶/华茶　1，2，6，7，9，10，12，13，16，17，21，28，31～53
中美茶叶贸易　5，11～13，28，30，33，42，141，143，144，148～150，153，157
庄晚芳　217，223，224，227～230，234，237，242

后 记

历史研究的目的究竟是什么？这是我多年一直纠结的问题。一个学了十年历史学的学生进入经济学院开始接触经济学，内心的抵触是旁人难以体会的。从2003年参加工作至今已经过去17个年头，这个问题始终萦绕在我的脑海里。不能否认，经济史研究的两种方法之间——透过"事实"看历史和透过理论看历史——存在着"鄙视链"。

其实历史学没有必要将使用经济学方法研究历史视作"头号敌人"，无论是经济学还是历史学，研究方法上并没有本质的不同，都是用逻辑的方法，将已知的材料进行关联，从而得出结论。不同的只是两者所使用的逻辑有着本质的区别。

历史学研究与经济学研究的根本分歧大概在于"假设"。历史不容假设，也许是每个历史研究者所笃信的基本原则，但经济学的研究离不开假设。事实上，任何学科只要是研究就离不开"假设"。经济学如此，历史学亦然，只不过在表述方式上有差异。

进行一项研究，首先要将所研究的问题范畴化，就是选定一个研究的范围。社会和自然都是复杂的有机体，牵一发而动全身。一个问题牵涉到的事物可能十分复杂，如果没有这个范围，即我要研究哪些内容，我不涉及哪些情况，不交代清楚，一篇文章或一本专著就无法收尾。那么这些被人为忽略的部分就是假设，假设这些内容与我所研究的事物关联度不是很高。历史学的"假设"一般不会说明，只是在研究中用一些特定语言进行简单表述，比如我们常见的"由于史料阙如……"或"影响某一现象的因素是多样的，受篇幅所限，本书仅从某几个角度进行研究"等。经济学的研究方式更直白些，直接将这些因素做了剔除。

其次，历史学研究的核心——史料，同样存在"假设"的情况。梁启超先生将史料分为两大类，实物史料和文字史料。其中，文字史料是被广泛使用的。对于一个事物的记载，不同的人能够看到的面不同，所以记载的内容有偏差。历史学的研究似乎就是要从不同的记录中尽可能找出全面、客观的情况。但是，无论我们找到多少史料都是人来记录的，都会"有失偏颇"，我们根据这些史料进行的取舍和判断同样是主观的，我们会认定我们所选取的史料是真实的，才会进行下一步研究。这个"我们认定的真实"就是一个假设，即"假设史料为真"。而经济学因为研究的目的不同，并不看重这一点，统计数据的偏差往往都很高，如果要对统计数据进行考证，经济学就不会存在。

对于一个微观问题，也许"失之毫厘，谬以千里"，差一点都不行。但对于一个宏观的研究来说，只要数据不影响总体趋势，或多或少并不是最重要的。举一个例子，我们用月数据来研究清代粮食价格问题，做两条曲线来说明两个地区粮食价格变化趋势。这条曲线上的点是不是真实存在的？答案是否定的，因为我们使用的是月数据，而曲线上的点有无数个，这些点包含了月内每天甚至是每时每刻的数据。这种研究不具备科学性吗？答案同样是否定的，因为我们要研究的并不是每时每刻的粮食价格，而是两地市场同种商品之间的关系。从这个意义上讲，数据本身并不是整个研究中最重要的，因为从计量的角度讲，数据并不能反映真实的历史，它表示的仅是一个走势。而历史学的研究者也在使用这种简单的统计方法。

经济学方法被"鄙视"大致有两种原因，首先是套用理论，为了使用理论而进行研究，换句话说，就是用中国的史料来说明西方理论的正确性。其次，为了量化而量化，换句话说，使用模型得出的结论与我们用简单逻辑判断没有区别。量化并不是为了好看，单纯的量化无论是对现实问题还是历史问题的研究都没有实际的意义。现在的问题是，无论是经济学还是经济史的研究，量化都被极端化了。想尽一切办法进行量化，不管这个量化所反映的内容是否与实际相符合，或者其所得出的结论是否确实是其他研究方法所无法得出的。

最后，经济学的世界观。世界观是人们观察世界最一般的方法，经济学的世界观则是将经济学的基本思维方式作为观察世界最一般的方法。从这个意义上讲，经济学的方法不仅可以用来观察经济现象，同时也是我们观察任何事物、事件的最基本方法。基于这样的视角，经济理论就具备了可塑性和延展性，这种延展性并不是理论本身给出的，而是由理论的使用者激发出的维系理论持续发展的潜能。经济学的优势并不在于有多少理论和模型，一个经济理论从它诞生之日起其绝对结论就注定成为僵化的、不可被复制的东西。因为，任何理论都是学者观察理论出现之前一段时期内特定自然社会环境下的经济发展规律，是通过高度凝练总结出的。一旦脱离了这个环境，结论的绝对性就会丧失。经济学家总是试图预期未来经济走势，但无论是凯恩斯主义还是理性预期学派，经济预期的理想总是随着经济现象的复杂化而沦为教科书中枯燥的概念。加之经济学的科学化进程中数理模型的超规模运用，忽视了经济学研究的初衷和目的，经济学的解释和预期能力总体呈退化趋势。尽管如此，探究传统和近现代经济运行规律时，经济学的研究方法依然具有较高的实用价值。因为经济史研究正是提高经济学解释能力的最佳选择。在解释经济现象方面，经济学的优势大致有二，其一，能够构建这些理论模型的思维方式或经济学家观察世界的方法；其二，术语的标准化、规范化。

写这些内容只是对自己目前处境的一些感慨。本书多处采用了经济学甚至是量化的方法进行研究，本来就是对经济史研究方法的一个探索。感谢全国哲学社会科学规划办公室和各位专家给我这样一个机会，能让我在有经费保障的前提下做出这样的尝试。感谢我的三位导师，首都师范大学阎守诚先生、南开大学王玉茹先生和陕西师范大学李裕民先生对我的教诲和支持。感谢山西大学社科处的各位同事对我课题提供的无私帮助。感谢山西大学外国语学院的权彤博士、山西财经大学的梁娜博士，我指导的研究生，山西大学博士研究生董晓汾、邰明钰，硕士研究生韩笑、陈心颖，已毕业的硕士王婧、卫宇、李欢、芦琳、李翰伟、程鹏、刘淑芳、姚立新等，他们帮助我搜集资料、整理校对，并参与了部分写作。感谢山西大学经济与管理学院的同事海归博士史扬焱和王战，在翻译外文史料上提供了无私帮助。

图书在版编目(CIP)数据

近世以来世界茶叶市场与中国茶业 / 石涛等著. -- 北京：社会科学文献出版社，2020.8
国家社科基金后期资助项目
ISBN 978-7-5201-6965-3

Ⅰ.①近⋯ Ⅱ.①石⋯ Ⅲ.①茶叶-中俄关系-双边贸易-贸易史 Ⅳ.①F752.658.2②F752.751.2

中国版本图书馆CIP数据核字（2020）第133279号

·国家社科基金后期资助项目·
近世以来世界茶叶市场与中国茶业

著　　者 /	石　涛　等
出 版 人 /	谢寿光
责任编辑 /	高　雁
出　　版 /	社会科学文献出版社·经济与管理分社（010）59367226 地址：北京市北三环中路甲29号院华龙大厦　邮编：100029 网址：www.ssap.com.cn
发　　行 /	市场营销中心（010）59367081　59367083
印　　装 /	三河市龙林印务有限公司
规　　格 /	开　本：787mm×1092mm　1/16 印　张：22.75　字　数：361千字
版　　次 /	2020年8月第1版　2020年8月第1次印刷
书　　号 /	ISBN 978-7-5201-6965-3
定　　价 /	128.00元

本书如有印装质量问题，请与读者服务中心（010-59367028）联系

▲ 版权所有 翻印必究